westermann

FiNALE Prüfungstraining

Landesabitur **2019**

Mathematik Hessen

Heinz Klaus Strick
Gabriele Dybowski
Klaus Gerber

FiNALEonline.de

Liebe Abiturientin, lieber Abiturient,

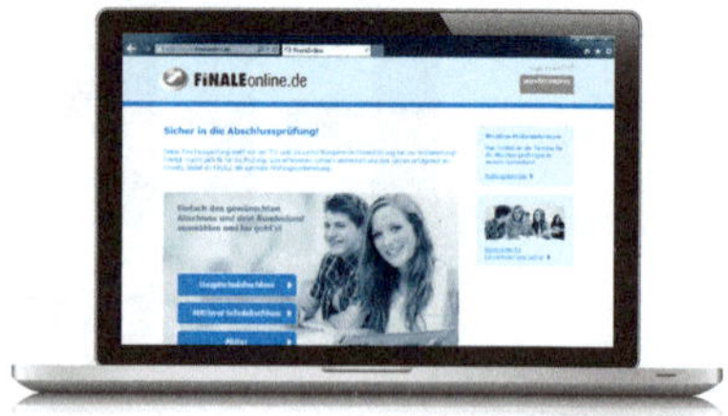

FiNALEonline.de ist die optimale Ergänzung zu diesem Abiturtrainer. Hier finden Sie:

- die Original-Prüfungsaufgaben 2018 nach Eingabe des Codes: **MA3P8T4**
- eine Abi-Checkliste für die effektive Zeitplanung
- allgemeine Tipps zur Prüfungsvorbereitung

Einfach mal reinschauen: www.finaleonline.de

Autoren: Heinz Klaus Strick, Gabriele Dybowski und Klaus Gerber

Bildquellennachweis: alamy images, Abingdon/Oxfordshire: LianeM 146; Tack, Jochen 156 | Gerber, Klaus: 163 | Peter Wirtz Fotografie, Dormagen: Titel | wikimedia.commons: Fotograf: Mbd-ortmund/Lizenz: GNU Lizenz 171; Fotograf: Neithan90 203.

westermann GRUPPE

Druck A[1] / Jahr 2018
Alle Drucke der Serie A sind im Unterricht parallel verwendbar.

Redaktion: Dr. Ulrich Kilian, science & more redaktionsbüro
Kontakt: finale@westermann.de
Layout: Druckreif! Sandra Grünberg, Braunschweig
Umschlaggestaltung: Janssen Kahlert Design & Kommunikation, Hannover
Umschlagfoto: Peter Wirtz, Dormagen
Zeichnungen: Michael Wojczak
Druck und Bindung: westermann druck GmbH, Braunschweig

ISBN 978-3-7426-1995-2

Inhaltsverzeichnis

Arbeiten mit FiNALE

Liebe Schülerin, lieber Schüler,

dieses Buch entstand aufgrund der Erfahrungen aus den bisher in Hessen durchgeführten Landesabiturprüfungen unter besonderer Beachtung der veränderten Vorgaben für das Fach Mathematik.

Zur gezielten Vorbereitung auf das Landesabitur 2019 bietet **FiNALE**:

- vielfältige Aufgabenbeispiele mit ausformulierten Beispiellösungen, die alle Schwerpunkte im Grund- und Leistungskurs berücksichtigen;
- umfangreiche und gut strukturierte Angebote zur systematischen Wiederholung und zeitökonomischen Vertiefung des erforderlichen Basiswissens;
- eine Auswahl aus den Original-Prüfungsaufgaben von 2017, die den veränderten Bestimmungen des Kerncurriculums für die gymnasiale Oberstufe (KCGO) für das Fach Mathematik entsprechen. Eine Auswahl aus den Original-Prüfungsaufgaben 2018 können zusammen mit ausführlichen Lösungen kostenlos im Internet unter **www.finaleonline.de** heruntergeladen werden, sobald die Prüfungsaufgaben zur Veröffentlichung freigegeben sind.

FiNALE ist so konzipiert, dass bei der Arbeit mit dem Buch eine *individuelle* Vorbereitung möglich ist. Sie können sich schnell einen Überblick über Ihre persönlichen Stärken und Schwächen in den Themenbereichen Analysis, Analytische Geometrie oder Stochastik verschaffen und damit die Intensität der Arbeit nach eigenen Bedürfnissen genau dosieren.

Das detaillierte Inhaltsverzeichnis, das übersichtlich zusammengestellte Verzeichnis der für die Abiturprüfung notwendigen Kompetenzen (Abi-Checkliste), die alle Kompetenzen abdeckenden Trainingsaufgaben mit den entsprechenden Querverweisen zur Kompetenzübersicht erleichtern dabei die Orientierung in **FiNALE**.

Beachten Sie: Die Trainingsaufgaben sind teilweise erheblich umfangreicher als die in der Abiturprüfung gestellten Aufgaben. Ziel der Trainingsaufgaben ist eine *möglichst umfassende* Vorbereitung auf mögliche Aufgabenstellungen im Landesabitur.

Die angebotenen Trainingsaufgaben sind im Wesentlichen so konzipiert, dass sie sich ohne Einsatz eines WTR oder CAS-Systems bearbeiten lassen. Falls der Einsatz eines WTR oder CAS-Systems nötig ist, ist dies in den Aufgabenstellungen gekennzeichnet. Diese Teilaufgaben können auch zur gezielten Übung des Einsatzes der Werkzeuge WTR und CAS genutzt werden, falls sie im Unterricht verwendet wurden.

Der systematische Aufbau und die komprimierte Form fördern eine zeitökonomische und effektive Abiturvorbereitung. **FiNALE** empfiehlt sich von daher als sinnvolle Begleitung und Ergänzung des Fachunterrichts.

Wir wünschen Ihnen viel Erfolg!

Tipps zum Umgang mit FiNALE

Für die Vorbereitung auf die Landesabiturprüfung im Fach Mathematik schlagen wir folgende Arbeitsweisen vor:

Möglichkeit 1:
Um einen Überblick über die verschiedenen Themenbereiche zu erhalten, sollten Sie zunächst die Abi-Checkliste (Kompetenzübersicht) sowie die Ausführungen in Form des Basiswissens lesen und sich anhand der Beispiele verdeutlichen, welche Anforderungen mit den Kompetenzen zu erfüllen sind. Dabei können Sie gleichermaßen feststellen, welche Prüfungsinhalte Sie bereits gut beherrschen und was Ihnen noch Schwierigkeiten bereitet. Wir empfehlen Ihnen hier, sich zu notieren, welche Themen Sie noch intensiver wiederholen sollten, um damit die Vorbereitung auf die Abiturprüfung zu strukturieren. Wenn Sie hier systematisch vorgehen und sich über Ihre Stärken und Schwächen im Klaren sind, wird die Vorbereitung effizient und zielorientiert sein.

Nach der Entscheidung, in welchem Themenbereich für Sie in der persönlichen Vorbereitung auf das Landesabitur der größte Handlungsbedarf besteht, können Sie die entsprechenden Kapitel im Basiswissen nochmals intensiv durcharbeiten. Hier werden auch die im Basiswissen von **FiNALE** enthaltenen einfachen Aufgabenbeispiele als Muster hilfreich sein.

Nachdem Sie die Grundlagen wiederholt haben, bieten Ihnen die zugehörigen Trainingsaufgaben mit ihren ausführlichen Lösungen (auch mit Lösungsalternativen) ein umfangreiches Übungsfeld. Sie können für Ihre Vorbereitung besonders geeignete Aufgaben anhand der bei den Aufgabenstellungen notierten Kompetenzen schnell erkennen.

Versuchen Sie zunächst, die Aufgaben selbstständig zu bearbeiten, d.h., erst dann die angebotenen Lösungen einzusehen, wenn es nicht mehr anders geht. Wenn Ihnen die Bearbeitung ohne Blick in den Lösungsteil gelungen ist, sollten Sie dennoch Ihre eigenen Lösungen kontrollieren und mit den abgedruckten Lösungen und weiteren Lösungsvarianten vergleichen.

Treten auch nach der Durchsicht der angebotenen Lösungen Verständnisprobleme auf, dann hilft Ihnen das intensive Durcharbeiten der zugehörigen Stichwörter des Basiswissens sicherlich weiter. – Überhaupt lässt sich das *Basiswissen* wie ein Nachschlagewerk benutzen.

An den Original-Prüfungsaufgaben können Sie dann erproben, wie weit Sie mit Ihrer Vorbereitung bereits gekommen sind.

Möglichkeit 2:
Selbstverständlich können Sie **FiNALE** auch in anderer Reihenfolge nutzen: Wenn Sie unmittelbar mit den Trainingsaufgaben beginnen, werden Sie automatisch durch die Querverweise zu den zugehörigen Kompetenzen und dem entsprechenden Basiswissen hingeführt. Treten Schwierigkeiten bei der Lösung der Aufgaben auf, so können Sie Ihre Lücken genau erkennen und die entsprechenden Inhalte wiederholen. Allerdings erhalten Sie bei der oben beschriebenen Vorgehensweise schneller einen Überblick über Ihre Stärken und Schwächen.

Bei diesen Vorschlägen zur Arbeitsweise mit **FiNALE** handelt es sich natürlich nur um Anregungen, die Sie nach eigenen Vorstellungen variieren können.

Abi-Checkliste

Analysis

Ich kann ...	Trifft zu	Trifft nicht zu	Seite
A Differenzialrechnung			
A1 ... Potenz-, Sinus- und Kosinusfunktion und Exponentialfunktionen ableiten; **LK zusätzlich**: Logarithmusfunktionen ableiten.	○	○	16
A2 ... einfache Funktionen mit der Summen- und Faktorregel und zusammengesetzte Funktionen mit der Produkt- und Kettenregel ableiten.	○	○	17
A3 ... Die Tangentensteigung sowie die Gleichung einer Tangente an den Graphen einer Funktion bestimmen sowie (**nur LK**) die Tangente als lineare Approximation interpretieren.	○	○	18
A4 ... mittlere und momentane Änderungsraten angeben und berechnen.	○	○	19
A5 ... Schnittwinkel eines Graphen mit der x-Achse bestimmen.	○	○	20
A6 ... **nur LK**: bei abschnittsweise definierten Funktionen überprüfen, ob die Übergänge stetig, differenzierbar bzw. ruckfrei sind.	○	○	21
B Untersuchung von Funktionsgraphen			
B1 ... Graphen auf Symmetrie untersuchen.	○	○	23
B2 ... Schnittpunkte des Graphen mit der x-Achse, Schnittpunkte zweier Graphen und Berührpunkte von Graphen berechnen sowie diese im Sachzusammenhang interpretieren.	○	○	24
B3 ... Graphen auf Monotonie und auf lokale und absolute Extrempunkte untersuchen und diese im Sachzusammenhang interpretieren.	○	○	26
B4 ... Graphen auf ihr Krümmungsverhalten und auf Wende- und Sattelpunkte untersuchen und diese im Sachzusammenhang interpretieren sowie die Wendestelle als Stelle mit extremaler Änderungsrate identifizieren.	○	○	28
B5 ... asymptotisches Verhalten bei Exponentialfunktionen untersuchen.	○	○	30
B6 ... Funktionenscharen (evtl. mittels Fallunterscheidungen) auf besondere Punkte (Schnittpunkte, Extrem- und Wendepunkte) untersuchen sowie gemeinsame Punkte der Kurvenschar ermitteln; **LK zusätzlich**: Ortslinien von Funktionenscharen bestimmen und die Ergebnisse im Sachzusammenhang interpretieren.	○	○	31

Ich kann ...	Trifft zu	Trifft nicht zu	Seite
B7 ... Eigenschaften der Sinus- und Kosinusfunktion angeben und die Funktionsgleichung einer allgemeinen Sinusfunktion bestimmen.	◯	◯	35
B8 ... Überprüfen, ob eine Funktion umkehrbar ist, und den Funktionsterm der Umkehrfunktion herleiten.	◯	◯	37
C Mathematische Modellierungen mithilfe der Differenzialrechnung			
C1 ... eine sinnvolle Wahl des Koordinatensystems begründen und den Verlauf eines Graphen im Sachzusammenhang der Aufgabenstellung interpretieren.	◯	◯	38
C2 ... ganzrationale Funktionen mit vorgegebenen Eigenschaften bestimmen (auch in Sachzusammenhängen, z. B. Trassierungen).	◯	◯	39
C3 ... Exponentialfunktionen aus gegebenen Bedingungen bestimmen.	◯	◯	41
C4 ... in Anwendungen ein passendes Modell für das exponentielle Wachstum aufstellen, seine Tragfähigkeit untersuchen und Schlussfolgerungen im Sachzusammenhang interpretieren sowie Verdopplungs- und Halbwertszeiten berechnen; **LK zusätzlich**: auch beschränktes und logistisches Wachstum.	◯	◯	42
C5 ... Extremwertaufgaben mit Nebenbedingungen innermathematisch und in Sachzusammenhängen lösen.	◯	◯	45
D Integralrechnung			
D1 ... Stammfunktionen zu Grundtypen von Funktionen bestimmen und den Hauptsatz der Differenzial- und Integralrechnung (HDI) zur Berechnung bestimmter Integrale anwenden.	◯	◯	48
D2 ... Flächeninhalte von Flächenstücken zwischen einem Funktionsgraphen und der x-Achse und Flächeninhalte von Flächenstücken zwischen Funktionsgraphen berechnen.	◯	◯	50
D3 ... **nur LK**: Mittelwerte von kontinuierlich veränderten Größen mit der Integralrechnung berechnen.	◯	◯	52
D4 ... Gesamtänderungen aus gegebenen Änderungsraten exakt mit bestimmten Integralen berechnen.	◯	◯	53
D5 ... **nur LK**: Inhalte ins Unendliche reichender Flächen mit uneigentlichen Integralen und den dabei erforderlichen Grenzwertbetrachtungen ermitteln.	◯	◯	54
D6 ... **nur LK**: das Volumen von Rotationskörpern berechnen und die erforderlichen Berandungsfunktionen für reale rotationssymmetrische Körper modellieren.	◯	◯	56
D7 ... **nur LK**: Stammfunktionen durch lineare Substitution bestimmen.	◯	◯	57

Lineare Algebra/Analytische Geometrie

Ich kann ...	Trifft zu	Trifft nicht zu	Seite
E Vektorrechnung			
E1 ... Verschiebungen durch Vektoren sowie Punkte im Raum durch Ortsvektoren und Vektorketten beschreiben und damit realitätsnahe Situationen mathematisch modellieren.	◯	◯	58
E2 ... das Skalarprodukt zweier Vektoren berechnen und damit entscheiden, ob die Vektoren zueinander orthogonal sind.	◯	◯	59
E3 ... Längen von Strecken im Raum und den Betrag von Vektoren berechnen.	◯	◯	60
F Geraden und Ebenen im Raum			
F1 ... Parameterdarstellungen für Geraden aus zwei gegebenen Punkten ermitteln sowie überprüfen, ob ein Punkt auf einer gegebenen Gerade liegt (Punktprobe) und die Ergebnisse im Sachzusammenhang interpretieren.	◯	◯	61
F2 ... Geraden auf ihre gegenseitige Lage untersuchen und möglicherweise vorhandene Schnittpunkte bestimmen.	◯	◯	62
F3 ... Parameterdarstellungen für Ebenen aus drei gegebenen Punkten ermitteln sowie überprüfen, ob ein Punkt auf einer gegebenen Ebene liegt (Punktprobe) und die Ergebnisse im Sachzusammenhang interpretieren.	◯	◯	64
F4 ... Koordinatengleichungen für Ebenen ermitteln und Ebenen anhand ihrer Spurgeraden im Koordinatensystem darstellen.	◯	◯	65
F5 ... Schnittprobleme zwischen Geraden und Ebenen in Sachzusammenhängen (z. B. bei Schattenwürfen) untersuchen.	◯	◯	67
F6 ... Ebenen auf ihre gegenseitige Lage untersuchen und möglicherweise vorhandene Schnittgeraden bestimmen.	◯	◯	70
F7 ... die Koordinaten eines an einer Ebene gespiegelten Punktes bestimmen.	◯	◯	71
F8 ... die HESSE'sche Normalenform einer Ebenengleichung aufstellen.	◯	◯	72
F9 ... lineare Gleichungssysteme systematisch lösen sowie die Gleichungen und die Lösungsmenge geometrisch interpretieren.	◯	◯	73

Ich kann ...	Trifft zu	Trifft nicht zu	Seite
G Winkel und Abstände, Volumina im Raum			
G1 ... Winkel zwischen zwei Vektoren, Schnittwinkel zwischen zwei Geraden, zwischen zwei Ebenen sowie zwischen einer Gerade und einer Ebene berechnen.	◯	◯	76
G2 ... den Flächeninhalt eines Dreiecks und das Volumen eines Tetraeders nach elementaren Methoden bestimmen.	◯	◯	79
G3 ... den Abstand eines Punktes von einer Ebene berechnen.	◯	◯	80
G4 ... **nur LK**: den Abstand eines Punktes von einer Geraden berechnen.	◯	◯	82
G5 ... **nur LK**: den Abstand zweier windschiefer Geraden berechnen.	◯	◯	83
G6 ... **nur LK**: das Vektorprodukt zweier Vektoren berechnen und seine Bedeutung angeben sowie mithilfe des Vektorprodukts Normalenvektoren bestimmen und das Vektorprodukt zur Berechnung von Dreiecksflächen und von Spatvolumina verwenden.	◯	◯	84
H Matrizen zur Beschreibung linearer Abbildungen (nur LK)			
H1 ... **nur LK**: die Matrixdarstellung von linearen Abbildungen (Streckungen, Drehungen und Spiegelungen) in der Ebene angeben.	◯	◯	86
H2 ... **nur LK**: die Matrixdarstellung von linearen Abbildungen (Streckungen, Drehungen und Spiegelungen) im Raum angeben.	◯	◯	87
H3 ... **nur LK**: Abbildungsmatrizen für Parallelprojektionen anhand der Bilder der Einheitsvektoren ermitteln.	◯	◯	88
H4 ... **nur LK**: Fixpunkte, Fixgeraden sowie Fixpunktgeraden und Fixpunktebenen von Abbildungen bestimmen und diese im Sachzusammenhang deuten.	◯	◯	90
H5 ... **nur LK**: die Hintereinanderausführung von Abbildungen durch eine Matrizenmultiplikation beschreiben.	◯	◯	91
H6 ... **nur LK**: inverse Matrizen ermitteln sowie die Umkehrung von affinen Abbildungen mit inversen Matrizen untersuchen.	◯	◯	92

Stochastik

Ich kann ...	Trifft zu	Trifft nicht zu	Seite
I Wahrscheinlichkeitsrechnung			
I1 ... mehrstufige Entscheidungsvorgänge mithilfe von Baumdiagrammen veranschaulichen und die Anzahl der Möglichkeiten mithilfe der Grundregel der Kombinatorik bestimmen.	◯	◯	93
I2 ... mehrstufige Zufallsversuche mit Baumdiagrammen beschreiben und Wahrscheinlichkeiten mit den Pfadregeln berechnen (Pfadadditions- / Pfadmultiplikationsregel) sowie die Komplementärregel anwenden.	◯	◯	95
I3 ... Daten aus Vierfeldertafeln als Wahrscheinlichkeiten von zweistufigen Zufallsversuchen interpretieren sowie Vierfeldertafeln zur Umkehrung von Baumdiagrammen nutzen.	◯	◯	97
I4 ... bedingte Wahrscheinlichkeiten mithilfe des Satzes von BAYES bestimmen.	◯	◯	99
J Häufigkeits- und Wahrscheinlichkeitsverteilungen			
J1 ... die Häufigkeitsverteilung eines Merkmals bestimmen sowie Mittelwert, Perzentile (Quantile) und Stichprobenstreuung berechnen.	◯	◯	100
J2 ... die Wahrscheinlichkeitsverteilung einer Zufallsgröße bestimmen sowie den Erwartungswert und die Standardabweichung der Zufallsgröße berechnen.	◯	◯	103
J3 ... geeignete Zufallsversuche mithilfe des Binomialmodells beschreiben und Wahrscheinlichkeiten mithilfe der BERNOULLI-Formel berechnen und erläutern, unter welchen Bedingungen auch Ziehvorgänge ohne Zurücklegen näherungsweise als BERNOULLI-Versuche interpretiert werden können.	◯	◯	107
J4 ... berechnen, wie oft ein BERNOULLI-Versuch mindestens durchgeführt werden muss, um mit einer gegebenen Mindestwahrscheinlichkeit mindestens einen Erfolg zu erzielen.	◯	◯	109
J5 ... den Erwartungswert und die Standardabweichung von Binomialverteilungen berechnen und mithilfe der Sigma-Regeln Umgebungen um den Erwartungswert bei vorgegebener Wahrscheinlichkeit der Umgebung bestimmen.	◯	◯	110
J6 ... **nur LK**: die zur Standardisierung einer binomialverteilten Zufallsgröße notwendigen Schritte beschreiben und die Bedingung für eine gute Approximation durch die GAUSS'sche Dichtefunktion angeben.	◯	◯	111

Ich kann ...	**Trifft zu**	**Trifft nicht zu**	**Seite**
J7 ... **nur LK**: Wahrscheinlichkeiten für binomialverteilte Zufallsgrößen näherungsweise mit den Formeln von MOIVRE und LAPLACE berechnen.	◯	◯	112
J8 ... **nur LK**: Wahrscheinlichkeitsberechnungen bei normalverteilten Zufallsgrößen durchführen.	◯	◯	113
K Beurteilende Statistik – Testen von Hypothesen			
K1 ... am Beispiel zweier alternativer Hypothesen das prinzipielle Vorgehen beim Hypothesentest erläutern und Wahrscheinlichkeiten für fehlerhafte Entscheidungen berechnen.	◯	◯	114
K2 ... das prinzipielle Vorgehen bei einem einseitigen Hypothesentest erläutern sowie die beiden möglichen Standpunkte beschreiben und zugehörigen Entscheidungsregeln bestimmen.	◯	◯	116
K3 ... die Bedeutung der Fehler 1. Art und 2. Art für einen Hypothesentest angeben sowie die Wahrscheinlichkeiten für diese Fehler berechnen.	◯	◯	119
K4 ... das prinzipielle Vorgehen bei einem zweiseitigen Hypothesentest erläutern sowie zu einem vorgegebenem Niveau eine Entscheidungsregel aufstellen.	◯	◯	120

Operatoren

In den Klausuren der Oberstufe werden in Anlehnung an die einheitlichen Prüfungsanforderungen für das Abitur definierte Arbeitsvorschriften, sogenannte Operatoren, verwendet. Dadurch werden Sie schon in der Qualifikationsphase mit diesen Operatoren vertraut und somit auf das Abitur vorbereitet. Bei der Formulierung der Arbeitsanweisungen von Prüfungsaufgaben werden (fast) ausschließlich die folgenden festgelegten Operatoren benutzt, die Ihnen in dieser Übersicht in Erinnerung gerufen werden. Die Operatoren sind in der Regel nicht nur in einem Anforderungsbereich zu finden, denn eine scharfe Trennung dieser Bereiche ist nicht immer möglich.
Die Verweise in der rechten Spalte beziehen sich auf die in diesem Band abgedruckten Abituraufgaben aus dem Landesabitur 2017. *LA 2016, LA2015, ...* bedeutet, dass der Operator in einer Aufgabenstellung des Landesabiturs 2016, 2015, ... vorkam.
Die Operatoren „abschätzen“, „analysieren“, „anwenden“, „auswerten“, „beweisen“, „implementieren“, „modellieren“, „überführen“ und „zusammenfassen“ wurden in den letzten Jahren nicht im Landesabitur verwendet.

Operatoren	Definition	Beispiel	Aufgabe (S.)
angeben / nennen	Sachverhalte, Begriffe oder Daten ohne Erläuterungen, Begründungen und Lösungswege aufzählen	Geben Sie die Koordinaten der Eckpunkte C und F des Turms an.	B2 1.1 (203)
begründen	einen Sachverhalt oder eine Aussage argumentativ auf Gesetzmäßigkeiten oder kausale Zusammenhänge zurückführen	Begründen Sie anhand des Funktionsterms der Funktion h, dass sich die Höhe des Baums langfristig dem Wert von 6 m immer mehr nähert, ohne ihn jedoch zu erreichen bzw. zu überschreiten.	A2 2.1 (192)
berechnen	durch Rechenoperationen zu einem Ergebnis gelangen und die Rechenschritte dokumentieren	Berechnen Sie für die Zeit bis 14.14 Uhr den Steigungswinkel der Flugbahn gegenüber der Horizontalen.	B1 1.1 (208)
beschreiben	Aussagen, Sachverhalte, Strukturen o. Ä. in eigenen Worten strukturiert und fachsprachlich wiedergeben	Beschreiben Sie den Fehler 2. Art im Sachzusammenhang.	C 3. (219)
bestimmen / ermitteln	einen Zusammenhang oder einen möglichen Lösungsweg aufzeigen und das Ergebnis formulieren	Bestimmen Sie die Gleichung der Ableitungsfunktion h′.	A2 2.3 (192)
beurteilen	zu einem Sachverhalt oder einer Aussage unter Verwendung von Fachwissen und Fachmethoden eine begründete Einschätzung geben	Beurteilen Sie, ob die Funktionen w und v hinsichtlich der Beobachtung des Biologen das Wachstum der Pflanze korrekt beschreiben.	A1 3. (189)

Operatoren	Definition	Beispiel	Aufgabe (S.)
darstellen	Sachverhalte o. Ä. strukturiert fachsprachlich oder grafisch wiedergeben und Bezüge sowie Zusammenhänge aufzeigen	Stellen Sie den Sachverhalt in einem beschrifteten Baumdiagramm dar.	C 2.1 (216)
deuten	Phänomene, Strukturen, Sachverhalte oder Ergebnisse auf Erklärungsmöglichkeiten untersuchen und diese gegeneinander abwägen und auf das ursprüngliche Problem beziehen	... deuten Sie diesen im Sachzusammenhang.	A2 4.3 (194)
diskutieren / erörtern	zu einer Aussage, Problemstellung oder These eine Argumentation entwickeln, die zu einer begründeten Bewertung führt	... erörtern Sie im Sachzusammenhang, wie realistisch die drei Modelle sind.	A1 4. (197)
entscheiden	bei Alternativen sich begründet und eindeutig auf eine Möglichkeit festlegen	Entscheiden Sie durch eine geeignete Rechnung ...	*LA 2016*
entwickeln	Sachverhalte und Methoden zielgerichtet in einen Zusammenhang bringen; eine Hypothese, eine Skizze oder ein Modell weiterführen und ausbauen	Entwickeln Sie einen rechnerischen Ansatz zur Ermittlung der Koordinaten dieses Punkts.	B1 3. (208)
erklären	Sachverhalte o. Ä. unter Verwendung der Fachsprache auf fachliche Grundprinzipien oder kausale Zusammenhänge zurückführen	Erklären Sie die beiden vorgelegten Lösungen für die Bestimmung der gesuchten Wahrscheinlichkeit.	C 2. (219)
erläutern	Sachverhalte o. Ä. so darlegen und veranschaulichen, dass sie verständlich werden	Erläutern Sie die Bedeutung der Nullstellen und der Wendestelle von w im Sachzusammenhang.	A1 1.3 (189)
formulieren	eine Fragestellung, eine Strukturformel, eine Reaktionsgleichung oder einen Reaktionsmechanismus notieren	... formulieren Sie eine Entscheidungsregel im Sachzusammenhang.	C 3. (216)
herleiten	einen Sachverhalt oder ein Ergebnis aus gegebenen Daten oder Gesetzmäßigkeiten entwickeln	Leiten Sie ausgehend von der Information in der Aufgabenstellung die Funktionsgleichung einer Funktion k her ...	*LA 2015*

Operatoren	Definition	Beispiel	Aufgabe (S.)
prüfen	Sachverhalte, Aussagen oder Ergebnisse an Gesetzmäßigkeiten messen, verifizieren oder Widersprüche aufdecken	Prüfen Sie rechnerisch, ob diese Bedingung erfüllt ist.	*LA 2016*
skizzieren	eine grafische Darstellung so anfertigen, dass die wesentlichen Eigenschaften deutlich werden	Skizzieren Sie die Positionen des Flugzeugs zu den Zeitpunkten 14.02 Uhr und 14.10 Uhr in das Material.	B1 1.2 (208)
Stellung nehmen	zu einem Sachverhalt oder einer Aussage unter Verwendung von Fachwissen und Fachmethoden eine begründete Einschätzung geben und die eigenen Maßstäbe darlegen und begründen	Nehmen Sie begründet hierzu Stellung.	*LA 2012*
untersuchen	Sachverhalte unter bestimmten Aspekten betrachten	Untersuchen Sie, wie die Koordinaten des Verankerungspunkts S_1 gewählt werden müssen.	B2 2.2 (212)
vergleichen / gegenüberstellen	nach vorgegebenen oder selbst gewählten Gesichtspunkten Gemeinsamkeiten, Ähnlichkeiten und Unterschiede ermitteln und darstellen	Vergleichen Sie diesen Wert mit dem Ergebnis aus Aufgabe 3.2 und erklären Sie die Abweichung.	*LA 2016*
zeichnen	eine hinreichend exakte grafische Darstellung anfertigen	Zeichnen Sie den Graphen von w im Intervall [0 ; 45] in ein geeignetes Koordinatensystem.	A1 1.2 (189)
zeigen / bestätigen	einen Sachverhalt oder eine Behauptung unter Verwendung gültiger Schlussregeln oder Berechnungen auf bekannte, gültige Aussagen zurückführen	Zeigen Sie rechnerisch, dass die Ebene E die Fixpunktmenge der durch die Matrix P beschriebenen Abbildung ist.	B1 4.2 (209)
zuordnen	Sachverhalte begründet in einen genannten Zusammenhang stellen	Ordnen Sie die Graphen den entsprechenden Modellen zu.	A1 4. (197)

Basiswissen

A1 Potenz-, Sinus- und Kosinusfunktion und Exponentialfunktionen ableiten; LK zusätzlich: Logarithmusfunktionen ableiten.

Für das Ableiten gelten folgende Regeln:

(1) **Potenzregel für reelle Exponenten:**
Ist $f(x) = x^n$, $n \in \mathbb{R}$, dann gilt: $f'(x) = n \cdot x^{n-1}$.

Diese Regel gilt also nicht nur für natürliche Exponenten, sondern ebenso für beliebige ganzzahlige, für gebrochene und für irrationale Exponenten.

(2) Die Ableitung der Sinusfunktion ist gleich der Kosinusfunktion; die Ableitung der Kosinusfunktion ist gleich der negativen Sinusfunktion:
$f(x) = \sin(x) \Rightarrow f'(x) = \cos(x)$ $f(x) = \cos(x) \Rightarrow f'(x) = -\sin(x)$

(3) Die Ableitung der Exponentialfunktion zur Basis e (EULER'sche Zahl) stimmt mit der Funktion selbst überein: $f(x) = e^x \Rightarrow f'(x) = e^x$.

(4) (LK) Die Ableitung der Logarithmusfunktion zur Basis e ist gleich der Kehrwertfunktion:
$f(x) = \ln(x) \Rightarrow f'(x) = \frac{1}{x}$.

Beispiele zur Anwendung der Potenzregel:

$f(x) = x^5 \quad \Rightarrow f'(x) = 5 \cdot x^4$

$f(x) = \frac{1}{x} = x^{-1} \quad \Rightarrow f'(x) = (-1) \cdot x^{-2} = -\frac{1}{x^2}$

$f(x) = \frac{1}{x^3} = x^{-3} \quad \Rightarrow f'(x) = (-3) \cdot x^{-4} = -\frac{3}{x^4}$

$f(x) = \sqrt{x} = x^{\frac{1}{2}} \quad \Rightarrow f'(x) = \frac{1}{2} \cdot x^{-\frac{1}{2}} = \frac{1}{2\sqrt{x}}$

$f(x) = \frac{1}{\sqrt[3]{x}} = x^{-\frac{1}{3}} \quad \Rightarrow f'(x) = -\frac{1}{3} \cdot x^{-\frac{4}{3}} = -\frac{1}{3 \cdot \sqrt[3]{x^4}}$

A2 Einfache Funktionen mit der Summen- und Faktorregel und zusammengesetzte Funktionen mit der Produkt- und Kettenregel ableiten ableiten.

Für das Ableiten von Funktionen gelten folgende Regeln:

(1) **Summen- und Faktorregel (Linearität)**
$f(x) = k_1 \cdot f_1(x) + k_2 \cdot f_2(x) \Rightarrow f'(x) = k_1 \cdot f'_1(x) + k_2 \cdot f'_2(x)$

In Worten: Ein konstanter Faktor bleibt beim Ableiten erhalten. Die Ableitung einer Summe ist gleich der Summe der Ableitungen der Summanden.

(2) **Produktregel**
$f(x) = u(x) \cdot v(x) \Rightarrow f'(x) = u'(x) \cdot v(x) + u(x) \cdot v'(x)$

(3) Für geschachtelte Funktionsterme gilt eine besondere Ableitungsregel, die **Kettenregel:**

$f(x) = g(h(x)) \Rightarrow f'(x) = g'(h(x)) \cdot h'(x)$

Die äußere Funktion g wird abgeleitet und die innere Funktion h wie eine Variable behandelt. Dieser Term wird mit der Ableitung der inneren Funktion multipliziert.

Beispiele

(1) **Summen- und Faktorregel**
$f(x) = 5 \cdot x^3 + 4 \cdot x^2 \quad \Rightarrow f'(x) = 15 \cdot x^2 + 8 \cdot x$
$f(x) = \frac{3}{x^2} - 6 \cdot \sqrt{x} = 3 \cdot x^{-2} - 6 \cdot x^{\frac{1}{2}} \Rightarrow f'(x) = 3 \cdot (-2) \cdot x^{-3} - 6 \cdot \frac{1}{2} \cdot x^{-\frac{1}{2}} = -\frac{6}{x^3} - \frac{3}{\sqrt{x}}$
$f(x) = \log_2 x = \frac{\ln(x)}{\ln(2)} \Rightarrow f'(x) = \frac{1}{\ln(2)} \cdot \frac{1}{x} = \frac{1}{x \cdot \ln(2)}$

(2) **Folgerung für ganzrationale Funktionen:** Ist eine ganzrationale Funktion f gegeben durch $f(x) = a_n \cdot x^n + a_{n-1} \cdot x^{n-1} + \ldots + a_2 \cdot x^2 + a_1 \cdot x + a_0,\ n \in \mathbb{N}$, dann gilt:
$f'(x) = n \cdot a_n \cdot x^{n-1} + (n-1) \cdot a_{n-1} \cdot x^{n-2} + \ldots + 2 \cdot a_2 \cdot x + a_1$

(3) **Produktregel**
$f(x) = (2x + 5) \cdot e^x \;\Rightarrow\; f'(x) = 2 \cdot e^x + (2x + 5) \cdot e^x = (2x + 7) \cdot e^x$
$f(x) = (x^2 + 3x - 1) \cdot e^x \;\Rightarrow\; f'(x) = (2x + 3) \cdot e^x + (x^2 + 3x - 1) \cdot e^x = (x^2 + 5x + 2) \cdot e^x$

(4) **Kettenregel**
$f(x) = e^{-2x} \;\Rightarrow\; f'(x) = e^{-2x} \cdot (-2)$
$f(x) = e^{-x^2} \;\Rightarrow\; f'(x) = e^{-x^2} \cdot (-2x)$
$f(x) = 3^x = e^{x \cdot \ln(3)} \;\Rightarrow\; f'(x) = e^{x \cdot \ln(3)} \cdot \ln(3) = 3^x \cdot \ln(3)$

(5) **Produkt- und Kettenregel**
$f(x) = x^3 \cdot e^{-x} \;\Rightarrow\; f'(x) = 3x^2 \cdot e^{-x} + x^3 \cdot e^{-x} \cdot (-1) = (3x^2 - x^3) \cdot e^{-x}$
$f(x) = (x^2 + 1)^3 \cdot e^{-0,3x} \;\Rightarrow$
$f'(x) = 3 \cdot (x^2 + 1)^2 \cdot (2x) \cdot e^{-0,3x} + (x^2 + 1)^3 \cdot e^{-0,3x} \cdot (-0,3)$
$= (x^2 + 1)^2 \cdot e^{-0,3x} \cdot (6x - 0,3 \cdot (x^2 + 1))$
$= (x^2 + 1)^2 \cdot e^{-0,3x} \cdot (-0,3 \cdot x^2 + 6x - 0,3)$

A3 Die Tangentensteigung sowie die Gleichung einer Tangente an den Graphen einer Funktion bestimmen sowie (nur LK) die Tangente als lineare Approximation interpretieren.

Eine **Tangente** ist eine Gerade durch den Punkt eines Graphen, deren Steigung mit der des Graphen in diesem Punkt (dem Berührpunkt) übereinstimmt.

Die Gleichung der Geraden g, von der man die Steigung m und einen Punkt $(a|b)$ kennt, bestimmt man mithilfe der Punkt-Steigungsform: $g(x) = m \cdot (x - a) + b$.

Die Gleichung einer Tangente t an eine differenzierbare Funktion f im Punkt $(a|f(a))$ wird mithilfe der Ableitung $f'(a)$ bestimmt:

$t(x) = f'(a) \cdot (x - a) + f(a)$.

Wegen der guten Anpassung der Tangente an einen Graphen kann man in einer Umgebung um den betrachteten Punkt $(a|f(a))$ Funktionswerte von f näherungsweise mithilfe des linearen Funktionsterms $t(x)$ berechnen. Dies bezeichnet man als **lineare Approximation** durch die Tangente.

Beispiele

(1) Bestimmung der Tangente des Graphen der Funktion f mit
$f(x) = 0{,}5 \cdot x^3 - x^2 - 1$
an der Stelle $a = 2$:
Es gilt: $f(2) = -1$ und $f'(x) = 1{,}5 \cdot x^2 - 2x$, also
$f'(2) = 2$.
Daher ist
$t(x) = 2 \cdot (x - 2) - 1 = 2x - 4 - 1 = 2x - 5$
die Gleichung der Tangente t durch den Punkt $(2|-1)$.

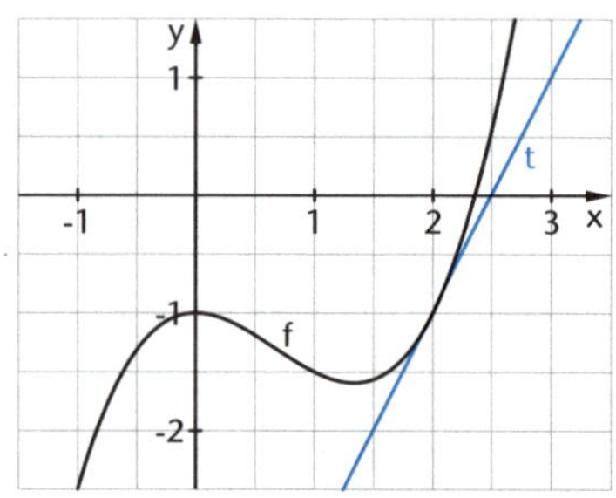

Die Funktionswerte von f und t unterscheiden sich in der Nähe des Punktes $(2|-1)$ nur wenig voneinander:
$f(1{,}9) \approx -1{,}18$ und $t(1{,}9) = -1{,}2$;
$f(2{,}1) \approx -0{,}78$ und $t(2{,}1) = -0{,}8$.

(2) Bestimmung der Tangente des Graphen der Funktion f mit
$f(x) = x^2 \cdot e^{-x}$
an der Stelle $a = -0{,}5$:
Es gilt: $f(-0{,}5) \approx 0{,}412$ und
$f'(x) = 2x \cdot e^{-x} + x^2 \cdot e^{-x} \cdot (-1) = (-x^2 + 2x) \cdot e^{-x}$, also
$f'(-0{,}5) \approx -2{,}061$.
Daher ist
$t(x) \approx -2{,}061 \cdot (x + 0{,}5) + 0{,}412 \approx -2{,}061\,x - 0{,}619$.

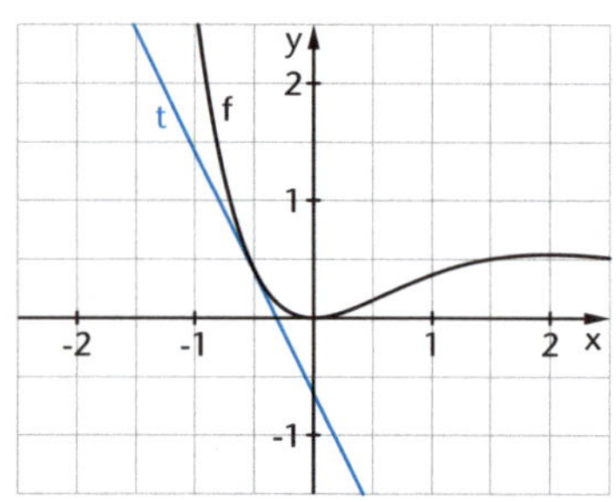

Die Funktionswerte von f und t unterscheiden sich in der Nähe des Punktes $(-0{,}5|0{,}412)$ nur wenig voneinander:
$f(-0{,}55) \approx 0{,}524$ und $t(-0{,}55) = 0{,}515$;
$f(-0{,}45) \approx 0{,}318$ und $t(-0{,}45) = 0{,}308$.

A4 Mittlere und momentane Änderungsraten angeben und berechnen.

Zeichnet man durch zwei Punkte $A(a|f(a))$ und $B(b|f(b))$ des Graphen einer Funktion f eine Gerade (also eine Sekante zum Graphen von f), so ist die Steigung dieser Geraden **die mittlere Änderungsrate der Funktion f im Intervall** [a; b], also:

$$\frac{f(b)-f(a)}{b-a}.$$

Die Ableitung einer Funktion an einer Stelle x_0 ist **die momentane Änderungsrate in** x_0 und der Grenzwert des Differenzenquotienten für $x \to x_0$:

$$f'(x_0) = \lim_{x \to x_0} \frac{f(x)-f(x_0)}{x-x_0}.$$

Dies kann man auch in der Form $f'(x_0) = \lim_{h \to 0} \frac{f(x_0+h)-f(x_0)}{h}$ beschreiben.

Beispiel 1 *Mittlere Änderungsrate*

$f(x) = x^3 - x^2 - 4x + 4;\ f(2) = 0;\ f(3) = 10.$

Die mittlere Änderungsrate der Funktion im Intervall [2; 3]:

$$\frac{f(3)-f(2)}{3-2} = \frac{10-0}{3-2} = 10.$$

Beispiele 2 *Momentane Änderungsrate*

(1) Die momentane Änderungsrate der Funktion f mit $f(x) = x^2$ an der Stelle x_0 berechnet sich wie folgt:
Der Differenzenquotient an einer Stelle x_0 (für $x \neq x_0$) ist

$$\frac{f(x)-f(x_0)}{x-x_0} = \frac{x^2-x_0^2}{x-x_0} = \frac{(x-x_0)\cdot(x+x_0)}{x-x_0} = x + x_0.$$

Daher ist die momentane Änderungsrate von f an der Stelle x_0 gleich

$$f'(x_0) = \lim_{x \to x_0}(x+x_0) = 2x_0.$$

(2) Die momentane Änderungsrate der Funktion f mit $f(x) = e^x$ an der Stelle x_0 ist gleich

$$f'(x) = \lim_{h \to 0} \frac{e^{x_0+h}-e^{x_0}}{h} = \lim_{h \to 0} \frac{e^{x_0}\cdot(e^h-1)}{h} = e^{x_0}\cdot \lim_{h \to 0}\frac{e^h-1}{h} = e^{x_0}\cdot 1 = e^{x_0}.$$

Hinweis: Dass der Grenzwert von $\lim_{h \to 0}\frac{e^h-1}{h}$ gleich 1 ist, kann man beispielsweise numerisch zeigen.

(3) In Anwendungssituationen haben Differenzenquotient und Differenzialquotient beispielsweise folgende Bedeutung:

Zuordnung durch die Funktion f	mittlere Änderungsrate in einem Intervall	lokale Änderungsrate in einem Punkt
Zeit → zurückgelegter Weg	Durchschnittsgeschwindigkeit in einem Zeitintervall	Momentangeschwindigkeit zu einem Zeitpunkt
Zeit → Geschwindigkeit	durchschnittliche Beschleunigung in einem Zeitintervall	Momentanbeschleunigung zu einem Zeitpunkt
Weg → Benzinverbrauch (Volumen)	durchschnittlicher Benzinverbrauch auf einer Wegstrecke	momentaner Benzinverbrauch
Zeit → eingefüllte Wassermenge	durchschnittliche Zuflussgeschwindigkeit in einem Zeitintervall	momentane Zuflussgeschwindigkeit zu einem Zeitpunkt
Zeit → Höhe einer Pflanze	durchschnittliche Wachstumsgeschwindigkeit in einem Zeitintervall	momentane Wachstumsgeschwindigkeit zu einem Zeitpunkt
Zeit → Temperatur	Durchschnittstemperatur in einem Zeitintervall	momentane Temperatur zu einem Zeitpunkt
Zeit → Besucherzahl	durchschnittliche Zunahme der Besucherzahl in einem Zeitintervall	momentane Zunahme der Besucherzahl zu einem Zeitpunkt

A5 Schnittwinkel eines Graphen mit der x-Achse bestimmen.

Als Schnittwinkel α eines Graphen mit der x-Achse bezeichnet man jeweils den spitzen Winkel der beiden Winkel, welche die Tangente in einer Nullstelle x_0 des Graphen mit der x-Achse bildet.
Aus dem Steigungsdreieck, das durch die Tangente gebildet wird, ergibt sich $\tan(\alpha) = m = f'(x_0)$ und hieraus dann $\alpha = \tan^{-1}(m) = \tan^{-1}(f'(x_0))$.
Da m auch negativ sein kann, definiert man allgemein:
$\alpha = |\tan^{-1}(f'(x_0))|$ als **Schnittwinkel des Graphen von f mit der x-Achse**

Beispiele

(1) Der Graph der Funktion f mit $f(x) = 0{,}25x^3 - 0{,}75x - 0{,}5$ hat eine Nullstelle bei $x_0 = 2$.
Die Steigung des Graphen an dieser Stelle, also die Steigung der Tangente, ist $f'(2) = 2{,}25$ (da $f'(x) = 0{,}75x^2 - 0{,}75$).
Daher ist $\alpha = \tan^{-1}(2{,}25) \approx 66{,}0°$.

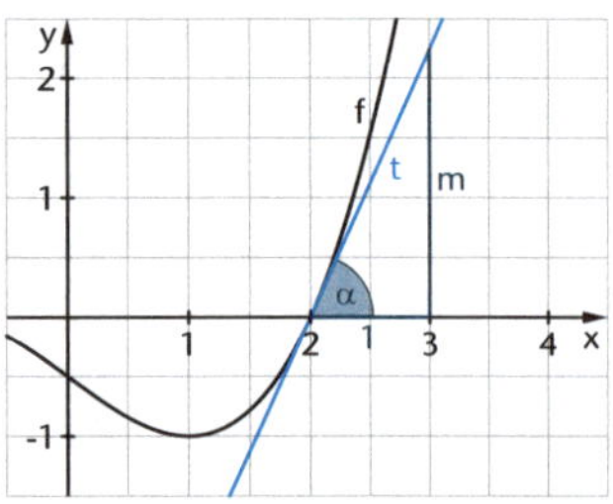

(2) Der Graph der Funktion f mit $f(x) = 2 - e^x$ hat eine Nullstelle bei $x_0 = \ln(2) \approx 0{,}693$.
Die Steigung des Graphen an dieser Stelle, also die Steigung der Tangente, ist $f'(\ln(2)) = -2$ (da $f'(x) = -e^x$).
Daher ist $\alpha = |\tan^{-1}(-2)| \approx 63{,}4°$.

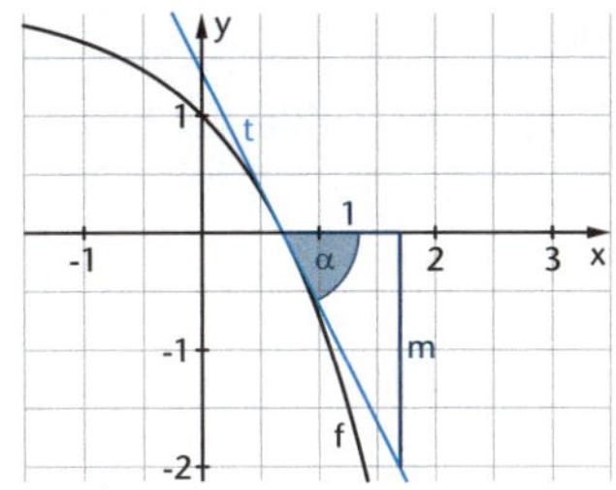

Hinweis: Um Winkel zu bestimmen, muss der WTR-Mode auf DEG eingestellt werden.

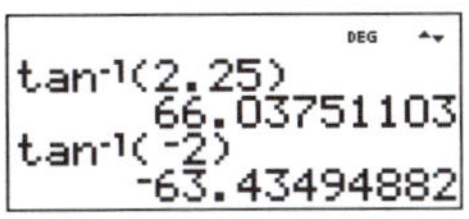

A6 Nur LK: Bei abschnittsweise definierten Funktionen überprüfen können, ob die Übergänge stetig, differenzierbar bzw. ruckfrei sind.

Bei abschnittsweise definierten Funktionen ist der Definitionsbereich unterteilt in aneinander anschließende Intervalle, auf denen die Funktion jeweils durch einen anderen Funktionsterm definiert ist.
Die Übergänge zwischen den verschiedenen Abschnitten können stetig, differenzierbar oder ruckfrei sein.
Eine Funktion f sei für $x < a$ definiert durch den Funktionsterm $f_1(x)$ und für $x \geq a$ durch den Funktionsterm $f_2(x)$. Gilt an dieser Übergangsstelle a zwischen den Definitionsbereichen, dass

- $\lim\limits_{x \to a} f_1(x) = \lim\limits_{x \to a} f_2(x)$, dann ist der Übergang **stetig** (nahtlos), d. h., an der Übergangsstelle stimmen die Funktionswerte überein;
- $\lim\limits_{x \to a} f_1(x) = \lim\limits_{x \to a} f_2(x)$ und $\lim\limits_{x \to a} f_1'(x) = \lim\limits_{x \to a} f_2'(x)$, dann ist der Übergang **differenzierbar** (glatt, knickfrei), d. h., an der Übergangsstelle stimmen die Funktionswerte sowie die (Tangenten-)Steigungen überein;
- $\lim\limits_{x \to a} f_1(x) = \lim\limits_{x \to a} f_2(x)$, $\lim\limits_{x \to a} f_1'(x) = \lim\limits_{x \to a} f_2'(x)$ und $\lim\limits_{x \to a} f_1''(x) = \lim\limits_{x \to a} f_2''(x)$, dann ist der Übergang (krümmungs-)**ruckfrei**, d. h., an der Übergangsstelle stimmen die Funktionswerte, die (Tangenten-)Steigungen sowie die Krümmungen der Graphen überein.

Beispiele

$f_1(x) = -x + 1$ für $x < 1$
$f_2(x) = x^2 - 4x + 2$ für $x \geq 1$

Der Übergang an der Stelle $x = 1$ ist nicht stetig:
$\lim\limits_{x \to 1} f_1(x) = 0 \neq -1 = f_2(1)$

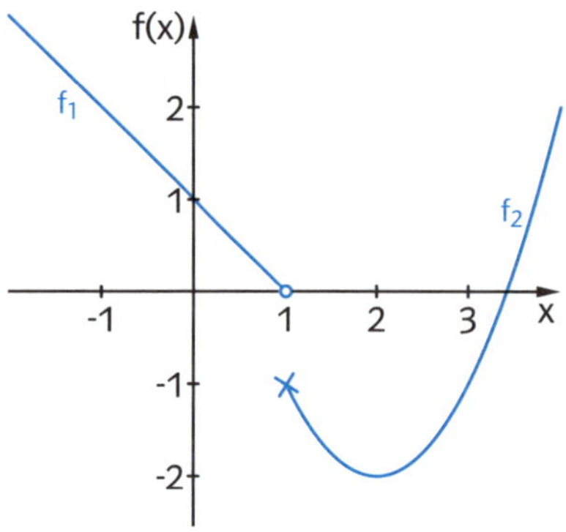

$f_1(x) = -x + 2$ für $x < 1$
$f_2(x) = -x^2 + 4x - 2$ für $x \geq 1$

Der Übergang an der Stelle $x = 1$ ist nahtlos, aber nicht knickfrei:
$\lim\limits_{x \to 1} f_1(x) = 1 = f_2(1)$

$\lim\limits_{x \to 1} f_1'(x) = -1 \neq +2 = \lim\limits_{x \to 1} f_2'(x)$

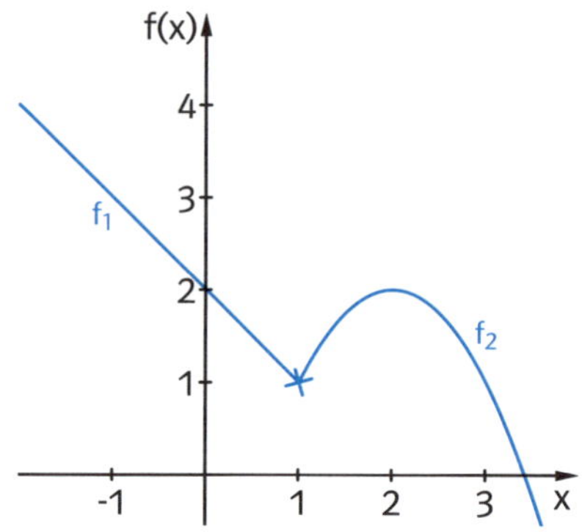

$f_1(x) = x^3$ für $x < 1$
$f_2(x) = -1{,}5x^2 + 6x - 3{,}5$ für $x \geq 1$

Der Übergang an der Stelle $x = 1$ ist knickfrei, aber nicht ruckfrei:
$\lim\limits_{x \to 1} f_1(x) = 1 = f_2(1)$

$\lim\limits_{x \to 1} f_1'(x) = 3 = \lim\limits_{x \to 1} f_2'(x)$

$\lim\limits_{x \to 1} f_1''(x) = 6 \neq -3 = \lim\limits_{x \to 1} f_2''(x)$

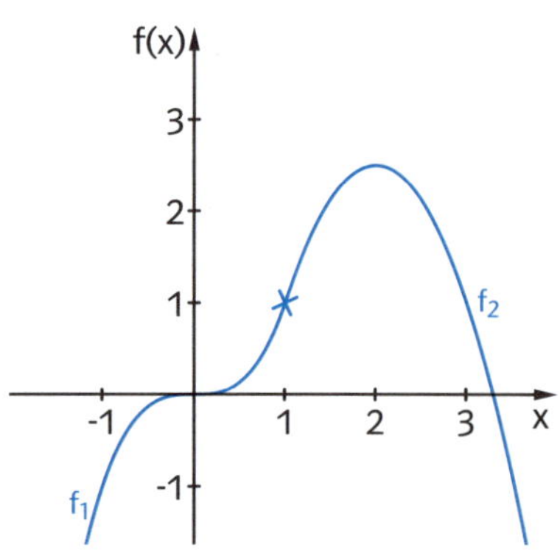

$f_1(x) = \frac{1}{3}x^3 - x$ für $x < 1$

$f_2(x) = x^2 - 2x + \frac{1}{3}$ für $x \geq 1$

Der Übergang an der Stelle $x = 1$ ist ruckfrei:

$\lim\limits_{x \to 1} f_1(x) = -\frac{2}{3} = f_2(1)$

$\lim\limits_{x \to 1} f_1'(x) = 0 = \lim\limits_{x \to 1} f_2'(x)$

$\lim\limits_{x \to 1} f_1''(x) = 2 = \lim\limits_{x \to 1} f_2''(x)$

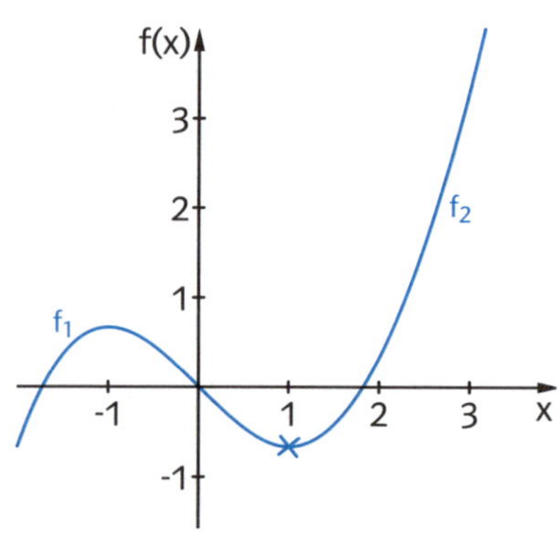

B1 Graphen auf Symmetrie untersuchen.

- *Achsensymmetrie zur y-Achse:*
  Der Graph der Funktion f ist achsensymmetrisch zur y-Achse, wenn für alle x aus dem Definitionsbereich von f gilt:

  $f(-x) = f(x)$.

  Für ganzrationale Funktionen f gilt zusätzlich:
  Der Graph von f ist genau dann achsensymmetrisch zur y-Achse, wenn der Funktionsterm f(x) nur Potenzen von x mit geraden Exponenten enthält.

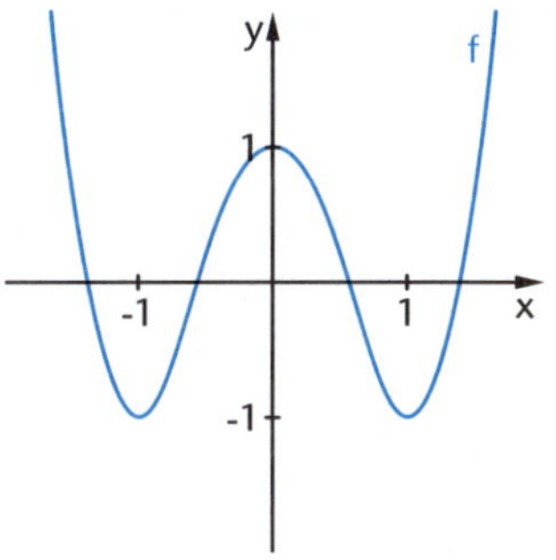

- *Punktsymmetrie zum Ursprung:*
  Der Graph der Funktion f ist punktsymmetrisch zum Ursprung, wenn für alle x aus dem Definitionsbereich von f gilt:

  $f(-x) = -f(x)$.

  Für ganzrationale Funktionen f gilt zusätzlich:
  Der Graph von f ist genau dann punktsymmetrisch zum Ursprung, wenn der Funktionsterm f(x) nur Potenzen von x mit ungeraden Exponenten enthält.

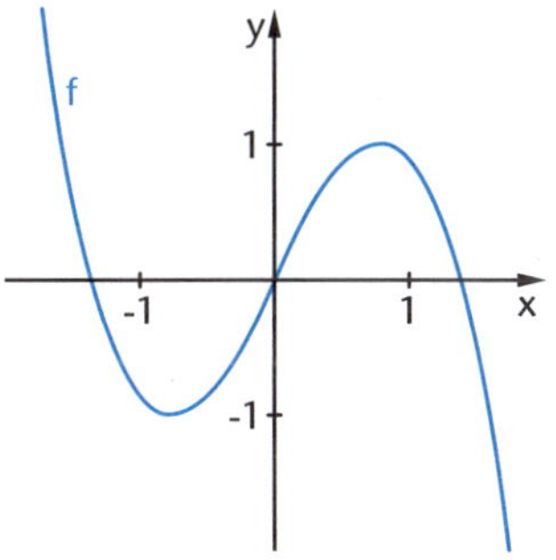

Beispiele

Der Graph der Funktion f mit $f(x) = x^4 - 2x^2 + 1$ ist achsensymmetrisch zur y-Achse, da im Funktionsterm nur gerade Exponenten auftreten. Dabei kann der letzte Summand 1 gedeutet werden als $1 \cdot x^0$ (0 ist eine gerade Zahl!).

Der Graph der Funktion g mit $g(x) = x^3 - 2x$ ist punktsymmetrisch zum Ursprung, da im Funktionsterm nur ungerade Exponenten auftreten.

Der Graph der Funktion h mit $h(x) = x^2 - 2x - 1$ ist weder achsensymmetrisch zur y-Achse noch punktsymmetrisch zum Ursprung, da im Funktionsterm sowohl gerade als auch ungerade Exponenten auftreten.

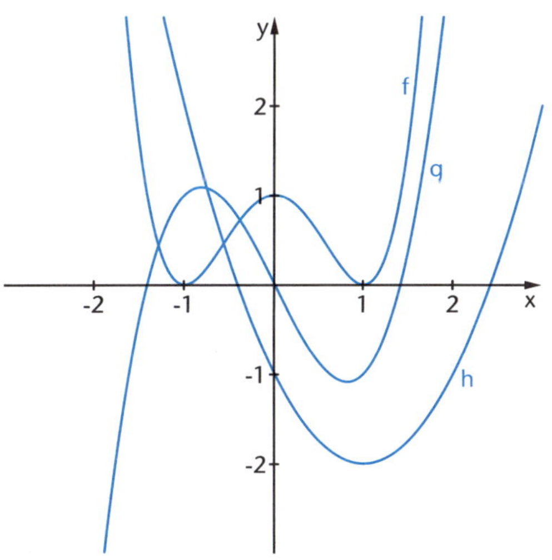

B2 Schnittpunkte des Graphen mit der x-Achse, Schnittpunkte zweier Graphen und Berührpunkte von Graphen berechnen sowie diese im Sachzusammenhang interpretieren.

- *Schnittpunkte mit der x-Achse:*
  Zur Bestimmung der Schnittpunkte des Graphen der Funktion f mit der x-Achse wird der Funktionsterm f(x) gleich null gesetzt und die sich ergebende Gleichung $f(x) = 0$ nach x aufgelöst.
  Als Lösungen der Gleichung erhält man die Nullstellen x_{N_1}, x_{N_2}, x_{N_3}, ... der Funktion. Die Schnittpunkte des Graphen mit der x-Achse sind $(x_{N_1}|0)$, $(x_{N_2}|0)$, $(x_{N_3}|0)$, ...

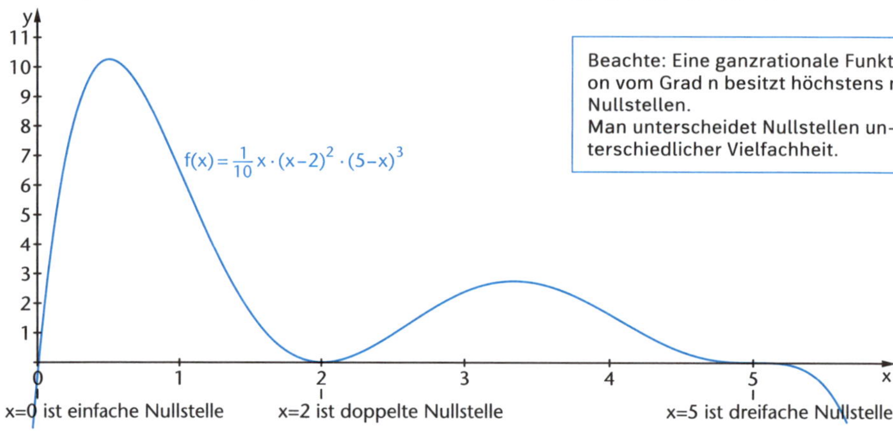

Beachte: Eine ganzrationale Funktion vom Grad n besitzt höchstens n Nullstellen.
Man unterscheidet Nullstellen unterschiedlicher Vielfachheit.

  Falls die Nullstellen algebraisch bestimmt werden sollen, kann eines der folgenden Verfahren bei der Lösung hilfreich sein:
  - Klammere, falls möglich, x (oder sogar x^2, x^3, ...) im gesamten Funktionsterm aus.
  - Löse eine quadratische Gleichung mit dem Verfahren der quadratischen Ergänzung, mit der p-/q-Formel oder mit dem Satz von VIETA.
  - Kennt man ganzzahlige Nullstellen, dann kann man den Funktionsterm teilweise mithilfe von Linearfaktoren darstellen und dann einen Koeffizientenvergleich vornehmen.

- *Schnittpunkte zweier Graphen:*
  Sind zwei Funktionen f und g gegeben, dann bestimmt man die Schnittpunkte der Graphen durch Lösen der Gleichung $f(x) = g(x)$.
  Wenn man die Gleichung umformt, sodass auf der linken Seite ein Term steht, und auf der rechten Seite null, dann wird das Problem „Schnittstellen zweier Graphen berechnen" zum Problem „Nullstellen bestimmen", vgl. Lösungsverfahren in Punkt 1.
  Anschließend darf man nicht vergessen, die y-Koordinaten der Schnittpunkte zu bestimmen, wenn dieses verlangt ist. Dazu setzt man die erhaltenen Schnittstellen (x-Koordinaten) in die Funktionsgleichung von f oder g ein, oder man macht beides zur Kontrolle, denn es muss in beiden Fällen das gleiche Ergebnis herauskommen.

- *Berührpunkte zweier Graphen:*
  Wenn sich die Graphen der Funktionen f und g in einem gemeinsamen Punkt $(x_B|f(x_B))$ nur berühren, dann haben die beiden Graphen nicht nur einen Punkt $(x_B|f(x_B))$ gemeinsam, sondern auch die Tangenten stimmen in diesem gemeinsamen Punkt überein. Es gilt daher $f(x_B) = g(x_B)$ und $f'(x_B) = g'(x_B)$.

Beispiel 1 *Schnittpunkte mit der x-Achse*

- Um die Schnittpunkte des Graphen von f mit $f(x) = -x^3 + 4x^2$ und der x-Achse zu ermitteln, hilft das Ausklammern von $-x^2$:
  $f(x) = 0 \Leftrightarrow -x^3 + 4x^2 = 0 \Leftrightarrow -x^2 \cdot (x - 4) = 0 \Leftrightarrow x = 0 \vee x = 4$.
  Dabei ist $x = 0$ eine doppelte und $x = 4$ eine einfache Nullstelle.
  Die Schnittpunkte mit der x-Achse lauten: $(0|0)$ und $(4|0)$.
- Um die Schnittpunkte des Graphen von g mit $g(x) = x^3 - 4x^2 - 4x + 16$ und der x-Achse zu ermitteln, versucht man, die erste Nullstelle zu erraten: $x = 2$. Der Funktionsterm lässt sich dann darstellen in der Form $(x - 2) \cdot (x^2 + ax + b)$. Nach Ausmultiplizieren findet man durch Koeffizientenvergleich oder Polynomdivision: $a = -2$ und $b = -8$.
  Man erhält alle Nullstellen nach Lösen der quadratischen Gleichung:
  $x^2 - 2x - 8 = 0 \Leftrightarrow x = -2 \vee x = 4$.
  Also: $g(x) = 0 \Leftrightarrow x^3 - 4x^2 - 4x + 16 = 0 \Leftrightarrow (x - 2) \cdot (x^2 - 2x - 8) = 0$
  $\Leftrightarrow x = 2 \vee x^2 - 2x - 8 = 0 \Leftrightarrow x = 2 \vee x = -2 \vee x = 4$.
  Alle Nullstellen sind einfache Nullstellen.
  Die Schnittpunkte mit der x-Achse lauten: $(-2|0)$, $(2|0)$ und $(4|0)$.

Beispiel 2 *Schnittpunkte zweier Graphen*

Bestimmen der Schnittpunkte der Graphen von f mit $f(x) = -x^3 + 4x^2$ und g mit $g(x) = x^3 - 4x^2 - 4x + 16$:
Die Vereinfachung von $f(x) = g(x)$ führt zur Gleichung $2x^3 - 8x^2 - 4x + 16 = 0$.
Diese hat die Lösung $x = 4$ (wie man durch Probieren/Einsetzen herausfindet oder ggf. auch aus der Untersuchung der Nullstellen der Funktionen f und g weiß).
Der Funktionsterm lässt sich dann darstellen in der Form $2(x - 4) \cdot (x^2 + ax + b)$.
Durch Koeffizientenvergleich oder Polynomdivision ergibt sich: $a = 0$ und $b = -2$.
Also: $f(x) = g(x) \Leftrightarrow -x^3 + 4x^2 = x^3 - 4x^2 - 4x + 16 \Leftrightarrow 2x^3 - 8x^2 - 4x + 16 = 0$
$\Leftrightarrow 2(x - 4)(x^2 - 2) = 0 \Leftrightarrow x = 4 \vee x = -\sqrt{2} \vee x = \sqrt{2}$.
Mit $f(-\sqrt{2}) \approx 10{,}83$, $f(\sqrt{2}) \approx 5{,}17$ und $f(4) = 0$ erhält man die Schnittpunkte der Graphen von f und g: $(-\sqrt{2}|10{,}83)$, $(\sqrt{2}|5{,}17)$ und $(4|0)$.

Beispiel 3 *Berührpunkt zweier Graphen*

Als Schnittpunkte der Graphen f mit $f(x) = -x^3 + 4x^2$ und h mit $h(x) = x^2 + 4$ erhält man die Punkte $(2|8)$ und $(-1|5)$.
Da außerdem $f'(2) = h'(2) = 4$, ist der Punkt $(2|8)$ ein Berührpunkt der beiden Graphen.

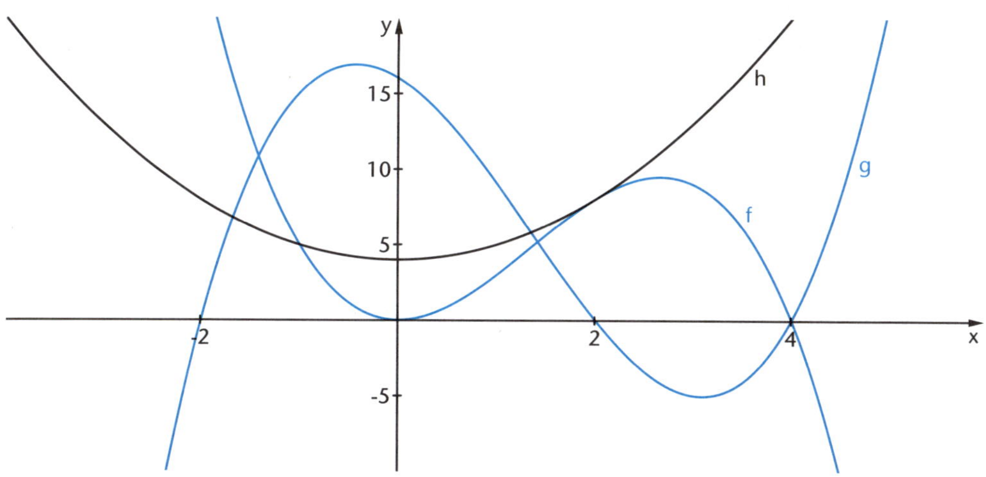

B3 Graphen auf Monotonie und auf lokale und absolute Extrempunkte untersuchen und diese im Sachzusammenhang interpretieren.

Wir betrachten eine auf dem Intervall I differenzierbare Funktion f.

- *Monotonie:*
  Der Graph von f ist auf dem Intervall I ...
  ... streng monoton steigend genau dann, wenn $f'(x) > 0$ für alle $x \in I$.
  ... streng monoton fallend genau dann, wenn $f'(x) < 0$ für alle $x \in I$.

Die Umkehrung dieser Aussage ist nicht richtig. Beispiel: Der Graph von $f(x) = x^3$ ist streng monton steigend auf $\mathbb{R}$, aber es gilt: $f'(0) = 0$.

- *Lokale Extrempunkte:*
  Notwendige Bedingung:
  Wenn f an der inneren Stelle x_0 einen Extremwert hat, so gilt $f'(x_0) = 0$.

  Die Bedingung $f'(x) = 0$ bedeutet anschaulich, dass die Tangente an der Extremstelle parallel zur x-Achse verläuft.

  Hinreichende Bedingung (mit der zweiten Ableitung):
  Falls $f'(x_0) = 0$ und $f''(x_0) > 0$ [$f''(x_0) < 0$], so befindet sich an der Stelle x_0 ein lokales Minimum [Maximum].

  Hinreichende Bedingung (Vorzeichenwechselkriterium):
  Falls $f'(x_0) = 0$ und f′ einen Vorzeichenwechsel (VZW) von – nach + VZW [von + nach –] hat, so befindet sich an der Stelle x_0 ein lokales Minimum [Maximum].

- *Absolute Extrempunkte:*
  Vergleicht man alle lokalen Minima [Maxima] und die Funktionswerte an den Rändern des Intervalls I, so ist der kleinste [größte] Wert daraus das absolute Minimum [Maximum].

Bei der Untersuchung von Extremstellen in einem Sachzusammenhang, der mit einer mathematischen Funktion beschrieben wird, können diese im Kontext gedeutet werden.

Beispiel 1 *Bestimmung von Extrempunkten*

Gegeben ist die Funktion f mit

$f(x) = \frac{1}{9}(2x^3 - 15x^2 + 24x + 25)$.

Die Ableitungen sind:

$f'(x) = \frac{1}{9}(6x^2 - 30x + 24) = \frac{2}{3}(x^2 - 5x + 4) = \frac{2}{3}(x-1)(x-4)$

und

$f''(x) = \frac{2}{3}(2x - 5)$.

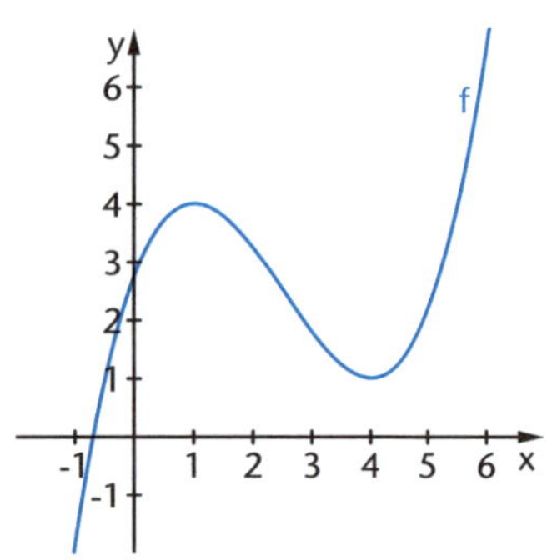

Untersuchung auf Monotonie mit einer Vorzeichentabelle für f′:
Zuerst werden die Nullstellen der ersten Ableitung bestimmt:
$f'(x) = 0 \Leftrightarrow x^2 - 5x + 4 = 0 \Leftrightarrow (x-1)(x-4) = 0 \Leftrightarrow x = 1 \vee x = 4$.
Mit einer Vorzeichentabelle kann das Vorzeichen der ersten Ableitung auf den Teilintervallen zwischen und neben deren Nullstellen bestimmt werden. Dazu bestimmt man jeweils das Vorzeichen aller Linearfaktoren von f′ auf den Teilintervallen und erhält daraus leicht das Vorzeichen von f′.

	$x < 1$	$x = 1$	$1 < x < 4$	$x = 4$	$x > 4$
$(x-1)$	$-$	0	$+$		$+$
$(x-4)$	$-$		$-$	0	$+$
f'	$+$	0	$-$	0	$+$
		$+/-$ VZW		$-/+$ VZW	

Also ist f streng monoton wachsend für $x < 1$ und für $x > 4$ und streng monoton fallend für $1 < x < 4$.
Mit dem Vorzeichenwechselkriterium folgt bereits aus dieser Tabelle, dass an der Stelle $x = 1$ ein lokales Maximum und an der Stelle $x = 4$ ein lokales Minimum vorliegt.

Untersuchung auf lokale Extrempunkte mit der zweiten Ableitung:
Notwendige Bedingung: $f'(x) = 0 \Leftrightarrow x^2 - 5x + 4 = 0 \Leftrightarrow (x-1)(x-4) = 0 \Leftrightarrow x = 1 \vee x = 4$
Hinreichende Bedingung: Da $f'(1) = 0 \wedge f''(1) = -2 < 0$, liegt an der Stelle $x = 1$ ein lokales Maximum vor.
Da $f'(4) = 0 \wedge f''(4) = 2 > 0$, liegt an der Stelle $x = 4$ ein lokales Minimum vor.
Mit $f(1) = 4$ und $f(4) = 1$ erhält man den lokalen Hochpunkt $H(1|4)$ und den lokalen Tiefpunkt $T(4|1)$.

Beispiel 2 *Untersuchung von Extrema in einem Sachzusammenhang*

Eine besondere Silvesterrakete wird senkrecht nach oben abgeschossen und beim Start kurz beschleunigt. Sie schlägt nach 6 Sekunden wieder auf dem Boden auf. Während des freien Fluges kann die Höhe der Rakete über dem Boden näherungsweise durch die Funktion h mit $h(t) = 30t - 5t^2$ beschrieben werden. Dabei wird die Höhe h in Metern und die Zeit t in Sekunden angegeben. Wie hoch fliegt die Rakete?

Gesucht ist also das absolute Maximum der Funktion h auf dem Intervall [0;6]:
Ableitungen: $h'(t) = 30 - 10t$ und $h''(t) = -10$
Notwendige Bedingung: $h'(t) = 0 \Leftrightarrow 30 - 10t = 0 \Leftrightarrow t = 3$
Hinreichende Bedingung: Da $h'(3) = 0 \wedge h''(3) = -10 < 0$, liegt an der Stelle $t = 3$ ein lokales Maximum vor.
Da der Graph von h eine nach unten geöffnete Parabel ist oder durch Vergleich von $h(3) = 45$ mit den Funktionswerten $h(0) = 0$ und $h(6) = 0$ an den Rändern des Intervalls folgt, dass an der Stelle $t = 3$ ein absolutes Maximum vorliegt.

Also fliegt die Rakete 45 m hoch.

Beispiel 3 *Extrempunkte bei Exponentialfunktionen*

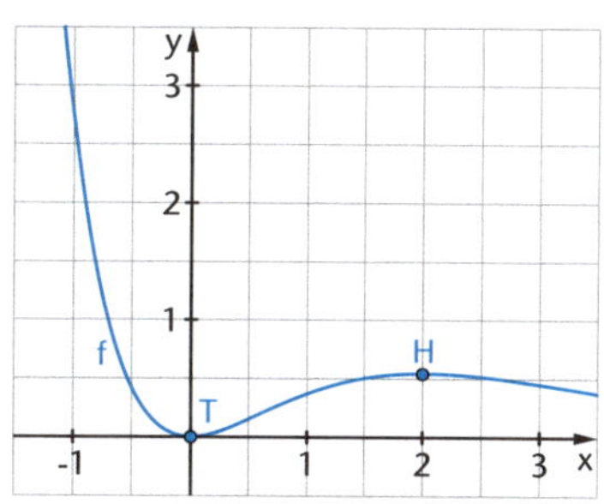

Gegeben ist die Funktion f mit $f(x) = x^2 \cdot e^{-x}$.
Die Ableitungen erhält man durch die Anwendung der Produkt- und Kettenregel:
$f'(x) = 2x \cdot e^{-x} - x^2 \cdot e^{-x} = (2x - x^2) \cdot e^{-x} = x \cdot (2 - x) \cdot e^{-x}$
$f''(x) = (2 - 2x) \cdot e^{-x} - (2x - x^2) \cdot e^{-x} = (x^2 - 4x + 2) \cdot e^{-x}$
Durch die Anwendung der notwendigen Bedingung $f'(x) = 0 \Leftrightarrow x = 0 \vee x = 2$ erhält man zwei Kandidaten für lokale Extremstellen, die nun weiter untersucht werden.
Mit der hinreichenden Bedingung $f'(0) = 0 \wedge f''(0) = 2 > 0$ ist nachgewiesen, dass an der Stelle $x = 0$ ein lokales Minimum vorliegt. Mit $f'(2) = 0 \wedge f''(2) = -2 \cdot e^{-2} < 0$ wird gezeigt, dass an der Stelle $x = 2$ ein lokales Maximum vorliegt. Durch Einsetzen der Extremstellen in die Funktionsgleichung erhält man den lokalen Tiefpunkt $T(0|0)$ und den lokalen Hochpunkt $H(2|4 \cdot e^{-2})$.

B4 Graphen auf ihr Krümmungsverhalten und auf Wende- und Sattelpunkte untersuchen und diese im Sachzusammenhang interpretieren. Die Wendestelle als Stelle mit extremaler Änderungsrate identifizieren.

Wir betrachten eine Funktion f und ihre Ableitungen.

Der Graph von f heißt auf I linksgekrümmt [rechtsgekrümmt] genau dann, wenn f′ auf I streng monoton steigend [fallend] ist.

- *Kriterium für das Krümmungsverhalten:*
  Wenn $f''(x) > 0$ [$f''(x) < 0$] für alle $x \in I$ gilt, dann ist der Graph von f auf I linksgekrümmt [rechtsgekrümmt].
  Die Umkehrung des Satzes ist nicht richtig. Beispiel: Der Graph von $f(x) = x^4$ ist auf $\mathbb{R}$ linksgekrümmt, aber $f''(0) = 0$.
- *Wendepunkte:*
  Notwendige Bedingung:
  Wenn x_0 eine Wendestelle von f ist, so gilt $f''(x_0) = 0$.

  Wendestellen sind also Extremstellen der ersten Ableitung.

  Hinreichende Bedingung (mit der dritten Ableitung):
  Falls $f''(x_0) = 0$ und $f'''(x_0) \neq 0$, so liegt an der Stelle x_0 eine Wendestelle vor.

  Hinreichende Bedingung (Vorzeichenwechselkriterium):
  Falls $f''(x_0) = 0$ und f″ einen Vorzeichenwechsel (VZW) hat, so liegt an der Stelle x_0 eine Wendestelle vor.
- *Sattelpunkte:*
  Sattelpunkte sind Wendepunkte mit einer zur x-Achse parallelen Tangente.
  Daher gilt die **hinreichende Bedingung**:
  Falls $f'(x_0) = 0$ und $f''(x_0) = 0$ und $f'''(x_0) \neq 0$, so befindet sich an der Stelle x_0 ein Sattelpunkt.

Bei der Untersuchung von Wendestellen in einem Sachzusammenhang, der mit einer mathematischen Funktion beschrieben wird, können diese als Stellen mit maximaler oder minimaler Änderungsrate im Kontext gedeutet werden.

Beispiel 1 *Bestimmung des Krümmungsverhaltens und von Wendepunkten*

Gegeben ist die Funktion f mit $f(x) = \frac{1}{4}x^4 - x^3 + 4x$.

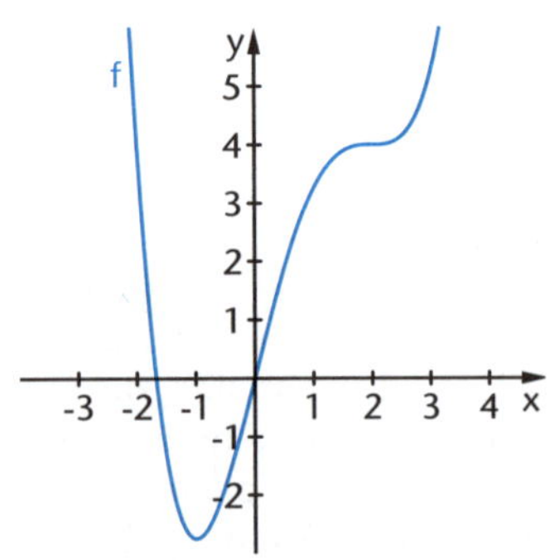

Die Ableitungen sind:
$f'(x) = x^3 - 3x^2 + 4$
$f''(x) = 3x^2 - 6x = 3x(x - 2)$
$f'''(x) = 6x - 6 = 6(x - 1)$

Untersuchung des Krümmungsverhaltens mit einer Vorzeichentabelle für f″:
Zuerst werden die Nullstellen der zweiten Ableitung bestimmt:
$f''(x) = 0 \Leftrightarrow 3x^2 - 6x = 0 \Leftrightarrow 3x(x - 2) = 0 \Leftrightarrow x = 0 \vee x = 2$

Mit einer Vorzeichentabelle kann das Vorzeichen der zweiten Ableitung auf den Teilintervallen zwischen und neben deren Nullstellen bestimmt werden. Dazu bestimmt man jeweils das Vorzeichen aller Linearfaktoren von f″ auf den Teilintervallen und erhält daraus leicht das Vorzeichen von f″. Hier sind also die Linearfaktoren (x) und (x – 2) zu untersuchen:

	x < 0	**x = 0**	**0 < x < 2**	**x = 2**	**x > 2**
(x)	–	0	+		+
(x – 2)	–		–	0	+
f″	+	0	–	0	+
		+/– VZW		–/+ VZW	

Also ist der Graph von f für $x < 0$ sowie für $x > 2$ linksgekrümmt und für $0 < x < 2$ rechtsgekrümmt.
Mit dem Vorzeichenwechselkriterium folgt bereits aus dieser Tabelle, dass $x = 0$ und $x = 2$ Wendestellen sind.

Untersuchung auf Wendepunkte mit der dritten Ableitung:
Notwendige Bedingung: $f''(x) = 0 \Leftrightarrow 3x^2 - 6x = 0 \Leftrightarrow 3x(x-2) = 0 \Leftrightarrow x = 0 \vee x = 2$
Hinreichende Bedingung: Da $f''(0) = 0 \wedge f'''(0) = -6 < 0$, ist $x = 0$ eine Wendestelle.
Da $f''(2) = 0 \wedge f'''(2) = 6 > 0$, ist $x = 2$ eine Wendestelle, da zusätzlich $f'(2) = 0$, liegt hier sogar ein Sattelpunkt vor.
Mit $f(0) = 0$ und $f(2) = 4$ erhält man den Wendepunkt $W(0|0)$ und den Sattelpunkt $S(2|4)$.

Beispiel 2 *Untersuchung auf Wendestellen in einem Sachzusammenhang*

Der Temperaturverlauf an einem Frühlingstag kann näherungsweise beschrieben werden durch die Funktion f mit $f(t) = 0{,}00067\,t^4 - 0{,}038\,t^3 + 0{,}6\,t^2 - 1{,}7\,t + 15{,}8$.
Dabei wird die Zeit t in Stunden und die Temperatur f(t) in °C angegeben.
Zu welchem Zeitpunkt ist der Temperaturanstieg am größten gewesen?

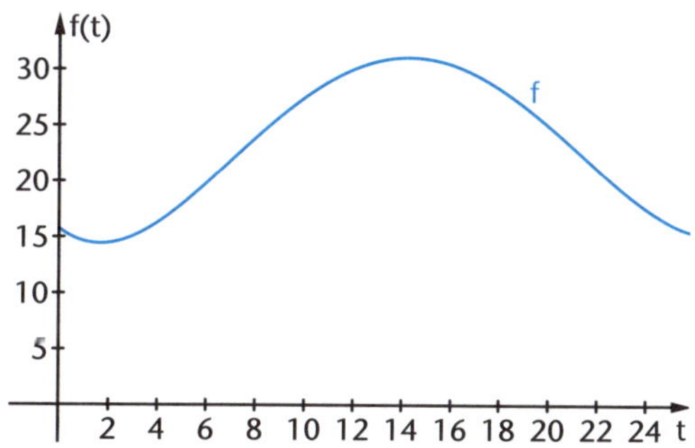

Hier ist nach einer Extremstelle der ersten Ableitung, also nach einer Wendestelle gefragt. Zusätzlich muss die erste Ableitung dort positiv sein, da ein Temperaturanstieg vorliegen soll.

Ableitungen:
$f'(t) = 0{,}00268\,t^3 - 0{,}114\,t^2 + 1{,}2\,t - 1{,}7$
$f''(t) = 0{,}00804\,t^2 - 0{,}228\,t + 1{,}2$
$f'''(t) = 0{,}01608\,t - 0{,}228$

Notwendige Bedingung:
$f''(t) = 0 \Leftrightarrow 0{,}00804\,t^2 - 0{,}228\,t + 1{,}2 = 0 \Leftrightarrow$
$t^2 - 28{,}358\,t + 149{,}254 = 0 \Leftrightarrow$
$t \approx 14{,}179 \pm \sqrt{51{,}79} \Leftrightarrow$
$t_1 \approx 7{,}0 \vee t_2 \approx 21{,}4$

Hinreichende Bedingung: Da $f''(t_1) = 0 \wedge f'''(t_1) = -0{,}116 < 0$ ist $t_1 \approx 7{,}0$ eine Wendestelle.
Da $f''(t_2) = 0 \wedge f'''(t_2) = 0{,}116 > 0$ ist $t_2 \approx 21{,}4$ eine Wendestelle.

Weiterhin ist $f'(t_1) \approx 2{,}03$ und $f'(t_2) \approx -1{,}96$.
Der Temperaturanstieg war also um 7 Uhr mit etwa $2{,}03\ \frac{°C}{h}$ am größten.

Beispiel 3 *Wendepunkte bei Exponentialfunktionen*

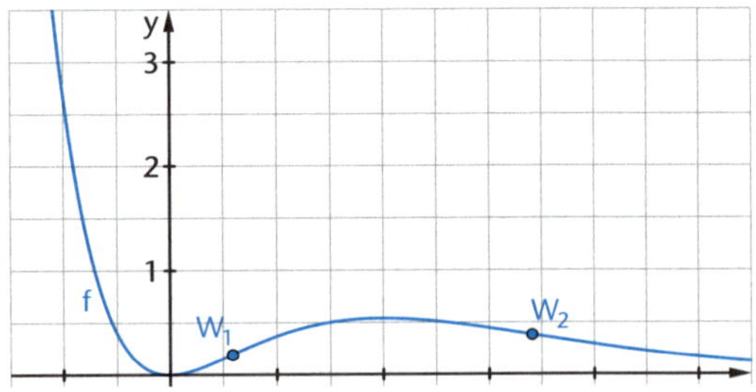

Gegeben ist die Funktion f mit
$f(x) = x^2 \cdot e^{-x}$.
Die Ableitungen erhält man durch die Anwendung der Produkt- und Kettenregel:

$f'(x) = (-x^2 + 2x) \cdot e^{-x}$,
$f''(x) = (x^2 - 4x + 2) \cdot e^{-x}$,
$f'''(x) = (2x - 4) \cdot e^{-x} - (x^2 - 4x + 2) \cdot e^{-x}$
$= (-x^2 + 6x - 6) \cdot e^{-x}$

Durch die Anwendung der notwendigen Bedingung
$f''(x) = 0 \Leftrightarrow (x^2 - 4x + 2) = 0 \Leftrightarrow x = 2 - \sqrt{2} \approx 0{,}59 \vee x = 2 + \sqrt{2} \approx 3{,}41$ erhält man zwei Kandidaten für Wendestellen, die nun weiter untersucht werden.
Mit den hinreichenden Bedingungen $f''(2 - \sqrt{2}) = 0 \wedge f'''(2 - \sqrt{2}) \approx -1{,}57 \neq 0$ und
$f''(2 - \sqrt{2}) = 0 \wedge f'''(2 - \sqrt{2}) \approx 0{,}09 \neq 0$ ist nachgewiesen, dass die betrachteten Stellen Wendestellen sind.
Durch Einsetzen der Wendestellen in die Funktionsgleichung erhält man die Wendepunkte
$W_1(0{,}59\,|\,0{,}19)$ und $W_2(3{,}41\,|\,0{,}38)$.

B5 Asymptotisches Verhalten bei Exponentialfunktionen untersuchen.

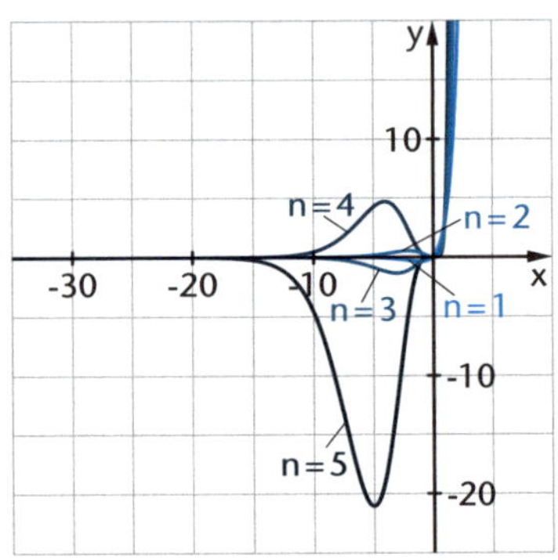

Für die Exponentialfunktion f mit $f(x) = e^x$ gilt:
$\lim\limits_{x \to -\infty} e^x = 0$ und $\lim\limits_{x \to +\infty} e^x = +\infty$.

Die Annäherung des Graphen von $f(x) = e^x$ an die x-Achse für $x \to -\infty$ erfolgt so stark, dass auch die Multiplikation mit beliebigen Potenzen von x diesen Grenzwert nicht verändert:
$\lim\limits_{x \to -\infty} (x^n \cdot e^x) = 0$ für $n \geq 1$.

Die negative x-Achse ist eine **Asymptote***) für alle Funktionen vom Typ $x^n \cdot e^x$, $n \in \mathbb{N}$.

Analog gilt: $\lim\limits_{x \to +\infty} e^{-x} = 0$ und $\lim\limits_{x \to -\infty} e^{-x} = +\infty$
sowie $\lim\limits_{x \to +\infty} (x^n \cdot e^{-x}) = 0$.

*) Eine Funktion a wird als Asymptotenfunktion einer Funktion f bezeichnet, wenn gilt
$\lim\limits_{x \to -\infty} (f(x) - a(x)) = 0$ oder $\lim\limits_{x \to +\infty} (f(x) - a(x)) = 0$.

Dies bedeutet, dass sich der Graph der Funktion f dem Graphen der Asymptotenfunktion a für $x \to +\infty$ oder für $x \to -\infty$ beliebig gut annähert.

Beispiel

Gegeben ist die Funktion f durch $f(x) = (-x^3 + 2x^2) \cdot e^{-x}$.

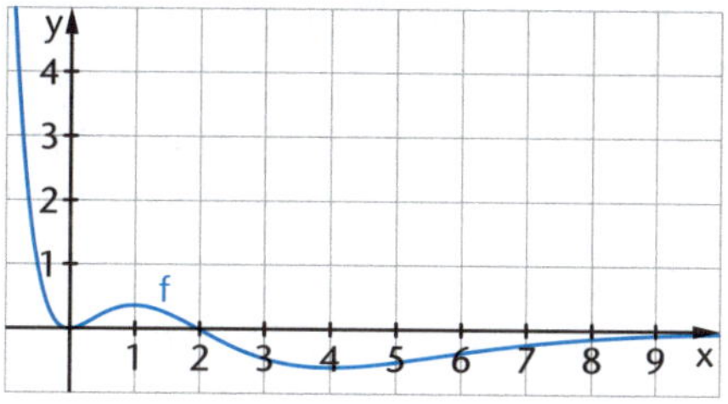

Ihr Graph nähert sich für $x \to +\infty$ der x-Achse asymptotisch an.
Es gilt: $\lim\limits_{x \to +\infty} f(x) = 0$.

Für $x \to -\infty$ wachsen die Funktionswerte über alle Grenzen.

Es gilt: $\lim\limits_{x \to -\infty} f(x) = +\infty$.

Zur Begründung des Vorzeichens reicht es aus, das Vorzeichen des Summanden mit dem höchsten Exponenten, hier $-x^3$ zu betrachten. Für $x < 0$ ist $-x^3$ positiv.

B6 Funktionenscharen (falls erforderlich, mithilfe von Fallunterscheidungen) auf besondere Punkte (Schnittpunkte, Extrem- und Wendepunkte) untersuchen sowie gemeinsame Punkte der Kurvenschar ermitteln; LK zusätzlich: Ortslinien von Funktionenscharen bestimmen und die Ergebnisse im Sachzusammenhang interpretieren.

Eine Funktionenschar f_k ergibt sich, wenn der Funktionsterm einen Parameter k enthält, für den man verschiedene Zahlen einsetzen kann. Man erhält dann nicht nur einen, sondern abhängig von der Einsetzung für den Parameter, verschiedene Graphen. Bei der Untersuchung der Funktionenschar wird der Parameter k so behandelt, als stehe er für eine zwar beliebige dann aber als konstant angenommene Zahl.

Zur **Untersuchung einer Funktionenschar auf besondere Punkte** wird analog zu den in B2, B3 und B4 beschriebenen Verfahren vorgegangen. Allerdings können die Ableitungen, die Bedingungen und die Koordinaten der Punkte von dem Parameter k abhängig sein. Weiterhin können auch die Eigenschaften besonderer Punkte z. B. vom Vorzeichen des Parameters abhängen. Dann wird eine Fallunterscheidung erforderlich sein.
Zur **Bestimmung aller gemeinsamen Punkte** der Funktionenschar verwendet man den Ansatz $f_{k_1}(x) = f_{k_2}(x)$ mit der Voraussetzung $k_1 \neq k_2$. Alle Lösungen dieser Gleichung sind die x-Koordinaten der gemeinsamen Punkte.

Ortslinien: Der Graph, auf dem die Extrempunkte [Wendepunkte] aller Funktionen einer Funktionenschar liegen, heißt **Ortslinie** der Extrempunkte [Wendepunkte]. Um die Gleichung einer Ortslinie der Extrempunkte [Wendepunkte] zu ermitteln, bestimmt man zunächst die vom Parameter k abhängigen Koordinaten $E(x_e(k)|y_e(k))$ der Punkte. Dann löst man die Gleichung $x = x_e(k)$ nach k auf und setzt das Ergebnis für k in die Gleichung $y = y_e(k)$ ein.

Beispiel 1 *Untersuchung einer Funktionenschar*

Gegeben ist die Funktionenschar f_k durch
$f_k(x) = -2x^3 + kx$ mit $k \in \mathbb{R}$.

Die Ableitungen sind: $f_k'(x) = -6x^2 + k$, $f_k''(x) = -12x$ und $f_k'''(x) = -12$.
Die Graphen der Schar sind punktsymmetrisch zum Ursprung, da der Funktionsterm nur ungerade Exponenten von x enthält.

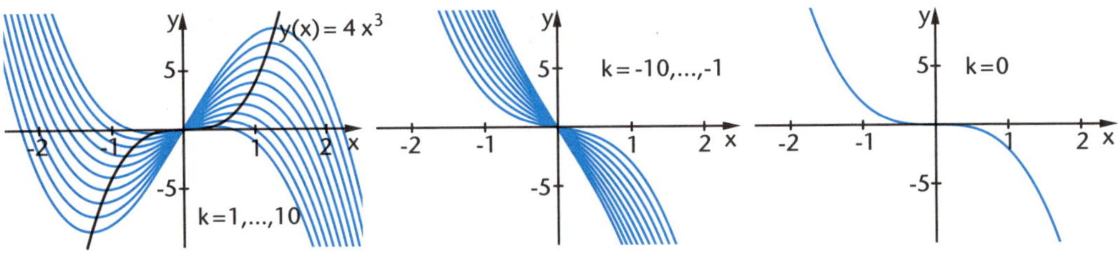

Schnittpunkte mit der x-Achse:
$f_k(x) = 0 \Leftrightarrow -2x^3 + kx = 0 \Leftrightarrow x(-2x^2 + k) = 0 \Leftrightarrow x = 0 \vee x^2 = \frac{k}{2}$.
Falls $k > 0$ hat die Gleichung drei Lösungen: $x = 0 \vee x = -\frac{\sqrt{2k}}{2} \vee x = \frac{\sqrt{2k}}{2}$.
Die Schnittpunkte sind dann $(0|0)$, $\left(-\frac{\sqrt{2k}}{2}\middle|0\right)$ und $\left(\frac{\sqrt{2k}}{2}\middle|0\right)$.
Falls $k \leq 0$, ist nur $(0|0)$ Schnittpunkt mit der x-Achse.

Extrempunkte:
Notwendige Bedingung: $f_k'(x) = 0 \Leftrightarrow -6x^2 + k = 0 \Leftrightarrow x^2 = \frac{k}{6}$.
Falls $k > 0$, hat die Gleichung zwei Lösungen: $x = -\frac{\sqrt{6k}}{6} \vee x = \frac{\sqrt{6k}}{6}$.
In diesem Fall ergibt die hinreichende Bedingung: $f_k'\left(-\frac{\sqrt{6k}}{6}\right) = 0 \wedge f_k''\left(-\frac{\sqrt{6k}}{6}\right) = 2\sqrt{6k} > 0$.
Mit $f_k\left(-\frac{\sqrt{6k}}{6}\right) = -\frac{\sqrt{6k^3}}{9}$ ist daher $T\left(-\frac{\sqrt{6k}}{6}\middle|-\frac{\sqrt{6k^3}}{9}\right)$ ein lokaler Tiefpunkt für $k > 0$.
Aufgrund der Punktsymmetrie zum Ursprung ist $H\left(\frac{\sqrt{6k}}{6}\middle|\frac{\sqrt{6k^3}}{9}\right)$ für $k > 0$ ein lokaler Hochpunkt.
Falls $k = 0$, hat die Gleichung $f_k'(x) = 0$ nur die Lösung $x = 0$. Da auch $f_k''(0) = 0$, ist mit der hinreichenden Bedingung hier noch keine Aussage möglich.
Falls $k < 0$, hat die Gleichung $f_k'(x) = 0$ keine Lösung. In diesem Fall liegen also keine Extrempunkte vor.

Wendepunkte:
Notwendige Bedingung: $f_k''(x) = 0 \Leftrightarrow -12x = 0 \Leftrightarrow x = 0$
Hinreichende Bedingung: $f_k''(0) = 0 \wedge f_k'''(0) = -12 \neq 0$
Also ist $W(0|0)$ ein Wendepunkt für alle k. Falls $k = 0$, ist dies sogar ein Sattelpunkt.

Gemeinsame Punkte aller Graphen der Funktionenschar:
Aus dem Ansatz $f_{k_1}(x) = f_{k_2}(x)$ mit $k_1 \neq k_2$ folgt
$-2x^3 + k_1x = -2x^3 + k_2x \Leftrightarrow k_1x = k_2x \Leftrightarrow (k_1 - k_2)x = 0$.
Da nach Voraussetzung $k_1 \neq k_2$ ist, bedeutet dies, dass $x = 0$.
Daher ist der Punkt $(0|0)$ der einzige gemeinsame Punkt.

Ortslinie der Extrempunkte:
$x = \frac{\sqrt{6k}}{6} \Rightarrow x^2 = \frac{k}{6} \Rightarrow k = 6x^2 \rightarrow y = \frac{\sqrt{6k^3}}{9}$

Durch Einsetzen von k in die letzte Gleichung erhält man die Gleichung der Ortslinie der Hochpunkte:

$y(x) = \frac{\sqrt{6(6x^2)^3}}{9} = 4x^3$ für $x > 0$.

Durch analoges Vorgehen erhält man für $x < 0$ dieselbe Gleichung für die Ortslinie der Tiefpunkte.

Beispiel 2 *Ortslinienbestimmung*

Gesucht ist die Gleichung der Kurve, auf der alle Tiefpunkte der Kurvenschar f_t mit $f_t(x) = x^2 + tx - t$ liegen.

Man findet die Tiefpunkte $T_t\left(-\frac{t}{2}\middle|-\frac{1}{4}t^2 - t\right)$.

Aus $x = -\frac{t}{2}$ erhält man $t = -2x$ und setzt diesen Wert in $y = -\frac{1}{4}t^2 - t$ ein:

$y = -\frac{1}{4}(-2x)^2 - (-2x)$.

Die gesuchte Ortslinie besitzt die Gleichung $y = -x^2 + 2x$.

Kurvenscharen auf gemeinsame Punkte der Schar untersuchen:
Zeigen Sie, dass alle Kurven zu f_t mit $f_t(x) = x^2 + tx - t$ durch den Punkt $S(1|1)$ gehen.
Der Ansatz lautet: $f_{t_1}(x) = f_{t_2}(x)$, $t_1 \neq t_2$, also

$x^2 + t_1x - t_1 = x^2 + t_2x - t_2 \Leftrightarrow t_1x - t_2x = t_1 - t_2 \Leftrightarrow x = \frac{t_1 - t_2}{t_1 - t_2} \Leftrightarrow x = 1$.

Es ist $f_t(1) = 1$. Also verlaufen alle Kurven durch den Punkt $S(1|1)$.

Beispiel 3 *Kurvenschar mit Exponentialfunktionen*

Hat die Kurvenschar mit $f_k(x) = (e^x - k)^2$ gemeinsame Punkte?
Dazu untersuchen wir: Für welche $x \in \mathbb{R}$ gilt: $k_1(x) = k_2(x)$ sofern $k_1 \neq k_2$?
$(e^x - k_1)^2 = (e^x - k_2)^2 \Leftrightarrow e^{2x} - 2k_1e^x + k_1^2 = e^{2x} - 2k_2e^x + k_1^2 \Leftrightarrow 2 \cdot (k_1 - k_2) \cdot e^x = k_1^2 - k_2^2$

$\Leftrightarrow e^x = \frac{1}{2} \cdot (k_1 + k_2) \Leftrightarrow x = \ln\left(\frac{1}{2} \cdot (k_1 + k_2)\right)$.

Da der gemeinsame Punkt des Graphen von f_k und von $f_{k'}$ von den Werten von k_1 und k_2 abhängt, gibt es keinen gemeinsamen Punkt, der gleichzeitig zu allen Graphen der Schar gehört.

Ortskurve der Wendepunkte:
$f_k'(x) = 2 \cdot (e^x - k) \cdot e^x = 2e^{2x} - 2ke^x$ (nach Kettenregel)
$f_k''(x) = 4e^{2x} - 2ke^x = 2e^x \cdot [2e^x - k]$
Da $e^x > 0$ für alle $x \in \mathbb{R}$ gilt: $f_k''(x) = 0 \Leftrightarrow 2e^x = k$
Diese Gleichung hat nur für positive Werte von k eine Lösung, nämlich: $x = \ln\left(\frac{k}{2}\right)$.

Überprüfung der hinreichenden Bedingung für das Vorliegen eines Wendepunkts:
Es ist:
$f_k'''(x) = 8e^{2x} - 2ke^x = 2e^x \cdot [4e^x - k]$

und $f_k'''\left(\ln\left(\frac{k}{2}\right)\right) = k \cdot [2k - k] = k^2 > 0$.

Die Wendepunkte haben die y-Koordinate: $y_w = f_k\left(\ln\left(\frac{k}{2}\right)\right) = \frac{k^2}{4}$.

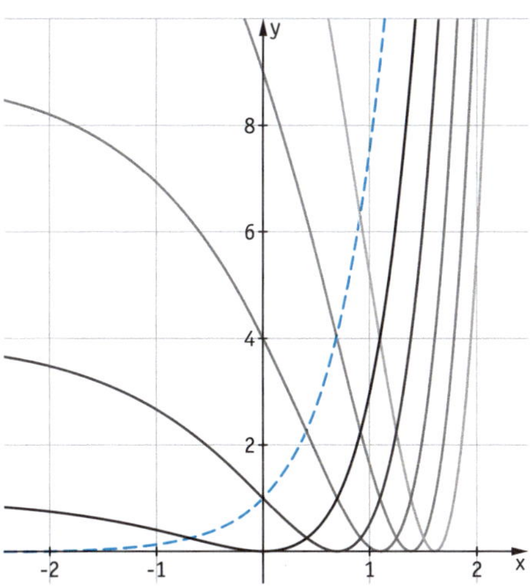

Kurvenschar für k = 1, 2, ..., 5
mit Ortslinie der Wendepunkte

Wir lösen $x_w = \ln\left(\frac{k_1}{2}\right)$ nach k_1 auf: $k_1 = 2 \cdot e^{x_w}$.

Einsetzen in $y_w = \frac{k_1^2}{4}$: $y_w = \frac{1}{4} \cdot (2 \cdot e^{x_w})^2 = (e^{x_w})^2 = e^{2x_w}$.

Die Wendepunkte liegen auf einer Kurve mit der Gleichung $y = e^{2x}$.

Beispiel 4 *Kurvenschar zu einer Logarithmusfunktion*

Wir betrachten die Schar mit $f_k(x) = x + \ln(x^2 + k)$ für $k \in \mathbb{N}$.
Die Funktion ist für alle $x \in \mathbb{R}$ definiert, da $x^2 + k > 0$ für $x \in \mathbb{R}$.

Es gilt: $f_k'(x) = 1 + \frac{2x}{x^2 + k}$ und weiter $f_k''(x) = \frac{2 \cdot (x^2 + k) - 2x \cdot 2x}{(x^2 + k)^2} = \frac{2 \cdot (k - x^2)}{(x^2 + k)^2}$.

Die Kurven haben Wendepunkte an den Stellen $x_w = -\sqrt{k}$ und $x_w = \sqrt{k}$ (das hinreichende Kriterium kann man überprüfen, indem man die Zahlen $x = -k$, $x = 0$ und $x = k$ einsetzt und damit nachweist, dass die 2. Ableitung einen Vorzeichenwechsel hat).
Die y-Koordinaten der Wendepunkte sind
$f_k(\sqrt{k}) = \sqrt{k} + \ln(2k)$ bzw. $f_k(-\sqrt{k}) = -\sqrt{k} + \ln(2k)$.

Aus $k = x_w^2$ erhalten wir durch Einsetzen in die Funktionsgleichung:
$y_w = x_w + \ln(2x_w^2)$.

Die Wendepunkte liegen auf einer Kurve mit der Gleichung $y = x + \ln(2x^2)$ – die Kurve besteht aus zwei Teilgraphen, da die zugehörige Funktion an der Stelle $x = 0$ nicht definiert ist (Polstelle), vgl. Abbildung.

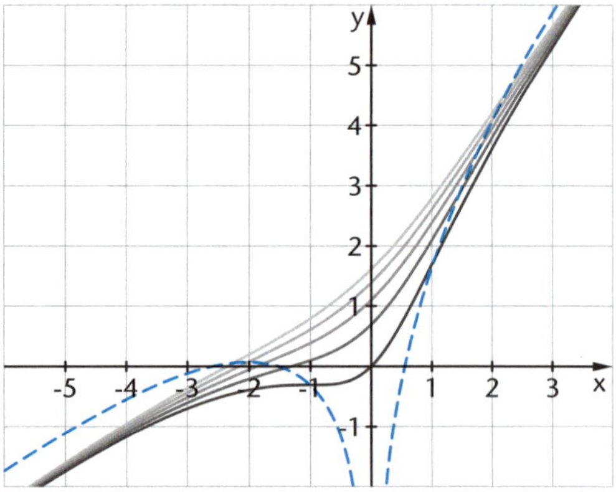

Kurvenschar für k = 1, 2, ..., 5
mit Ortslinie der Wendepunkte

B7 Eigenschaften der Sinus- und Kosinusfunktion angeben und die Funktionsgleichung einer allgemeinen Sinusfunktion bestimmen.

Die Funktion mit der Gleichung $y = \sin x$ und $\mathbb{R}$ (bzw. einer Teilmenge von $\mathbb{R}$) als Definitionsmenge heißt **Sinusfunktion**. Ihr Graph heißt auch *Sinuskurve*.
Die Funktion mit der Gleichung $y = \cos x$ und $\mathbb{R}$ (bzw. einer Teilmenge von $\mathbb{R}$) als Definitionsmenge heißt **Kosinusfunktion**. Ihr Graph heißt auch *Kosinuskurve*.

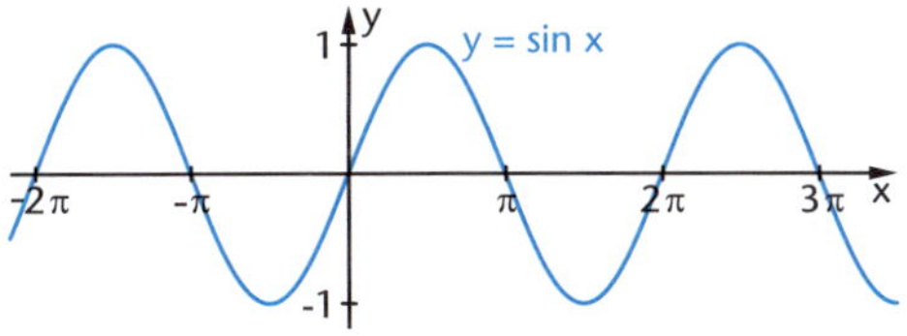

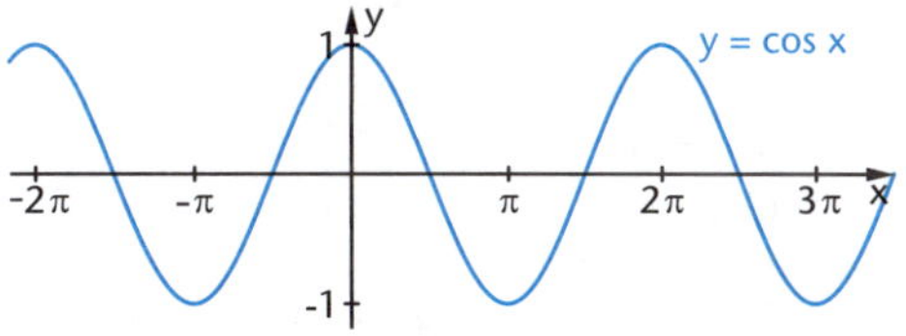

Die Wertemenge ist jeweils die Menge aller reellen Zahlen, für die gilt: $-1 \le y \le 1$.

Die Sinus- und die Kosinusfunktion sind periodische Funktionen mit der Periode 2π:
$\sin(x + 2\pi) = \sin x$ $\quad\quad$ $\cos(x + 2\pi) = \cos x$.
Allgemein gilt $\sin(x + k \cdot 2\pi) = \sin x$ und $\cos(x + k \cdot 2\pi) = \cos x$ für $k \in \mathbb{Z}$.

Der Graph der Sinusfunktion ist punktsymmetrisch zum Koordinatenursprung.
Für alle Winkelgrößen x gilt: $\sin(-x) = -\sin x$.
Der Graph der Kosinusfunktion ist achsensymmetrisch zur y-Achse.
Für alle Winkelgrößen x gilt: $\cos(-x) = \cos x$.

Die Nullstellen der Sinusfunktion liegen bei ganzzahligen Vielfachen von π:
$x = k \cdot \pi,\ k \in \mathbb{Z}$. Die Nullstellen der Kosinusfunktion liegen bei ungeradzahligen Vielfachen von $\frac{\pi}{2}$: $x = (2k + 1) \cdot \frac{\pi}{2},\ k \in \mathbb{Z}$.
Hinweis: Für Berechnungen mit den beiden Funktionen muss der WTR-Mode RAD eingestellt werden.

Die Sinus- und die Kosinusfunktion sind für alle $x \in \mathbb{R}$ differenzierbar und es gilt:
$\sin' x = \cos x$ und $\cos' x = -\sin x$.
Weiter gilt: $\sin'' x = -\sin x$ und $\cos'' x = -\cos x$.

Beide Funktionen haben wegen der Periodizität unendlich viele Hoch- und Tiefpunkte.

$y = \sin x$: $H\left(\frac{1}{2}\pi + k \cdot 2\pi \mid 1\right)$, $T\left(\frac{3}{2}\pi + k \cdot 2\pi \mid -1\right)$,

$y = \cos x$: $H(k \cdot 2\pi \mid 1)$, $T(\pi + k \cdot 2\pi \mid -1) = ((2k + 1) \cdot \pi \mid -1)$.

Die Nullstellen der Sinus- und Kosinusfunktion sind auch deren Wendestellen.

Den Graphen der Kosinusfunktion kann man durch Verschieben parallel zur x-Achse aus dem der Sinusfunktion erhalten. Beispielsweise gilt:

$\cos x = \sin\left(x + \frac{\pi}{2}\right)$ und umgekehrt: $\sin x = \cos\left(x - \frac{\pi}{2}\right)$.

Aus dem Graphen der Sinusfunktion mit $y = \sin x$ erhält man den Graphen zur allgemeinen Sinusfunktion mit $y = a \cdot \sin(b(x + c)) + d$ durch
(1) Strecken mit dem Faktor a parallel zur y-Achse;
(2) anschließendes Strecken mit dem Faktor $\frac{1}{b}$ parallel zur x-Achse;
(3) anschließendes Verschieben um $|c|$ parallel zur x-Achse;
wenn $c < 0$, wird nach rechts verschoben; wenn $c > 0$, wird nach links verschoben;
(4) anschließendes Verschieben um $|d|$ parallel zur y-Achse;
wenn $d > 0$, wird nach oben verschoben; wenn $d < 0$, wird nach unten verschoben.

Beispiel 1

Der Graph der Funktion f mit

$f(x) = 3 \cdot \sin\left(2 \cdot \left(x - \frac{\pi}{4}\right)\right) - \frac{1}{2}$

entsteht aus dem Graphen der Sinusfunktion durch

- Verschieben um $\frac{\pi}{4}$ nach rechts,
- Verschieben um $\frac{1}{2}$ nach unten,
- Strecken mit dem Faktor 3 in Richtung der y-Achse (dadurch wird die Auslenkung gegenüber der mittleren Lage verdreifacht) und
- Strecken mit dem Faktor 2 in Richtung der x-Achse (dadurch wird die Periodenlänge halbiert).

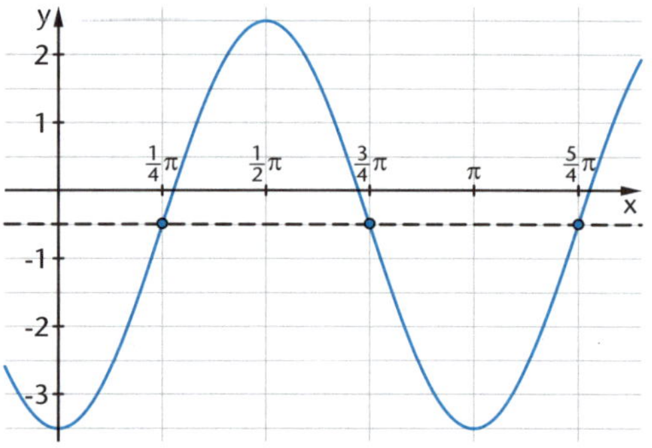

Beispiel 2

Am Graphen der abgebildeten allgemeinen Sinusfunktion lesen wir ab:

Verschiebung um $\frac{5\pi}{3}$ nach links, d. h. $c = \frac{5\pi}{3}$,

Verschiebung um 1 nach oben, d. h. $d = +1$.

Die Auslenkung gegenüber der mittleren Lage beträgt 4 Einheiten, d. h. der Graph ist mit dem Faktor 4 in Richtung der y-Achse gestreckt worden, d. h. $a = 4$.

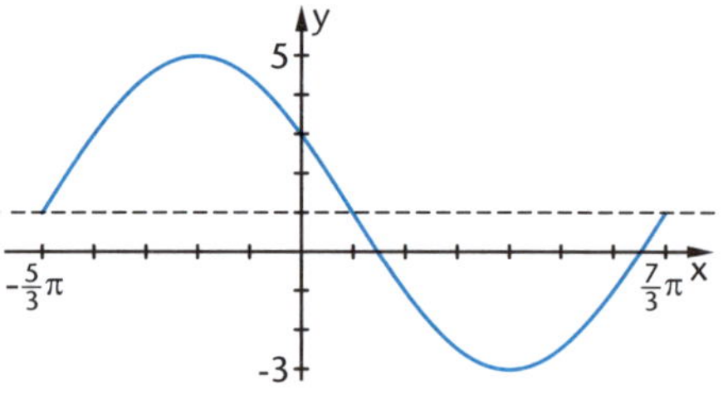

Die Periodenlänge beträgt $p = 4\pi$, d. h. der Graph ist mit dem Faktor 2 in Richtung der x-Achse gestreckt worden, d. h. $b = \frac{1}{2}$.

Die Funktionsgleichung lautet also $f(x) = 4 \cdot \sin\left(\frac{1}{2} \cdot \left(x + \frac{5}{3}\pi\right)\right) + 1$.

Beispiel 3

Von einer allgemeinen Sinusfunktion sind einige charakteristische Punkte einer Periode gegeben.

x	1	2	3	4	5
f(x)	1	3	1	−1	1

Der periodische Verlauf ist durch den „Anfangspunkt" (1|1) gegeben, d. h. der gesamte Graph ist um 1 nach oben und um 1 nach rechts verschoben, d. h. $c = -1$ und $d = +1$.
Der größte Funktionswert ist $f(2) = 3$, der kleinste $f(4) = -1$; die Auslenkung gegenüber der mittleren Lage beträgt $\Delta = 2$, d. h. der Faktor der Streckung parallel zur y-Achse ist $a = 2$.
Die Periodenlänge beträgt $5 - 1 = 4$ Einheiten; daher ist die Länge einer Periode nicht $p = 2\pi$. Der Faktor der Streckung beträgt $b = \frac{(2\pi)}{4} = \frac{\pi}{2}$.

Der Funktionsterm lautet daher $f(x) = 2 \cdot \sin\left(\frac{\pi}{2} \cdot (x - 1)\right) + 1$.

B8 Überprüfen, ob eine Funktion umkehrbar ist, und den Funktionsterm der Umkehrfunktion herleiten.

Eine Funktion f mit $y = f(x)$ ist (auf einem Intervall) umkehrbar, wenn nicht nur jedem x-Wert eindeutig ein y-Wert zugeordnet werden kann, sondern auch umgekehrt jedem Funktionswert der Funktion f auch eindeutig ein x-Wert. Diese Zuordnung wird dann durch die Umkehrfunktion f^{-1} beschrieben.

Den Funktionsterm der Umkehrfunktion f^{-1} erhält man, indem man im Funktionsterm von f die Variablen x und y vertauscht und diesen Term dann nach y auflöst.

Die Wertetabelle von f^{-1} erhält man durch Vertauschen der Spalten der Wertetabelle von f, den Graphen von f^{-1} durch Spiegelung des Graphen von f an der Geraden mit $y = x$. Beim Übergang von einer Funktion f zu ihrer Umkehrfunktion f^{-1} werden auch Definitionsmenge und Wertemenge vertauscht: $D_{f^{-1}} = W_f$ und $W_{f^{-1}} = D_f$.

Die Eigenschaft der Umkehrbarkeit ist auf jeden Fall gewährleistet, wenn der Graph der Funktion auf einem Intervall streng monoton steigend oder streng monoton fallend ist.

Beispiel 1

Der Graph der Funktion f mit $f(x) = e^x$ ist auf ganz $\mathbb{R}$ streng monoton steigend und daher dort umkehrbar.

Es gilt: $D_f =]-\infty; +\infty[$ und $W_f =]0; +\infty[$.

Die Umkehrfunktion ist die natürliche Logarithmusfunktion $f^{-1}(x) = \ln(x)$.

Für die Umkehrfunktion gilt:

$D_{f^{-1}} =]0; +\infty[$ und $W_{f^{-1}} =]-\infty; +\infty[$

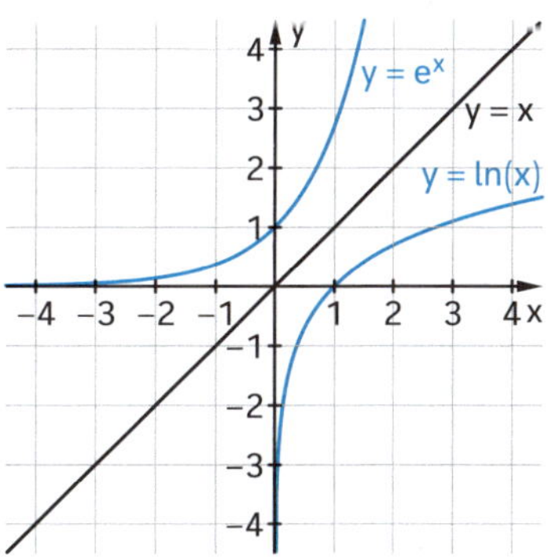

Beispiel 2 *(nur Lk)*

Der Graph der Funktion f mit $f(x) = \frac{3}{1 + 2e^{-x}}$ ist für alle $x \in \mathbb{R}$ streng monoton steigend (Nachweis mithilfe der 1. Ableitung) und daher dort umkehrbar.
Es gilt: $D_f = \mathbb{R}$ und $W_f =]0; +3[$.

Den Funktionsterm der Umkehrfunktion f^{-1} erhält man durch folgende Schritte:
- Vertauschen der Variablen in der gegebenen Funktionsgleichung:

  $y = \frac{3}{1 + 2e^{-x}} \rightarrow x = \frac{3}{1 + 2e^{-y}}$
- Auflösen der Funktionsgleichung nach y:

  $x = \frac{3}{1 + 2e^{-y}} \Leftrightarrow x + 2x e^{-y} = 3 \Leftrightarrow e^{-y} = \frac{3 - x}{2x}$

  $\Leftrightarrow e^{y} = \frac{2x}{3 - x} \Leftrightarrow y = \ln\left(\frac{2x}{3 - x}\right)$

Für die Umkehrfunktion f^{-1} gilt: $D_{f^{-1}} =]0; +3[$ und $W_{f^{-1}} = \mathbb{R}$.

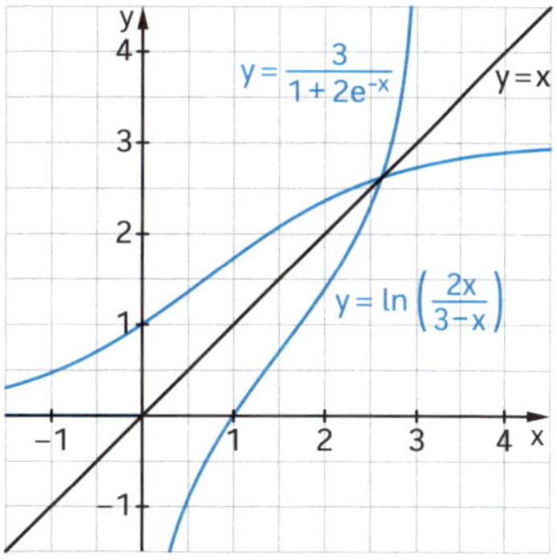

C1 Eine sinnvolle Wahl des Koordinatensystems begründen und den Verlauf eines Graphen im Sachzusammenhang der Aufgabenstellung interpretieren.

Bei der Entwicklung eines mathematischen Modells für einen anschaulichen Zusammenhang kann die Festlegung eines Koordinatensystems erforderlich sein, so dass anschließend der Zusammenhang mit geeigneten Funktionen beschrieben werden kann. Dabei müssen drei Entscheidungen getroffen werden:

1. Lage des Ursprungs O(0|0) des Koordinatensystems
2. Richtung der Achsen
3. Skalierung der Achsen

Wer die Wahl hat, hat die Qual, denn hier gibt es oft verschiedene, mehr oder weniger sinnvolle Lösungen. Die Entscheidungen sollten immer so getroffen werden, dass die funktionale Beschreibung anschließend möglichst einfach wird. Dazu können die folgenden Empfehlungen hilfreich sein:

- Lege den Ursprung des Koordinatensystems in einen wichtigen Punkt und die Achsen entlang oder parallel zu auftretenden Linien.
- Nutze den Ursprung, wenn möglich, als Symmetriezentrum oder die y-Achse als Symmetrieachse.
- Skaliere die Achsen mit kleinen ganzen Zahlen (z. B. 1, 2, 3, ... für 100 kg, 200 kg, 300 kg, ...).

In einem so festgelegten Koordinatensystem kann dann die mathematische Beschreibung des zu untersuchenden Zusammenhangs erfolgen. Für die Beurteilung der Tragfähigkeit eines solchen mathematischen Modells oder um Schlussfolgerungen für den betrachteten Zusammenhang zu ziehen, kann der Graph einer aufgestellten Funktion im zuvor festgelegten Koordinatensystem dienen.
Dazu können Vergleiche zwischen Realität und Modell oder Konsequenzen anhand

- einzelner Punkte,
- besonderer Punkte, wie Extrem-, Wende- oder Sattelpunkte,
- des Monotonie- oder Krümmungsverhaltens,
- des Globalverhaltens für $x \to +\infty$ oder für $x \to -\infty$,
- von Flächeninhalten z. B. zwischen dem Graphen und den Achsen

betrachtet werden.

Beispiel

Ein Kanuclub möchte für ein neues Clubhaus mit Anlegestelle ein Grundstück an der Wupper erwerben. Der bisherige Eigentümer, ein Landwirt, bietet das Grundstück über einen Makler zu einem Preis von 12 € pro m^2 an. Die Vermessung ergab eine Breite von 460 m. Von der Mitte der geraden Gebietsgrenze beträgt die rechtwinklig gemessene Distanz zum Wasser 50 m.

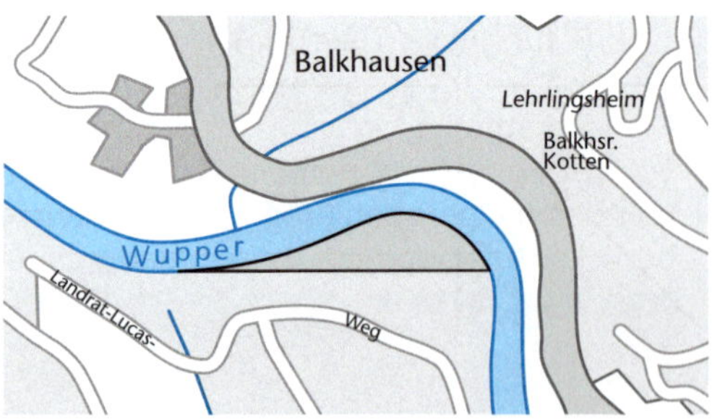

Zur Ermittlung einer Funktion, die den Uferverlauf beschreibt, ist zunächst die Wahl eines geeigneten Koordinatensystems erforderlich. Da keine Symmetrie zu erkennen ist, wird der Ursprung hier an die linke Grenze, und die x-Achse entlang der unteren, gerade verlaufenden Grenze des Grundstücks gelegt. Für die Skalierung der Achsen kann man 1 LE für 100 m in der Natur wählen.

Der Verlauf des Graphen einer aus den Vorgaben ermittelten ganzrationalen Funktion stimmt qualitativ gut mit dem in der Karte dargestellten Verlauf des Ufers überein. Mithilfe der Integralrechnung kann daher nun der Flächeninhalt des Grundstücks berechnet werden.

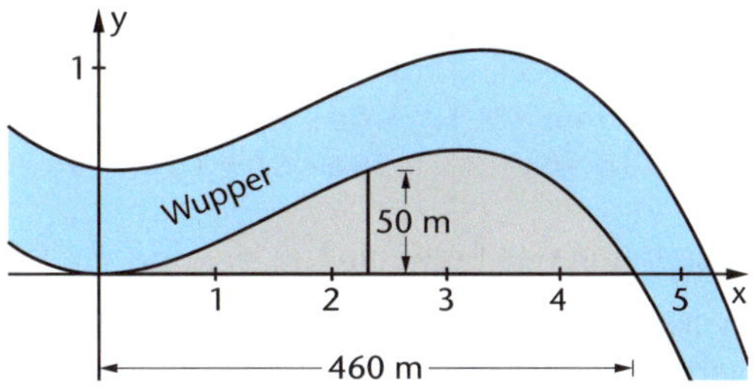

C2 Ganzrationale Funktionen mit vorgegebenen Eigenschaften bestimmen (auch in Sachzusammenhängen, z. B. bei Trassierungen).

Zur Bestimmung einer ganzrationalen Funktion f vom Grad n sind (n + 1) Bedingungen an die gesuchte Funktion erforderlich. Diese können in einer Grafik dargestellt, in einem Text verdeutlicht oder auch schon in Form von Gleichungen formuliert sein.

Vorgehensweise:

1. Setzen Sie an mit einem Funktionsterm, der variable Koeffizienten a, b, c, ... enthält. Der Grad der Funktion muss dabei um eins niedriger gewählt werden als die Anzahl der bekannten Bedingungen.
   Falls 5 Bedingungen bekannt sind, lautet der Ansatz: $f(x) = ax^4 + bx^3 + cx^2 + dx + e$
2. Stellen Sie die gegebenen Bedingungen als Gleichungen mit den Termen $f(x)$, $f'(x)$, $f''(x)$, ... dar.
3. Notieren Sie daraus ein Gleichungssystem mit n + 1 Gleichungen zur Bestimmung der n + 1 unbekannten Koeffizienten a, b, c, ...
4. Lösen Sie das Gleichungssystem und setzen Sie die gefundene Lösung in den Funktionsterm $f(x)$ ein.
5. Prüfen Sie das Ergebnis auch an eventuell vorliegenden hinreichenden Bedingungen z. B. für Hoch-, Tief- oder Wendepunkte.

Falls bekannt ist, dass der Graph der gesuchten Funktion achsensymmetrisch zur y-Achse [punktsymmetrisch zum Ursprung] ist, enthält der Funktionsterm nur Summanden mit geraden [ungeraden] Potenzen von x. Dies sollte bereits beim Ansatz berücksichtigt werden, da sich dadurch das Gleichungssystem deutlich vereinfacht.

Beispiel 1

Die Punkte A(0|3), B(2|5) und C(6|−3) liegen auf einer quadratischen Parabel.
Zur Bestimmung des Funktionsterms der zugehörigen quadratischen Funktion dient der Ansatz $f(x) = ax^2 + bx + c$ mit $a, b, c \in \mathbb{R}$. Aus den Bedingungen $f(0) = 3$, $f(2) = 5$ und $f(6) = -3$ folgt das Gleichungssystem:

$$\left|\begin{array}{r} c = 3 \\ 4a + 2b + c = 5 \\ 36a + 6b + c = -3 \end{array}\right| \Leftrightarrow \left|\begin{array}{r} c = 3 \\ 4a + 2b = 2 \\ 36a + 6b = -6 \end{array}\right| \Leftrightarrow \left|\begin{array}{r} c = 3 \\ 2a + b = 1 \\ 6a + b = -1 \end{array}\right| \Leftrightarrow \left|\begin{array}{r} c = 3 \\ 2a + b = 1 \\ 4a \quad = -2 \end{array}\right| \Leftrightarrow \left|\begin{array}{r} c = 3 \\ -1 + b = 1 \\ a = -\frac{1}{2} \end{array}\right| \Leftrightarrow \left|\begin{array}{l} c = 3 \\ b = 2 \\ a = -\frac{1}{2} \end{array}\right|$$

Also lautet das Ergebnis $f(x) = -\frac{1}{2}x^2 + 2x + 3$.

Wurde der Funktionsterm wie hier so bestimmt, dass der Graph durch gegebene Punkte verlaufen soll, so bezeichnet man den Term auch als Stützstellenpolynom.

Lösung mit dem WTR:

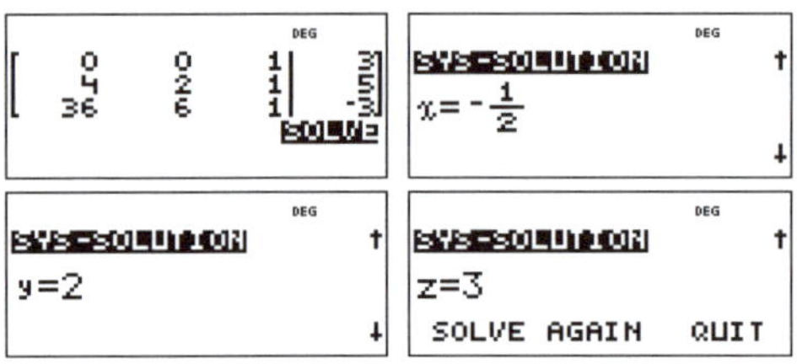

Beispiel 2

Der Graph einer ganzrationalen Funktion 4. Grades soll symmetrisch zur y-Achse sein und diese im Punkt A(0|−2) schneiden. Weiterhin soll H(2|4) ein Hochpunkt sein.
Da sich aus diesen Vorgaben drei Bedingungen ergeben und aufgrund der Symmetrie wird $f(x) = ax^4 + bx^2 + c$ als Ansatz gewählt.
Aus den Bedingungen $f(0) = -2 \wedge f(2) = 4 \wedge f'(2) = 0$ ergibt sich mit $f'(x) = 4ax^3 + 2bx$ das Gleichungssystem:

$$\left|\begin{array}{r} c = -2 \\ 16a + 4b + c = 4 \\ 32a + 4b = 0 \end{array}\right| \Leftrightarrow \left|\begin{array}{r} c = -2 \\ 16a + 4b = 6 \\ 32a + 4b = 0 \end{array}\right| \Leftrightarrow \left|\begin{array}{r} c = -2 \\ 16a + 4b = 6 \\ 16a \quad = -6 \end{array}\right| \Leftrightarrow \left|\begin{array}{r} c = -2 \\ -6 + 4b = 6 \\ a = -\frac{3}{8} \end{array}\right| \Leftrightarrow \left|\begin{array}{l} c = -2 \\ b = 3 \\ a = -\frac{3}{8} \end{array}\right|$$

Also lautet das Ergebnis $f(x) = -\frac{3}{8}x^4 + 3x^2 - 2$.

Da mit $f''(x) = -\frac{9}{2}x^2 + 6$ außerdem auch $f''(2) = -12 < 0$, ist H tatsächlich ein Hochpunkt.

Beispiel 3

Die beiden dargestellten Straßenabschnitte sollen so miteinander verbunden werden, dass sich an den Anschlussstellen keine Knicke ergeben. Zunächst wird ein geeignetes Koordinatensystem festgelegt. Dabei entspricht 1 Längeneinheit 100 m in der Natur. Da sich aus den Vorgaben vier Bedingungen ergeben, kann eine ganzrationale Funktion dritten Grades als Ansatz gewählt werden:
$f(x) = ax^3 + bx^2 + cx + d$.

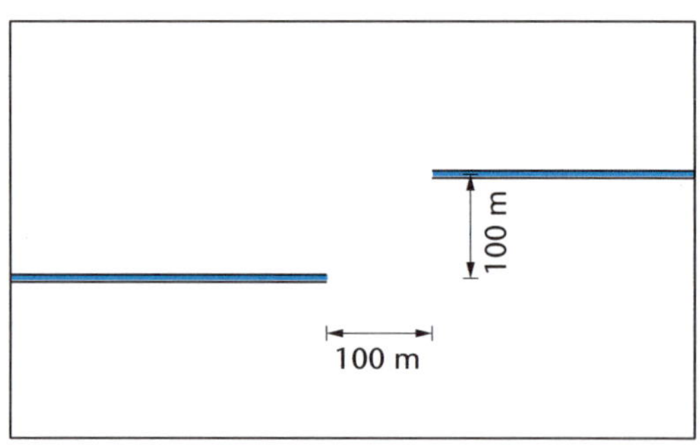

Die Bedingungen $f(0) = 0 \wedge f(1) = 1 \wedge f'(0) = 0 \wedge f'(1) = 0$ führen mit $f'(x) = 3ax^2 + 2bx + c$ zum Gleichungssystem:

$$\left|\begin{array}{r} d = 0 \\ a + b + c + d = 1 \\ c = 0 \\ 3a + 2b + c = 0 \end{array}\right| \Leftrightarrow \left|\begin{array}{r} d = 0 \\ a + b = 1 \\ c = 0 \\ 3a + 2b = 0 \end{array}\right| \Leftrightarrow \left|\begin{array}{r} d = 0 \\ a + b = 1 \\ c = 0 \\ a = -2 \end{array}\right| \Leftrightarrow \left|\begin{array}{l} d = 0 \\ b = 3 \\ c = 0 \\ a = -2 \end{array}\right|$$

Lösung: $a = -2 \wedge b = 3 \wedge c = d = 0$

Also kann der neue Straßenabschnitt für $0 \leq x \leq 1$ mit $f(x) = -2x^3 + 3x^2$ beschrieben werden.

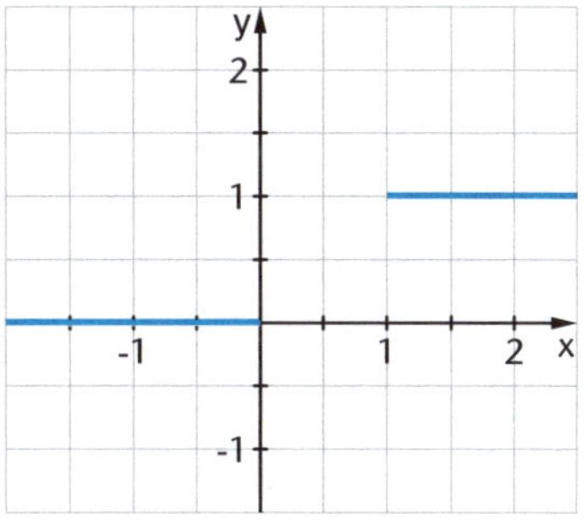

C3 Exponentialfunktionen aus gegebenen Bedingungen bestimmen.

„Einfache" Exponentialfunktionen, mit deren Hilfe beispielsweise Wachstumsprozesse modelliert werden können, sind vom Typ $f(x) = a \cdot e^{bx}$.
Funktionen dieses Typs sind durch die Angabe von zwei Eigenschaften, z. B. von zwei Punkten, eindeutig bestimmt.

Beispiele

(1) Gesucht ist eine Exponentialfunktion f vom Typ $f(x) = a \cdot e^{bx}$, deren Graph durch die Punkte $(0|3)$ und $(5|2)$ verläuft.
Aus den Koordinaten der Punkte ergeben sich die Bedingungen
(I) $3 = a \cdot e^0 = a \cdot 1 = a$ und (II) $2 = a \cdot e^{5b}$.
Einsetzen von $a = 3$ aus (I) in (II) ergibt: $2 = 3 \cdot e^{5b}$,
also $\frac{2}{3} = e^{5b} \Leftrightarrow 5b = \ln\left(\frac{2}{3}\right) \Leftrightarrow b = \frac{1}{5} \cdot \ln\left(\frac{2}{3}\right) \approx -0{,}081$.
Die Funktion f mit $f(x) = 3 \cdot e^{-0{,}081x}$ erfüllt also die geforderten Bedingungen.

(2) Gesucht ist eine Exponentialfunktion f vom Typ $f(x) = a \cdot e^{bx}$, deren Graph im Punkt $(2|1)$ die Steigung 3 hat.
Wegen $f(x) = a \cdot e^{bx}$ und $f'(x) = a \cdot b \cdot e^{bx}$ ergeben sich die Bedingungen:
(I) $1 = a \cdot e^{2b}$ und (II) $3 = a \cdot b \cdot e^{2b}$.
Einsetzen von (I) in (II) ergibt: $3 = a \cdot b \cdot e^{2b} = b \cdot (a \cdot e^{2b}) = b \cdot 1 = b$,
also aus (I): $1 = a \cdot e^6 \Leftrightarrow a = e^{-6}$.
Die Funktion f mit $f(x) = e^{-6} \cdot e^{3x} = 0{,}002479 \cdot e^{3x}$ erfüllt also die geforderten Bedingungen.

Entsprechend benötigt man für die Bestimmung von Funktionen, mit deren Hilfe beschränkte Wachstumsprozesse modelliert werden können, also Funktionen f vom Typ $f(x) = c - a \cdot e^{bx}$, die Vorgabe von drei Eigenschaften, um die Koeffizienten a, b, c zu berechnen.

C4 In Anwendungen ein passendes Modell für das exponentielle Wachstum aufstellen, seine Tragfähigkeit untersuchen und Schlussfolgerungen im Sachzusammenhang interpretieren sowie Verdopplungs- und Halbwertszeiten berechnen; LK zusätzlich: auch beschränktes oder logistisches Wachstum.

Wachstums- und Abnahmeprozesse lassen sich durch Exponentialfunktionen beschreiben.

Beim **exponentiellen Wachstum** ändert sich der Bestand in gleichen Zeitintervallen immer mit demselben Faktor, d. h. die Änderungsrate ist stets derselbe Anteil des vorhandenen Bestandes.

$B(t) = B(0) \cdot e^{k \cdot t}$ (B (0) ist der Bestand zur Zeit $t = 0$)

Bei einem (positiven) exponentiellen Wachstum heißt die Zeitdauer, in der sich der Bestand verdoppelt, **Verdopplungszeit**.
Bei einem exponentiellen Zerfall heißt die Zeitdauer, in der sich der Bestand halbiert, **Halbwertszeit**.

Der Ansatz zur Berechnung lautet bei der

Verdopplungszeit	*Halbwertszeit*
$B(t) = 2 \cdot B(0)$	$B(t) = \frac{1}{2} \cdot B(0)$

In der Realität wird es immer eine Grenze für das Wachstum geben, diese wird als Sättigungsgrenze S bezeichnet.
Von einem **beschränkten Wachstum** spricht man, wenn die Änderungsrate stets derselbe Anteil von der Differenz von der Sättigungsgrenze S und dem augenblicklichen Bestand B (t) ist

$B(t) = S + [B(0) - S] \cdot e^{-k \cdot t}$.

Beim beschränkten Wachstum ist die Parallele zur x-Achse mit $y = S$ (Sättigungsgrenze) eine Asymptote für die Wachstumsfunktion.

Ein Wachstum heißt **logistisches Wachstum,** wenn die Änderungsrate stets derselbe Anteil von dem Produkt aus B (t) und der Differenz S – B (t) ist. Man kann den augenblicklichen Bestand wie folgt beschreiben

$$B(t) = \frac{B(0) \cdot S}{B(0) + [S - B(0)] \cdot e^{-S \cdot k \cdot t}}.$$

In Formelsammlungen findet man auch die Darstellung

$$B(t) = \frac{S}{1 + \left[\frac{S}{B(0)} - 1\right] \cdot e^{-S \cdot k \cdot t}} = \frac{c}{1 + a \cdot e^{-b \cdot t}}$$ wobei also $a = \frac{S}{B(0)} - 1$ und $c = S$.

Beispiele

(1) Der Luftdruck nimmt mit größer werdendem Abstand zur Erdoberfläche ab, und zwar um 12 % je 1000 m. Zur Zeit ist der Luftdruck auf Meereshöhe 1018 mbar. Welcher Luftdruck herrscht in 6000 m Höhe?

$B(6) = B(0) \cdot 0{,}88^6 = 1018 \cdot 0{,}88^6 \approx 473$ mbar.

Man kann dies auch so notieren:
$B(6) = B(0) \cdot e^{6 \cdot \ln(0{,}88)} = 1018 \cdot 0{,}4644 \approx 473$ mbar.

(2) Ein Anfangsbestand B (0) von Bakterien erhöht sich täglich um 10 %. Den Funktionsterm erhält man aus folgenden Bedingungen:

Bakterienbestand nach dem 1. Tag: $B(1) = B(0) \cdot 1{,}1$

nach dem 2. Tag: $B(2) = B(0) \cdot 1{,}1^2$

nach dem n-ten Tag: $B(n) = B(0) \cdot 1{,}1^n$

Also: $B(t) = B(0) \cdot 1{,}1^t$ und wegen $k = \ln(1{,}1) \approx 0{,}095$ kann man dies auch wie folgt notieren:

$B(t) = B(0) \cdot e^{\ln(1{,}1) \cdot t} = B(0) \cdot e^{0{,}095t}$.

(3) Zu Beginn des Jahres 2000 hatte Indien etwa 1 Milliarde Einwohner. Es wird angenommen, dass das jährliche Bevölkerungswachstum 1,4 % beträgt. In welchem Zeitraum verdoppelt sich die Bevölkerungszahl (sofern die Wachstumsrate gleich bleibt)?

Der Wachstumsprozess kann modelliert werden mithilfe von

$B(t) = 1{,}014^t = e^{\ln(1{,}014) \cdot t} = e^{0{,}0139 \cdot t}$,

wobei t die Zeit in Jahren ab dem Jahr 2000 angibt.

Verdopplungszeit aus $B(t) = 1 \cdot e^{\ln(1{,}014) \cdot t} = 2 \cdot B(0)$.

Man erhält für die Verdopplungszeit: $t = \frac{\ln(2)}{\ln(1{,}014)} \approx 49{,}9$ Jahre,

d. h. nach etwa 50 Jahren wird sich die indische Bevölkerung verdoppelt haben (sofern die Wachstumrate unverändert bleibt).

(4) Wann ist ein Auto mit 30 000 € Neuwert bei einem jährlichen Wertverlust von 20 % nur noch die Hälfte wert?

Der Abnahmeprozess wird modelliert mithilfe von

$B(t) = 30\,000 \cdot 0{,}8^t = 30\,000 \cdot e^{\ln(0{,}8) \cdot t} = 30\,000 \cdot e^{-0{,}223 \cdot t}$

(wobei t die Zeit in Jahren nach dem Neukauf angibt).

Ansatz: $B(t) = \frac{1}{2} \cdot B(0) \Leftrightarrow 15\,000 = 30\,000 \cdot e^{\ln(0{,}8) \cdot t} \Leftrightarrow \frac{1}{2} = e^{\ln(0{,}8) \cdot t} \Leftrightarrow t = \frac{\ln\left(\frac{1}{2}\right)}{\ln(0{,}8)} = 3{,}1$.

Nach etwas mehr als 3 Jahren besitzt das Fahrzeug nur noch den halben Wert.

(5) In einer Minute kühlt sich eine warme Flüssigkeit um etwa 20 % der Differenz zur Raumtemperatur ab. Die aktuelle Raumtemperatur beträgt 20°.

Nach welcher Zeit ist ein 90 °C heißer Kaffee auf 50 °C abgekühlt?

Es ist $T(t) = 20 + [90 - 20] \cdot 0{,}8^t$, also wegen $\ln(0{,}8) \approx -0{,}223$:

$T(t) = 20 + 70 \cdot e^{-0{,}223t}$.

Aus $50 = 20 + 70 \cdot e^{-0{,}223t}$ folgt:

$\frac{3}{7} = e^{-0{,}223t}$, und damit

$\ln\left(\frac{3}{7}\right) = -0{,}223t$ und $t = 3{,}8$ (nach ca. 3,8 min ist der Kaffee auf 50 °C abgekühlt).

(6) Ein Apfelbaum einer bestimmten Sorte bringt bis zu 100 kg Obst. Nach dem Pflanzen eines solchen Baumes beträgt die erste Ernte 10 kg ($t = 0$),
nach dem ersten Jahr ($t = 1$) 20 kg.

Die Gleichung des Wachstums wird durch folgende Bedingungen festgelegt:

$B(0) = 10;\ B(1) = 20;\ S = 100$

$$B(1) = 20 = \frac{10 \cdot 100}{10 + (100 - 10) \cdot e^{-100 \cdot k \cdot 1}}$$

Der Wert von $B(1)$ liefert einen Schätzwert für den Parameter k. Diesen Schätzwert erhalten wir durch Auflösen nach der Variablen k.

$$20 = \frac{1000}{10 + 90 \cdot e^{-100k}} \Rightarrow 200 + 1800\,e^{-100k} = 1000 \Rightarrow e^{-100k} = \frac{4}{9} \Rightarrow k \approx 0{,}008.$$

Damit erhält man

$$B(t) = \frac{1000}{10 + 90 \cdot e^{-0{,}8t}}.$$

C5 Extremwertaufgaben mit Nebenbedingungen innermathematisch und in Sachzusammenhängen lösen.

Folgende Schritte sind zu beachten:

- Alle wichtigen Größen sind zu benennen. Für die Größe, für die ein Extremum (Maximum oder Minimum) zu bestimmen ist (sogenannte Extremalgröße), muss eine Gleichung aufgestellt werden. Die durch die Gleichung bestimmte Zielfunktion enthält i. A. noch mehrere Variablen.
- Eine Nebenbedingung wird aufgestellt; diese gibt an, wie die auftretenden Variablen voneinander abhängen. Diese Nebenbedingung wird so in den Funktionsterm der Zielfunktion eingesetzt, dass im Funktionsterm nur noch die eine Variable vorkommt, deren Extremum gesucht wird.
- Von dieser Zielfunktion werden die lokalen Extremstellen und die zugehörigen Funktionswerte bestimmt
- Ist der Definitionsbereich eingeschränkt, müssen auch die Funktionswerte an den Rändern berechnet und mit den Funktionswerten der lokalen Extremstellen verglichen werden.
- Wenn so der Extremwert für die betrachtete Extremalgröße gefunden ist, müssen noch alle im ersten Ansatz aufgetretenen Größen berechnet werden.

Beispiel 1

P (x | y) sei ein beliebiger Punkt des Graphen der Funktion f mit $f(x) = -\frac{1}{2}x^2 + 2$, der oberhalb der x-Achse liegt.

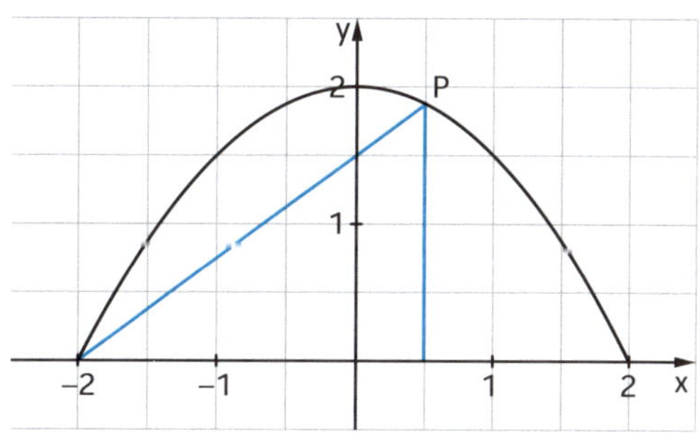

Die Parallele zur y-Achse durch den Punkt P, die x-Achse und die Gerade, die durch A (–2 | 0) und P verläuft, bestimmen ein Dreieck. Für welche Lage des Punktes P ist der Flächeninhalt des Dreiecks maximal?

Gesucht ist der maximale Flächeninhalt, deshalb wird ein Funktionsterm zur Berechnung des Flächeninhalts aufgestellt:

$A(x, y) = \frac{1}{2} \cdot (x - (-2)) \cdot y = \frac{1}{2} \cdot (x + 2) \cdot y$

Die Nebenbedingung „P ist Punkt des Graphen" liefert $y = -\frac{1}{2}x^2 + 2$.

Diese Bedingung für y wird in den Term der Zielfunktion eingesetzt:

$A(x) = \frac{1}{2} \cdot (x + 2) \cdot (-\frac{1}{2}x^2 + 2) = -\frac{1}{4}x^3 - \frac{1}{2}x^2 + x + 2.$

Definitionsbereich der Zielfunktion: $-2 \le x \le 2$ (der Einfachheit halber werden die beiden Randstellen mit hinzugenommen).

Von dieser Funktion wird das lokale Extremum bestimmt:

$A'(x) = -\frac{3}{4}x^2 - x + 1$; $A'(x) = 0 \Leftrightarrow x = \frac{2}{3} \vee x = -2.$

Für $x = -2$ liegt der Punkt P auf der x-Achse.

$A''(x) = -\frac{3}{2}x - 1$; $A''\left(\frac{2}{3}\right) = -2 < 0$,

an der Stelle $x = \frac{2}{3}$ hat die Zielfunktion also ein lokales Maximum. An den Rändern der Definitionsmenge (= Nullstellen der Funktion f) ist der Flächeninhalt des Dreiecks gleich null. Daher ist das Dreieck mit dem größten Flächeninhalt gegeben, wenn $x = \frac{2}{3}$ und

$y = f\left(\frac{2}{3}\right) = \frac{16}{9}$.

Der maximale Flächeninhalt ist: $A\left(\frac{2}{3}\right) = \frac{64}{27}$ FE $\approx 2{,}37$ FE.

Beispiel 2

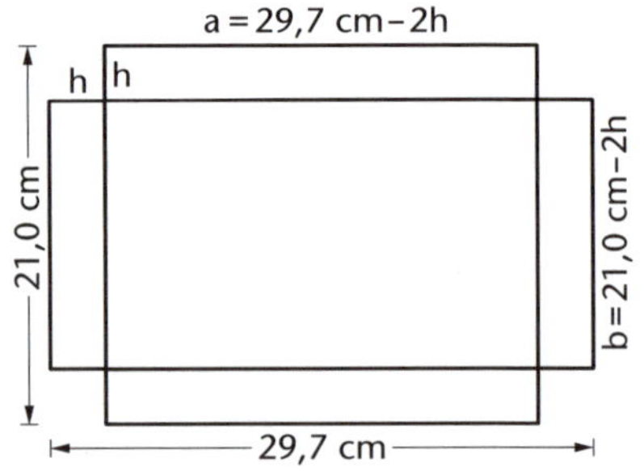

Aus einem DIN-A 4-Blatt soll eine offene Schachtel mit möglichst großem Volumen gebastelt werden. (Die Klebefalze können vernachlässigt werden.)

Bezeichnen wir die Länge der offenen Schachtel mit a, die Breite mit b und die Höhe mit h, dann ergibt sich das Volumen gemäß der Formel: $V(a, b, h) = a \cdot b \cdot h$.

Die Schachtel entsteht durch das Aufklappen von rechteckigen Streifen der Höhe h. Aus dem Sachzusammenhang ergibt sich, dass diese Höhe h größer sein muss als null, aber kleiner als die halbe Breite des DIN-A 4-Blattes, d. h. 0 cm < h < 10,5 cm.

Durch die Länge des DIN-A 4-Blattes (29,7 cm) wird auch die Länge der Schachtel begrenzt; daher gilt die erste Nebenbedingung: $a = 29{,}7 - 2h$.

Durch die Breite des DIN-A 4-Blattes (21,0 cm) wird auch die Breite der Schachtel begrenzt; daher gilt die zweite Nebenbedingung: $b = 21{,}0 - 2h$.

Wenn wir diese beiden Bedingungen in den o. a. Term V (a, b, h) einsetzen, erhalten wir die Zielfunktion

$V(h) = (29{,}7 - 2h) \cdot (21{,}0 - 2h) \cdot h = 4h^3 - 101{,}4h^2 + 623{,}7h$, wobei $0 \leq h \leq 10{,}5$ (der Einfachheit halber werden die beiden Randstellen mit hinzugenommen).

Um das Maximum dieser Funktion zu bestimmen, bilden wir die 1. Ableitung:

$V'(h) = 12h^2 - 202{,}8h + 623{,}7$.

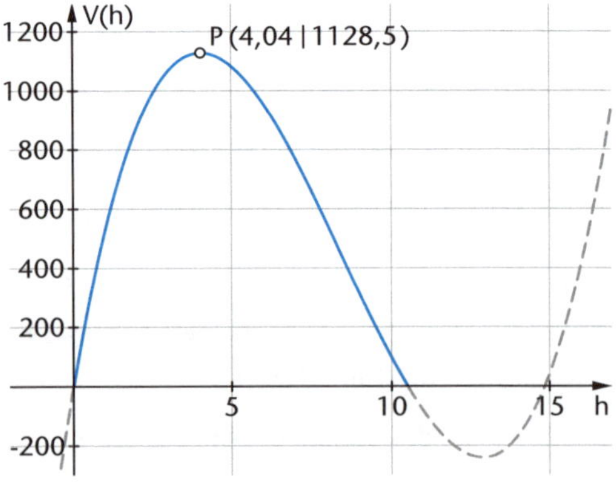

Die quadratische Gleichung $V'(h) = 0$ hat zwei Lösungen:

$h_1 \approx 4{,}04$ und $h_2 \approx 12{,}86$.

Die zweite Lösung entfällt im Sachzusammenhang, stellt sich aber auch als Tiefpunkt heraus, wenn man die hinreichenden Kriterien untersucht oder den Graphen insgesamt betrachtet.

Das maximal erreichbare Volumen der offenen Schachtel beträgt

$V(h_{max}) = V(4{,}04) \approx 1128{,}5\ \text{cm}^3$.

Beispiel 3

An einer wertvollen Glasscheibe ist ein Stück abgebrochen, das mithilfe einer quadratischen Funktion f mit $f(x) = 45 - 0{,}05 \cdot x^2$ modelliert werden kann. Aus dem Rest kann aber noch ein rechteckiges Flächenstück abgeschnitten werden. Wie muss geschnitten werden, damit dessen Fläche maximal ist?

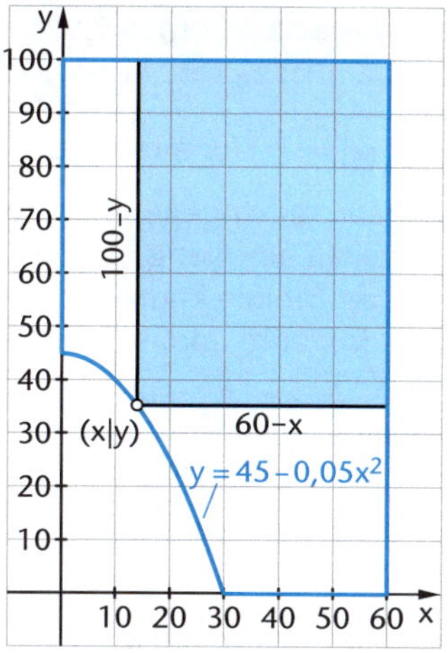

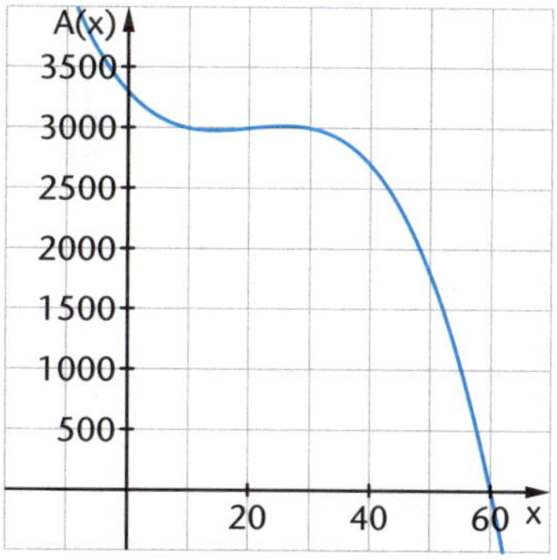

Der Flächeninhalt A des Rechtecks ergibt sich aus
$A(x, y) = (60 - x) \cdot (100 - y)$ und nach Einsetzen der Funktionsgleichung $y = 45 - 0{,}05x^2$:
$A(x) = (60 - x) \cdot (55 + 0{,}05x^2) = 3300 - 55x + 3x^2 - 0{,}05x^3$
$A'(x) = -55 + 6x - 0{,}15x^2$; $A''(x) = 6 - 0{,}3x$

Notwendige Bedingung:
$A'(x) = 0 \Leftrightarrow x^2 - 40x = -\frac{1100}{3} \Leftrightarrow (x - 20)^2 = \frac{100}{3} \Leftrightarrow x \approx 14{,}23 \vee x \approx 25{,}77.$

Hinreichende Bedingung:
$A''(14{,}23) > 0$ (lokales Minimum), $A''(25{,}77) < 0$ (lokales Maximum).

Es gilt: $A(25{,}77) \approx 3019$. Die Funktion hat jedoch am Rand einen noch größeren Funktionswert (ein absolutes Maximum): $A(0) = 3300$, d. h. das größte Flächenstück erhält man, wenn man nur den unbeschädigten (oberen) Teil der Glasplatte abtrennt.

D1 Stammfunktionen zu Grundtypen von Funktionen bestimmen und den Hauptsatz der Differenzial- und Integralrechnung (HDI) zur Berechnung bestimmter Integrale anwenden.

Jede differenzierbare Funktion F mit $F'(x) = f(x)$ für alle $x \in D_f$ heißt **Stammfunktion** von f.

Der Nachweis hierfür erfolgt, indem man die angegebene Stammfunktion ableitet. Das Bilden von Stammfunktionen ist nicht eindeutig, da die Konstante beim Ableiten wegfällt (vgl. Beispiel). In der folgenden Tabelle kann daher zu jeder angegebenen Stammfunktion auch eine beliebige Konstante addiert werden.

f(x)	c	x^n für $n \neq -1$	$\frac{1}{x}$ $D_f = \mathbb{R} \setminus \{0\}$	$\sqrt{x}$ $D_f = \mathbb{R}^+$	e^x	$\ln(x)$	$\sin(x)$	$\cos(x)$
$F(x) = \int f(x)\,dx$	$c\,x$	$\frac{1}{n+1}x^{n+1}$	$\ln(\lvert x \rvert)$	$\frac{2}{3}x^{\frac{3}{2}}$	e^x	$x \cdot \ln(x) - x$	$-\cos(x)$	$\sin(x)$

Integralfunktion:
Gegeben sei eine Funktion f in einem Intervall J und $a \in J$. Dann heißt die Funktion I_a mit

$$I_a(x) = \int_a^x f(t)\,dt.$$

Integralfunktion von f mit unterer Grenze a. Die Funktion f wird hier auch als *Integrandenfunktion* bezeichnet.

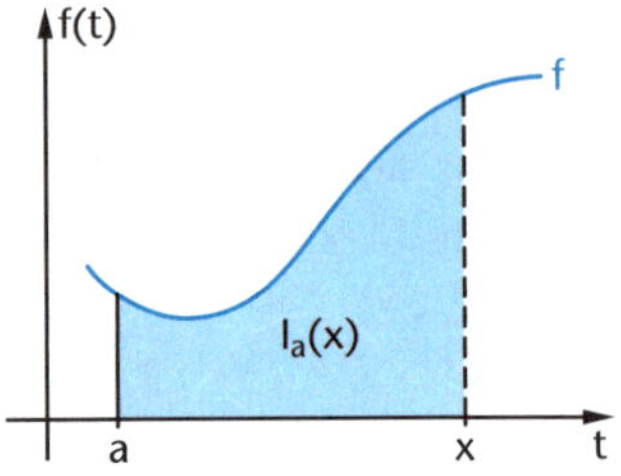

Hauptsatz der Differenzial- und Integralrechnung:
Wenn die Integrandenfunktion f stetig auf dem Intervall J ist, dann ist die Integralfunktion I_a sogar differenzierbar, und es gilt: $I_a'(x) = f(x)$
In Worten: Die Ableitung der Integralfunktion ergibt die Integrandenfunktion.

Man kann also zu jeder stetigen Funktion f eine Stammfunktion angeben – ggf. in der Form als Integralfunktion.

Folgerung aus dem Hauptsatz:
Ist die Funktion f auf einem Intervall J stetig und F eine beliebige Stammfunktion von f, so gilt für alle $a, b \in J$:

$$\int_a^b f(x)\,dx = F(b) - F(a).$$

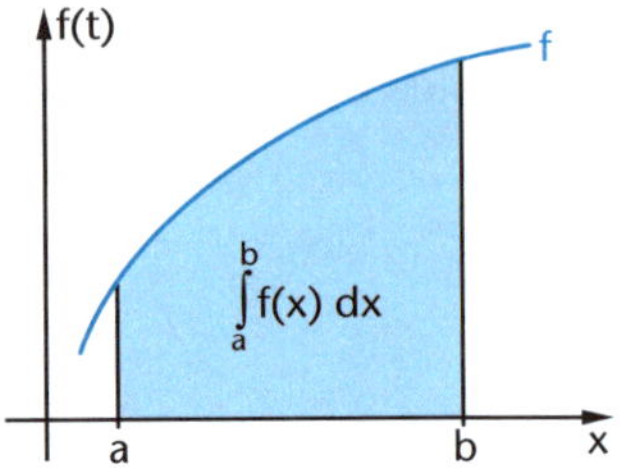

Beispiel *Nachweis einer Stammfunktion*

Zum Nachweis, dass $F(x) = (x-1) \cdot e^x$ eine Stammfunktion für $f(x) = x \cdot e^x$ ist, wird die Ableitung von F gemäß Produktregel gebildet:
$F'(x) = 1 \cdot e^x + (x-1) \cdot e^x = e^x + x \cdot e^x - e^x = x \cdot e^x = f(x)$

Beispiele *Bestimmung von Stammfunktionen*

- Zu $f(x) = 5x^4 - 8x^3 + 3x^2 - 6x + 3$ erhält man eine Stammfunktion mit $F(x) = x^5 - 2x^4 + x^3 - 3x^2 + 3x$. Dabei wird der Exponent von x um eins erhöht und der entsprechende Summand mit dem Kehrwert des neuen Exponenten multipliziert.

- Zu $f(x) = 4 \cdot e^{2x+1}$ erhält man eine Stammfunktion mit $F(x) = 4 \cdot \frac{1}{2} \cdot e^{2x+1} = 2 \cdot e^{2x+1}$. Da beim Ableiten von F mit der inneren Ableitung multipliziert wird, muss hier im Funktionsterm der Stammfunktion der Faktor $\frac{1}{2}$ ergänzt werden.
- Eine Stammfunktion zu $f(x) = \sin\left(\frac{1}{2}x + \pi\right)$ ist $F(x) = -2 \cdot \cos\left(\frac{1}{2}x + \pi\right)$.

Allgemein gilt: Ist F eine Stammfunktion für eine Funktion f, dann ist $\frac{1}{a} \cdot F(ax + b)$ eine Stammfunktion für $f(ax + b)$.

Beispiele *Berechnung bestimmter Integrale*

Zur Berechnung bestimmter Integrale muss zunächst eine Stammfunktion zur Integrandenfunktion bestimmt werden. In diese wird dann zuerst die obere Integrationsgrenze und dann die untere Integrationsgrenze eingesetzt. Der Wert des bestimmten Integrals ist dann die Differenz der beiden Einsetzungen.

(1) $\int_1^2 (3x^2 - 1)\,dx = \left[x^3 - x\right]_1^2 = (2^3 - 2) - (1^3 - 1) = 6$

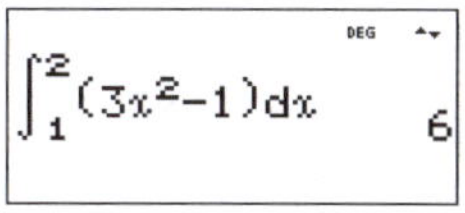

(2) $\int_{-1}^3 (2x - 1)^2\,dx = \left[\frac{1}{6}(2x - 1)^3\right]_{-1}^3 = 25\frac{1}{3}$

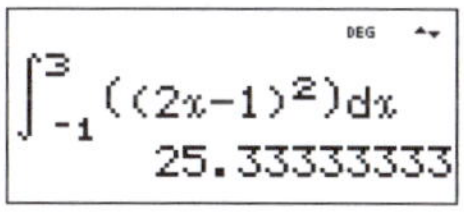

(3) $\int_0^1 (2 - e^{-x})\,dx = \left[2x + e^{-x}\right]_0^1 = (2 + e^{-1}) - (0 + e^{-0}) = 1 + \frac{1}{e}$

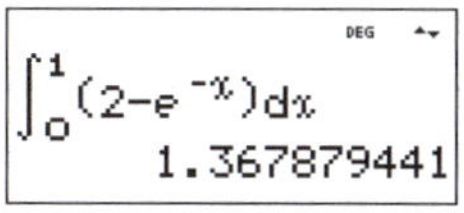

Hinweis: Die Stammfunktionen zu Beispiel (2) und (3) wurden durch Ausprobieren gefunden: Dabei überlegt man, wie der Funktionsterm entstanden sein könnte, wenn man die betreffende Ableitungsregel (hier: die Kettenregel) anwendet. In D7 wird das systematische Verfahren erläutert.

Beispiel *Bestimmen von Stammfunktionen durch Koeffizientenvergleich*

$F(x) = (ax^2 + bx + c) \cdot e^{-x}$ ist eine Stammfunktion für die Funktion $f(x) = (x^2 + 2x - 3) \cdot e^{-x}$.

Bestimmen Sie die Koeffizienten a, b, c im Funktionsterm von F(x).

Ableiten von F(x) ergibt:

$F'(x) = f(x) = (2ax + b) \cdot e^{-x} + (ax^2 + bx + c) \cdot e^{-x} \cdot (-1) = (-ax^2 + 2ax - bx + b - c) \cdot e^{-x}$

Durch Vergleich mit f(x) ergibt sich das lineare Gleichungssystem
$-a = 1 \wedge 2a - b = 2 \wedge b - c = -3$.

Durch Einsetzen erhält man nacheinander
$a = -1$, $b = -4$, $c = -1$, also
$F(x) = (-x^2 - 4x - 1) \cdot e^{-x} = -(x^2 + 4x + 1) \cdot e^{-x}$.

D2 Flächeninhalte zwischen einem Funktionsgraphen und der x-Achse und Flächeninhalte zwischen mehreren Funktionsgraphen berechnen.

Ist f in [a;b] stetig und $f(x) \neq 0$ für alle $x \in \,]a;b[$, dann gilt für den Inhalt der Fläche zwischen dem Graphen von f und der x-Achse über dem Intervall [a; b]:

$$A = \left|\int_a^b f(x)\,dx\right|$$

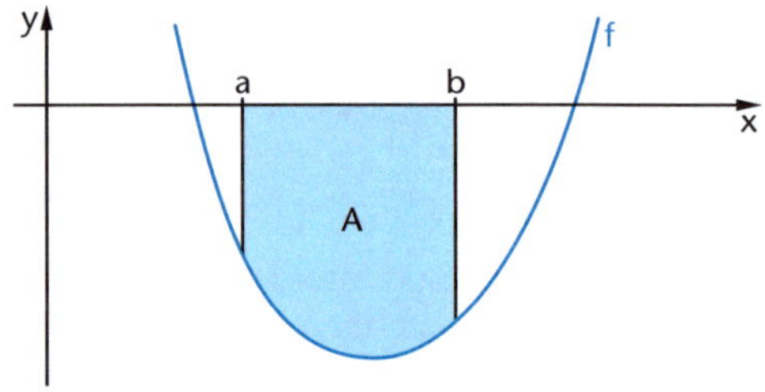

Hat f in [a; b] die Nullstellen $x_1, x_2, \ldots, x_k$ mit $x_1 < x_2 < \ldots < x_k$, dann gilt für den Inhalt der Fläche, welche der Graph von f mit der x-Achse einschließt:

$$A = \left|\int_{x_1}^{x_2} f(x)\,dx\right| + \left|\int_{x_2}^{x_3} f(x)\,dx\right| + \ldots + \left|\int_{x_{k-1}}^{x_k} f(x)\,dx\right|$$

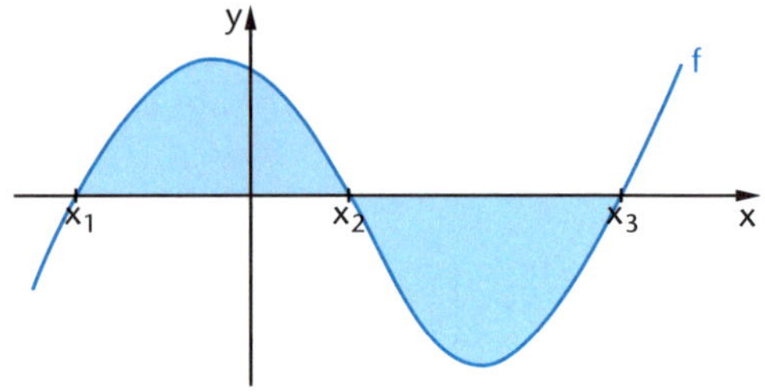

Haben die in [a;b] stetigen Funktionen f und g die Schnittstellen $x_1, x_2, \ldots, x_k$ mit $x_1 < x_2 < \ldots < x_k$, dann gilt für den Inhalt der von den Graphen eingeschlossenen Fläche:

$$A = \left|\int_{x_1}^{x_2} (f(x) - g(x))\,dx\right| + \left|\int_{x_2}^{x_3} (f(x) - g(x))\,dx\right| + \ldots + \left|\int_{x_{k-1}}^{x_k} (f(x) - g(x))\,dx\right|$$

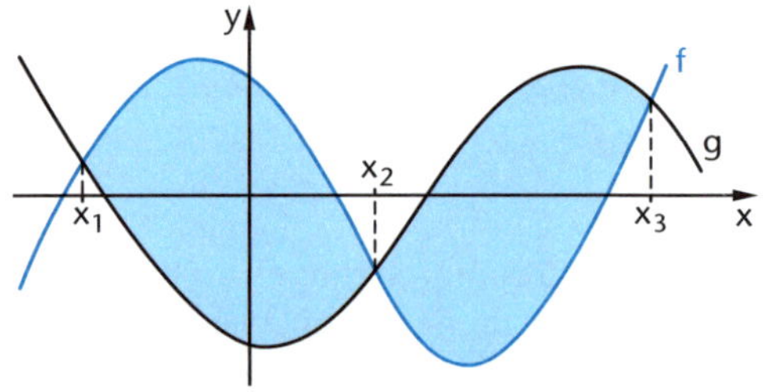

Beispiel *Berechnung des Flächeninhalts in einer Anwendung*

Das abgebildete Grundstück steht zum Verkauf. Es wird an einer Seite durch einen Fluss begrenzt. Zur Ermittlung des Verkaufspreises soll der Flächeninhalt des Grundstücks bestimmt werden.

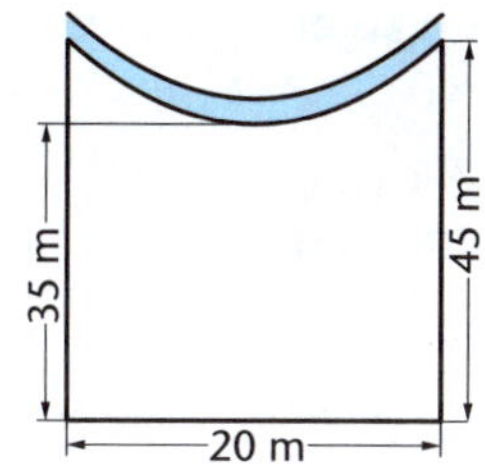

In dem gemäß nebenstehender Abbildung gewählten Koordinatensystem kann das südliche Ufer des Flusses durch eine quadratische Funktion f mit $f(x) = ax^2 + 35$ beschrieben werden. Dabei ist die Konstante a durch die Bedingung $f(10) = 45$ zu $a = 0{,}1$ festgelegt.
Für den Flächeninhalt des Grundstücks in m^2 folgt:

$$A = 2 \cdot \int_0^{10} (0{,}1x^2 + 35)\,dx = 2 \cdot \left[\frac{1}{30}x^3 + 35x\right]_0^{10} = 766\tfrac{2}{3}.$$

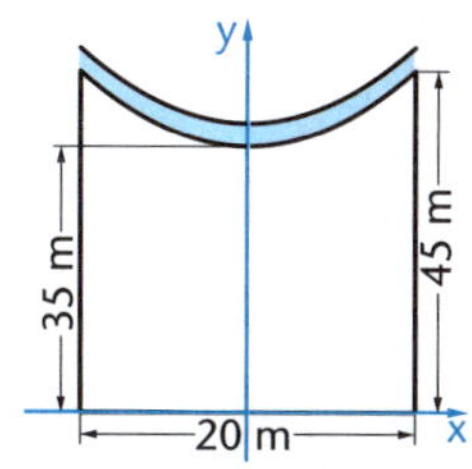

Beispiel *Berechnung des Flächeninhalts eines Flächenstücks, das von einem Graphen und der x-Achse eingeschlossen ist*

Wie groß ist der Flächeninhalt des Flächenstücks, das vom Graphen von f mit $f(x) = (x - 1) \cdot (x - 3) \cdot (x - 6)$ und der x-Achse eingeschlossen wird?
Da der Funktionsterm von f in faktorisierter Form gegeben ist, können die Nullstellen sofort abgelesen werden:
$x_{01} = 1, \quad x_{02} = 3, \quad x_{03} = 6$

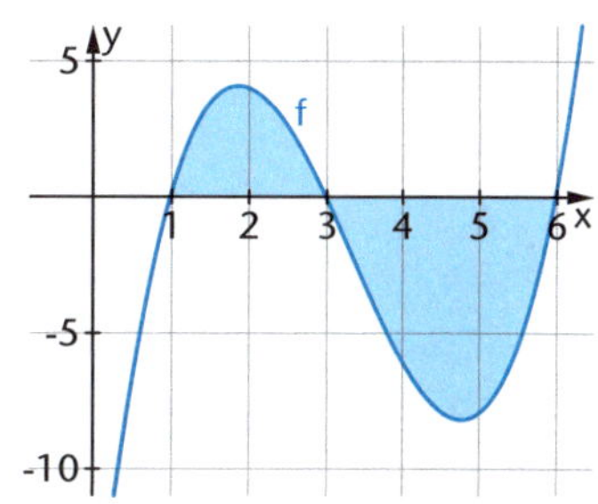

Um den gesuchten Flächeninhalt zu bestimmen, sind hier zwei Integrale zu berechnen.
Da Flächeninhalte stets positiv sind, müssen die Beträge der berechneten Integrale addiert werden.

$$A = \left|\int_1^3 (x^3 - 10x^2 + 27x - 18)\,dx\right| + \left|\int_3^6 (x^3 - 10x^2 + 27x - 18)\,dx\right| = \left|5\tfrac{1}{3}\right| + \left|-15\tfrac{3}{4}\right| = 21\tfrac{1}{12}.$$

Beispiel *Berechnung des Flächeninhalts eines Flächenstücks, das von zwei Graphen eingeschlossen ist*

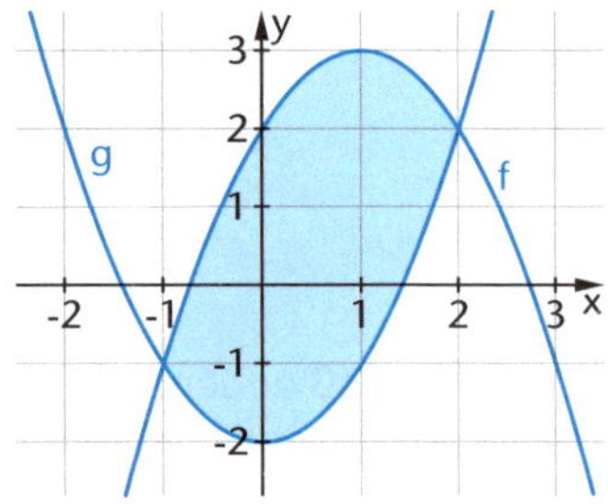

Wie groß ist der Flächeninhalt des Flächenstücks, das von den Graphen von f und g mit $f(x) = -x^2 + 2x + 2$ und $g(x) = x^2 - 2$ eingeschlossen wird?
Man berechnet die Schnittstellen der Graphen durch Lösen der Gleichung $f(x) = g(x)$: $x_{S1} = -1$, $x_{S2} = 2$
Für den Flächeninhalt erhält man:

$$A = \left|\int_{-1}^{2}((-x^2+2x+2)-(x^2-2))\,dx\right| = \left|\int_{-1}^{2}(-2x^2+2x+4)\,dx\right|$$
$$= \left|\left[-\frac{2}{3}x^3+x^2+4x\right]_{-1}^{2}\right| = |9| = 9.$$

D3 Nur LK: Mittelwerte von kontinuierlich veränderten Größen mit der Integralrechnung berechnen.

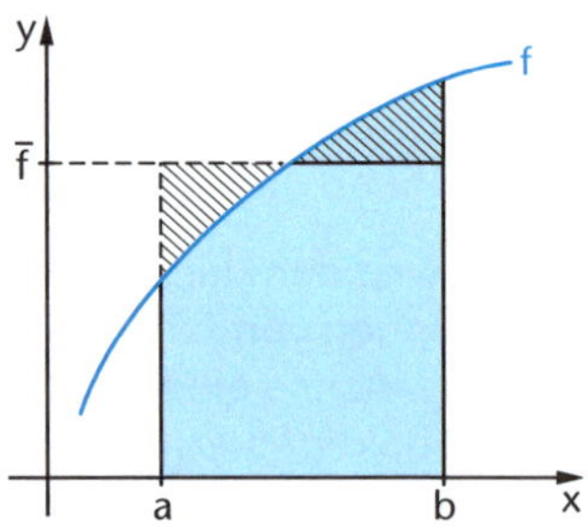

Unter dem Mittelwert $\bar{f}$ der Funktionswerte einer stetigen Funktion f über dem Intervall [a;b] versteht man die reelle Zahl

$$\bar{f} = \frac{1}{b-a} \cdot \int_a^b f(x)\,dx$$

Ist F eine Stammfunktion für f, dann ist der Mittelwert der Funktionswerte gegeben durch den Quotienten

$$\bar{f} = \frac{F(b) - F(a)}{b-a}.$$

Beispiel

Die Geschwindigkeit eines ICE bei der Ausfahrt aus einem Bahnhof lässt sich in den ersten 6 Minuten mithilfe der Funktion v mit $v(t) = -0{,}0005 \cdot t^2 + 0{,}4 \cdot t$ beschreiben. Dabei wird die Zeit t in Sekunden und die Geschwindigkeit v in Meter pro Sekunde angegeben.
Wie groß ist die mittlere Geschwindigkeit des Zuges in den ersten 6 Minuten der Fahrt?

$$v = \frac{1}{360-0} \cdot \int_0^{360}(-0{,}0005 \cdot t^2 + 0{,}4 \cdot t)\,dt = \frac{1}{360} \cdot \left[-\frac{1}{6000}t^3 + \frac{1}{5}t^2\right]_0^{360} = \frac{1}{360} \cdot 18144 = 50{,}4.$$

Die mittlere Geschwindigkeit des Zuges beträgt $50{,}4\ \frac{m}{s}$ $\left(\approx 181{,}44\ \frac{km}{h}\right)$.

D4 Gesamtänderungen aus gegebenen Änderungsraten exakt mit bestimmten Integralen berechnen.

Ist eine stetige Funktion v für die momentane Änderungsrate (z. B. Zuflussgeschwindigkeit, Bewegungsgeschwindigkeit,...) einer Größe in Abhängigkeit von der Zeit t gegeben, so wird die Gesamtänderung (z. B. Füllmenge, zurückgelegte Wegstrecke, ...) im Zeitintervall $[t_a; t_e]$

mit dem Integral $\int_{t_a}^{t_e} v(t)\,dt$ berechnet.

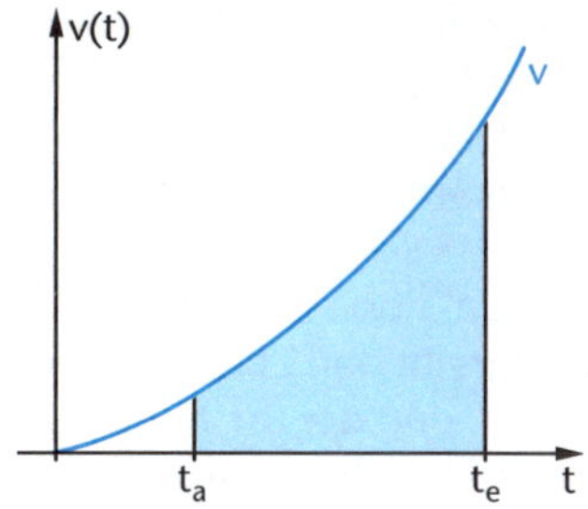

Beispiel *Gegeben ist die Bewegungsgeschwindigkeit*

Die Geschwindigkeit v eines aus der Ruhe von einem Turm fallenden Steins ist gegeben durch $v(t) = 9{,}81 \cdot t$. Dabei wird die Zeit t in Sekunden und die Geschwindigkeit v in Meter pro Sekunde angegeben.

- Beobachtet man, dass der Stein nach einer Falldauer von 3,2 Sekunden auf dem Boden aufschlägt, kann man die Höhe des Turms berechnen, indem man die als momentane Änderungsrate gegebene Geschwindigkeit v(t) über dem Zeitintervall [0; 3,2] integriert:

  $$h = \int_0^{3,2} 9{,}81 \cdot t\,dt = \left[\frac{9{,}81}{2}t^2\right]_0^{3,2} \approx 50{,}23.$$

  Der Turm hat eine Höhe von etwa 50,23 m.

- Ist andererseits die Fallhöhe mit h = 100 m gegeben, so kann man auch die entsprechende Falldauer berechnen. Diesmal ist der Wert des Integrals bekannt. Zu bestimmen ist die obere Integrationsgrenze t_e.

  $$\int_0^{t_e} 9{,}81 \cdot t\,dt = 100 \iff \left[\frac{9{,}81}{2}t^2\right]_0^{t_e} = 100 \iff \frac{9{,}81}{2}t_e^2 = 100 \iff t_e = \sqrt{\frac{200}{9{,}81}} \approx 4{,}5 \vee t_e \approx -4{,}5$$

  Hinweis: Die negative Lösung der quadratischen Gleichung entfällt hier im Sachzusammenhang.

  Der Stein trifft nach etwa 4,5 Sekunden auf dem Boden auf.

Beispiel *Gegeben ist die Zulaufgeschwindigkeit (momentane Zuflussrate)*

Ein zunächst leeres Getreidesilo wird mit Weizen gefüllt. Die Zulaufgeschwindigkeit ist in den ersten 15 Minuten konstant und beträgt 45 Zentner/min. Dann nimmt sie entsprechend dem Graphen ab, bis nach insgesamt 30 Minuten der Zufluss stoppt.

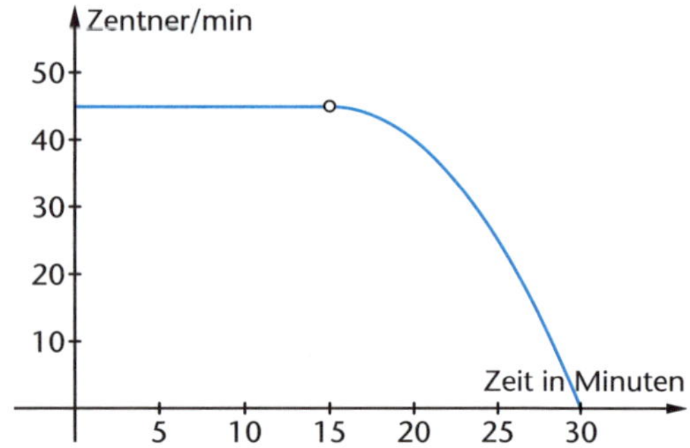

Die Funktion f mit $f(x) = -\frac{1}{5}x^2 + 6x$ beschreibt den Zulauf in der Zeit zwischen der 15. und der 30. Minute, denn der Scheitelpunkt der Parabel liegt im Punkt $S(15|45)$ und eine Nullstelle bei $x = 30$.
Um die gesamte Füllmenge des Silos zu bestimmen, bestimmt man den Flächeninhalt des Flächenstücks zwischen Graph und Zeitachse im Intervall [0; 30]:
Im Zeitintervall [0; 15] ist dies ein Rechteck; für das Zeitintervall [15; 30] muss die Integralrechnung angewendet werden:

$$15 \cdot 45 + \int_{15}^{30} \left(-\frac{1}{5}x^2 + 6x\right) dx = 675 + \left[-\frac{1}{15}x^3 + 3x^2\right]_{15}^{30} = 675 + 450 = 1125.$$

Insgesamt wurden 1125 Zentner Weizen in das Silo gefüllt.

D5 Nur LK: Inhalte ins Unendliche reichender Flächen mit uneigentlichen Integralen und den dabei erforderlichen Grenzwertbetrachtungen ermitteln.

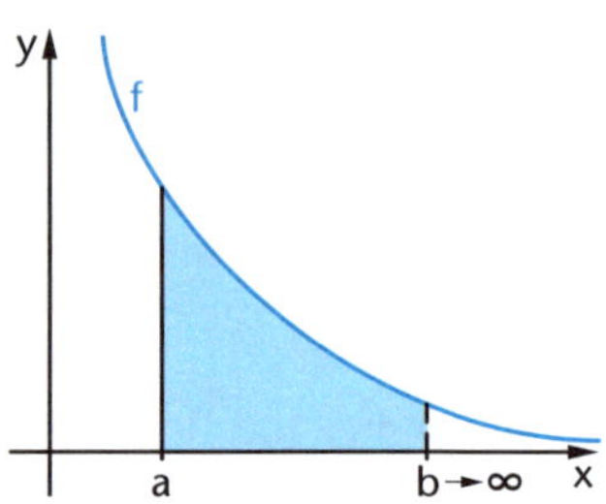

- **Integration über unbeschränkte Intervalle:**
  Falls die Funktion f auf dem Intervall $[a; +\infty[$ stetig ist und der Grenzwert $\lim\limits_{b \to +\infty} \int_a^b f(x)\,dx$ existiert, so heißt dieser Grenzwert das **Uneigentliche Integral** von f über dem Intervall $[a; +\infty[$.
  Man notiert dann auch $\int_a^{+\infty} f(x)\,dx$.
  (Entsprechend wird $\int_{-\infty}^{b} f(x)\,dx$ definiert.)
- **Integration über unbeschränkte Funktionen:**
  Falls die Funktion f auf dem Intervall $]a; b]$ stetig ist und der Grenzwert $\lim\limits_{z \to a} \int_z^b f(x)\,dx$ existiert, so heißt dieser Grenzwert das Uneigentliche Integral von f über dem Intervall $]a; b]$.
  Man notiert dann auch $\int_a^b f(x)\,dx$.
  (Entsprechend wird $\lim\limits_{z \to b} \int_a^z f(x)\,dx$ über dem Intervall $[a; b[$ definiert.)

Beispiele *Uneigentliche Integrale*

- Der Graph der Funktion f mit $f(x) = \frac{4}{x^2}$ schließt über dem Intervall $[1; +\infty[$ eine Fläche mit dem Flächeninhalt 4 FE ein:

  Es gilt: $\int_1^b \frac{4}{x^2}\,dx = \left[-\frac{4}{x}\right]_1^b = 4 - \frac{4}{b}$.

  Damit existiert der Grenzwert: $\lim\limits_{b\to+\infty} \int_1^b \frac{4}{x^2}\,dx = \lim\limits_{b\to+\infty} \left(4 - \frac{4}{b}\right) = 4$.

- Dagegen ist der Flächeninhalt der Fläche zwischen x-Achse und Graph der Funktion f mit $f(x) = \frac{1}{(x-2)^2}$ über dem Intervall $]2; 4]$ nicht endlich:

  Es gilt: $\int_a^4 \frac{1}{(x-2)^2}\,dx = \left[-\frac{1}{(x-2)}\right]_a^4 = \frac{1}{a-2} - \frac{1}{2}$.

  Da der erste Summand für $a \to 2$ über alle Grenzen wächst, existiert das Uneigentliche Integral nicht.

- Der Graph der Funktion f mit $f(x) = x \cdot e^{-x}$ schließt mit der positiven x-Achse einen endlichen Flächeninhalt ein:

  $$\int_0^a x \cdot e^{-x}\,dx = \left[-(x+1) \cdot e^{-x}\right]_0^a$$
  $$= (-(a+1) \cdot e^{-a}) - (-(0+1) \cdot e^{-0})$$
  $$= (-(a+1) \cdot e^{-a}) + 1.$$

  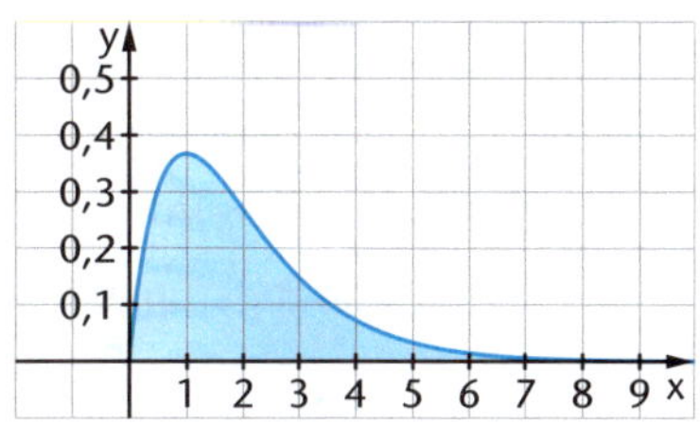

  Da die Werte mit der Funktion $e(x) = e^{-x}$ für $x \to \infty$ schneller gegen null gehen als die Werte einer beliebigen ganzrationalen Funktion $p(x)$ wachsen, gilt allgemein: $\lim\limits_{x\to\infty} p(x) \cdot e^{-x} = 0$.

  Also folgt $\int_0^\infty x \cdot e^{-x}\,dx = 1$.

D6 Nur LK: Das Volumen von Rotationskörpern berechnen und die erforderlichen Berandungsfunktionen für reale rotationssymmetrische Körper modellieren.

Rotiert der Graph einer stetigen Berandungsfunktion f mit nicht negativen Funktionswerten über dem Intervall [a;b] um die x-Achse, so entsteht ein Rotationskörper mit dem Volumen $V = \pi \cdot \int_a^b (f(x))^2\,dx$.

Beispiele

(1) Das abgebildete Fass hat eine Höhe von 22 cm. Die Dicke der Fasswandung soll vernachlässigt werden. Der Radius beträgt am oberen und unteren Rand 8,1 cm, an der bauchigsten Stelle 8,8 cm. Zur Berechnung des Fassinhaltes legen wir das Fass auf die Seite. Das Koordinatensystem wird so gewählt, dass die x-Achse die Symmetrieachse des Fasses bildet, und dass der Graph der Berandungsfunktion symmetrisch zur y-Achse verläuft.

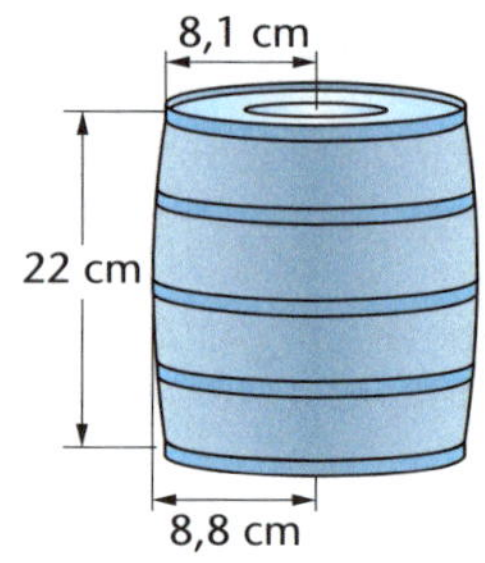

Aus dem Ansatz $f(x) = ax^2 + b$ mit $f(0) = 8{,}8$ und $f(11) = 8{,}1$ folgt $b = 8{,}8$ und $a \cdot 11^2 + 8{,}8 = 8{,}1$.

Die Koeffizienten werden berechnet zu $a = -\frac{7}{1210}$ und $b = \frac{44}{5}$.

Für die Berandungsfunktion gilt damit $f(x) = -\frac{7}{1210}x^2 + \frac{44}{5}$.

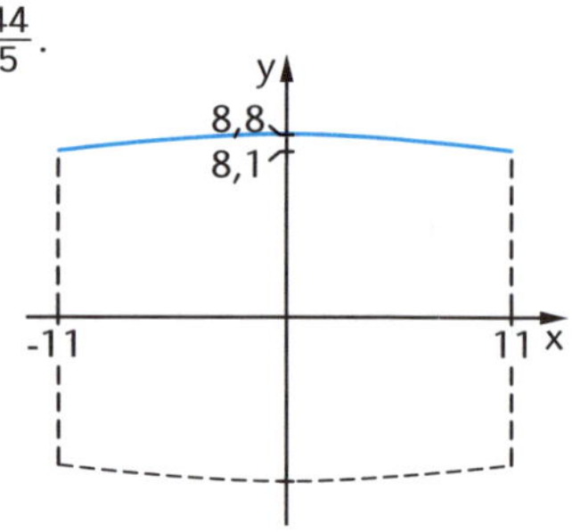

Das Volumen des Fasses kann nun unter Ausnutzung der Symmetrie berechnet werden:

$$V = 2\pi \cdot \int_0^{11} \left(-\frac{7}{1210}x^2 + \frac{44}{5}\right)^2 dx \approx 5075.$$

Also beträgt das Volumen des Fasses 5075 ml ≈ 5 ℓ.

(2) Ein Blumenkübel entsteht durch Rotation des Graphen einer Funktion f mit $f(x) = 0{,}1x^3 - x^2 + 2{,}5x + 2$ über dem Intervall [0; 6] (1 Einheit = 1 dm). Bestimmen Sie das Volumen des Gefäßes.

$$V = 2\pi \int_0^6 f^2(x)\,dx$$

$$= \pi \cdot \int_0^6 (0{,}1x^3 - x^2 + 2{,}5x + 2)^2\,dx \approx 167\ ℓ.$$

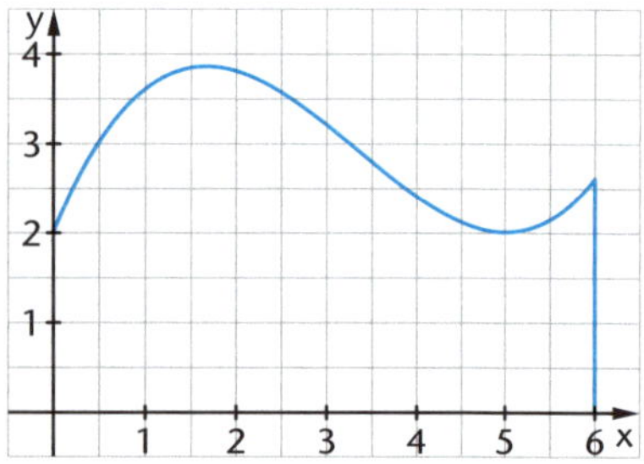

Beispiel *Ins Unendliche reichender Rotationskörper*

Gegeben ist die Funktion f durch $f(x) = \frac{1}{x} - \frac{1}{x^2}$; $x \neq 0$.

Die Fläche zwischen dem Graphen der Funktion f und der x-Achse über dem Intervall [1; ∞[rotiert um die x-Achse.
Hat der entstehende, ins Unendliche reichende Rotationskörper einen endlichen Rauminhalt?

Es gilt:

$$V_b = \pi \int_1^b \left(\frac{1}{x} - \frac{1}{x^2}\right)^2 dx$$

$$= \pi \int_1^b \left(\frac{1}{x^2} - \frac{2}{x^3} + \frac{1}{x^4}\right) dx = \pi \left[-\frac{1}{x} + \frac{1}{x^2} - \frac{1}{3x^3}\right]_1^b$$

$$= \pi\left(\left(-\frac{1}{b} + \frac{1}{b^2} - \frac{1}{3b^3}\right) - \left(-\frac{1}{3}\right)\right)$$

Da der Grenzwert

$$\lim_{b\to+\infty} V_b = \pi \cdot \lim_{b\to+\infty}\left(\left(-\frac{1}{b} + \frac{1}{b^2} - \frac{1}{3b^3}\right) - \left(-\frac{1}{3}\right)\right) = \frac{\pi}{3}$$

existiert, hat der Rotationskörper das Volumen $\frac{\pi}{3}$.

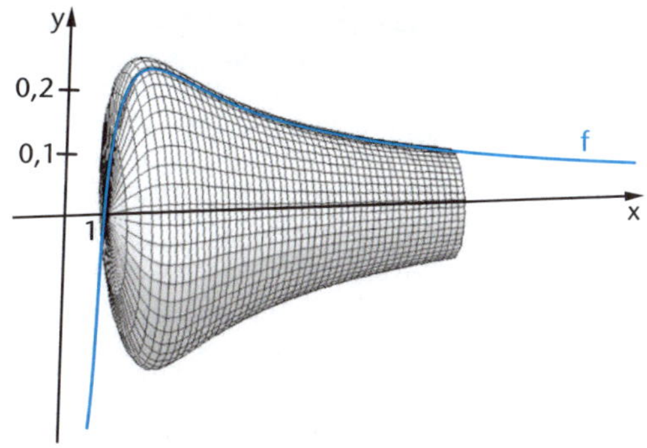

D7 Nur LK: Stammfunktionen durch lineare Substitution bestimmen.

Aus der Kettenregel der Differenzialrechnung folgt für den Fall der linearen Verkettung:

$$\int_a^b f(m \cdot x + n)\,dx = \frac{1}{m} \cdot \left[F(m \cdot x + n)\right]_a^b \quad \text{mit } m \neq 0.$$

Hierbei ist F eine Stammfunktion zu f.

Beispiele

(1) $\int_0^1 e^{3 \cdot x + 5} dx = \frac{1}{3} \cdot \left[e^{3 \cdot x + 5}\right]_0^1 = \frac{1}{3} \cdot (e^8 - e^5) \approx 944{,}18$

(2) $\int_0^{\pi} \sin(2 \cdot x - 1)\,dx = \frac{1}{2} \cdot \left[-\cos(2 \cdot x - 1)\right]_0^{\pi} = \frac{1}{2} \cdot (-\cos(2\pi - 1) + \cos(-1)) = 0$

E1 Verschiebungen durch Vektoren sowie Punkte im Raum durch Ortsvektoren und Vektorketten beschreiben und damit realitätsnahe Situationen mathematisch modellieren.

Vektoren im Raum sind geordnete Zahlentripel, die in Spaltenform notiert werden.

Der Vektor $\vec{u} = \begin{pmatrix} u_1 \\ u_2 \\ u_3 \end{pmatrix}$ kann interpretiert werden als der **Ortsvektor** des Punktes $U(u_1|u_2|u_3)$, als **Pfeil** vom Ursprung $O(0|0|0)$ zum Punkt $U(u_1|u_2|u_3)$ oder auch als eine **Verschiebung** parallel zu diesem Pfeil.

Bei der Addition zweier Vektoren werden zugehörige Pfeile aneinandergesetzt. Es gilt die sogenannte **Dreiecksregel:** $\overrightarrow{XY} + \overrightarrow{YZ} = \overrightarrow{XZ}$ (**Vektorkette** von X über Y nach Z).

Bei der Subtraktion wird der Gegenvektor addiert: Der **Verbindungsvektor** $\overrightarrow{PQ}$ lässt sich schreiben als Differenzvektor der beiden Ortsvektoren:

$\overrightarrow{PQ} = \overrightarrow{PO} + \overrightarrow{OQ} = \overrightarrow{OQ} + (-\overrightarrow{OP}) = \overrightarrow{OQ} - \overrightarrow{OP} = \vec{q} - \vec{p}$.

Der **Nullvektor** $\vec{o} = \begin{pmatrix} 0 \\ 0 \\ 0 \end{pmatrix}$ lässt sich als eine geschlossene Vektorkette auffassen:

$\vec{o} = \overrightarrow{OA} + \overrightarrow{AB} + \overrightarrow{BC} + \ldots + \overrightarrow{ZO}$.

Der Ortsvektor $\overrightarrow{OM}$ des **Mittelpunkts M einer Strecke AB** wird dargestellt in der Form

$\overrightarrow{OM} = \overrightarrow{OA} + \frac{1}{2} \cdot \overrightarrow{AB} = \overrightarrow{OA} + \frac{1}{2} \cdot (\overrightarrow{OB} - \overrightarrow{OA}) = \frac{1}{2} \cdot (\overrightarrow{OA} + \overrightarrow{OB})$.

Beispiel

(1) Der Verbindungsvektor der Punkte $P(2|-3|5)$ und $Q(4|1|-2)$ ist: $\overrightarrow{PQ} = \begin{pmatrix} 4 \\ 1 \\ -2 \end{pmatrix} - \begin{pmatrix} 2 \\ -3 \\ 5 \end{pmatrix} = \begin{pmatrix} 2 \\ 4 \\ -7 \end{pmatrix}$.

Der Mittelpunkt der Strecke PQ ist $M\left(\frac{1}{2} \cdot (2+4) \,|\, \frac{1}{2} \cdot (-3+1) \,|\, \frac{1}{2} \cdot (5+(-2))\right) = (3|-1|1{,}5)$.

(2) Ein Spat ABCDEFGH ist gegeben durch die Eckpunkte $A(1|-2|3)$, $B(3|-1|3)$, $D(4|0|3)$ und $E(2|-3|5)$. Dann ergeben sich die Koordinaten der übrigen Eckpunkte wie folgt:

$$\overrightarrow{OC} = \overrightarrow{OB} + \overrightarrow{BC} = \overrightarrow{OB} + \overrightarrow{AD} = \begin{pmatrix} 3 \\ -1 \\ 3 \end{pmatrix} + \begin{pmatrix} 4-1 \\ 0-(-2) \\ 3-3 \end{pmatrix} = \begin{pmatrix} 3+3 \\ -1+2 \\ 3+0 \end{pmatrix} = \begin{pmatrix} 6 \\ 1 \\ 3 \end{pmatrix},$$

$$\overrightarrow{OF} = \overrightarrow{OE} + \overrightarrow{EF} = \overrightarrow{OE} + \overrightarrow{AB} = \begin{pmatrix} 2 \\ -3 \\ 5 \end{pmatrix} + \begin{pmatrix} 3-1 \\ -1-(-2) \\ 3-3 \end{pmatrix} = \begin{pmatrix} 4 \\ -2 \\ 5 \end{pmatrix},$$

$$\overrightarrow{OG} = \overrightarrow{OF} + \overrightarrow{FG} = \overrightarrow{OF} + \overrightarrow{BC} = \begin{pmatrix} 4 \\ -2 \\ 5 \end{pmatrix} + \begin{pmatrix} 6-3 \\ 1-(-1) \\ 3-3 \end{pmatrix} = \begin{pmatrix} 7 \\ 0 \\ 5 \end{pmatrix},$$

$$\overrightarrow{OH} = \overrightarrow{OE} + \overrightarrow{EH} = \overrightarrow{OE} + \overrightarrow{AD} = \begin{pmatrix} 2 \\ -3 \\ 5 \end{pmatrix} + \begin{pmatrix} 4-1 \\ 0-(-2) \\ 3-3 \end{pmatrix} = \begin{pmatrix} 5 \\ -1 \\ 5 \end{pmatrix}.$$

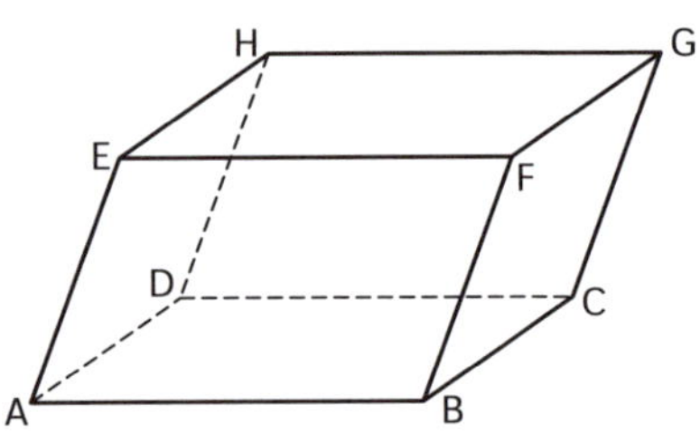

E2 Das Skalarprodukt zweier Vektoren berechnen und damit entscheiden, ob die Vektoren zueinander orthogonal sind.

Das Skalarprodukt zweier Vektoren $\vec{u} = \begin{pmatrix} u_1 \\ u_2 \\ u_3 \end{pmatrix}$ und $\vec{v} = \begin{pmatrix} v_1 \\ v_2 \\ v_3 \end{pmatrix}$ ist definiert als die Summe der Produkte der Komponenten der beiden Vektoren, also durch

$\vec{u} * \vec{v} = \begin{pmatrix} u_1 \\ u_2 \\ u_3 \end{pmatrix} * \begin{pmatrix} v_1 \\ v_2 \\ v_3 \end{pmatrix} = u_1 \cdot v_1 + u_2 \cdot v_2 + u_3 \cdot v_3.$

Die beiden Vektoren spannen einen Winkel φ auf.
Für diesen gilt: $\vec{u} * \vec{v} = |\vec{u}| \cdot |\vec{v}| \cdot \cos(\varphi)$
In Worten: Das Skalarprodukt zweier Vektoren ist gleich dem Produkt aus der Länge des einen Vektors mit der Länge der orthogonalen Projektion des anderen Vektors auf diesen Vektor.

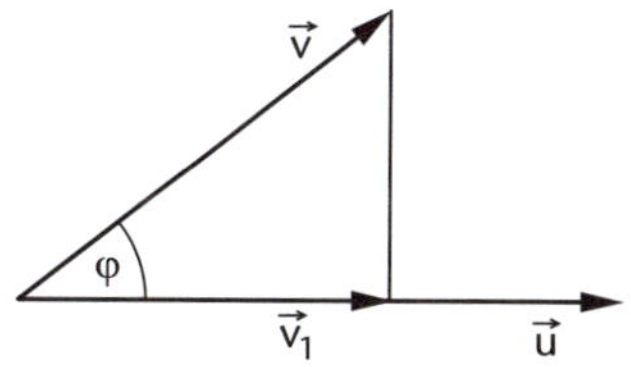

$|\vec{v}_1| = |\vec{v}| \cdot \cos\varphi$

Daher gilt: Das Skalarprodukt zweier gleichgerichteter Vektoren ist gleich dem Produkt der Längen der Vektoren, das Skalarprodukt zweier entgegengerichteter Vektoren gleich dem negativen Produkt ihrer Längen. Und:
Das Skalarprodukt zweier Vektoren ist genau dann gleich null, wenn diese zueinander orthogonal sind.

Hinweis: Das Skalarprodukt zweier Vektoren $\vec{u} * \vec{v}$ (dies ist eine reelle Zahl!) darf nicht verwechselt werden mit dem Vervielfachen eines Vektors mit einer Zahl $s \in \mathbb{R}$, also $s \cdot \vec{v}$ (dies ist ein Vektor). In diesem Buch verwenden wir konsequent die Zeichen * bzw. ·, um den Unterschied zwischen den beiden Vektoroperationen hervorzuheben, auch wenn es oft üblich ist, für beide Operationen dasselbe Zeichen zu verwenden.

Beispiele

(1) Die Vektoren $\vec{u} = \begin{pmatrix} 3 \\ -1 \\ 2 \end{pmatrix}$ und $\vec{v} = \begin{pmatrix} -1 \\ -1 \\ 1 \end{pmatrix}$ sind orthogonal zueinander, denn

$\begin{pmatrix} 3 \\ -1 \\ 2 \end{pmatrix} * \begin{pmatrix} -1 \\ -1 \\ 1 \end{pmatrix} = 3 \cdot (-1) + (-1) \cdot (-1) + 2 \cdot 1 = -3 + 1 + 2 = 0.$

(2) Jeder Vektor der Form $\vec{n} = \begin{pmatrix} 2a \\ b \\ -a \end{pmatrix}$ ist orthogonal zu $\vec{u} = \begin{pmatrix} 1 \\ 0 \\ 2 \end{pmatrix}$, denn $2a + 0 \cdot b - 2a = 0$.

E3 Längen von Strecken im Raum und den Betrag von Vektoren berechnen.

Der **Betrag eines Vektors** $\vec{u} = \begin{pmatrix} u_1 \\ u_2 \\ u_3 \end{pmatrix}$ (oder auch Länge des zugehörigen Pfeils) berechnet sich nach dem Satz des PYTHAGORAS mithilfe von $|\vec{u}| = \sqrt{\vec{u} * \vec{u}} = \sqrt{u_1^2 + u_2^2 + u_3^2}$.

Einen Vektor mit dem Betrag 1 nennt man **Einheitsvektor.**
Zu einem Vektor $\vec{v}$ erhält man den zugehörigen Einheitsvektor $\vec{v_0}$, indem man den Vektor mit dem Faktor $\frac{1}{|\vec{v}|}$ multipliziert: $\vec{v}_0 = \frac{1}{|\vec{v}|} \cdot \vec{v}$.

Die **Länge einer Strecke** PQ im Raum ist gleich dem Betrag des zugehörigen Verbindungsvektors der Endpunkte der Strecke:

$$|\overrightarrow{PQ}| = \sqrt{\overrightarrow{PQ} * \overrightarrow{PQ}} = \sqrt{\begin{pmatrix} q_1 - p_1 \\ q_2 - p_2 \\ q_3 - p_3 \end{pmatrix} * \begin{pmatrix} q_1 - p_1 \\ q_2 - p_2 \\ q_3 - p_3 \end{pmatrix}} = \sqrt{(q_1 - p_1)^2 + (q_2 - p_2)^2 + (q_3 - p_3)^2}$$

Beispiele

(1) Der Betrag des Vektors $\vec{u} = \begin{pmatrix} -2 \\ 0 \\ 3 \end{pmatrix}$ ist $|\vec{u}| = \sqrt{(-2)^2 + 0^2 + 3^2} = \sqrt{4 + 0 + 9} = \sqrt{13}$

Der zum Vektor $\vec{u} = \begin{pmatrix} -2 \\ 0 \\ 3 \end{pmatrix}$ gehörende Einheitsvektor ist $u_0 = \frac{1}{\sqrt{13}} \cdot \begin{pmatrix} -2 \\ 0 \\ 3 \end{pmatrix}$.

Die Länge der Strecke PQ mit P(1|3|−1) und Q(5|−2|0) ist
$|\overrightarrow{PQ}| = \sqrt{(5-1)^2 + (-2-3)^2 + (0-(-1))^2} = \sqrt{16 + 25 + 1} = \sqrt{42}$.

(2) Das Tetraeder ABCD mit A(0|−6|0), B($6\sqrt{3}$|0|0), C(0|6|0) und D($2\sqrt{3}$|0|$4\sqrt{6}$) ist ein reguläres Tetraeder, da alle Seiten gleich lang sind:

$|AB|^2 = 6^2 + 3 \cdot 6^2 = 144$; $|AC|^2 = 12^2 = 144$; $|AD|^2 = 3 \cdot 2^2 + 6^2 + 6 \cdot 4^2 = 144$;

$|BC|^2 = 6^2 + 3 \cdot 6^2 = 144$; $|BD|^2 = 3 \cdot 4^2 + 6 \cdot 4^2 = 144$; $|CD|^2 = 3 \cdot 2^2 + 6^2 + 6 \cdot 4^2 = 144$

F1 Parameterdarstellungen für Geraden aus zwei gegebenen Punkten ermitteln sowie überprüfen, ob ein Punkt auf einer gegebenen Gerade liegt (Punktprobe) und die Ergebnisse im Sachzusammenhang interpretieren.

Auch im Raum ist eine Gerade g durch zwei Punkte A, B festgelegt. Zu einem Punkt X der Geraden gelangt man so: Vom Ursprung O geht man zu einem der beiden Punkte der Geraden, dann trägt man ein Vielfaches des Verbindungsvektors $\overrightarrow{AB}$ (sogen. *Richtungsvektor* der Geraden) ab.

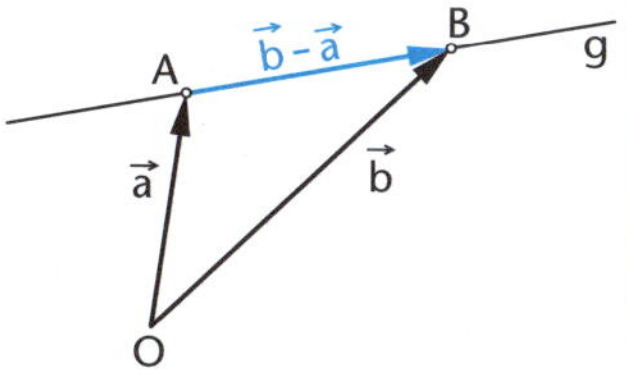

Als Richtungsvektor kann auch irgendein Vielfaches von $\overrightarrow{AB}$, z. B. mit möglichst kleinen ganzzahligen Komponenten verwendet werden.

g: $\vec{x} = \overrightarrow{OX} = \overrightarrow{OA} + r \cdot \overrightarrow{AB} = \vec{a} + r \cdot (\vec{b} - \vec{a})$ oder g: $\vec{x} = \overrightarrow{OX} = \overrightarrow{OB} + s \cdot \overrightarrow{BA} = \vec{b} + s \cdot (\vec{a} - \vec{b})$

Punktprobe: Ein Punkt P liegt genau dann auf einer Geraden g, wenn seine Koordinaten die Parameterdarstellung der Geraden erfüllen, d. h. wenn ein $r \in \mathbb{R}$ (bzw. $s \in \mathbb{R}$) existiert derart, dass alle drei Gleichungen des zugehörigen linearen Gleichungssystems, erfüllt werden.

Ein Punkt liegt genau dann auf der Strecke AB, wenn für den Parameter r der Parameterdarstellung g: $\vec{x} = \vec{a} + r \cdot (\vec{b} - \vec{a})$ der Geraden g durch A, B gilt: $0 \le r \le 1$.

Beispiele

(1) Gegeben sind die Punkte A(2|3|−1) und B(4|−2|2). Punkte der Geraden g durch A, B können dargestellt werden mithilfe der Parameterdarstellung:

$$g: \vec{x} = \overrightarrow{OX} = \begin{pmatrix} 2 \\ 3 \\ -1 \end{pmatrix} + r \cdot \begin{pmatrix} 4-2 \\ -2-3 \\ 2-(-1) \end{pmatrix} = \begin{pmatrix} 2 \\ 3 \\ -1 \end{pmatrix} + r \cdot \begin{pmatrix} 2 \\ -5 \\ 3 \end{pmatrix} = \begin{pmatrix} 2+2r \\ 3-5r \\ -1+3r \end{pmatrix} \text{ oder } g: \vec{x} = \overrightarrow{OX} = \begin{pmatrix} 4 \\ -2 \\ 2 \end{pmatrix} + s \cdot \begin{pmatrix} -2 \\ 5 \\ -3 \end{pmatrix}$$

Der Punkt P(0|8|−4) liegt auf der Geraden g, weil das lineare Gleichungssystem mit drei Gleichungen und einer Variablen (eindeutig) lösbar ist:

$$\left| \begin{array}{r} 2+2r = 0 \\ 3-5r = 8 \\ -1+3r = -4 \end{array} \right| \Leftrightarrow \left| \begin{array}{r} 2r = -2 \\ -5r = 5 \\ 3r = -3 \end{array} \right| \Leftrightarrow \left| \begin{array}{l} r = -1 \\ r = -1 \\ r = -1 \end{array} \right|$$

Der Punkt Q(4|−2|5) liegt nicht auf der Geraden g, weil das lineare Gleichungssystem keine Lösung besitzt:

$$\left| \begin{array}{r} 2+2r = 4 \\ 3-5r = -2 \\ -1+3r = 5 \end{array} \right| \Leftrightarrow \left| \begin{array}{r} 2r = 2 \\ -5r = -5 \\ 3r = 6 \end{array} \right| \Leftrightarrow \left| \begin{array}{l} r = 1 \\ r = 1 \\ r = 2 \end{array} \right|$$

(2) Die Koordinatenachsen sind spezielle Geraden. Sie lassen sich am einfachsten mithilfe folgender Parameterdarstellungen beschreiben:

$$\text{x-Achse: } \vec{x} = \begin{pmatrix} 0 \\ 0 \\ 0 \end{pmatrix} + r \cdot \begin{pmatrix} 1 \\ 0 \\ 0 \end{pmatrix}; \text{ y-Achse: } \vec{x} = \begin{pmatrix} 0 \\ 0 \\ 0 \end{pmatrix} + r \cdot \begin{pmatrix} 0 \\ 1 \\ 0 \end{pmatrix}; \text{ z-Achse: } \vec{x} = \begin{pmatrix} 0 \\ 0 \\ 0 \end{pmatrix} + r \cdot \begin{pmatrix} 0 \\ 0 \\ 1 \end{pmatrix}.$$

In Anwendungssituationen ist es oft einfacher, die folgenden Bedingungen für die Koordinaten zu beachten:

Punkt der x-Achse: Die y- und die z-Koordinate sind gleich null.
Punkt der y-Achse: Die x- und die z-Koordinate sind gleich null.
Punkt der z-Achse: Die x- und die y-Koordinate sind gleich null.

F2 Geraden auf ihre gegenseitige Lage untersuchen und möglicherweise vorhandene Schnittpunkte bestimmen.

Zwei Geraden g und h im Raum, die durch eine Parameterdarstellung gegeben sind $g: \vec{x} = \vec{a} + r \cdot \vec{u}$ und $h: \vec{x} = \vec{b} + s \cdot \vec{v}$, sind entweder (1) identisch, (2) liegen zueinander echt parallel, (3) verlaufen zueinander windschief oder (4) haben genau einen Punkt gemeinsam (schneiden sich in genau einem Punkt).

(1) Die beiden Geraden sind identisch, wenn die gegebenen Parameterdarstellungen dieselbe Gerade auf verschiedene Weise darstellen. Dies erkennt man daran, dass die beiden Richtungsvektoren zueinander parallel sind (Vielfache voneinander) und der Auf(hänge)punkt der einen Geraden auch auf der anderen Geraden liegt.

(2) Die beiden Geraden sind zueinander echt parallel, wenn die beiden Richtungsvektoren zueinander parallel sind (Vielfache voneinander), jedoch der Auf(hänge)punkt der einen Geraden nicht auf der anderen Geraden liegt.

(3) Die beiden Geraden sind zueinander windschief, wenn die Richtungsvektoren nicht zueinander parallel sind (nicht Vielfache voneinander) und kein Punkt der einen Geraden auf der anderen Geraden liegt.

(4) Die beiden Geraden schneiden sich in genau einem Punkt, wenn dieser Punkt mithilfe der Parameterdarstellungen der beiden Geraden darstellbar ist und die Richtungsvektoren keine Vielfachen voneinander sind.

Vorgehensweise zur Überprüfung der gegenseitigen Lage von Geraden

- Mit einem Blick kann man erkennen, ob die Richtungsvektoren $\vec{u}$, $\vec{v}$ der beiden Geraden Vielfache voneinander sind:
  Wenn dies der Fall ist, sind die beiden Geraden entweder identisch oder zueinander parallel.
  Wenn dies nicht der Fall ist, sind sie zueinander windschief oder haben genau einen Punkt gemeinsam.

- In einem zweiten Schritt überprüft man, ob das Gleichungssystem $\vec{a} + r \cdot \vec{u} = \vec{b} + s \cdot \vec{v}$ mit drei Gleichungen und zwei Variablen r, s eindeutig lösbar ist.
  Wenn dies der Fall ist, dann existiert ein gemeinsamer Punkt (ein Schnittpunkt) oder es existieren unendlich viele gemeinsame Punkte (identische Geraden).
  Wenn dies nicht der Fall ist, dann sind die Geraden zueinander parallel oder zueinander windschief.

Beispiel

Für die Geraden $g_1: \vec{x} = \begin{pmatrix} 1 \\ -2 \\ 2 \end{pmatrix} + r \cdot \begin{pmatrix} 2 \\ 1 \\ -1 \end{pmatrix}$, $g_2: \vec{x} = \begin{pmatrix} 2 \\ -1 \\ 2 \end{pmatrix} + s \cdot \begin{pmatrix} -4 \\ -2 \\ 2 \end{pmatrix}$, $g_3: \vec{x} = \begin{pmatrix} 1 \\ 3 \\ -3 \end{pmatrix} + t \cdot \begin{pmatrix} -1 \\ 2 \\ -2 \end{pmatrix}$
$g_4: \vec{x} = \begin{pmatrix} 5 \\ 0 \\ 0 \end{pmatrix} + r \cdot \begin{pmatrix} 4 \\ 2 \\ -2 \end{pmatrix}$ gelten folgende Lagebeziehungen:

- Die Geraden $g_1: \vec{x} = \begin{pmatrix} 1 \\ -2 \\ 2 \end{pmatrix} + r \cdot \begin{pmatrix} 2 \\ 1 \\ -1 \end{pmatrix}$ und $g_4: \vec{x} = \begin{pmatrix} 5 \\ 0 \\ 0 \end{pmatrix} + r \cdot \begin{pmatrix} 4 \\ 2 \\ -2 \end{pmatrix}$ sind identisch, denn die

  Richtungsvektoren sind Vielfache voneinander und die Auf(hänge)punkte der Geraden lassen sich durch die jeweils andere Parameterdarstellung beschreiben:

  $\begin{pmatrix} 5 \\ 0 \\ 0 \end{pmatrix} = \begin{pmatrix} 1 \\ -2 \\ 2 \end{pmatrix} + 2 \cdot \begin{pmatrix} 2 \\ 1 \\ -1 \end{pmatrix}$ bzw. $\begin{pmatrix} 1 \\ -2 \\ 2 \end{pmatrix} = \begin{pmatrix} 5 \\ 0 \\ 0 \end{pmatrix} + (-1) \cdot \begin{pmatrix} 4 \\ 2 \\ -2 \end{pmatrix}$

- g_1 ist echt parallel zu g_2

  denn die beiden Richtungsvektoren sind Vielfache voneinander: $\begin{pmatrix} -4 \\ -2 \\ 2 \end{pmatrix} = (-2) \cdot \begin{pmatrix} 2 \\ 1 \\ -1 \end{pmatrix}$

  und der Auf(hänge)punkt von g_1 liegt nicht auf g_2, d. h. das Gleichungssystem

  $$\begin{pmatrix} 1 \\ -2 \\ 2 \end{pmatrix} = \begin{pmatrix} 2 \\ -1 \\ 2 \end{pmatrix} + s \cdot \begin{pmatrix} -4 \\ -2 \\ 2 \end{pmatrix} \text{ hat keine Lösung: } \left| \begin{array}{r} 1 = 2 - 4s \\ -2 = -1 - 2s \\ 2 = 2 + 2s \end{array} \right| \Leftrightarrow \left| \begin{array}{r} -1 = -4s \\ -1 = -2s \\ 0 = s \end{array} \right| \Leftrightarrow \left| \begin{array}{l} s = \frac{1}{4} \\ s = \frac{1}{2} \\ s = 0 \end{array} \right|$$

  (umgekehrt könnte man auch prüfen, ob der Auf(hänge)punkt von g_2 auf g_1 liegt).

- g_2 und g_3 sind nicht parallel zueinander und haben keinen gemeinsamen Punkt, sind also windschief zueinander, denn die Richtungsvektoren sind keine Vielfachen voneinander und das lineare Gleichungssystem mit drei Gleichungen und zwei Variablen hat keine Lösung:

  $$\begin{pmatrix} 2 \\ -1 \\ 2 \end{pmatrix} + s \cdot \begin{pmatrix} -4 \\ -2 \\ 2 \end{pmatrix} = \begin{pmatrix} 1 \\ 3 \\ -3 \end{pmatrix} + t \cdot \begin{pmatrix} -1 \\ 2 \\ -2 \end{pmatrix} \Leftrightarrow \left| \begin{array}{r} 2 - 4s = 1 - t \\ -1 - 2s = 3 + 2t \\ 2 + 2s = -3 - 2t \end{array} \right| \Leftrightarrow \left| \begin{array}{r} -4s + t = -1 \\ 2s + 2t = -4 \\ 2s + 2t = -5 \end{array} \right|$$

- g_1 und g_3 sind nicht parallel zueinander und haben (genau) einen Schnittpunkt
  Das Gleichungssystem mit drei Gleichungen und zwei Variablen ist eindeutig lösbar:

  $$\begin{pmatrix} 1 \\ -2 \\ 2 \end{pmatrix} + r \cdot \begin{pmatrix} 2 \\ 1 \\ -1 \end{pmatrix} = \begin{pmatrix} 1 \\ 3 \\ -3 \end{pmatrix} + t \cdot \begin{pmatrix} -1 \\ 2 \\ -2 \end{pmatrix} \Leftrightarrow \left| \begin{array}{r} 1 + 2r = 1 - t \\ -2 + r = 3 + 2t \\ 2 - r = -3 - 2t \end{array} \right| \Leftrightarrow \left| \begin{array}{r} 2r + t = 0 \\ r - 2t = 5 \\ -r + 2t = -5 \end{array} \right| \Leftrightarrow \left| \begin{array}{l} r - 1 \\ t = -2 \end{array} \right|$$

  Der Schnittpunkt $S(3|-1|1)$ wird bestimmt durch die beiden Parameterdarstellungen:

  $$\vec{x} = \begin{pmatrix} 1 \\ -2 \\ 2 \end{pmatrix} + 1 \cdot \begin{pmatrix} 2 \\ 1 \\ -1 \end{pmatrix} = \begin{pmatrix} 3 \\ -1 \\ 1 \end{pmatrix} \text{ und } \vec{x} = \begin{pmatrix} 1 \\ 3 \\ -3 \end{pmatrix} + (-2) \cdot \begin{pmatrix} -1 \\ 2 \\ -2 \end{pmatrix} = \begin{pmatrix} 3 \\ -1 \\ 1 \end{pmatrix}$$

F3 Parameterdarstellungen für Ebenen aus drei gegebenen Punkten ermitteln sowie überprüfen, ob ein Punkt auf einer gegebenen Ebene liegt (Punktprobe) und die Ergebnisse im Sachzusammenhang interpretieren.

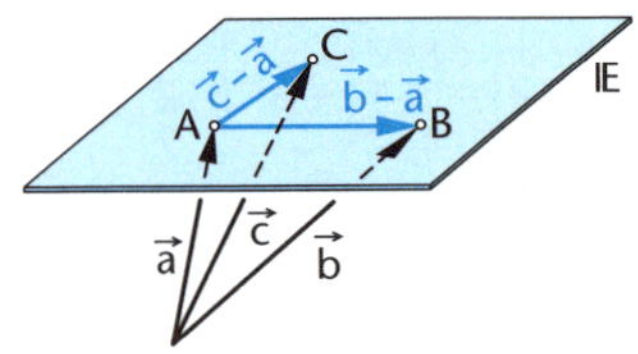

Drei Punkte $A(a_1|a_2|a_3)$, $B(b_1|b_2|b_3)$, $C(c_1|c_2|c_3)$, die nicht auf einer Geraden liegen, bestimmen eindeutig eine Ebene E. Ein Punkt X der Ebene kann beispielsweise dadurch dargestellt werden, dass man irgendeinen der drei Punkte als Auf(hänge)punkt der Ebene wählt und die Verbindungsvektoren zu den beiden anderen Punkten als Richtungsvektoren der Ebene (man sagt: diese spannen die Ebene auf).

$E: \vec{x} = \overrightarrow{OA} + r \cdot \overrightarrow{AB} + s \cdot \overrightarrow{AC} = \vec{a} + r \cdot (\vec{b} - \vec{a}) + s \cdot (\vec{c} - \vec{a}),\ r, s \in \mathbb{R}.$

Punktprobe: Ein Punkt P liegt genau dann in der durch eine Parameterdarstellung gegebenen Ebene E, wenn seine Koordinaten die Parameterdarstellung erfüllen, d. h. wenn zwei Zahlen $r, s \in \mathbb{R}$ existieren, für die das folgende lineare Gleichungssystem mit drei Gleichungen und zwei Variablen erfüllt ist:

$$\begin{pmatrix} p_1 \\ p_2 \\ p_3 \end{pmatrix} = \begin{pmatrix} a_1 \\ a_2 \\ a_3 \end{pmatrix} + r \cdot \begin{pmatrix} b_1 - a_1 \\ b_2 - a_2 \\ b_3 - a_3 \end{pmatrix} + s \cdot \begin{pmatrix} c_1 - a_1 \\ c_2 - a_2 \\ c_3 - a_3 \end{pmatrix}$$

Ein Punkt liegt genau dann in dem Parallelogramm, das durch die Eckpunkte A, B, C bestimmt ist, wenn für die Parameter r, s der Parameterdarstellung $E: \vec{x} = \vec{a} + r \cdot (\vec{b} - \vec{a}) + s \cdot (\vec{c} - \vec{a})$ der Ebene E gilt: $0 \le r, s \le 1$.

Ein Punkt liegt genau dann in dem Dreieck ABC, wenn für die Parameter r, s der Parameterdarstellung $E: \vec{x} = \vec{a} + r \cdot (\vec{b} - \vec{a}) + s \cdot (\vec{c} - \vec{a})$ der Ebene E gilt: $0 \le r, s \le 1$ und $0 \le r + s \le 1$.

Beispiele

(1) Aus den Koordinaten der Punkte $A(2|2|4)$, $B(-1|5|2)$, $C(1|-2|-4)$ kann man beispielsweise die folgende Parameterdarstellung gewinnen:

$$E: \vec{x} = \begin{pmatrix} 2 \\ 2 \\ 4 \end{pmatrix} + r \cdot \begin{pmatrix} -1-2 \\ 5-2 \\ 2-4 \end{pmatrix} + s \cdot \begin{pmatrix} 1-2 \\ -2-2 \\ -4-4 \end{pmatrix} = \begin{pmatrix} 2 \\ 2 \\ 4 \end{pmatrix} + r \cdot \begin{pmatrix} -3 \\ 3 \\ -2 \end{pmatrix} + s \cdot \begin{pmatrix} -1 \\ -4 \\ -8 \end{pmatrix}$$

Der Punkt $P(3|1|-2)$ liegt nicht in der Ebene E, da das Gleichungssystem keine Lösung hat:

$$\begin{pmatrix} 3 \\ 1 \\ -2 \end{pmatrix} = \begin{pmatrix} 2 \\ 2 \\ 4 \end{pmatrix} + r \cdot \begin{pmatrix} -3 \\ 3 \\ -2 \end{pmatrix} + s \cdot \begin{pmatrix} -1 \\ -4 \\ -8 \end{pmatrix} \Leftrightarrow \left| \begin{array}{l} 3r + s = -1 \\ 3r - 4s = -1 \\ 2r + 8s = 6 \end{array} \right| \Leftrightarrow \left| \begin{array}{r} r = -\frac{1}{3} \\ s = 0 \\ r + 4s = 3 \end{array} \right|$$

Hinweis: Aus den ersten beiden Gleichungen wurde die Lösung $r = -\frac{1}{3}$ und $s = 0$ gewonnen, die aber nicht die dritte Gleichung erfüllt.

(2) Der Punkt $P\left(-\frac{1}{2}\middle|2\middle|-\frac{4}{3}\right)$ liegt in dem Parallelogramm, das durch die Eckpunkte A, B, C bestimmt ist, aber nicht innerhalb des Dreiecks ABC:

Die Lösung des linearen Gleichungssystem ergibt nämlich die Parameterwerte $r = \frac{2}{3}$ und $s = \frac{1}{2}$, also $0 \le r, s \le 1$, aber $r + s > 1$.

(3) Die Koordinatenebenen sind spezielle Ebenen. Sie lassen sich mithilfe folgender Parameterdarstellungen beschreiben:

x-y-Ebene: $\vec{x} = \begin{pmatrix} 0 \\ 0 \\ 0 \end{pmatrix} + r \cdot \begin{pmatrix} 1 \\ 0 \\ 0 \end{pmatrix} + s \cdot \begin{pmatrix} 0 \\ 1 \\ 0 \end{pmatrix}$; x-z-Ebene: $\vec{x} = \begin{pmatrix} 0 \\ 0 \\ 0 \end{pmatrix} + r \cdot \begin{pmatrix} 1 \\ 0 \\ 0 \end{pmatrix} + s \cdot \begin{pmatrix} 0 \\ 0 \\ 1 \end{pmatrix}$;

y-z-Ebene: $\vec{x} = \begin{pmatrix} 0 \\ 0 \\ 0 \end{pmatrix} + r \cdot \begin{pmatrix} 0 \\ 1 \\ 0 \end{pmatrix} + s \cdot \begin{pmatrix} 0 \\ 0 \\ 1 \end{pmatrix}$.

In Anwendungssituationen ist es oft einfacher, eine Bedingung für die Koordinaten zu beachten:
Punkt in der x-y-Ebene: Die z-Koordinate ist gleich null.
Punkt in der x-z-Ebene: Die y-Koordinate ist gleich null.
Punkt in der y-z-Ebene: Die x-Koordinate ist gleich null.

F4 Koordinatengleichungen für Ebenen ermitteln und damit Ebenen anhand ihrer Spurgeraden oder Spurpunkte im Koordinatensystem darstellen.

Parameterdarstellungen und Koordinatengleichungen

Eine Ebene im Raum kann beschrieben werden durch eine Parameterdarstellung der Form $\vec{x} = \vec{a} + r \cdot \vec{u} + s \cdot \vec{v}$ oder durch eine Koordinatengleichung $a x_1 + b x_2 + c x_3 = d$.

- Bei den Parameterdarstellungen wird beschrieben, wie man von einem Auf(hänge)-punkt A der Ebene mithilfe einer einer Summe von Vielfachen der beiden Richtungsvektoren $\vec{u}$, $\vec{v}$ der Ebene zu einem Punkt der Ebene kommt.
- An den Koordinatengleichungen kann man unmittelbar ablesen, welche Lage die Ebene im Koordinatensystem hat, d. h. welche Richtung der auf ihr senkrecht stehende Normalenvektor hat, nämlich $\vec{n} = \begin{pmatrix} a \\ b \\ c \end{pmatrix}$, und in welchen Punkten die Ebene ggf. die Koordinatenachsen und die Koordinatenebenen schneidet. Die Koordinatengleichung kann man auch in der Form $\vec{n} * \vec{x} = \vec{n} * \vec{p}$ schreiben, wobei P irgendein Punkt der Ebene ist.
- Punkte der Ebene auf den Koordinatenachsen (Spurpunkte) haben folgende Eigenschaft:
  $(p_1|p_2|p_3) \in$ x-Achse $\Leftrightarrow p_2 = 0 \wedge p_3 = 0 \wedge p_1 = \frac{d}{a}$
  $(p_1|p_2|p_3) \in$ y-Achse $\Leftrightarrow p_1 = 0 \wedge p_3 = 0 \wedge p_2 = \frac{d}{b}$
  $(p_1|p_2|p_3) \in$ z-Achse $\Leftrightarrow p_1 = 0 \wedge p_2 = 0 \wedge p_3 = \frac{d}{c}$

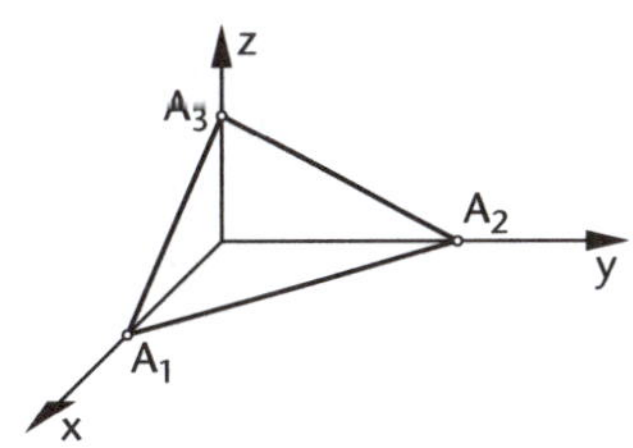

- Geraden in den Koordinatenebenen (Spurgeraden) haben folgende Eigenschaft: Setzt man in einer Koordinatengleichung eine Koordinate gleich null, dann erhält man eine Koordinatengleichung mit zwei Variablen – das ist die Gleichung einer Geraden in der Ebene:
  $a x_1 + b x_2 = d$ ist Koordinatengleichung der Spurgerade in der x-y-Ebene
  $a x_1 + c x_3 = d$ ist Koordinatengleichung der Spurgerade in der x-z-Ebene
  $b x_2 + c x_3 = d$ ist Koordinatengleichung der Spurgerade in der y-z-Ebene
  Mithilfe der Spurpunkte (Spurgeraden) kann man Skizzen der Lage einer Ebene im Koordinatensystem anfertigen.

(*Forts. nächste Seite*)

Umwandeln von einer Koordinatengleichung in eine Parameterdarstellung und umgekehrt

Ist eine Ebene durch eine Koordinatengleichung gegeben, dann findet man eine Parameterdarstellung für diese Ebene, indem man

- irgendwelche drei Punkte der Ebene wählt und hieraus eine Parameterdarstellung der Ebene bestimmt oder
- irgendeinen Punkt der Ebene und irgend zwei (nicht zueinander parallele) Vektoren als Richtungsvektoren wählt, die orthogonal zum Normalenvektor der Ebene sind.

Ist eine Ebene durch eine Parameterdarstellung gegeben, dann findet man eine Koordinatengleichung für diese Ebene, indem man einen Normalenvektor für die Ebene sucht, also einen Vektor, der orthogonal zu beiden Richtungsvektoren ist (einen solchen findet man durch Lösen eines entsprechenden Gleichungssystems mit zwei Gleichungen und drei Variablen oder mithilfe des Vektorprodukts, vgl. Basiswissen G6) und hiermit den Koeffizienten d der Koordinatengleichung bestimmt, wobei $d = \vec{a} * \vec{n}$.

Beispiele

(1) Gegeben ist eine Ebene E durch eine Koordinatengleichung E: $3x_1 - 4x_2 + 2x_3 = 1$. Um eine Parameterdarstellung für die Ebene E zu bestimmen, sucht man einen Punkt der Ebene sowie zwei Vektoren, die orthogonal zum Normalenvektor $\vec{n} = \begin{pmatrix} 3 \\ -4 \\ 2 \end{pmatrix}$ sind. Die Koordinaten des Punktes P(1|1|1) erfüllen die Koordinatengleichung der Ebene, denn $3 - 4 + 2 = 1$. Zwei orthogonale Vektoren sind beispielsweise $\vec{u} = \begin{pmatrix} 4 \\ 3 \\ 0 \end{pmatrix}$ und $\vec{v} = \begin{pmatrix} 0 \\ 1 \\ 2 \end{pmatrix}$.
Daher ist E: $x = \begin{pmatrix} 1 \\ 1 \\ 1 \end{pmatrix} + r \cdot \begin{pmatrix} 4 \\ 3 \\ 0 \end{pmatrix} + s \cdot \begin{pmatrix} 0 \\ 1 \\ 2 \end{pmatrix}$ mit $r, s \in \mathbb{R}$ eine mögliche Parameterdarstellung der Ebene.

(2) Gegeben ist eine Parameterdarstellung einer Ebene E: $\vec{x} = \begin{pmatrix} 3 \\ 0 \\ 1 \end{pmatrix} + r \cdot \begin{pmatrix} 1 \\ 2 \\ 1 \end{pmatrix} + s \cdot \begin{pmatrix} -1 \\ 1 \\ 2 \end{pmatrix}$.

Um eine Koordinatengleichung der Ebene zu bestimmen, sucht man einen Normalenvektor der Ebene. Dessen Komponenten müssen das folgende Gleichungssystem mit zwei Gleichungen und drei Variablen erfüllen:

$$\vec{n} * \begin{pmatrix} 1 \\ 2 \\ 1 \end{pmatrix} = 0 \wedge \vec{n} * \begin{pmatrix} -1 \\ 1 \\ 2 \end{pmatrix} = 0 \Leftrightarrow \left| \begin{array}{r} n_1 + 2n_2 + n_3 = 0 \\ -n_1 + n_2 + 2n_3 = 0 \end{array} \right| \Leftrightarrow \left| \begin{array}{r} n_1 + 2n_2 + n_3 = 0 \\ 3n_2 + 3n_3 = 0 \end{array} \right|$$

$$\Leftrightarrow \left| \begin{array}{r} n_1 + 2n_2 + n_3 = 0 \\ n_2 = -n_3 \end{array} \right| \Leftrightarrow \left| \begin{array}{l} n_1 = n_3 \\ n_2 = -n_3 \end{array} \right|$$

Der Vektor $\vec{n} = \begin{pmatrix} 1 \\ -1 \\ 1 \end{pmatrix}$ ist ein solcher Vektor. Wegen $d = \vec{n} * \vec{a} = \begin{pmatrix} 1 \\ -1 \\ 1 \end{pmatrix} * \begin{pmatrix} 3 \\ 0 \\ 1 \end{pmatrix} = 4$ ist $x_1 - x_2 + x_3 = 4$ eine Koordinatengleichung der Ebene.

(3) Für die Skizze der Ebene, die durch die Parameterdarstellung $\vec{x} = \begin{pmatrix} 3 \\ 0 \\ 1 \end{pmatrix} + r \cdot \begin{pmatrix} 1 \\ 2 \\ 1 \end{pmatrix} + s \cdot \begin{pmatrix} -1 \\ 1 \\ 2 \end{pmatrix}$

gegeben ist, bestimmen wir die Spurpunkte aus dem Gleichungssystem $\left| \begin{array}{l} x_1 = 3 + r - s \\ x_2 = 2r + s \\ x_3 = 1 + r + 2s \end{array} \right|$

Spurpunkt auf der x-Achse: $\left| \begin{array}{c} x_1 = 3 + r - s \\ 2r + s = 0 \\ 1 + r + 2s = 0 \end{array} \right| \Leftrightarrow \left| \begin{array}{c} x_1 = 3 + r - s \\ s = -2r \\ 1 + r - 4r = 0 \end{array} \right| \Leftrightarrow \left| \begin{array}{c} x_1 = 3 + \frac{1}{3} + \frac{2}{3} = 4 \\ s = -\frac{2}{3} \\ r = \frac{1}{3} \end{array} \right|$

also $A_1(4|0|0)$ und analog: $A_2(0|-4|0)$ und $A_3(0|0|4)$
Alternatives Vorgehen: Man bestimmt erst eine Koordinatengleichung (vgl. (2)) und dann die Spurpunkte.
Die Spurgeraden in den Koordinatenebenen haben die Gleichungen:
in der x-y-Ebene: $x_1 - x_2 = 4$; in der x-z-Ebene: $x_1 + x_3 = 4$; in der y-z-Ebene: $-x_2 + x_3 = 4$

(4) Die Ebene mit der Koordinatengleichung E: $2x_1 + 3x_2 = 6$ verläuft parallel zur z-Achse (hat also keinen Punkt mit dieser Achse gemeinsam). Sie hat die Spurpunkte $A_1(3|0|0)$ und $A_2(0|2|0)$.

F5 Schnittprobleme zwischen Geraden und Ebenen in Sachzusammenhängen (z. B. bei Schattenwürfen) untersuchen.

Zur Vereinfachung betrachten wir nur den Fall, dass die Ebene E durch eine Koordinatengleichung gegeben ist; andernfalls wandelt man die Parameterdarstellung der Ebene in eine Koordinatengleichung um, vgl. Basiswissen F4.
Zwischen einer Geraden g und eine Ebene E können folgende Lagebeziehungen bestehen:
(1) die Gerade g verläuft parallel zu E oder
(2) die Gerade g verläuft innerhalb der Ebene E oder
(3) die Gerade g durchstößt die Ebene E in genau einem Punkt.

Interpretiert man diese Fragestellung als Lösen eines linearen Gleichungssystems, dann bedeuten die drei Fälle: (1) das LGS hat keine Lösung, (2) das LGS hat unendlich viele Lösungen, (3) das LGS hat genau eine Lösung.

Will man nur die Frage klären, welche Lage vorliegt, und ist an dem konkreten Schnittpunkt im Fall (3) nicht interessiert, kann man zunächst prüfen, ob der Normalenvektor der Ebene orthogonal ist zum Richtungsvektor der Geraden. Wenn dies der Fall ist, kommen nur die Fälle (1) und (2) in Frage. Um zu entscheiden, welcher dieser beiden Fälle vorliegt, prüft man noch, ob der Auf(hänge)punkt der Geraden die Koordinatengleichung der Ebene erfüllt (Punktprobe).

Beispiele

(1) Gegeben ist die Gerade $g: \vec{x} = \begin{pmatrix} 1 \\ -1 \\ -2 \end{pmatrix} + r \cdot \begin{pmatrix} 4 \\ -1 \\ 5 \end{pmatrix}$ und die Ebene $E: 4x_1 + x_2 - 3x_3 = 9$.

Einsetzen der Koordinatengleichungen aus der Parameterdarstellung der Geraden in die Koordinatengleichung der Ebene ergibt:

$4 \cdot (1 + 4r) + (-1 - r) - 3 \cdot (-2 + 5r) = 9 \Leftrightarrow 4 + 16r - 1 - r + 6 - 15r = 9 \Leftrightarrow 9 = 9.$

Da sich eine wahre Aussage ergibt, gibt es unendlich viele Lösungen, d. h. die Gerade verläuft innerhalb der Ebene.
Alternativ hätte man das folgende Gleichungssystem mit (eigentlich) vier Gleichungen und vier Variablen lösen können:

$$\left| \begin{array}{c} 4x_1 + x_2 - 3x_3 = 9 \\ x_1 = 1 + 4r \\ x_2 = -1 - r \\ x_3 = -2 + 5r \end{array} \right| \Leftrightarrow \left| \begin{array}{c} 4 \cdot (1 + 4r) + (-1 - r) - 3 \cdot (-2 + 5r) = 9 \\ x_1 = 1 + 4r \\ x_2 = -1 - r \\ x_3 = -2 + 5r \end{array} \right| \Leftrightarrow \left| \begin{array}{c} 9 = 9 \\ x_1 = 1 + 4r \\ x_2 = -1 - r \\ x_3 = -2 + 5r \end{array} \right|$$

$$\Leftrightarrow \left| \begin{array}{l} x_1 = 1 + 4r \\ x_2 = -1 - r \\ x_3 = -2 + 5r \end{array} \right|$$

Man setzt die drei unteren Gleichungen in die obere Gleichung ein und erhält eine wahre Aussage, d. h. die gemeinsamen Punkte von Gerade und Ebene sind genau die Punkte der Geraden.

(2) Die Bodenplatte eines Hauses ist in einem lokalen Koordinatensystem bestimmt durch die Eckpunkte A (3|1|0), B (11|−1|0), C (14|11|0), D (6|13|0). Die Seitenwände sind 6 m hoch; der Dachfirst hat die Eckpunkte E (7|0|10) und F (10|12|10) – Angaben in Metern. An welcher Stelle durchstößt der Kamin das Dach, der im Punkt K (10|2|0) auf die Bodenplatte gesetzt ist?
Die beiden Dachflächen werden aufgespannt durch den Firstvektor $\overrightarrow{EF} = \begin{pmatrix} 3 \\ 12 \\ 0 \end{pmatrix}$ und durch $\overrightarrow{EA_1} = \begin{pmatrix} 3 \\ 1 \\ 6 \end{pmatrix} - \begin{pmatrix} 7 \\ 0 \\ 10 \end{pmatrix} = \begin{pmatrix} -4 \\ 1 \\ -4 \end{pmatrix}$ bzw. $\overrightarrow{EB_1} = \begin{pmatrix} 11 \\ -1 \\ 6 \end{pmatrix} - \begin{pmatrix} 7 \\ 0 \\ 10 \end{pmatrix} = \begin{pmatrix} 4 \\ -1 \\ -4 \end{pmatrix}$, vgl. Abbildung bei (3).

Ein Normalenvektor der einen Dachfläche ist $\vec{x} = \begin{pmatrix} 16 \\ -4 \\ -17 \end{pmatrix}$,

ein Normalenvektor der anderen Dachfläche ist $\vec{x} = \begin{pmatrix} 16 \\ -4 \\ 17 \end{pmatrix}$.

Eine Koordinatengleichung der beiden Dachflächen ist (E lässt sich als Auf(hänge)punkt wählen): E_1: $16x_1 - 4x_2 - 17x_3 = \begin{pmatrix} 16 \\ -4 \\ -17 \end{pmatrix} * \begin{pmatrix} 7 \\ 0 \\ 10 \end{pmatrix} = -58$

bzw. E_2: $16x_1 - 4x_2 + 17x_3 = \begin{pmatrix} 16 \\ -4 \\ 17 \end{pmatrix} * \begin{pmatrix} 7 \\ 0 \\ 10 \end{pmatrix} = 282$.

Der Kamin kann durch die Gerade $\vec{x} = \begin{pmatrix} 10 \\ 2 \\ 0 \end{pmatrix} + r \cdot \begin{pmatrix} 0 \\ 0 \\ 1 \end{pmatrix} = \begin{pmatrix} 10 \\ 2 \\ r \end{pmatrix}$ beschrieben werden.

Nach Lage im Grundriss wird der Kamin aus der „rechten“ Dachhälfte heraustreten; man bestimmt also den Schnittpunkt mit der Ebene E_2: $16 \cdot 10 - 4 \cdot 2 + 17 \cdot r = 282$, d. h. $17r = 130$, also $r = 130/17 \approx 7{,}65$.
Der Kamin tritt „im Punkt“ K' (10|2|7,65) aus der Dachfläche heraus.

(3) Das Haus aus (2) wirft bei Sonnenschein einen Schatten; zu einem bestimmten Zeitpunkt liegt der Schatten des Firstpunktes E in E'(20|−20|0). Bestimme den Schattenbereich des Hauses.

Sonnenstrahlen verlaufen parallel zum Vektor $\overrightarrow{EE'} = \begin{pmatrix} 20 \\ -20 \\ 0 \end{pmatrix} - \begin{pmatrix} 7 \\ 0 \\ 10 \end{pmatrix} = \begin{pmatrix} 13 \\ -20 \\ -10 \end{pmatrix}$.

Der Sonnenstrahl vom First-Eckpunkt F schneidet in F'(10 + 13|12 − 20|10 − 10) = (23|−8|0).

Der Sonnenstrahl vom Punkt A_1(3|1|6) erzeugt eine Gerade mit der Parameterdarstellung:

$$\vec{x} = \begin{pmatrix} 3 \\ 1 \\ 6 \end{pmatrix} + r \cdot \begin{pmatrix} 13 \\ -20 \\ -10 \end{pmatrix}.$$

Diese schneidet die x-y-Ebene, wenn $6 + r \cdot (-10) = 0$, also wenn $r = 0{,}6$.

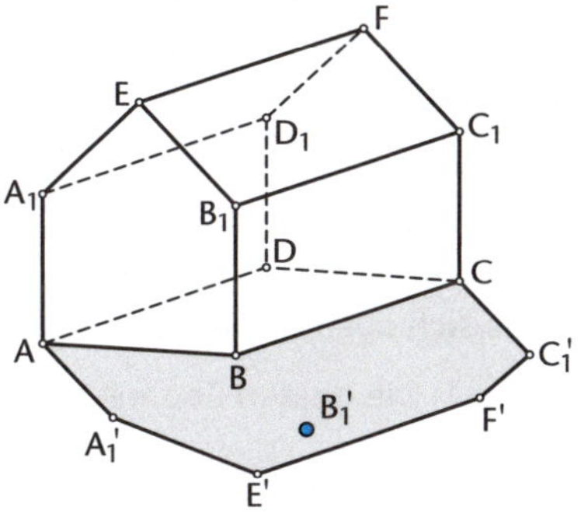

Das Schattenbild von A_1 ist also:

A_1'(3 + 0,6 · 13|1 + 0,6 · (−20)|6 + 0,6 · (−10)) = (10,8|−11|0).

Analog ergibt sich das Schattenbild von C_1: C_1'(21,8|−1|0) bzw. von B_1: B_1'(18,8|−13|0).

In der Zeichnung erkennt man, dass der Punkt B_1' im Schattenbereich des Hauses liegt.

F6 Ebenen auf ihre gegenseitige Lage untersuchen und möglicherweise vorhandene Schnittgeraden bestimmen.

Zwei Ebenen E_1 und E_2 im Raum sind entweder (1) zueinander parallel oder (2) identisch oder (3) haben eine Schnittgerade gemeinsam.
Wenn die Normalenvektoren der beiden Ebenen Vielfache voneinander sind, liegt Fall (1) oder Fall (2) vor; dann wählt man irgendeinen Punkt der einen Ebene aus und prüft, ob dieser in der anderen Ebene liegt. Falls dies der Fall ist, sind die Ebenen identisch, sonst zueinander parallel.
Wenn die beiden Normalenvektoren nicht Vielfache voneinander sind, muss es eine Schnittgerade geben. Deren Parameterdarstellung erhält man aus dem Gleichungssystem, das sich aus den Darstellungen der beiden Ebenen ergibt:

Aufgabentyp 1: Die beiden Ebenen sind durch Koordinatengleichungen gegeben:

$\left| \begin{array}{l} a_1 x_1 + b_1 x_2 + c_1 x_3 = d_1 \\ a_2 x_1 + b_2 x_2 + c_2 x_3 = d_2 \end{array} \right|$ ist ein Gleichungssystem mit zwei Gleichungen und drei Variablen (x_1, x_2, x_3), das entweder keine Lösung hat (Ebenen parallel) oder nach Umformung zu zwei identischen Gleichungen führt (beide Ebenen sind identisch) oder als Lösungsmenge eine Parameterdarstellung mit einem Parameter hat, also die Darstellung einer Geraden.

Aufgabentyp 2: Die eine Ebene ist durch eine Koordinatengleichung gegeben und die andere durch eine Parameterdarstellung:

$\left| \begin{array}{l} a x_1 + b x_2 + c x_3 = d \\ x_1 = e_1 + r \cdot u_1 + s \cdot v_1 \\ x_2 = e_2 + r \cdot u_2 + s \cdot v_2 \\ x_3 = e_3 + r \cdot u_3 + s \cdot v_3 \end{array} \right|$ ist eigentlich ein Gleichungssystem mit vier Gleichungen und fünf Variablen (x_1, x_2, x_3, r, s).

Wenn man die drei unteren Gleichungen in die obere Gleichung einsetzt, erhält man entweder eine falsche Aussage (Ebenen zueinander parallel) oder eine wahre Aussage (Ebenen identisch) oder eine Beziehung zwischen r und s. Ersetzt man dann n der Parameterdarstellung der einen Ebene beispielsweise den Parameter s durch einen Term, der die Variable r enthält, bleibt eine Parameterdarstellung von Punkten im Raum mit einem Parameter, also die Darstellung einer Geraden – der Schnittgeraden der beiden Ebenen.

Aufgabentyp 3: Beide Ebenen sind durch eine Parameterdarstellung gegeben: Man wandelt eine Parameterdarstellung in die Koordinatenform um (vgl. Basiswissen F4) und geht dann wie beim Aufgabentyp 2 vor.

Beispiele

(1) Die beiden Ebenen sind durch Koordinatengleichungen gegeben; sie sind offensichtlich weder identisch noch zueinander parallel:

$$\left| \begin{array}{l} x_1 + x_2 - x_3 = 1 \\ 4x_1 - x_2 - x_3 = 3 \end{array} \right| \Leftrightarrow \left| \begin{array}{l} x_1 + x_2 - x_3 = 1 \\ 5x_1 - 2x_3 = 4 \end{array} \right| \Leftrightarrow \left| \begin{array}{l} -2x_1 - 2x_2 + 2x_3 = -2 \\ 5x_1 - 2x_3 = 4 \end{array} \right|$$

$$\Leftrightarrow \left| \begin{array}{l} 3x_1 - 2x_2 = 2 \\ 5x_1 - 2x_3 = 4 \end{array} \right| \Leftrightarrow \left| \begin{array}{l} x_2 = 1{,}5x_1 - 1 \\ x_3 = 2{,}5x_1 - 2 \end{array} \right|$$

Mit $x_1 = r$ ergibt sich die Schnittgerade: $\vec{x} = \begin{pmatrix} x_1 \\ x_2 \\ x_3 \end{pmatrix} = \begin{pmatrix} r \\ 1{,}5r - 1 \\ 2{,}5r - 2 \end{pmatrix} = \begin{pmatrix} 0 \\ -1 \\ -2 \end{pmatrix} + r \cdot \begin{pmatrix} 1 \\ 1{,}5 \\ 2{,}5 \end{pmatrix}$.

(2) Die eine Ebene ist durch eine Koordinatengleichung gegeben und die andere durch eine Parameterdarstellung: E_1: $x_1 + x_2 + x_3 = 5$ und E_2: $\vec{x} = \begin{pmatrix}1\\3\\1\end{pmatrix} + r \cdot \begin{pmatrix}2\\1\\0\end{pmatrix} + s \cdot \begin{pmatrix}1\\-1\\1\end{pmatrix} = \begin{pmatrix}1+2r+s\\3+r-s\\1+s\end{pmatrix}$.

Der Normalenvektor von E_1 ist nicht orthogonal zu den beiden Richtungsvektoren von E_2: $\begin{pmatrix}1\\1\\1\end{pmatrix} * \begin{pmatrix}2\\1\\0\end{pmatrix} = 3 \wedge \begin{pmatrix}1\\1\\1\end{pmatrix} * \begin{pmatrix}1\\-1\\1\end{pmatrix} = 1$

daher muss eine Schnittgerade vorliegen. Einsetzen der drei Koordinatengleichungen für x_1, x_2, x_3 aus der Parameterdarstellung von E_2 in die Koordinatengleichung von E_1 ergibt: $(1 + 2r + s) + (3 + r - s) + (1 + s) = 5 \Leftrightarrow 5 + 3r + s = 5 \Leftrightarrow s = -3r$
und Rückeinsetzen in die Parameterdarstellung von E_2 ergibt eine Parameterdarstellung für die Schnittgerade:

$$\vec{x} = \begin{pmatrix}1\\3\\1\end{pmatrix} + r \cdot \begin{pmatrix}2\\1\\0\end{pmatrix} + (-3r) \cdot \begin{pmatrix}1\\-1\\1\end{pmatrix} = \begin{pmatrix}1+2r-3r\\3+r+3r\\1-3r\end{pmatrix} = \begin{pmatrix}1\\3\\1\end{pmatrix} + r \cdot \begin{pmatrix}-1\\4\\-3\end{pmatrix}.$$

F7 Die Koordinaten eines an einer Ebene gespiegelten Punktes bestimmen.

Gegeben sei ein Punkt $P(p_1|p_2|p_3)$ und eine Ebene durch eine Koordinatengleichung E: $ax_1 + bx_2 + cx_3 = d$.
Eine Lotgerade l vom Punkt P auf die Ebene kann beschrieben werden durch:

$$l: \vec{x} = \begin{pmatrix}p_1\\p_2\\p_3\end{pmatrix} + r \cdot \begin{pmatrix}a\\b\\c\end{pmatrix}.$$

Um den Fußpunkt F des Lotes zu bestimmen, setzt man die Koordinatengleichungen für x_1, x_2, x_3 aus der Parameterdarstellung der Geraden in die Koordinatengleichung der Ebene ein und löst diese Gleichung nach r auf (vgl. Basiswissen G3):

$$a \cdot (p_1 + r \cdot a) + b \cdot (p_2 + r \cdot b) + c \cdot (p_3 + r \cdot c) = d \Leftrightarrow (a \cdot p_1 + b \cdot p_2 + c \cdot p_3) + r \cdot (a^2 + b^2 + c^2) = d$$

$$\Leftrightarrow r = \frac{d - (ap_1 + bp_2 + cp_3)}{a^2 + b^2 + c^2}.$$

Setzt man diesen so erhaltenen Wert für r in die Parameterdarstellung der Lotgeraden ein, dann erhält man den Fußpunkt F; setzt man stattdessen den doppelten Wert ein, so erhält man einen Punkt P', das Bild des an der Ebene E gespiegelten Punktes P.

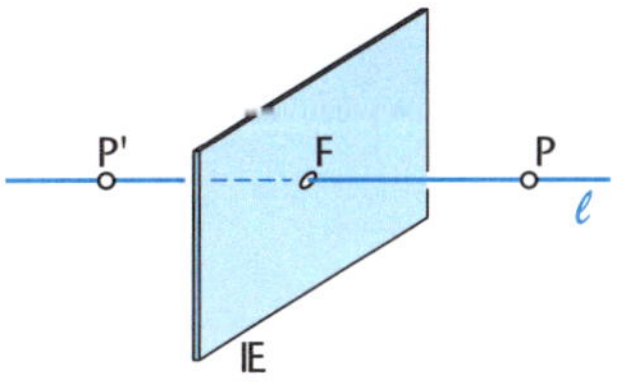

Beispiel

Den Bildpunkt des an der Ebene E: $x_1 + x_2 - x_3 = 6$ gespiegelten Punktes $P(3|-1|2)$ berechnen wir wie folgt.
Aufstellen der Parameterdarstellung der Lotgeraden:

$$l: \vec{x} = \begin{pmatrix}3\\-1\\2\end{pmatrix} + r \cdot \begin{pmatrix}1\\1\\-1\end{pmatrix}.$$

Um den Fußpunkt F zu erhalten:
Einsetzen in die Koordinatengleichung der Ebene: $(3 + r) + (-1 + r) - (2 - r) = 6$
Auflösen nach r: $3r = 6 \Leftrightarrow r = 2$. Setzt man statt $r = 2$ den Wert $r = 4$ in die Parameterdarstellung der Lotgeraden ein, so erhält man: $P'(7|3|-2)$ als Spiegelpunkt.

F8 Die HESSE'sche Normalenform einer Ebenengleichung aufstellen.

Die HESSE'sche Normalenform ist eine besondere Form einer Koordinatengleichung der Ebene. Formt man die Gleichung $ax_1 + bx_2 + cx_3 = d$ um zu $ax_1 + bx_2 + cx_3 - d = 0$ und dividiert beide Seiten der Gleichung durch die Länge (den Betrag) des Normalenvektors $\vec{n} = \begin{pmatrix} a \\ b \\ c \end{pmatrix}$, dann erhält man die nach dem Mathematiker L. O. HESSE benannte Form:

$$\frac{ax_1 + bx_2 + cx_3 - d}{\sqrt{a^2 + b^2 + c^2}} = 0.$$

Diese Form der Ebenengleichung ist nützlich bei der Bestimmung des Abstands eines Punktes von einer Ebene (vgl. Basiswissen G3).

Beispiel

Aus der Ebenengleichung $3x_1 + 2x_2 - x_3 = 4$ erhält man nach Umformen die HESSE'sche Normalenform: $\frac{3x_1 + 2x_2 - x_3 - 4}{\sqrt{14}} = 0.$

F9 Lineare Gleichungssysteme systematisch lösen sowie die Gleichungen und die Lösungsmenge geometrisch interpretieren.

Lineare Gleichungssysteme (LGS) **mit n Variablen** bestehen aus zwei oder mehreren linearen Gleichungen, die gleichzeitig erfüllt sein sollen. Sofern eine Lösung existiert oder unendlich viele Lösungen existieren, lassen sich diese wie Punkte $(x_1, x_2, ..., x_n)$ im n-dimensionalen Raum notieren.
Ein lineares Gleichungssystem kann man durch **elementare Zeilenumformungen** (EZU) vereinfachen (GAUSS'sches Lösungsverfahren). Bei den Umformungen darf man nur dann eine Gleichung weglassen, wenn zwei identische Gleichungen auftreten, oder wenn in einer Zeile eine wahre Aussage (wie beispielsweise $0 = 0$) entsteht.
Durch folgende elementare Zeilenumformungen wird die Lösungsmenge eines Gleichungssystems nicht verändert:
- Multiplikation einer Zeile mit einem Faktor (ungleich null)
- Addition des Vielfachen einer Zeile zu einer anderen Zeile
- Vertauschen von Zeilen

Am Übersichtlichsten ist es, wenn man die Gleichungen des Systems in Form einer Tabelle (als **erweiterte Koeffizientenmatrix**) notiert. Ziel der elementaren Zeilenumformungen ist es, im linken Teil der erweiterten Koeffizientenmatrix
- eine **Dreiecksform** (ref = Row Echelon Form) zu erzeugen, so dass man die Lösungen von unten nach oben ablesen bzw. berechnen kann, oder
- eine **Diagonalform** (rref = Reduced Row Echelon Form) herzustellen, aus der sich die Lösungen unmittelbar ergeben.

Lineare Gleichungssysteme mit *drei* Variablen lassen sich geometrisch als Systeme von Ebenen in einem 3-dimensionalen Koordinatensystem interpretieren. Bei der gegenseitigen Lage dieser Ebenen können die in F6 und F9 beschriebenen Fälle auftreten.

(a) Zwei Gleichungen (unterbestimmtes Gleichungssystem): Die beiden Ebenen schneiden sich in einer gemeinsamen Gerade oder sind zueinander parallel oder identisch.

(b) Drei Gleichungen: Die drei Ebenen schneiden sich in einem Punkt oder haben unendlich viele Punkte gemeinsam, die auf einer Geraden liegen, oder haben unendlich viele Punkte gemeinsam, weil drei identische Ebenen gegeben sind, oder haben keine gemeinsamen Punkte.

(c) Vier oder mehr Gleichungen (überbestimmtes Gleichungssystem):
  - das LGS hat eine eindeutig bestimmte Lösung (bei den EZU bleiben drei Gleichungen übrig, aus denen das Lösungstripel abgelesen werden kann): Die Ebenen verlaufen alle durch einen Punkt (Ebenenbündel).
  - das LGS hat unendlich viele Lösungen: Entweder bleiben bei den EZU zwei Gleichungen übrig, die eine Parameterdarstellung der gemeinsamen Gerade bestimmen (Ebenenbüschel), oder bei den EZU bleibt nur eine Gleichung übrig, die eine Parameterdarstellung *einer* Ebene darstellt (d. h. alle Ebenen sind identisch).
  - das LGS hat keine Lösung: Bei den EZU tritt eine falsche Aussage auf: Die Ebenen verlaufen nicht durch einen gemeinsamen Punkt.

Beispiele

(a) $\left|\begin{array}{l} 1x_1 - 3x_2 + 1x_3 = 1 \\ 2x_1 + 0x_2 - 2x_3 = 3 \end{array}\right|$

Das LGS mit zwei Gleichungen und drei Variablen notiert man als erweiterte Koeffizientenmatrix in der Form

$$\left|\begin{array}{rrr|r} 1 & -3 & 1 & 1 \\ 2 & 0 & -2 & 3 \end{array}\right| \;\cdot(-2) \oplus \;\Leftrightarrow\; \left|\begin{array}{rrr|r} 1 & -3 & 1 & 1 \\ 0 & 6 & -4 & 1 \end{array}\right| \;\cdot\frac{1}{6}\;\;\cdot\frac{1}{2} \oplus \;\Leftrightarrow\; \left|\begin{array}{rrr|r} 1 & 0 & -1 & 1{,}5 \\ 0 & 1 & -\frac{2}{3} & \frac{1}{6} \end{array}\right|$$

Im wissenschaftlichen Taschenrechner müssen in der 3. Zeile lauter Nullen eingegeben werden:

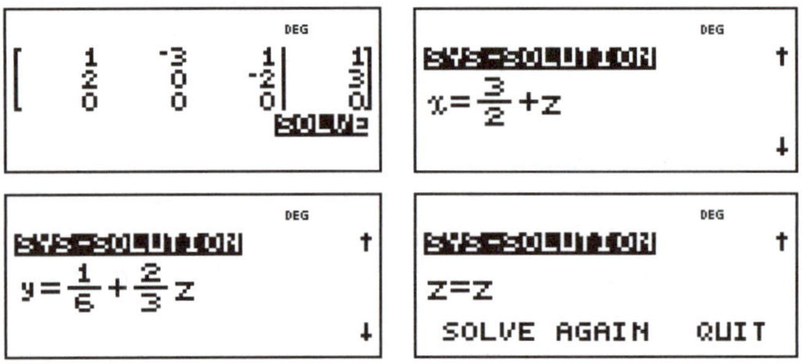

Aus der umgeformten erweiterten Koeffizientenmatrix in Diagonalform liest man eine Parameterdarstellung für die unendlich vielen Lösungstripel ab: $(x_1 | x_2 | x_3)$ mit

$x_1 = 1{,}5 + x_3$ und $x_2 = \frac{1}{6} + \frac{2}{3}x_3$, wobei $x_3 \in \mathbb{R}$ beliebig gewählt werden kann.

Geometrische Interpretation:
Die beiden Gleichungen beschreiben zwei Ebenen im 3-dimensionalen Raum; sie schneiden sich in einer Geraden, die mithilfe einer Parameterdarstellung beschrieben werden kann.

$$\vec{x} = \begin{pmatrix} 1{,}5 \\ \frac{1}{6} \\ 0 \end{pmatrix} + t \cdot \begin{pmatrix} 1 \\ \frac{2}{3} \\ 1 \end{pmatrix}$$

(b) $\left|\begin{array}{l} 1x_1 - 2x_2 + x_3 = 0 \\ 3x_1 - 1x_2 + 2x_3 = 7 \\ 1x_1 + 2x_2 - x_3 = 2 \end{array}\right|$

Das LGS mit drei Gleichungen und drei Variablen notiert man als erweiterte Koeffizientenmatrix in der Form

$$\left|\begin{array}{rrr|r} 1 & -2 & 1 & 0 \\ 3 & -1 & 2 & 7 \\ 1 & 2 & -1 & 2 \end{array}\right| \;\cdot(-3)\oplus\;\cdot(-1)\oplus \;\Leftrightarrow\; \left|\begin{array}{rrr|r} 1 & -2 & 1 & 0 \\ 0 & 5 & -1 & 7 \\ 0 & 4 & -2 & 2 \end{array}\right| \;\cdot\frac{1}{5}\;\;\cdot\frac{2}{5}\oplus\;\;\cdot\left(-\frac{4}{5}\right)\oplus$$

$$\left|\begin{array}{rrr|r} 1 & 0 & 0{,}6 & 2{,}8 \\ 0 & 1 & -0{,}2 & 1{,}4 \\ 0 & 0 & -1{,}2 & -3{,}6 \end{array}\right| \;\cdot\left(-\frac{5}{6}\right)\;\;\cdot\frac{1}{2}\oplus\;\;\cdot\left(-\frac{1}{6}\right)\oplus \;\Leftrightarrow\; \left|\begin{array}{rrr|r} 1 & 0 & 0 & 1 \\ 0 & 1 & 0 & 2 \\ 0 & 0 & 1 & 3 \end{array}\right|$$

Aus der umgeformten erweiterten Koeffizientenmatrix in Diagonalform liest man das eindeutig bestimmte Lösungstripel ab: (1 | 2 | 3).

Geometrische Interpretation:
Die drei Gleichungen beschreiben drei Ebenen im 3-dimensionalen Raum; sie haben den Punkt (1 | 2 | 3) gemeinsam.

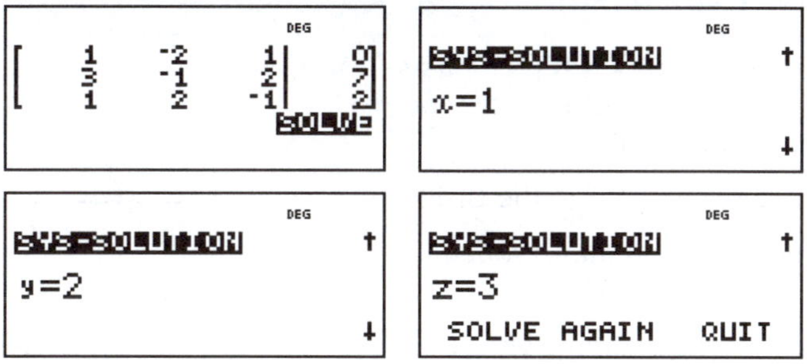

(c) $\left|\begin{array}{l} 1x_1 + 1x_2 + 2x_3 = 4 \\ 2x_1 - 1x_2 + 1x_3 = 5 \\ 1x_1 - 2x_2 - x_3 = 1 \\ 1x_1 + 3x_2 + 4x_3 = 6 \end{array}\right| \Leftrightarrow \dots \Leftrightarrow \left|\begin{array}{ccc|c} 1 & 0 & 1 & 3 \\ 0 & 1 & 1 & 1 \\ 0 & 0 & 0 & 0 \\ 0 & 0 & 0 & 0 \end{array}\right|$

Aus der erweiterten Koeffizientenmatrix in Diagonalform liest man eine Parameterdarstellung für die unendlich vielen Lösungstripel ab: $(x_1 | x_2 | x_3)$ mit $x_1 = 3 - x_3$ und $x_2 = 1 - x_3$, wobei $x_3 \in \mathbb{R}$ beliebig gewählt werden kann.

Geometrische Interpretation:
Die vier Gleichungen beschreiben vier Ebenen im 3-dimensionalen Raum; diese schneiden sich in *einer* Geraden, die mithilfe einer Parameterdarstellung beschrieben werden kann.

$$\vec{x} = \begin{pmatrix} 3 \\ 1 \\ 0 \end{pmatrix} + t \cdot \begin{pmatrix} -1 \\ -1 \\ 1 \end{pmatrix}$$

Ein LGS mit 4 Gleichungen kann vom wissenschaftlichen Taschenrechner nicht gelöst werden.

G1 Winkel zwischen zwei Vektoren, Schnittwinkel zwischen zwei Geraden, zwischen zwei Ebenen sowie zwischen einer Gerade und einer Ebene berechnen.

Für das Skalarprodukt zweier Vektoren $\vec{u}$, $\vec{v}$ gilt (vgl. Basiswissen E2): $\vec{u} * \vec{v} = |\vec{u}| \cdot |\vec{v}| \cdot \cos(\varphi)$, wobei φ der von den beiden Vektoren aufgespannte Winkel ist.

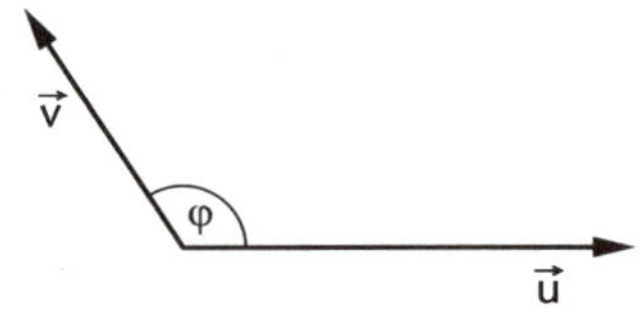

Daher lässt sich mithilfe von $\cos(\varphi) = \frac{\vec{u} * \vec{v}}{|\vec{u}| \cdot |\vec{v}|}$ die Größe dieses Richtungsunterschieds φ bestimmen, wobei $0° \leq \varphi \leq 180°$.

- Winkel zwischen Geraden: Da die Richtung von Geraden durch ihre Richtungsvektoren $\vec{u}_1$, $\vec{u}_2$ bestimmt wird, ergibt sich der Winkel zwischen zwei sich schneidenden Geraden durch die Gleichung:

  $\cos(\varphi) = \frac{|\vec{u}_1 * \vec{u}_2|}{|\vec{u}_1| \cdot |\vec{u}_2|}$,

  wobei $0° \leq \varphi \leq 90°$.

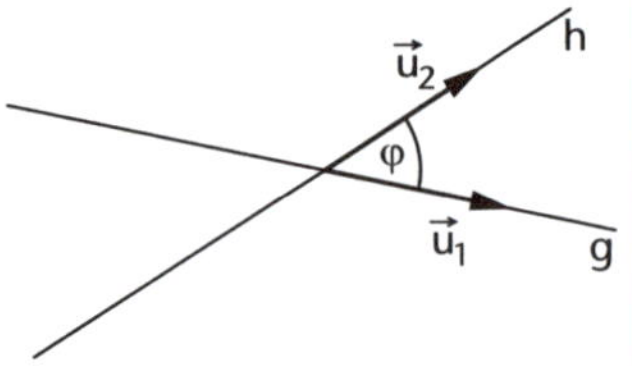

  Durch die Betragsbildung im Zähler wird der kleinere der beiden Winkel zwischen den Geraden ausgewählt.
  Man beachte: Winkel in Vielecken, z. B. in Dreiecken, werden durch die Richtungsunterschiede zwischen Verbindungsvektoren bestimmt – hier sind Winkel über 90° möglich!

- Winkel zwischen Ebenen: Da die Normalenvektoren $\vec{n}_1$, $\vec{n}_2$ der Ebenen orthogonal zu den Ebenen sind, wird der Schnittwinkel zweier Ebenen durch den Winkel zwischen den Normalenvektoren bestimmt:

  $\cos(\varphi) = \frac{|\vec{n}_1 * \vec{n}_2|}{|\vec{n}_1| \cdot |\vec{n}_2|}$,

  wobei $0° \leq \varphi \leq 90°$.

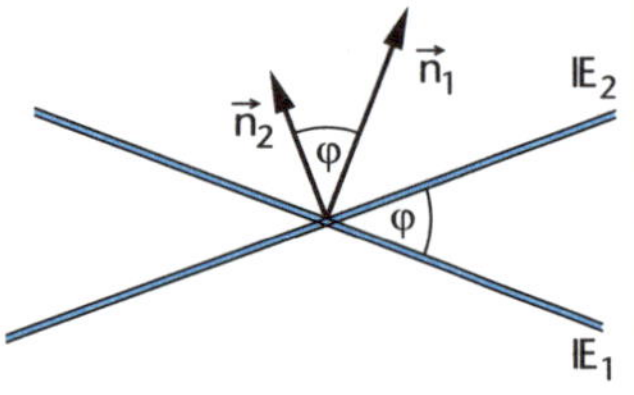

  Durch die Betragsbildung im Zähler wird der kleinere der beiden Winkel zwischen den Ebenen ausgewählt. Falls eine Ebene durch eine Parameterdarstellung gegeben ist, muss erst eine Koordinatengleichung erstellt werden.

- Winkel zwischen einer Geraden und einer Ebene: Der Schnittwinkel und der Winkel, der durch einen Normalenvektor $\vec{n}$ der Ebene sowie den Richtungsvektor $\vec{u}$ der Geraden bestimmt wird, ergänzen sich zu 90°. Daher gilt für den gesuchten Schnittwinkel φ zwischen Gerade und Ebene:

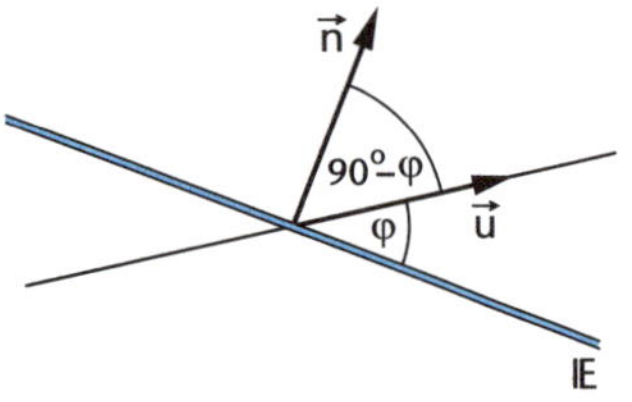

  $\cos(\varphi') = \frac{|\vec{u} * \vec{n}|}{|\vec{u}| \cdot |\vec{n}|}$ und $\varphi = 90° - \varphi'$.

  Wegen $\sin(\varphi) = \sin(90° - \varphi') = \cos(\varphi')$ kann man Schnittwinkel zwischen einer Geraden und einer Ebene auch direkt mithilfe der Umkehrfunktion $\sin^{-1}$ bestimmen:

  $\sin(\varphi) = \frac{|\vec{u} * \vec{n}|}{|\vec{u}| \cdot |\vec{n}|} \Leftrightarrow \varphi = \sin^{-1}\left(\frac{|\vec{u} * \vec{n}|}{|\vec{u}| \cdot |\vec{n}|}\right)$.

Beispiele

(1) Gegeben ist eine Ebene E durch eine Koordinatengleichung E: $3x_1 - 4x_2 + 2x_3 = 1$.

Wo und unter welchem Winkel schneidet die Gerade g: $\vec{x} = \begin{pmatrix} 1 \\ 1 \\ -1 \end{pmatrix} + r \cdot \begin{pmatrix} 2 \\ -2 \\ 3 \end{pmatrix}$ die Ebene?

Gemeinsame Punkte von Gerade und Ebene müssen das folgende Gleichungssystem erfüllen: $3x_1 - 4x_2 + 2x_3 = 1$ und $\begin{pmatrix} x_1 \\ x_2 \\ x_3 \end{pmatrix} = \begin{pmatrix} 1 \\ 1 \\ -1 \end{pmatrix} + r \cdot \begin{pmatrix} 2 \\ -2 \\ 3 \end{pmatrix} = \begin{pmatrix} 1+2r \\ 1-2r \\ -1+3r \end{pmatrix}$.

Durch Einsetzen der Bedingungen für x_1, x_2, x_3 in die Koordinatengleichung erhalten wir: $3 \cdot (1+2r) - 4 \cdot (1-2r) + 2 \cdot (-1+3r) = 1$, also $20r = 4$, also $r = 0{,}2$.
Der Schnittpunkt von Gerade und Ebene hat also die Koordinaten $S\,(1{,}4\,|\,0{,}6\,|\,-0{,}4)$.
Der Schnittwinkel φ zwischen einer Geraden und einer Ebene ist gleich $90° - \varphi'$, wobei φ' der Winkel zwischen dem Normalenvektor der Ebene E und dem Richtungsvektor der Geraden ist:

$$\cos(\varphi') = \frac{\left|\begin{pmatrix} 3 \\ -4 \\ 2 \end{pmatrix} * \begin{pmatrix} 2 \\ -2 \\ 3 \end{pmatrix}\right|}{\sqrt{29} \cdot \sqrt{17}} = \frac{|6+8+6|}{\sqrt{29} \cdot \sqrt{17}} = \frac{20}{\sqrt{29 \cdot 17}} \quad \Leftrightarrow \quad \varphi' = \cos^{-1}\left(\frac{20}{\sqrt{29 \cdot 17}}\right) = 25{,}74°.$$

Der gesuchte Winkel ist also $\varphi = 64{,}26°$.

(2) Die Punkte $A\,(1\,|\,1\,|\,-1)$, $B\,(-3\,|\,5\,|\,1)$, $C\,(5\,|\,-1\,|\,-1)$ und $D\,(-3\,|\,1\,|\,-4)$ bestimmen ein (unregelmäßiges) Tetraeder.
Welche Winkel treten im Dreieck ABC auf?
Welche der Flächen ABD, BCD, CAD hat gegenüber der Grundfläche ABC die größte Neigung?

Der Winkel α im Dreieck ABC wird durch die Vektoren $\overrightarrow{AB} = \begin{pmatrix} -4 \\ 4 \\ 2 \end{pmatrix}$, $\overrightarrow{AC} = \begin{pmatrix} 4 \\ -2 \\ 0 \end{pmatrix}$ bestimmt, der Winkel β durch die Vektoren $\overrightarrow{BC} = \begin{pmatrix} 8 \\ -6 \\ -2 \end{pmatrix}$, $\overrightarrow{BA} = \begin{pmatrix} 4 \\ -4 \\ -2 \end{pmatrix}$. Hiermit ergibt sich:

$$\cos(\alpha) = \frac{-24}{6 \cdot \sqrt{20}} \quad \Leftrightarrow \quad \alpha = 153{,}43° \quad \text{und} \quad \cos(\beta) = \frac{60}{\sqrt{104} \cdot 6} \Leftrightarrow \beta = 11{,}31°,$$

also $\gamma = 180° - 153{,}43° - 11{,}31° = 15{,}26°$.

Um die Winkel zwischen den Flächen zu bestimmen, berechnen wir jeweils zunächst die Normalenvektoren der einzelnen Ebenen.

Fläche ABC:
Gesucht ist ein Normalenvektor zu den Vektoren $\overrightarrow{AB} = \begin{pmatrix} -4 \\ 4 \\ 2 \end{pmatrix}$ und $\overrightarrow{AC} = \begin{pmatrix} 4 \\ -2 \\ 0 \end{pmatrix}$,
d. h. es muss gelten: $\begin{pmatrix} -4 \\ 4 \\ 2 \end{pmatrix} * \begin{pmatrix} n_1 \\ n_2 \\ n_3 \end{pmatrix} = 0$ und $\begin{pmatrix} 4 \\ -2 \\ 0 \end{pmatrix} * \begin{pmatrix} n_1 \\ n_2 \\ n_3 \end{pmatrix} = 0$.
Ohne lange Rechnung kann man ablesen, dass ein solcher Vektor durch $\vec{n}_a = \begin{pmatrix} 1 \\ 2 \\ -2 \end{pmatrix}$ gegeben ist (erste und zweite Komponente des Vektors bestimmen, dann passende dritte Komponente).

Fläche ABD:
Gesucht ist ein Normalenvektor zu den Vektoren $\overrightarrow{AB} = \begin{pmatrix} -4 \\ 4 \\ 2 \end{pmatrix}$ und $\overrightarrow{AD} = \begin{pmatrix} -4 \\ 0 \\ -3 \end{pmatrix}$,
d. h. es muss gelten: $\begin{pmatrix} -4 \\ 0 \\ -3 \end{pmatrix} * \begin{pmatrix} n_1 \\ n_2 \\ n_3 \end{pmatrix} = 0$ und $\begin{pmatrix} -4 \\ 4 \\ 2 \end{pmatrix} * \begin{pmatrix} n_1 \\ n_2 \\ n_3 \end{pmatrix} = 0$.

Ohne lange Rechnung kann man ablesen, dass ein solcher Vektor durch $\vec{n}_a = \begin{pmatrix} 3 \\ 5 \\ -4 \end{pmatrix}$ gegeben ist (erste und dritte Komponente des Vektors bestimmen, dann passende zweite Komponente).

Der gesuchte Winkel ist also gegeben durch

$$\cos(\alpha) = \frac{\left|\begin{pmatrix} 3 \\ 5 \\ -4 \end{pmatrix} * \begin{pmatrix} 1 \\ 2 \\ -2 \end{pmatrix}\right|}{\sqrt{50} \cdot 3} = \frac{21}{\sqrt{50} \cdot 3} \text{ also } \alpha = 8{,}13°.$$

Fläche BCD:

$\vec{n}_b = \begin{pmatrix} 11 \\ 20 \\ -16 \end{pmatrix}$ ist ein Normalenvektor zu $\overrightarrow{BC}, \overrightarrow{BD} = \begin{pmatrix} 0 \\ -4 \\ -5 \end{pmatrix}$.

Der gesuchte Winkel ergibt sich aus

$$\cos(\beta) = \frac{\left|\begin{pmatrix} 11 \\ 20 \\ -16 \end{pmatrix} * \begin{pmatrix} 1 \\ 2 \\ -2 \end{pmatrix}\right|}{\sqrt{777} \cdot 3} = \frac{83}{\sqrt{777} \cdot 3}, \text{ also } \beta = 7{,}00°.$$

Fläche CAD:

$\vec{n}_c = \begin{pmatrix} 3 \\ 6 \\ -4 \end{pmatrix}$ ist ein Normalenvektor zu $\overrightarrow{CA} = \begin{pmatrix} -4 \\ 2 \\ 0 \end{pmatrix}$ sowie $\overrightarrow{CD} = \begin{pmatrix} -8 \\ 2 \\ -3 \end{pmatrix}$.

Der gesuchte Winkel ergibt sich aus

$$\cos(\gamma) = \frac{\left|\begin{pmatrix} 3 \\ 6 \\ -4 \end{pmatrix} * \begin{pmatrix} 1 \\ 2 \\ -2 \end{pmatrix}\right|}{\sqrt{61} \cdot 3} = \frac{23}{\sqrt{61} \cdot 3}, \text{ also } \gamma = 11{,}00°.$$

Die Fläche CAD bildet also den größten Winkel zur Grundfläche.

G2 Den Flächeninhalt eines Dreiecks und das Volumen eines Tetraeders nach elementaren Methoden bestimmen.

- Für den Flächeninhalt eines Dreiecks gilt:

  $A = \frac{1}{2} \cdot$ Grundseite $\cdot$ Flächenhöhe.

  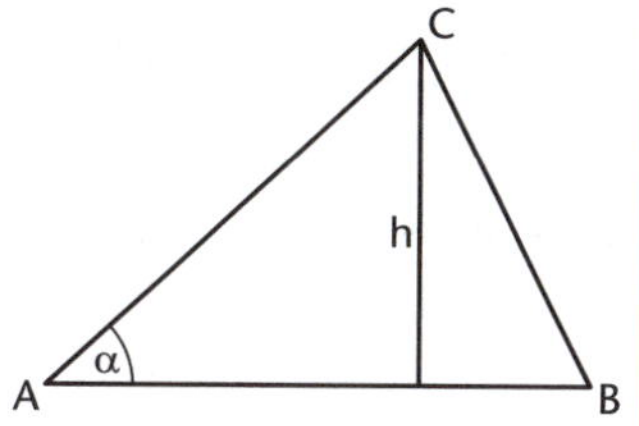

  Ein Dreieck ABC wird durch die beiden Vektoren $\overrightarrow{AB}$, $\overrightarrow{AC}$ aufgespannt. Elementargeometrisch kann die Höhe h auf AB beschrieben werden durch

  $\sin(\alpha) = \frac{h}{|AC|}$, also $h = |AC| \cdot \sin(\alpha)$.

  Für den Kosinus des Winkel α gilt: $\cos(\alpha) = \frac{\overrightarrow{AB} * \overrightarrow{AC}}{|AB| \cdot |AC|}$ (vgl. Basiswissen G1).

  Da für beliebige Winkel α gilt: $\sin^2(\alpha) + \cos^2(\alpha) = 1$, also

  $$\sin(\alpha) = \sqrt{1 - \cos^2(\alpha)} = \sqrt{1 - \left(\frac{\overrightarrow{AB} * \overrightarrow{AC}}{|AB| \cdot |AC|}\right)^2},$$

  kann man den Flächeninhalt des Dreiecks ABC wie folgt berechnen:

  $A_{Dreieck} = \frac{1}{2} \cdot |AB| \cdot |AC| \cdot \sin(\alpha)$, also $A_{Dreieck} = \frac{1}{2} \cdot \sqrt{|AB|^2 \cdot |AC|^2 - (\overrightarrow{AB} * \overrightarrow{AC})^2}$

- Für das Volumen einer Pyramide gilt:

  $V = \frac{1}{3} \cdot$ Grundfläche $\cdot$ Raumhöhe.

  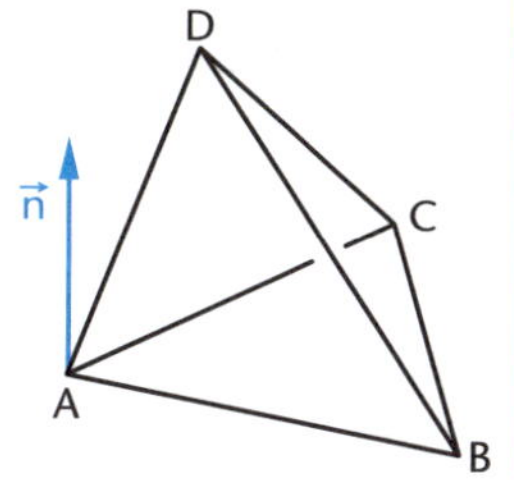

  Im Falle eines allgemeinen (nicht notwendig regelmäßigen) Tetraeders kann die Grundfläche nach der o. a. Formel berechnet werden. Um die Raumhöhe zu bestimmen, nutzt man die Projektionseigenschaft des Skalarprodukts (vgl. Basiswissen E2):

  Man bestimmt einen beliebigen Vektor $\vec{n}$, der orthogonal zu $\overrightarrow{AB}$ und $\overrightarrow{AC}$ ist; dann ist die Länge der Raumhöhe gegeben durch $\frac{|\vec{n} * \overrightarrow{AD}|}{|\vec{n}|}$. Daher gilt:

  $$V_{Tetraeder} = \frac{1}{6} \cdot \frac{|\vec{n} * \overrightarrow{AD}|}{|\vec{n}|} \cdot \sqrt{|AB|^2 \cdot |AC|^2 - (\overrightarrow{AB} * \overrightarrow{AC})^2}$$

Beispiel

Die Punkte A(1|1|−1), B(−3|5|1), C(5|−1|−1) und D(−3|1|−4) bestimmen ein (unregelmäßiges) Tetraeder. Welches Volumen hat das Tetraeder?

Das Dreieck ABC wird durch die Vektoren $\overrightarrow{AB} = \begin{pmatrix} -4 \\ 4 \\ 2 \end{pmatrix}$, $\overrightarrow{AC} = \begin{pmatrix} 4 \\ -2 \\ 0 \end{pmatrix}$ aufgespannt.

Für den Flächeninhalt gilt daher: $A_{Dreieck} = \frac{1}{2} \cdot \sqrt{6^2 \cdot \sqrt{20}^2 - (-24)^2} = \frac{1}{2} \cdot \sqrt{144} = 6$.

An den Komponenten des Vektors $\overrightarrow{AC}$ kann man ablesen, dass ein zu $\overrightarrow{AC}$ orthogonaler Vektor $\vec{n}$ die Komponenten $\vec{n} = \begin{pmatrix} 1 \\ 2 \\ n_3 \end{pmatrix}$ (oder Vielfache hiervon) haben muss.

Aus dem Skalarprodukt mit dem Vektor $\overrightarrow{AB}$ ergibt sich:

$\overrightarrow{AB} * \vec{n} = \begin{pmatrix} -4 \\ 4 \\ 2 \end{pmatrix} * \begin{pmatrix} 1 \\ 2 \\ n_3 \end{pmatrix} = -4 + 8 + 2n_3 = 0$. Das bedeutet, dass dann $n_3 = -2$ sein muss.

Für die Länge von $\vec{n}$ gilt: $|\vec{n}| = \left|\begin{pmatrix} 1 \\ 2 \\ -2 \end{pmatrix}\right| = \sqrt{1^2 + 2^2 + (-2)^2} = 3$.

Die Höhe der Pyramide ist daher gleich $\frac{|\vec{n} * \overrightarrow{AD}|}{|\vec{n}|} = \frac{2}{3}$.

Daher gilt: $V_{Tetraeder} = \frac{1}{3} \cdot \frac{2}{3} \cdot 6 = \frac{4}{3}$.

G3 Den Abstand eines Punktes von einer Ebene berechnen.

Idee: Um den Abstand eines Punktes P von einer Ebene E zu berechnen, benötigt man eine Lotgerade von P auf E. Der Schnittpunkt der Lotgerade mit der Ebene ist der Fußpunkt F des Lotes. Der Abstand von P zu E ist gleich der Länge des Vektors $\overrightarrow{PF}$.

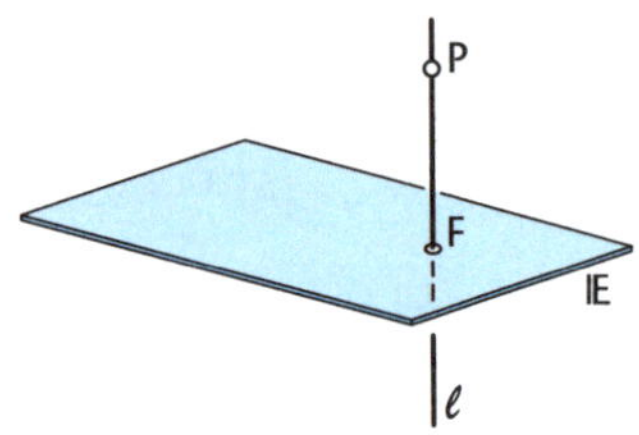

- **Allgemeine Darstellung der Methode**

  Gegeben sind $P(p_1|p_2|p_3)$ und E: $a x_1 + b x_2 + c x_3 = d$,

  wobei $\vec{n} = \begin{pmatrix} a \\ b \\ c \end{pmatrix}$ der Normalenvektor der Ebene.

  Parameterdarstellung der Lotgeraden l: $\vec{x} = \begin{pmatrix} p_1 \\ p_2 \\ p_2 \end{pmatrix} + r \cdot \begin{pmatrix} a \\ b \\ c \end{pmatrix} = \begin{pmatrix} p_1 + ra \\ p_2 + rb \\ p_3 + rc \end{pmatrix}$.

  Schnittpunkt von l mit der Ebene E: Damit ein Punkt gleichzeitig zu l und zu E gehört, muss gelten:

  $a \cdot (p_1 + ra) + b \cdot (p_2 + rb) + c \cdot (p_3 + rc) = d$

  $\Leftrightarrow (a \cdot p_1 + b \cdot p_2 + c \cdot p_3) + r \cdot (a^2 + b^2 + c^2) = d$

  $\Leftrightarrow r \cdot |\vec{n}|^2 = d - \begin{pmatrix} p_1 \\ p_2 \\ p_2 \end{pmatrix} * \begin{pmatrix} a \\ b \\ c \end{pmatrix} \Leftrightarrow r = \frac{1}{|\vec{n}|^2} \cdot (d - (\vec{p} * \vec{n}))$.

  Wenn man diesen Wert für r in die Parameterdarstellung von l einsetzen würde, hätte man die Koordinaten des Fußpunktes F. Um die Länge der Strecke PF zu bestimmen, betrachten wir den zugehörigen Vektor:

  $|\overrightarrow{PF}| = \left|\begin{pmatrix} p_1 + ra - p_1 \\ p_2 + rb - p_2 \\ p_3 + rc - p_3 \end{pmatrix}\right| = |r| \cdot \left|\begin{pmatrix} a \\ b \\ c \end{pmatrix}\right| = |r| \cdot |\vec{n}|$

  Setzt man nun den oben berechneten Wert des Parameters r ein, dann erhält man die Abstandsformel: Abstand $(P, E) = \frac{1}{|\vec{n}|} \cdot |\vec{p} * \vec{n} - d|$

  Spezialfall P = O (Ursprung): Abstand $(O, E) = \frac{|d|}{|\vec{n}|}$

- *Zusatz:* Ist die Ebenengleichung in HESSE'scher Normalenform gegeben (vgl. Basiswissen F8), d. h. in der Form E: $\frac{1}{|\vec{n}|} \cdot (\vec{x} * \vec{n} - d) = 0$, dann erhält man den Abstand eines Punkt P unmittelbar durch Einsetzen der Koordinaten von P in die Gleichung der Ebene.

Beispiel

Gegeben ist ein Punkt $P(3|1|-2)$ und eine Ebene durch E: $x_1 + 2x_2 - 2x_3 = 1$.

- **Herleitung mithilfe einer Lotgeraden**
  Die Lotgerade l durch P hat die Parameterdarstellung:
  $$l: \vec{x} = \begin{pmatrix} 3 \\ 1 \\ -2 \end{pmatrix} + r \cdot \begin{pmatrix} 1 \\ 2 \\ -2 \end{pmatrix} = \begin{pmatrix} 3+r \\ 1+2r \\ -2-2r \end{pmatrix}.$$
  Um den Fußpunkt der Lotgeraden mit der Ebene zu bestimmen, werden die in der Parameterdarstellung enthaltenen Koordinatengleichungen in die Koordinatengleichung der Ebene eingesetzt:
  $(3+r) + 2 \cdot (1+2r) - 2 \cdot (-2-2r) = 1 \Leftrightarrow 9 + 9r = 1 \Leftrightarrow r = -\frac{8}{9}.$
  Daher hat der Punkt F die Koordinaten $F\left(\frac{19}{9}\middle|-\frac{7}{9}\middle|-\frac{2}{9}\right)$ und die Länge des Vektors
  $$|\overrightarrow{PF}| = \sqrt{\left(3-\frac{19}{9}\right)^2 + \left(1+\frac{7}{9}\right)^2 + \left(-2+\frac{2}{9}\right)^2} = \sqrt{\frac{64}{81} + \frac{256}{81} + \frac{256}{81}} = \sqrt{\frac{576}{81}} = \frac{24}{9} = \frac{8}{3}.$$

- **Einsetzen in die Abstandsformel (ohne Herleitung)**
  $$\text{Abstand}(P, E) = \frac{1}{|\vec{n}|} \cdot |\vec{p} * \vec{n} - d| = \frac{1}{3} \cdot |9 - 1| = \frac{8}{3}.$$

- **Anwendung der HESSE'schen Normalenform**
  $$E: \frac{1}{|\vec{n}|} \cdot (\vec{x} * \vec{n} - d) = \frac{1}{3} \cdot \left(\begin{pmatrix} x_1 \\ x_2 \\ x_3 \end{pmatrix} * \begin{pmatrix} 1 \\ 2 \\ -2 \end{pmatrix} - 1 \right) = 0.$$
  Dann ist: $\text{Abst}(P, E) = \frac{1}{3} \cdot \left| \begin{pmatrix} 3 \\ 1 \\ -2 \end{pmatrix} * \begin{pmatrix} 1 \\ 2 \\ -2 \end{pmatrix} - 1 \right| = \frac{1}{3} \cdot (9-1) = \frac{8}{3}.$

G4 Nur LK: Den Abstand eines Punktes von einer Geraden berechnen.

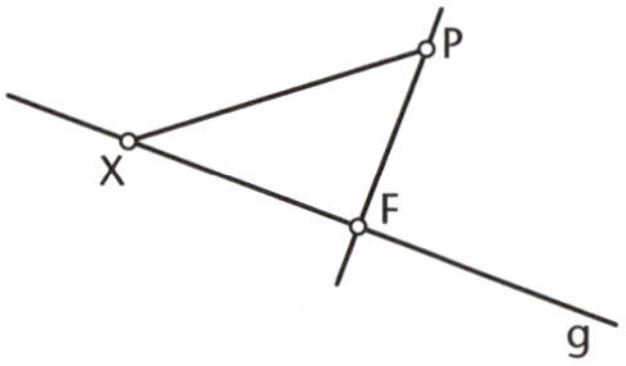

Die kürzeste Entfernung eines Punktes P zu einer Geraden g ist durch das Lot vom Punkt auf die Gerade gegeben. Man untersucht also, bei welchem Parameterwert der Verbindungsvektor von P zu einem beliebigen Punkt X der Geraden orthogonal ist zum Richtungsvektor der Geraden, und erhält so den Fußpunkt F des Lotes von P auf g. Die Länge der Strecke PF ist dann der gesuchte Abstand.
Allgemeine Darstellung der Methode: Gegeben sind $P(p_1|p_2|p_3)$ und g: $\vec{x} = \vec{a} + r \cdot \vec{u}$

Es muss gelten: $(\vec{x} - \vec{p}) * \vec{u} = (\vec{a} - \vec{p} + r \cdot \vec{u}) * \vec{u} = 0 \Leftrightarrow (\vec{a} - \vec{p}) * \vec{u} + r \cdot \vec{u} * \vec{u} = 0$

$$\Leftrightarrow r = \frac{(\vec{p} - \vec{a}) * \vec{u}}{|\vec{u}|^2}.$$

Wenn man diesen Wert für r in die Parameterdarstellung von g einsetzen würde, hätte man die Koordinaten des Lotfußpunktes F. Um die Länge der Strecke PF zu bestimmen, bestimmt man den zugehörigen Vektor $\overrightarrow{PF} = (\vec{a} - \vec{p}) + r \cdot \vec{u}$ und berechnet dessen Länge.

Beispiel

$P(3|1|1)$, g: $\vec{x} = \begin{pmatrix} 0 \\ -1 \\ 1 \end{pmatrix} + r \cdot \begin{pmatrix} 2 \\ 1 \\ 0 \end{pmatrix}$; $(\vec{p} - \vec{a}) * \vec{u} = \begin{pmatrix} 3-0 \\ 1-(-1) \\ 1-1 \end{pmatrix} * \begin{pmatrix} 2 \\ 1 \\ 0 \end{pmatrix} = 8$; $|\vec{u}|^2 = 5$; $r = 1{,}6$;

also $\overrightarrow{PF} = (\vec{a} - \vec{p}) + r \cdot \vec{u} = \begin{pmatrix} -3 \\ -2 \\ 0 \end{pmatrix} + 1{,}6 \cdot \begin{pmatrix} 2 \\ 1 \\ 0 \end{pmatrix} = \begin{pmatrix} 0{,}2 \\ -0{,}4 \\ 0 \end{pmatrix}$, $|\overrightarrow{PF}| = \sqrt{0{,}2} \approx 0{,}447$.

G5 Nur LK: Den Abstand zweier windschiefer Geraden berechnen.

Idee: Gesucht ist ein gemeinsames Lot der beiden Geraden. Der Abstand der beiden Geraden ist dann gleich der Entfernung der beiden Fußpunkte dieses Lotes.
Allgemeine Darstellung der Methode: Gegeben sind die beiden Geraden g und h durch: g: $\vec{x} = \vec{a} + r \cdot \vec{u}$ und h: $\vec{x} = \vec{b} + s \cdot \vec{v}$. Gesucht sind Punkte $P \in g$ und $Q \in h$ mit der Eigenschaft: $\overrightarrow{PQ} * \vec{u} = 0$ und $\overrightarrow{PQ} * \vec{v} = 0$.

Der Verbindungsvektor der beiden Punkte P und Q lässt sich mithilfe der beiden Parameterdarstellungen beschreiben: $\overrightarrow{PQ} = (\vec{b} + s \cdot \vec{v}) - (\vec{a} + r \cdot \vec{u}) = (\vec{b} - \vec{a}) + s \cdot \vec{v} - r \cdot \vec{u}$ also muss gelten:

$$(\vec{b} - \vec{a}) * \vec{u} + s \cdot \vec{v} * \vec{u} - r \cdot \vec{u} * \vec{u} = 0 \text{ und } (\vec{b} - \vec{a}) * \vec{v} + s \cdot \vec{v} * \vec{v} - r \cdot \vec{u} * \vec{v} = 0.$$

Dies ist ein Gleichungssystem mit zwei Gleichungen und zwei Variablen, mit deren Lösung man die Fußpunkte des Lotes und damit den Abstand der beiden Geraden berechnen kann.

Beispiel

$$g: \vec{x} = \begin{pmatrix} 2 \\ 1 \\ 1 \end{pmatrix} + r \cdot \begin{pmatrix} 1 \\ -1 \\ 2 \end{pmatrix} \text{ und } h: \vec{x} = \begin{pmatrix} 1 \\ 0 \\ 1 \end{pmatrix} + s \cdot \begin{pmatrix} -1 \\ 2 \\ 0 \end{pmatrix}.$$

Für $\overrightarrow{PQ}$ gilt dann: $\overrightarrow{PQ} = \begin{pmatrix} -1 \\ -1 \\ 0 \end{pmatrix} + s \cdot \begin{pmatrix} -1 \\ 2 \\ 0 \end{pmatrix} - r \cdot \begin{pmatrix} 1 \\ -1 \\ 2 \end{pmatrix}.$

Die Orthogonalitätsbedingungen sind:

$$\left(\begin{pmatrix} -1 \\ -1 \\ 0 \end{pmatrix} + s \cdot \begin{pmatrix} -1 \\ 2 \\ 0 \end{pmatrix} - r \cdot \begin{pmatrix} 1 \\ -1 \\ 2 \end{pmatrix}\right) * \begin{pmatrix} 1 \\ -1 \\ 2 \end{pmatrix} = 0 + s \cdot (-3) - r \cdot 6 = 0,$$

$$\left(\begin{pmatrix} -1 \\ -1 \\ 0 \end{pmatrix} + s \cdot \begin{pmatrix} -1 \\ 2 \\ 0 \end{pmatrix} - r \cdot \begin{pmatrix} 1 \\ -1 \\ 2 \end{pmatrix}\right) * \begin{pmatrix} -1 \\ 2 \\ 0 \end{pmatrix} = -1 + s \cdot 5 - r \cdot (-3) = 0.$$

Das Gleichungssystem $-3s - 6r = 0 \wedge 5s + 3r = 1$ hat die Lösungen $r = -\frac{1}{7} \wedge s = \frac{2}{7}$.

$$|\overrightarrow{PQ}| = \left|\begin{pmatrix} -1 \\ -1 \\ 0 \end{pmatrix} + \frac{2}{7} \cdot \begin{pmatrix} -1 \\ 2 \\ 0 \end{pmatrix} - \left(-\frac{1}{7}\right) \cdot \begin{pmatrix} 1 \\ -1 \\ 2 \end{pmatrix}\right| = \left|\begin{pmatrix} -\frac{8}{7} \\ -\frac{4}{7} \\ \frac{2}{7} \end{pmatrix}\right| = \sqrt{\frac{84}{49}} = \sqrt{\frac{12}{7}} \approx 1{,}309$$

G6 Nur LK: Das Vektorprodukt zweier Vektoren berechnen und seine Bedeutung angeben sowie mithilfe des Vektorprodukts Normalenvektoren bestimmen und das Vektorprodukt zur Berechnung von Dreiecksflächen und von Spatvolumina verwenden.

Für zwei Vektoren $\vec{a} = \begin{pmatrix} a_1 \\ a_2 \\ a_3 \end{pmatrix}$, $\vec{b} = \begin{pmatrix} b_1 \\ b_2 \\ b_3 \end{pmatrix}$ wird das Vektorprodukt $\vec{a} \times \vec{b}$ wie folgt definiert: $\vec{a} \times \vec{b} = \begin{pmatrix} a_2 b_3 - a_3 b_2 \\ a_3 b_1 - a_1 b_3 \\ a_1 b_2 - a_2 b_1 \end{pmatrix}$

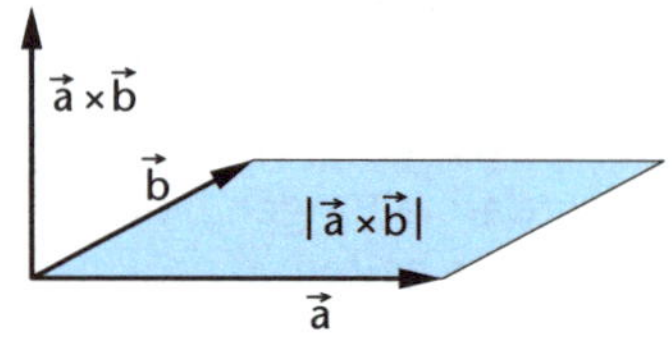

Das Vektorprodukt $\vec{a} \times \vec{b}$ hat folgende geometrischen Eigenschaften:

(1) $\vec{a} \times \vec{b}$ ist orthogonal zu $\vec{a}$, $\vec{b}$.

(2) Der Betrag des Vektorprodukts gibt den Flächeninhalt des von den Vektoren $\vec{a}$, $\vec{b}$ aufgespannten Parallelogramms an; es gilt nämlich:

$|\vec{a} \times \vec{b}| = |\vec{a}| \cdot |\vec{b}| \cdot \sin(\varphi)$, wobei φ der von $\vec{a}$, $\vec{b}$ aufgespannte Winkel ist.

(3) Folgerung: Für $\vec{a}, \vec{b} \neq \vec{o}$ gilt: $\vec{a} \times \vec{b} = \vec{o} \Leftrightarrow \vec{a}, \vec{b}$ sind Vielfache voneinander.

(4) $\vec{a}$, $\vec{b}$ und $\vec{a} \times \vec{b}$ bilden ein Rechtssystem (wie die x-, y- und z-Achse) und es gilt:

$\vec{a} \times \vec{b} = -\vec{b} \times \vec{a}$.

(5) Wegen der Eigenschaft: $\vec{a} \times \vec{b}$ ist orthogonal zu $\vec{a}$, $\vec{b}$ (vgl. (1)) kann man mithilfe des Vektorprodukts zu gegebenen Richtungsvektoren der Parameterdarstellung einer Ebene einen Normalenvektor berechnen und damit eine Koordinatengleichung erstellen.

(6) Wegen der Eigenschaft $|\vec{a} \times \vec{b}| = |\vec{a}| \cdot |\vec{b}| \cdot \sin(\varphi)$ gibt der Betrag des Vektorprodukts den Flächeninhalt des von den Vektoren $\vec{a}$, $\vec{b}$ aufgespannten Parallelogramms an.

Für den Flächeninhalt des von den beiden Vektoren aufgespannten Dreiecks gilt daher: $A_{\text{Dreieck}} = \frac{1}{2} \cdot |\vec{a} \times \vec{b}|$.

(7) Für das Volumen eines von den Vektoren $\vec{a}$, $\vec{b}$, $\vec{c}$ aufgespannten Spats gilt:

$V = |(\vec{a} \times \vec{b}) * \vec{c}|$.

Der Vektor $\vec{a} \times \vec{b}$ steht orthogonal zu der von $\vec{a}$, $\vec{b}$ aufgespannten Grundfläche und sein Betrag ist gleich dem Flächeninhalt der Bodenfläche. Bildet man das Skalarprodukt von $\vec{a} \times \vec{b}$ mit dem Vektor $\vec{c}$, dann gilt: $(\vec{a} \times \vec{b}) * \vec{c} = |\vec{a} \times \vec{b}| \cdot |\vec{c}| \cdot \cos(\varphi)$, wobei φ der Winkel zwischen $\vec{a} \times \vec{b}$ und $\vec{c}$ ist.

Der Betrag von $|\vec{c}| \cdot \cos(\varphi)$ gibt gerade die Länge der Höhe des Spats an (orthogonale Projektion von $\vec{c}$ auf $\vec{a} \times \vec{b}$, vgl. Basiswissen E2).

Beispiele

- Für $\vec{a} = \begin{pmatrix} 1 \\ -2 \\ 1 \end{pmatrix}$, $\vec{b} = \begin{pmatrix} 3 \\ 1 \\ -2 \end{pmatrix}$ ist: $\vec{a} \times \vec{b} = \begin{pmatrix} (-2)\cdot(-2) - 1\cdot 1 \\ 1\cdot 3 - 1\cdot(-2) \\ 1\cdot 1 - (-2)\cdot 3 \end{pmatrix} = \begin{pmatrix} 3 \\ 5 \\ 7 \end{pmatrix}$.

- Ein Normalenvektor für E: $\vec{x} = \begin{pmatrix} 1 \\ 1 \\ 2 \end{pmatrix} + r\cdot\begin{pmatrix} 3 \\ 1 \\ 0 \end{pmatrix} + s\cdot\begin{pmatrix} 2 \\ -1 \\ 4 \end{pmatrix}$ ist $\vec{n} = \vec{u} \times \vec{v} = \begin{pmatrix} 3 \\ 1 \\ 0 \end{pmatrix} \times \begin{pmatrix} 2 \\ -1 \\ 4 \end{pmatrix} = \begin{pmatrix} 4 \\ -12 \\ -5 \end{pmatrix}$.

- Die Vektoren $\vec{u} = \begin{pmatrix} 3 \\ 1 \\ 0 \end{pmatrix}$ und $\vec{v} = \begin{pmatrix} 2 \\ -1 \\ 4 \end{pmatrix}$ spannen ein Parallelogramm auf, dessen Flächeninhalt gleich $|\vec{u} \times \vec{v}| = \left|\begin{pmatrix} 4 \\ -12 \\ -5 \end{pmatrix}\right| = \sqrt{16 + 144 + 25} = \sqrt{185} \approx 13{,}60$ FE.

  Das von $\vec{u}$ und $\vec{v}$ aufgespannte Dreieck hat den Flächeninhalt $A = \frac{1}{2}\cdot|\vec{u} \times \vec{v}| \approx 6{,}80$ FE.

- Die Vektoren $\vec{a} = \begin{pmatrix} 1 \\ -2 \\ 1 \end{pmatrix}$, $\vec{b} = \begin{pmatrix} 3 \\ 1 \\ -2 \end{pmatrix}$ und $\vec{c} = \begin{pmatrix} 2 \\ -1 \\ 1 \end{pmatrix}$ spannen einen Spat auf.

  Für das Volumen des Spats gilt:

  $V = |(\vec{a} \times \vec{b}) * \vec{c}| = \left|\left(\begin{pmatrix} 1 \\ -2 \\ 1 \end{pmatrix} \times \begin{pmatrix} 3 \\ 1 \\ -2 \end{pmatrix}\right) * \begin{pmatrix} 2 \\ -1 \\ 1 \end{pmatrix}\right| = \left|\begin{pmatrix} 3 \\ 5 \\ 7 \end{pmatrix} * \begin{pmatrix} 2 \\ -1 \\ 1 \end{pmatrix}\right| = |6 - 5 + 7| = 8$ VE.

H1 Nur LK: Die Matrixdarstellung von linearen Abbildungen (Streckungen, Drehungen und Spiegelungen) in der Ebene angeben.

Streckungen, Drehungen und Spiegelungen in der Ebene $\mathbb{R}^2$ lassen sich wie folgt mithilfe von Matrizen beschreiben:

Ist $M = \begin{pmatrix} a & b \\ c & d \end{pmatrix}$ eine solche Abbildungsmatrix und $P(p_1|p_2)$ ein Punkt, der abgebildet wird,

dann wird der Ortsvektor des Bildpunktes $P'(p_1'|p_2')$ bestimmt durch die Gleichung:

$\begin{pmatrix} p_1' \\ p_2' \end{pmatrix} = M \cdot \begin{pmatrix} p_1 \\ p_2 \end{pmatrix}$.

Das **Produkt Matrix M mal Vektor $\vec{p}$** ist definiert durch das Skalarprodukt der Zeilenvektoren $\vec{a_1} = (a_{11} \;\; a_{12})$ und $\vec{a_2} = (a_{21} \;\; a_{22})$ der Matrix M mit dem Spaltenvektor $\vec{p} = \begin{pmatrix} p_1 \\ p_2 \end{pmatrix}$:

$$M \cdot \vec{p} = \begin{pmatrix} a_{11} & a_{12} \\ a_{21} & a_{22} \end{pmatrix} \cdot \begin{pmatrix} p_1 \\ p_2 \end{pmatrix} = \begin{pmatrix} \vec{a_1} * \vec{p} \\ \vec{a_2} * \vec{p} \end{pmatrix} = \begin{pmatrix} a_{11} \cdot p_1 + a_{12} \cdot p_2 \\ a_{21} \cdot p_1 + a_{22} \cdot p_2 \end{pmatrix}.$$

Im Einzelnen lassen sich die linearen Abbildungen wie folgt darstellen:

- **zentrische Streckung mit dem Faktor k bzgl. des Koordinatenursprungs:**

  $M = \begin{pmatrix} k & 0 \\ 0 & k \end{pmatrix}$

- **Drehung um einen Winkel φ um den Koordinatenursprung:**

  $M = \begin{pmatrix} \cos\varphi & -\sin\varphi \\ \sin\varphi & \cos\varphi \end{pmatrix}$

- **Achsenspiegelung an einer Ursprungsgeraden der Ebene**:

  Ist g: $\vec{x} = \lambda \cdot \begin{pmatrix} u \\ v \end{pmatrix}$ eine Ursprungsgerade, dann wird die Spiegelung an g beschrieben durch die Matrix

  $$M = \begin{pmatrix} \frac{u^2 - v^2}{u^2 + v^2} & \frac{2uv}{u^2 + v^2} \\ \frac{2uv}{u^2 + v^2} & -\frac{u^2 - v^2}{u^2 + v^2} \end{pmatrix}.$$

  Schließt die Ursprungsgerade mit der x-Achse einen Winkel φ ein, dann kann man die Abbildungsmatrix auch so notieren:

  $M = \begin{pmatrix} \cos 2\varphi & \sin 2\varphi \\ \sin 2\varphi & -\cos 2\varphi \end{pmatrix}$

- Die **Punktspiegelung eines Punktes $P(p_1|p_2)$ an einem Punkt $S(s_1|s_2)$** kann wie folgt mithilfe einer Matrix beschrieben werden:

  $\begin{pmatrix} p_1' \\ p_2' \end{pmatrix} = \begin{pmatrix} -1 & 0 \\ 0 & -1 \end{pmatrix} \cdot \begin{pmatrix} p_1 \\ p_2 \end{pmatrix} + \begin{pmatrix} 2s_1 \\ 2s_2 \end{pmatrix}$

Beispiele

(1) Drehung um 90°: $M = \begin{pmatrix} 0 & -1 \\ 1 & 0 \end{pmatrix}$; Drehung um 180°: $M = \begin{pmatrix} -1 & 0 \\ 0 & -1 \end{pmatrix}$;

Drehung um 270°: $M = \begin{pmatrix} 0 & 1 \\ -1 & 0 \end{pmatrix}$

(2) Spiegelung an der x-Achse, also an der Geraden $\vec{x} = \lambda \cdot \begin{pmatrix} 1 \\ 0 \end{pmatrix}$: $M = \begin{pmatrix} 1 & 0 \\ 0 & -1 \end{pmatrix}$

(3) Spiegelung an der y-Achse, also an der Geraden $\vec{x} = \lambda \cdot \begin{pmatrix} 0 \\ 1 \end{pmatrix}$: $M = \begin{pmatrix} -1 & 0 \\ 0 & 1 \end{pmatrix}$

(4) Drehung des Dreiecks A(−3|1), B(4|−1), C(2|5) um 45° um den Ursprung:

$$\begin{pmatrix} a_1' \\ a_2' \end{pmatrix} = \begin{pmatrix} \frac{\sqrt{2}}{2} & -\frac{\sqrt{2}}{2} \\ \frac{\sqrt{2}}{2} & \frac{\sqrt{2}}{2} \end{pmatrix} \cdot \begin{pmatrix} -3 \\ 1 \end{pmatrix} = \begin{pmatrix} -2\sqrt{2} \\ -\sqrt{2} \end{pmatrix}; \quad \begin{pmatrix} b_1' \\ b_2' \end{pmatrix} = \begin{pmatrix} \frac{\sqrt{2}}{2} & -\frac{\sqrt{2}}{2} \\ \frac{\sqrt{2}}{2} & \frac{\sqrt{2}}{2} \end{pmatrix} \cdot \begin{pmatrix} 4 \\ -1 \end{pmatrix} = \begin{pmatrix} 2{,}5\sqrt{2} \\ 1{,}5\sqrt{2} \end{pmatrix};$$

$$\begin{pmatrix} c_1' \\ c_2' \end{pmatrix} = \begin{pmatrix} \frac{\sqrt{2}}{2} & -\frac{\sqrt{2}}{2} \\ \frac{\sqrt{2}}{2} & \frac{\sqrt{2}}{2} \end{pmatrix} \cdot \begin{pmatrix} 2 \\ 5 \end{pmatrix} = \begin{pmatrix} -1{,}5\sqrt{2} \\ 3{,}5\sqrt{2} \end{pmatrix}$$

H2 Nur LK: Die Matrixdarstellung von linearen Abbildungen (Streckungen, Drehungen und Spiegelungen) im Raum angeben.

Das Produkt „Matrix M mal Vektor“ wird analog definiert wie bei H1.

- **zentrische Streckung mit dem Faktor k bzgl. des Koordinatenursprungs:**

$$M = \begin{pmatrix} k & 0 & 0 \\ 0 & k & 0 \\ 0 & 0 & k \end{pmatrix}$$

- **Drehung um einen Winkel φ um eine Koordinatenachse:**

Drehung um die x-Achse

$$M_x = \begin{pmatrix} 1 & 0 & 0 \\ 0 & \cos\varphi & -\sin\varphi \\ 0 & \sin\varphi & \cos\varphi \end{pmatrix}$$

Drehung um die y-Achse

$$M_y = \begin{pmatrix} \cos\varphi & 0 & \sin\varphi \\ 0 & 1 & 0 \\ -\sin\varphi & 0 & \cos\varphi \end{pmatrix}$$

Drehung um die z-Achse:

$$M_z = \begin{pmatrix} \cos\varphi & \sin\varphi & 0 \\ -\sin\varphi & \cos\varphi & 0 \\ 0 & 0 & 1 \end{pmatrix}$$

- **orthogonale Spiegelung an einer Koordinatenebene:**

Spiegelung …

an der x-y-Ebene

$$M_{xy} = \begin{pmatrix} 1 & 0 & 0 \\ 0 & 1 & 0 \\ 0 & 0 & -1 \end{pmatrix}$$

an der x-z-Ebene

$$M_{xz} = \begin{pmatrix} 1 & 0 & 0 \\ 0 & -1 & 0 \\ 0 & 0 & 1 \end{pmatrix}$$

an der y-z-Ebene

$$M_{yz} = \begin{pmatrix} -1 & 0 & 0 \\ 0 & 1 & 0 \\ 0 & 0 & 1 \end{pmatrix}$$

Beispiele

(1) Drehung des Dreiecks ABC mit A(1 | 2 | −1), B(3 | −2 | 0), C(−2 | 1 | 1) um 30° um die x-Achse:

$$\overrightarrow{OA'} = \begin{pmatrix} 1 & 0 & 0 \\ 0 & \frac{1}{2}\sqrt{3} & -\frac{1}{2} \\ 0 & \frac{1}{2} & \frac{1}{2}\sqrt{3} \end{pmatrix} \cdot \begin{pmatrix} 1 \\ 2 \\ -1 \end{pmatrix} = \begin{pmatrix} 1 \\ \sqrt{3} + \frac{1}{2} \\ 1 - \frac{1}{2}\sqrt{3} \end{pmatrix}, \quad \overrightarrow{OB'} = \begin{pmatrix} 1 & 0 & 0 \\ 0 & \frac{1}{2}\sqrt{3} & -\frac{1}{2} \\ 0 & \frac{1}{2} & \frac{1}{2}\sqrt{3} \end{pmatrix} \cdot \begin{pmatrix} 3 \\ -2 \\ 0 \end{pmatrix} = \begin{pmatrix} 3 \\ -\sqrt{3} \\ -1 \end{pmatrix},$$

$$\overrightarrow{OC'} = \begin{pmatrix} 1 & 0 & 0 \\ 0 & \frac{1}{2}\sqrt{3} & -\frac{1}{2} \\ 0 & \frac{1}{2} & \frac{1}{2}\sqrt{3} \end{pmatrix} \cdot \begin{pmatrix} -2 \\ 1 \\ 1 \end{pmatrix} = \begin{pmatrix} -2 \\ \frac{1}{2}\sqrt{3} - \frac{1}{2} \\ \frac{1}{2} + \frac{1}{2}\sqrt{3} \end{pmatrix}$$

(2) Orthogonale Spiegelung des Dreiecks ABC mit A (1 | 2 | −1), B(3 | −2 | 0), C(−2 | 1 | 1) an der y-z-Ebene:

$$\overrightarrow{OA'} = \begin{pmatrix} -1 & 0 & 0 \\ 0 & 1 & 0 \\ 0 & 0 & 1 \end{pmatrix} \cdot \begin{pmatrix} 1 \\ 2 \\ -1 \end{pmatrix} = \begin{pmatrix} -1 \\ 2 \\ -1 \end{pmatrix}, \quad \overrightarrow{OB'} = \begin{pmatrix} -1 & 0 & 0 \\ 0 & 1 & 0 \\ 0 & 0 & 1 \end{pmatrix} \cdot \begin{pmatrix} 3 \\ -2 \\ 0 \end{pmatrix} = \begin{pmatrix} -3 \\ -2 \\ 1 \end{pmatrix}, \quad \overrightarrow{OC'} = \begin{pmatrix} -1 & 0 & 0 \\ 0 & 1 & 0 \\ 0 & 0 & 1 \end{pmatrix} \cdot \begin{pmatrix} -2 \\ 1 \\ 1 \end{pmatrix} = \begin{pmatrix} 2 \\ 1 \\ 1 \end{pmatrix}$$

H3 Nur LK: Abbildungsmatrizen für Parallelprojektionen anhand der Bilder der Einheitsvektoren ermitteln.

Eine Parallelprojektion in eine Ebene, die den Ursprung enthält, kann durch eine 3 × 3-Matrix beschrieben werden. Die Spalten der Matrix werden dabei durch die Bilder der Einheitsvektoren bestimmt.

Eine Parallelprojektion wird bestimmt durch einen Projektionsvektor $\vec{v} = \begin{pmatrix} v_1 \\ v_2 \\ v_3 \end{pmatrix}$.
Dann bestimmt die Matrix

$A_{xy} = \begin{pmatrix} 1 & 0 & \frac{-v_1}{v_3} \\ 0 & 1 & \frac{-v_2}{v_3} \\ 0 & 0 & 0 \end{pmatrix}$ die Parallelprojektion in die x-y-Ebene in Richtung des Projektionsvektors $\vec{v}$,

$A_{xz} = \begin{pmatrix} 1 & \frac{-v_1}{v_2} & 0 \\ 0 & 0 & 0 \\ 0 & \frac{-v_3}{v_2} & 1 \end{pmatrix}$ die Parallelprojektion in die x-z-Ebene und

$A_{yz} = \begin{pmatrix} 0 & 0 & 0 \\ \frac{-v_2}{v_1} & 1 & 0 \\ \frac{-v_3}{v_1} & 0 & 1 \end{pmatrix}$ die Parallelprojektion in die y-z-Ebene.

Beispiel 1

Parallelprojektion in die x-y-Ebene parallel zum Richtungsvektor $\vec{v} = \begin{pmatrix} 1 \\ 2 \\ -1 \end{pmatrix}$:

Die Matrix $A_{xy} = \begin{pmatrix} 1 & 0 & 1 \\ 0 & 1 & 2 \\ 0 & 0 & 0 \end{pmatrix}$ bildet den Einheitsvektor $\vec{e}_1 = \begin{pmatrix} 1 \\ 0 \\ 0 \end{pmatrix}$ ab auf $\vec{e}_1' = \begin{pmatrix} 1 & 0 & 1 \\ 0 & 1 & 2 \\ 0 & 0 & 0 \end{pmatrix} \cdot \begin{pmatrix} 1 \\ 0 \\ 0 \end{pmatrix} = \begin{pmatrix} 1 \\ 0 \\ 0 \end{pmatrix}$,

$\vec{e}_2 = \begin{pmatrix} 0 \\ 1 \\ 0 \end{pmatrix}$ ab auf $\vec{e}_2' = \begin{pmatrix} 1 & 0 & 1 \\ 0 & 1 & 2 \\ 0 & 0 & 0 \end{pmatrix} \cdot \begin{pmatrix} 0 \\ 1 \\ 0 \end{pmatrix} = \begin{pmatrix} 0 \\ 1 \\ 0 \end{pmatrix}$ und $\vec{e}_3 = \begin{pmatrix} 0 \\ 0 \\ 1 \end{pmatrix}$ ab auf $\vec{e}_3' = \begin{pmatrix} 1 & 0 & 1 \\ 0 & 1 & 2 \\ 0 & 0 & 0 \end{pmatrix} \cdot \begin{pmatrix} 0 \\ 0 \\ 1 \end{pmatrix} = \begin{pmatrix} 1 \\ 2 \\ 0 \end{pmatrix}$.

$E_1(1|0|0)$ und $E_2(0|1|0)$ sind Fixpunkte der Abbildung, da sie in der x-y-Ebene liegen.

Beispiel 2

Gesucht ist die Abbildungsmatrix, die eine Parallelprojektion auf die durch E: $x_1 - x_2 = 0$ gegebene Ebene in Richtung des Vektors $\vec{v} = \begin{pmatrix} 3 \\ 1 \\ -1 \end{pmatrix}$ beschreibt.

Da hier nicht auf eine der Koordinatenebenen projiziert wird, müssen zunächst die Bilder der Einheitsvektoren bestimmt werden. Diese bilden dann die Spalten der gesuchten Abbildungsmatrix.

Für den ersten Einheitsvektors bestimmen wir dazu den Schnittpunkt der Geraden

g_1: $\vec{x} = \vec{e}_1 + \lambda \cdot \vec{v} = \begin{pmatrix} 1 \\ 0 \\ 0 \end{pmatrix} + \lambda \cdot \begin{pmatrix} 3 \\ 1 \\ -1 \end{pmatrix} = \begin{pmatrix} 1 + 3\lambda \\ \lambda \\ -\lambda \end{pmatrix}$ mit der Ebene E: $x_1 - x_2 = 0$,

indem wir für x_1 und x_2 in der Ebenengleichung die entsprechenden Komponenten aus der Parameterdarstellung der Geraden einsetzen: $(1 + 3\lambda) - \lambda = 0 \Leftrightarrow \lambda = -0{,}5$

Als Bild von $\vec{e}_1$ erhalten wir damit: $\vec{e}_1' = \begin{pmatrix} 1 \\ 0 \\ 0 \end{pmatrix} - 0{,}5 \cdot \begin{pmatrix} 3 \\ 1 \\ -1 \end{pmatrix} = \begin{pmatrix} -0{,}5 \\ -0{,}5 \\ 0{,}5 \end{pmatrix}$.

Analog erhält man das Bild des zweiten Einheitsvektors:

g_2: $\vec{x} = \vec{e}_2 + \lambda \cdot \vec{v} = \begin{pmatrix} 0 \\ 1 \\ 0 \end{pmatrix} + \lambda \cdot \begin{pmatrix} 3 \\ 1 \\ -1 \end{pmatrix} = \begin{pmatrix} 3\lambda \\ 1 + \lambda \\ -\lambda \end{pmatrix}$ mit $3\lambda - (1 + \lambda) = 0 \Leftrightarrow \lambda = 0{,}5$

zu $\vec{e}_2' = \begin{pmatrix} 0 \\ 1 \\ 0 \end{pmatrix} + 0{,}5 \cdot \begin{pmatrix} 3 \\ 1 \\ -1 \end{pmatrix} = \begin{pmatrix} 1{,}5 \\ 1{,}5 \\ -0{,}5 \end{pmatrix}$ und das Bild des dritten Einheitsvektors:

g_3: $\vec{x} = \vec{e}_3 + \lambda \cdot \vec{v} = \begin{pmatrix} 0 \\ 0 \\ 1 \end{pmatrix} + \lambda \cdot \begin{pmatrix} 3 \\ 1 \\ -1 \end{pmatrix} = \begin{pmatrix} 3\lambda \\ \lambda \\ 1 - \lambda \end{pmatrix}$ mit $3\lambda - \lambda = 0 \Leftrightarrow \lambda = 0$

zu $\vec{e}_3' = \begin{pmatrix} 0 \\ 0 \\ 1 \end{pmatrix} + 0 \cdot \begin{pmatrix} 3 \\ 1 \\ -1 \end{pmatrix} = \begin{pmatrix} 0 \\ 0 \\ 1 \end{pmatrix}$.

Die Projektionsmatrix ist also: $M = \begin{pmatrix} -0{,}5 & 1{,}5 & 0 \\ -0{,}5 & 1{,}5 & 0 \\ 0{,}5 & -0{,}5 & 1 \end{pmatrix}$.

H4 Nur LK: Fixpunkte, Fixgeraden sowie Fixpunktgeraden und Fixpunktebenen von Abbildungen bestimmen und diese im Sachzusammenhang deuten.

Punkte, die bei einer Abbildung auf sich selbst abgebildet werden, werden als **Fixpunkte** der Abbildung bezeichnet.

Durch die lineare Abildung a: $\vec{x}' = M \cdot \vec{x}$ mit der Matrix M wird der Vektor $\vec{x}$ auf den Vektor $\vec{x}'$ abgebildet. Die Fixpunkte dieser Abbildung erhält man als Lösung der Gleichung:

$M \cdot \vec{x} = \vec{x} \Leftrightarrow \begin{pmatrix} a & b \\ c & d \end{pmatrix} \cdot \begin{pmatrix} x \\ y \end{pmatrix} = \begin{pmatrix} x \\ y \end{pmatrix}$.

Um die Fixpunkte zu bestimmen, muss also das folgende lineare Gleichungssystem gelöst werden:

$\begin{vmatrix} ax + by = x \\ cx + dy = y \end{vmatrix} \Leftrightarrow \begin{vmatrix} (a-1)x + by = 0 \\ cx + (d-1)y = 0 \end{vmatrix}$.

Geraden, deren Punkte bei einer Abbildung wieder auf Punkte derselben Geraden abgebildet werden, heißen **Fixgeraden**.

Als **Fixpunktgerade** bezeichnet man eine Gerade, die aus lauter Fixpunkten besteht, d. h. jeder Punkt dieser Geraden wird bei Anwendung der Abbildung wieder auf sich abgebildet. Eine Fixpunktgerade ist immer eine Fixgerade; die Umkehrung des Satzes ist i. A. falsch.

Beispiel 1

Die durch die Gleichung $\begin{pmatrix} x' \\ y' \end{pmatrix} = \begin{pmatrix} -2 & 4 \\ 0 & 1 \end{pmatrix} \cdot \begin{pmatrix} x \\ y \end{pmatrix}$ gegebene lineare Abbildung hat den Fixpunkt F (4|3), denn die Gleichung $\begin{pmatrix} -2 & 4 \\ 0 & 1 \end{pmatrix} \cdot \begin{pmatrix} x \\ y \end{pmatrix} = \begin{pmatrix} x \\ y \end{pmatrix}$ ist erfüllt für diesen Punkt:

$\begin{pmatrix} -2 & 4 \\ 0 & 1 \end{pmatrix} \cdot \begin{pmatrix} 4 \\ 3 \end{pmatrix} = \begin{pmatrix} 4 \\ 3 \end{pmatrix}$. Insgesamt gibt es unendlich viele Fixpunkte $F(\lambda \cdot 4 \mid \lambda \cdot 3)$ mit $\lambda \in \mathbb{R}$.

Beispiel 2

Gegeben sei eine lineare Abbildung durch die Abbildungsmatrix $M = \begin{pmatrix} 0 & 1 & -1 \\ 1 & 0 & 1 \\ 1 & -1 & 2 \end{pmatrix}$.

Um den Fixpunkt der Abbildung zu bestimmen, lösen wir das Gleichungssystem:

$$\begin{pmatrix} 0 & 1 & -1 \\ 1 & 0 & 1 \\ 1 & -1 & 2 \end{pmatrix} \cdot \begin{pmatrix} x \\ y \\ z \end{pmatrix} = \begin{pmatrix} x \\ y \\ z \end{pmatrix} \Leftrightarrow \begin{vmatrix} y - z = x \\ x + z = y \\ x - y + 2z = z \end{vmatrix} \Leftrightarrow \begin{vmatrix} x + y = x + y \\ x + z = y \\ z - y = z - y \end{vmatrix}.$$

Das heißt: Alle Punkte $P(x \mid y \mid z)$ mit $x + z = y$ sind Fixpunkte der linearen Abbildung, also z. B. der Punkt P(1 |1 |0).

Beispiel 3

Die Punkte der Spiegelachse einer Achsenspiegelung bilden eine Fixpunktgerade, da jeder Punkt auf sich selbst abgebildet wird. Die Punkte eines Lotes zur Spiegelachse bilden *nur* eine Fixgerade bzgl. der Achsenspiegelung, aber keine Fix*punkt*gerade, da ihre Bildpunkte wieder auf diesem Lot liegen, aber keine Fixpunkte sind.

H5 Nur LK: Die Hintereinanderausführung von Abbildungen durch eine Matrizenmultiplikation beschreiben.

Das hintereinander Ausführen von linearen Abbildungen ist eine Verkettung, bei der es i. A. auf die Reihenfolge der Abbildungen ankommt:
Soll erst eine Abbildung α: $\vec{x}' = M_\alpha \cdot \vec{x}$, und dann eine Abbildung β: $\vec{x}' = M_\beta \cdot \vec{x}$ durchgeführt werden, dann muss der Ortsvektor eines abzubildenden Punktes P zuerst mit der Matrix M_α, dann mit der Matrix M_β multipliziert werden.
Beachte die Reihenfolge der Abbildungen: Die zuletzt angewandte Abbildung steht im Matrix-Produkt immer links.
Wegen der Gültigkeit des Assoziativgesetzes kann auch zunächst das Matrizenprodukt $M_\beta \cdot M_\alpha$ gebildet und dieses auf den Ortsvektor angewandt werden:
$(\beta \circ \alpha)(\vec{x}) = \beta(\alpha(\vec{x})) = M_\beta \cdot (M_\alpha \cdot \vec{x}) = (M_\beta \cdot M_\alpha) \cdot \vec{x}$

Das **Produkt $M_1 \cdot M_2$ zweier Matrizen $M_1 = \begin{pmatrix} a_{11} & a_{12} \\ a_{21} & a_{22} \end{pmatrix}$ und $M_2 = \begin{pmatrix} b_{11} & b_{12} \\ b_{21} & b_{22} \end{pmatrix}$** ist definiert

durch das Skalarprodukt der Zeilenvektoren $\vec{a_1} = (a_{11} \;\; a_{12})$ und $\vec{a_2} = (a_{21} \;\; a_{22})$ von M_1

mit den Spaltenvektoren $\vec{b_1} = \begin{pmatrix} b_{11} \\ b_{21} \end{pmatrix}$ und $\vec{b_2} = \begin{pmatrix} b_{12} \\ b_{22} \end{pmatrix}$ von M_2:

$$M_1 \cdot M_2 = \begin{pmatrix} a_{11} & a_{12} \\ a_{21} & a_{22} \end{pmatrix} \cdot \begin{pmatrix} b_{11} & b_{12} \\ b_{21} & b_{22} \end{pmatrix} = \begin{pmatrix} a_{11} \cdot b_{11} + a_{12} \cdot b_{21} & a_{11} \cdot b_{12} + a_{12} \cdot a_{22} \\ a_{21} \cdot b_{11} + a_{22} \cdot b_{21} & a_{21} \cdot b_{12} + a_{22} \cdot b_{22} \end{pmatrix},$$

analog im 3-dimensionalen Raum.

Beispiel

Erst Spiegelung des Punktes $P(p_1|p_2)$ an der x-Achse (α), dann Streckung mit dem Faktor 2 (β):

α: $M_\alpha = \begin{pmatrix} 1 & 0 \\ 0 & -1 \end{pmatrix}$; β: $M_\beta = \begin{pmatrix} 2 & 0 \\ 0 & 2 \end{pmatrix}$

Verkettung: $(\beta \circ \alpha)(\vec{p}) = \left[\begin{pmatrix} 2 & 0 \\ 0 & 2 \end{pmatrix} \cdot \begin{pmatrix} 1 & 0 \\ -1 & 0 \end{pmatrix}\right] \cdot \begin{pmatrix} p_1 \\ p_2 \end{pmatrix} = \beta(\alpha(\vec{p})) = \begin{pmatrix} 2 & 0 \\ 0 & 2 \end{pmatrix} \cdot \begin{pmatrix} p_1 & 0 \\ 0 & -p_2 \end{pmatrix} = \begin{pmatrix} 2p_1 \\ -2p_2 \end{pmatrix}$

H6 Nur LK: Inverse Matrizen ermitteln sowie die Umkehrung von linearen Abbildungen mit inversen Matrizen untersuchen.

Ist durch $\alpha: \begin{pmatrix} x' \\ y' \end{pmatrix} = M \cdot \begin{pmatrix} x \\ y \end{pmatrix}$ eine lineare Abbildung gegeben, dann lässt sich die Umkehrabbildung beschreiben durch

$\alpha^{-1}: \begin{pmatrix} x \\ y \end{pmatrix} = M^{-1} \cdot \begin{pmatrix} x' \\ y' \end{pmatrix}$, dabei ist M^{-1} die zu M inverse Matrix.

Die zu einer Matrix M inverse Matrix M^{-1} bestimmt man durch Lösung der Gleichung $M \cdot M^{-1} = M^{-1} \cdot M = E$, wobei E die zur identischen Abbildung gehörende Einheitsmatrix ist: $E = \begin{pmatrix} 1 & 0 \\ 0 & 1 \end{pmatrix}$.

Die Lösung der Gleichung kann auch durch elementare Zeilenumformungen in einem Rechenschema erfolgen, bei dem links die Matrix M und rechts die Einheitsmatrix E steht oder durch Koeffizientenvergleich.

Beispiel 1 *Bestimmung einer inversen Matrix durch elementare Zeilenumformungen*

Rechenschema: $\left(\begin{array}{cc|cc} 1 & 1 & 1 & 0 \\ -1 & 1 & 0 & 1 \end{array}\right) \Leftrightarrow \left(\begin{array}{cc|cc} 1 & 1 & 1 & 0 \\ 0 & 2 & 1 & 1 \end{array}\right) \Leftrightarrow \left(\begin{array}{cc|cc} 1 & 1 & 1 & 0 \\ 0 & 1 & 0{,}5 & 0{,}5 \end{array}\right) \Leftrightarrow \left(\begin{array}{cc|cc} 1 & 0 & 0{,}5 & -0{,}5 \\ 0 & 1 & 0{,}5 & 0{,}5 \end{array}\right)$

1. Zeile zur 2. Zeile addieren | 2. Zeile durch 2 dividieren | 2. Zeile mit (−1) multiplizieren und zur 1. Zeile addieren

d. h. die zu $M = \begin{pmatrix} 1 & 1 \\ -1 & 1 \end{pmatrix}$ inverse Matrix ist $M^{-1} = \begin{pmatrix} 0{,}5 & -0{,}5 \\ 0{,}5 & 0{,}5 \end{pmatrix}$.

Beispiel 2 *Bestimmung einer inversen Matrix durch Koeffizientenvergleich*

Für die inverse Matrix M^{-1} zu $M = \begin{pmatrix} 1 & 1 \\ -1 & 1 \end{pmatrix}$ muss gelten:

$M \cdot M^{-1} = E$, also $\begin{pmatrix} 1 & 1 \\ -1 & 1 \end{pmatrix} \cdot \begin{pmatrix} a & b \\ c & d \end{pmatrix} = \begin{pmatrix} 1 & 0 \\ 0 & 1 \end{pmatrix}$.

Dies bedeutet, dass ein lineares Gleichungssystem mit vier Gleichungen und vier Variablen zu lösen ist (konkret aber „nur“: zwei lineare Gleichungssysteme mit je zwei Gleichungen mit zwei Variablen):

$$\left|\begin{array}{r} a + c = 1 \\ -a + c = 0 \\ b + d = 0 \\ -b + d = 1 \end{array}\right| \Leftrightarrow \left|\begin{array}{r} 2c = 1 \\ -a + c = 0 \\ 2d = 1 \\ -b + d = 1 \end{array}\right| \Leftrightarrow \left|\begin{array}{l} c = 0{,}5 \\ a = 0{,}5 \\ d = 0{,}5 \\ b = -0{,}5 \end{array}\right|$$

Beispiel 3 *Bestimmung der Umkehrung einer linearen Abbildung*

Die Umkehrabbildung α^{-1} zur linearen Abbildung α, die gegeben ist durch

$\alpha: \begin{pmatrix} x' \\ y' \end{pmatrix} = M \cdot \begin{pmatrix} x \\ y \end{pmatrix} = \begin{pmatrix} 1 & -1 \\ 1 & 1 \end{pmatrix} \cdot \begin{pmatrix} x \\ y \end{pmatrix}$, berechnet sich wie folgt:

Es gilt: $\begin{pmatrix} x \\ y \end{pmatrix} = M^{-1} \cdot \left(M \cdot \begin{pmatrix} x \\ y \end{pmatrix}\right) = M^{-1} \cdot \begin{pmatrix} x' \\ y' \end{pmatrix}$.

Die inverse Matrix zu $M = \begin{pmatrix} 1 & -1 \\ 1 & 1 \end{pmatrix}$ ist $M^{-1} = \begin{pmatrix} 0{,}5 & 0{,}5 \\ -0{,}5 & 0{,}5 \end{pmatrix}$.

Also ist die Umkehrabbildung gegeben durch:

$\alpha^{-1}: \begin{pmatrix} x \\ y \end{pmatrix} = \begin{pmatrix} 0{,}5 & 0{,}5 \\ -0{,}5 & 0{,}5 \end{pmatrix} \cdot \begin{pmatrix} x' \\ y' \end{pmatrix}$

I1 Mehrstufige Entscheidungsvorgänge mithilfe von Baumdiagrammen veranschaulichen und die Anzahl der Möglichkeiten mithilfe der Grundregel der Kombinatorik bestimmen.

(1) Die **Grundregel der Kombinatorik** besagt: Besteht ein Zufallsversuch aus k Stufen und ist die Anzahl der möglichen Ergebnisse auf den einzelnen Stufen gleich m_1, m_2, ..., m_k, dann hat der Zufallsversuch ingesamt $m_1 \cdot m_2 \cdot \ldots \cdot m_k$ verschiedene mögliche Ergebnisse.
Diese Grundregel kann man mithilfe von Baumdiagrammen veranschaulichen.

(2) Die Grundregel der Kombinatorik lässt sich bei der Untersuchung von Ziehvorgängen anwenden:
Beim k-fachen Ziehen aus einer Urne mit n unterscheidbaren Kugeln sind folgende Fälle zu unterscheiden:

- Beim Ziehen mit Zurücklegen (mit Wiederholung) gibt es n^k verschiedene Möglichkeiten.
- Beim Ziehen ohne Zurücklegen (ohne Wiederholung) gibt es $n \cdot (n-1) \cdot \ldots \cdot (n-k+1)$ verschiedene Möglichkeiten.
- Beim Ziehen mit einem Griff gibt es $\binom{n}{k} = \frac{n \cdot (n-1) \cdot \ldots \cdot (n-k+1)}{k \cdot (k-1) \cdot \ldots \cdot 1} = \frac{n!}{k! \cdot (n-k)!}$ verschiedene Möglichkeiten.*)

Sonderfall beim Ziehen ohne Zurücklegen: Für das vollständige Leeren einer Urne mit n Kugeln gibt es n! Möglichkeiten; hierdurch werden die n Kugeln in eine Reihenfolge gebracht.

Konsequenz: Es gibt n! Möglichkeiten, n Dinge anzuordnen.

(3) Für Stichprobennahmen ergibt sich aus (2)
Nimmt man in einer Gesamtheit vom Umfang n eine Stichprobe vom Umfang k, so sind $\binom{n}{k} = \frac{n \cdot (n-1) \cdot \ldots \cdot (n-k+1)}{k \cdot (k-1) \cdot \ldots \cdot 1}$ verschiedene Stichproben dieser Art möglich.
Bei Stichprobennahmen handelt es sich um einen Ziehvorgang ohne Zurücklegen (vergleiche Zähler des Bruchs), bei dem aber die Reihenfolge der Ziehung keine Rolle spielt (vergleiche Nenner des Bruchs); daher könnte die Ziehung auch mit einem Griff erfolgen.
Die natürlichen Zahlen $\binom{n}{k}$ werden auch als **Binomialkoeffizienten** bezeichnet.

*)Für das Produkt aufeinander folgender natürlicher Zahlen $n \cdot (n-1) \cdot \ldots \cdot 3 \cdot 2 \cdot 1$ schreibt man kurz: n! (n Fakultät) – Sonderfälle: $0! = 1$, $1! = 1$.

Beispiele

(1) Stehen auf einer Speisekarte drei verschiedene Vorspeisen, vier verschiedene Hauptgerichte und zwei Desserts, dann kann man insgesamt $3 \cdot 4 \cdot 2 = 24$ verschiedene Essen zusammenstellen, darstellbar durch ein Baumdiagramm mit drei Verzweigungen auf der 1. Stufe, vier auf der 2. Stufe, zwei auf der 3. Stufe.

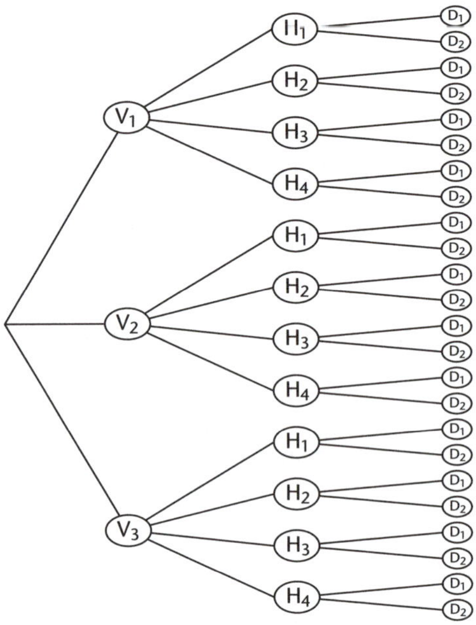

(2) In einer Klasse mit 30 Schülern/innen kann man fünf Freikarten auf verschiedene Arten verteilen:
- Man wählt 5 Schüler/innen mithilfe eines Glücksrads aus (Ziehen mit Wiederholung): 30^5 Möglichkeiten.
- Man wählt 5 Schüler/innen durch einzelnes Ziehen von Namenszetteln aus (Ziehen ohne Wiederholung): $30 \cdot 29 \cdot 28 \cdot 27 \cdot 26$ Möglichkeiten.
- Man zieht fünf Namenszettel auf einmal: $\binom{30}{5} = \frac{30 \cdot 29 \cdot 28 \cdot 27 \cdot 26}{5 \cdot 4 \cdot 3 \cdot 2 \cdot 1}$ Möglichkeiten.

(3) Beim Lottospiel *6 aus 49* kreuzt man 6 Zahlen an – hierfür gibt es $\binom{49}{6} = 13\,983\,816$ Möglichkeiten.

(4) Anwendung von (3):
Die Wahrscheinlichkeit, vier Zahlen richtig getippt zu haben, berechnet sich zu $\frac{\binom{6}{4}\binom{43}{2}}{\binom{49}{6}} = \frac{13545}{13\,983\,816}$, denn es gibt 6 Gewinnzahlen, von denen 4 auf dem Tippzettel vorkommen, und 43 Nicht-Gewinnzahlen, von denen 2 auf dem Tippzettel vorkommen.

I2 Mehrstufige Zufallsversuche mit Baumdiagrammen beschreiben und Wahrscheinlichkeiten mit den Pfadregeln berechnen (Pfadadditions-/Pfadmultiplikationsregel) sowie die Komplementärregel anwenden.

Darstellung durch Baumdiagramme: Mehrstufige Zufallsversuche lassen sich mithilfe eines Baumdiagramms darstellen. Zu jedem der möglichen Ergebnisse des Zufallsexperiments gehört ein Pfad im Baumdiagramm. Zeichnet man ein vollständiges Baumdiagramm, dann ist eine Kontrolle möglich: Die Summe der Wahrscheinlichkeiten nach einer Verzweigung ist gleich 1.

Pfadmultiplikationsregel: Die Wahrscheinlichkeit eines Pfades ist gleich dem Produkt der Wahrscheinlichkeiten längs dieses Pfades.

Pfadadditionsregel: Gehören zu einem Ereignis mehrere Pfade, dann ist die Wahrscheinlichkeit dieses Ereignisses gleich der Summe der Wahrscheinlichkeiten der zugehörigen Pfade.

Komplementärregel: Kennt man die Wahrscheinlichkeit eines Ereignisses E, dann kennt man auch die Wahrscheinlichkeit des Gegenereignisses $\overline{E}$; diese ergänzen sich nämlich zu 1: $P(\overline{E}) = 1 - P(E)$

Beispiel 1 *Pfadmultiplikations- und Pfadadditionsregel*

Bei der Kontrolle von Keramikgefäßen werden drei Eigenschaften überprüft, die erfahrungsgemäß mit den Wahrscheinlichkeiten 0,9 bzw. 0,95 bzw. 0,85 erfüllt sind. Nur Gefäße, die alle drei Kontrollen bestehen, sind 1. Wahl; fällt eine der Kontrollen negativ aus, ist das Produkt 2. Wahl. Mit welcher Wahrscheinlichkeit sind die produzierten Gefäße 1. bzw. 2. Wahl oder Ausschuss?

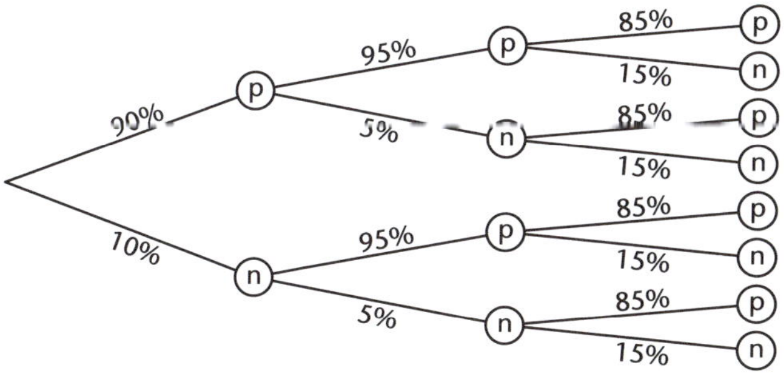

Ergebnis	Wahrscheinlichkeit	
ppp	72,68 %	← 1.Wahl
ppn	12,83 %	← 2. Wahl
pnp	3,83 %	← 2. Wahl
pnn	0,68 %	← Ausschuss
npp	8,08 %	← 2. Wahl
npn	1,43 %	← Ausschuss
nnp	0,43 %	← Ausschuss
nnn	0,08 %	← Ausschuss

$P(1.\ \text{Wahl}) = P(ppp) = 0{,}7268$

$P(2.\ \text{Wahl}) = P(ppn) + P(pnp) + P(npp) = 0{,}1283 + 0{,}0383 + 0{,}0808 = 0{,}2474$

$P(\text{Ausschuss}) = P(pnn) + P(npn) + P(nnp) + P(nnn) = 0{,}0068 + 0{,}0143 + 0{,}0043 + 0{,}0008 = 0{,}0262$

Das Baumdiagramm kann vereinfacht werden, denn nach zwei negativen Kontrollergebnissen braucht man nicht weiter zu testen – der restliche Teilbaum könnte entfallen. Oder man beschränkt sich in der Darstellung nur auf die Pfade, die zu den Ereignissen „1. Wahl" bzw. „2. Wahl" gehören, und bestimmt die Wahrscheinlichkeit für das Ereignis „Ausschussware" mithilfe der Komplementärregel.

Beispiele 2 *Komplementärregel*

Man wendet die Komplementärregel an, wenn es einfacher ist, die Wahrscheinlichkeit des Gegenereignisses zu bestimmen (vgl. oben). Dies ist auch oft der Fall, wenn in der Aufgabenstellung das Wort „mindestens“ verwendet wird.

(1) Klassisches Geburtstagsproblem: Wie groß ist die Wahrscheinlichkeit, dass unter k zufällig ausgewählten Personen mindestens zwei sind, die am gleichen Tag Geburtstag haben? Es ist leichter und weniger aufwändig, das Gegenereignis zum gesuchten Ereignis zu be-trachten: „die k zufällig ausgewählten Personen haben lauter verschiedene Geburtstage“.

$$P(\text{2 Personen haben lauter verschiedene Geburtstage}) = \frac{364}{365} = \frac{365 \cdot 364}{365^2}$$

$$P(\text{3 Personen haben lauter verschiedene Geburtstage}) = \frac{365 \cdot 364 \cdot 363}{365^3}$$

$$P(\text{4 Personen haben lauter verschiedene Geburtstage}) = \frac{365 \cdot 364 \cdot 363 \cdot 362}{365^4}$$

usw.

$$P(\text{k Personen haben lauter verschiedene Geburtstage}) = \frac{365 \cdot 364 \cdot \ldots \cdot (366 - k)}{365^k}$$

$$P(\text{Mindestens zwei Personen mit gleichem Geburtstag}) = 1 - \frac{365 \cdot 364 \cdot \ldots \cdot (366 - k)}{365^k}$$

(2) Da die Ereignisse „Mindestens ein Erfolg“ und „Lauter Misserfolge“ bei einem n-stufigen BERNOULLI-Versuch Gegenereignisse voneinander sind, ergänzen sich die Wahrscheinlichkeiten zu 1:
$P(X = 0) = q^n$ und $P(X \geq 1) = 1 - P(X = 0) = 1 - q^n$.

I3 Daten aus Vierfeldertafeln als Wahrscheinlichkeiten von zweistufigen Zufallsversuchen interpretieren sowie Vierfeldertafeln zur Umkehrung von Baumdiagrammen nutzen.

In einer Vierfeldertafel wird erfasst, mit welchen relativen oder absoluten Häufigkeiten zwei Merkmalsausprägungen zweier Merkmale und auch deren Kombination auftreten.

Die Daten aus der Vierfeldertafel lassen sich auf zwei Arten in einem zweistufigen Baumdiagramm wiedergeben (auf der 1. Stufe wird das eine, auf der 2. Stufe das andere Merkmal betrachtet).
Umgekehrt lassen sich die Daten aus einem Baumdiagramm in eine Vierfeldertafel übertragen und daraus das andere („umgekehrte") Baumdiagramm entwickeln.

Beispiel 1

Im Jahr 2009 waren in Deutschland durchschnittlich ca. 34,203 Mio. Personen erwerbstätig, davon 16,199 Mio. Frauen. Von diesen hatten 7,412 Mio. eine Teilzeitbeschäftigung, insgesamt gab es 9,076 Mio. teilzeitbeschäftigte Personen.
Diese Daten kann man in eine Vierfeldertafel eintragen und fehlende Daten ergänzen (Tabelle links). Die Daten der Vierfeldertafel mit absoluten Häufigkeiten kann man auch als Vierfeldertafel mit relativen Häufigkeiten (rechts) notieren.

	Männer	**Frauen**	**gesamt**
Vollzeit	16,340	8,787	25,127
Teilzeit	1,664	7,412	9,076
gesamt	18,004	16,199	34,203

	Männer	**Frauen**	**gesamt**
Vollzeit	47,8 %	25,7 %	73,5 %
Teilzeit	4,9 %	21,7 %	26,5 %
gesamt	52,6 %	47,4 %	100,0 %

(Achtung: Bei den Prozentangaben sind rundungsbedingte Abweichungen möglich!)

Man kann diese Daten auch hierarchisch in Form eines Organigramms darstellen. Hier sind zwei Anordnungen möglich, je nachdem, welches Merkmal man als erstes betrachtet:

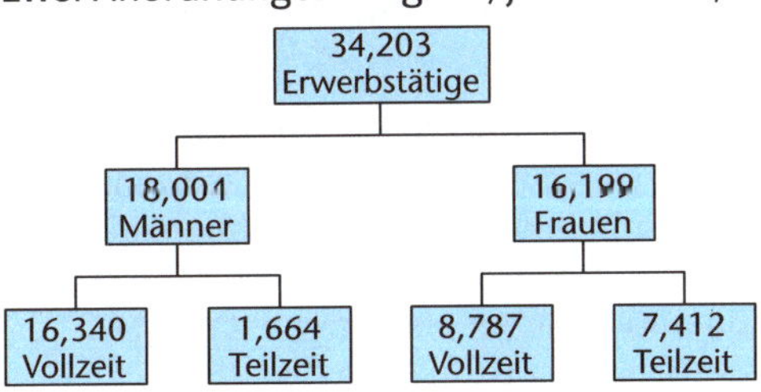

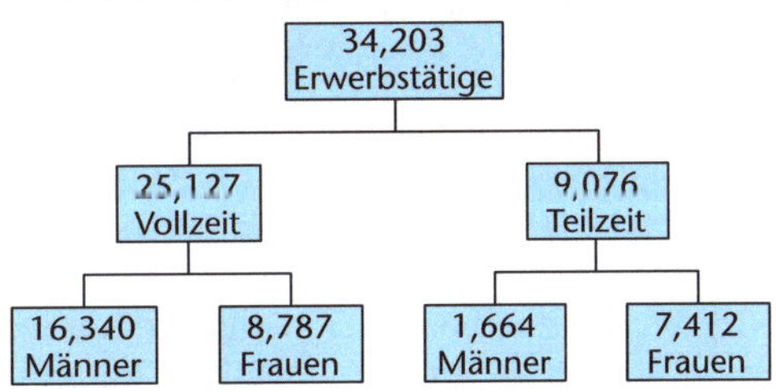

Die statistischen Daten lassen sich im Sinne eines Zufallsversuchs deuten: Aus der Gesamtheit aller Erwerbstätigen wird eine Person zufällig ausgewählt. Die Organigramme werden damit zu Baumdiagrammen. Die Wahrscheinlichkeiten auf der ersten Stufe der Baumdiagramme entsprechen den Summenfeldern der Vierfeldertafel von oben, beim Baumdiagramm links sind es die Summenfelder der Spalten, beim Baumdiagramm rechts die der Zeilen. Die am Ende der Pfade stehenden Pfad-Wahrscheinlichkeiten sind gerade die Daten aus den inneren Feldern der Vierfeldertafel.

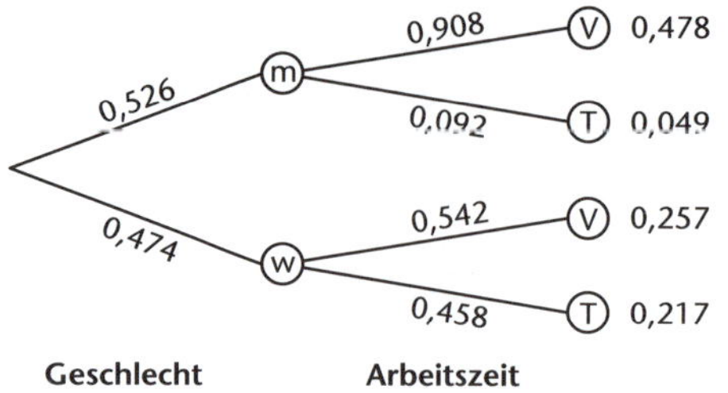

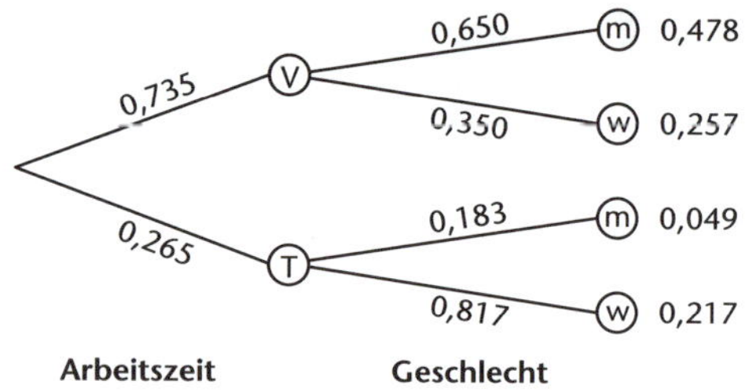

Zu den Baumdiagrammen lassen sich kurze Zeitungsartikel verfassen, die alle wesentlichen Daten enthalten, aber wegen der unterschiedlichen Reihenfolge unterschiedliche Akzente setzen:

- 52,6 % der Erwerbstätigen in Deutschland sind Männer; von diesen üben 90,8 % eine Vollzeittätigkeit aus. Von den erwerbstätigen Frauen haben nur 54,2 % einen Vollzeitjob.
- 73,5 % der Erwerbstätigen in Deutschland haben einen Vollzeitjob; von diesen sind 65,0 % Männer. Teilzeitjobs sind überwiegend Frauensache: In 81,7 % der Teilzeitstellen sind Frauen beschäftigt.

Beispiel 2

Bei Infektionskrankheiten ist es wichtig, dass man schnell die Art der Krankheit erkennt, damit man sie bekämpfen kann. Hierzu führt man Schnelltests durch, die allerdings Mängel haben: Manchmal wird eine Krankheit angezeigt, obwohl sie nicht vorliegt; gelegentlich wird eine Krankheit nicht angezeigt, obwohl sie vorhanden ist.

Bei der Diagnostik sind die Empfindlichkeit (Sensitivität) des Tests, vor allem aber die Zuverlässigkeit positiver Testergebnisse (Spezifität) von besonderer Bedeutung. Sind die mit den Tests verbundenen Werte der Sensitivität bzw. Spezifität ungünstig und tritt die Krankheit vergleichsweise selten auf, dann ist auch die Wahrscheinlichkeit gering, dass eine Person, bei der ein Test positiv ausfällt, tatsächlich infiziert ist.

Man kann heute davon ausgehen, dass etwa 0,1 % der Bevölkerung Deutschlands HIV-infiziert ist.

Die vorliegenden Testverfahren zum Nachweis der Infektion haben mittlerweile eine hohe Sicherheit (Sensitivität): bei 99,9 % der tatsächlich Infizierten erfolgt positive Testreaktion; nur bei 0,3 % der nicht-infizierten Testpersonen wird irrtümlich eine Infektion angezeigt (Spezifität 99,7%).
Die Informationen lassen sich unmittelbar in ein Baumdiagramm übertragen (links):
1. Stufe: Infektion liegt vor – ja/nein, 2. Stufe: Testreaktion – positiv/negativ.
Die aus den Angaben berechneten Pfadwahrscheinlichkeiten kann man in die inneren Felder der Vierfeldertafel eintragen (rechts).

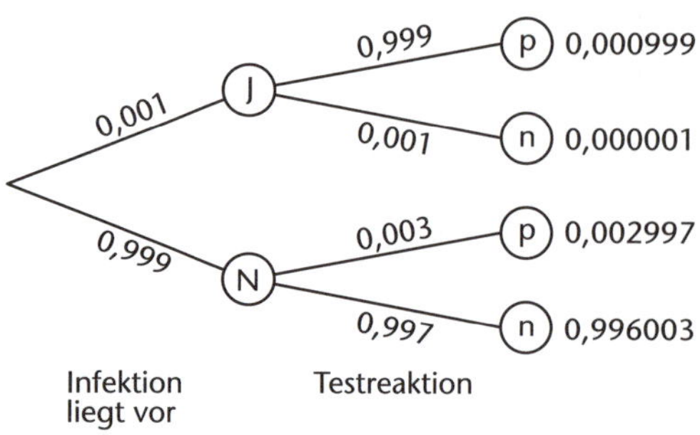

	Test positiv	Test negativ	gesamt
Infektion liegt vor	0,0999 %	0,0001 %	0,1 %
Infektion liegt nicht vor	0,2997 %	99,6003 %	99,9 %
gesamt	0,3996 %	99,6004 %	100,0 %

Von der Vierfeldertafel kommt man zum umgekehrten Baumdiagramm, indem man die Gesamtwahrscheinlichkeiten für einen positiven oder einen negativen Test aus der letzten Zeile der Vierfeldertafel entnimmt und diese auf der ersten Stufe des umgekehrten Baumdiagramms einträgt.
Die vier Pfadwahrscheinlichkeiten dieses Baumdiagramms können unverändert aus den inneren Feldern der Vierfeldertafel übernommen werden.

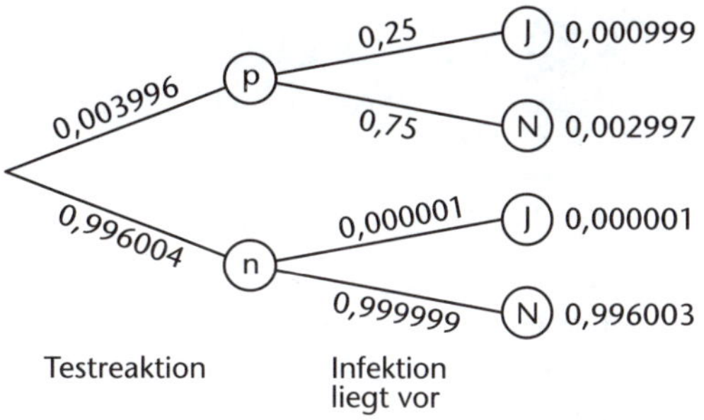

Nun können die noch fehlenden bedingten Wahrscheinlichkeiten für die unterschiedlichen Testreaktionen mithilfe der Pfadmultiplikationsregel durch Division der Pfadwahrscheinlichkeiten durch die Wahrscheinlichkeiten der ersten Stufe berechnet werden.

Zu den Informationen des umgekehrten Baumdiagramms passt z. B. dieser Text:
Führt man den HIV-Test mit zufällig ausgewählten Personen durch, dann wird in ca. 0,4% der Fälle eine positive Testreaktion zu beobachten sein. Die Wahrscheinlichkeit, dass eine Person mit positivem Testergebnis tatsächlich HIV-infiziert ist, beträgt allerdings nur ca. 25 %.
In 99,6 % der Fälle wird die Testreaktion negativ sein. Personen mit negativem Testergebnis sind nur mit vernachlässigbar geringer Wahrscheinlichkeit dennoch HIV-infiziert.

I4 Bedingte Wahrscheinlichkeiten mithilfe des Satzes von Bayes bestimmen.

Ist A ein Ereignis, das von Interesse ist, und B eine Bedingung unter der man das Ereignis A betrachtet, dann berechnet sich die bedingte Wahrscheinlichkeit $P_B(A)$ für A unter der Bedingung B gemäß Pfadmultiplikationsregel als: $P_B(A) = \frac{P(A \cap B)}{P(B)}$.

Der Satz von Bayes gibt an, wie man – ohne den Zwischenschritt einer Vierfeldertafel – die im Nenner stehende Wahrscheinlichkeit von P (B) unmittelbar berechnen kann:

$P(B) = P(A \cap B) + P(\overline{A} \cap B) = P(A) \cdot P_A(B) + P(\overline{A}) \cdot P_{\overline{A}}(B)$, also

$$P_B(A) = \frac{P(A \cap B)}{P(B)} = \frac{P(A) \cdot P_A(B)}{P(A) \cdot P_A(B) + P(\overline{A}) \cdot P_{\overline{A}}(B)}.$$

Gilt für die Ereignisse A und B: $P(A) = P_B(A)$ bzw. $P(B) = P_A(B)$, spielt es also keine Rolle, ob das Ereignis A bzw. B vorher eingetreten ist, dann sind A und B **stochastisch voneinander unabhängig**. In diesem Fall kann die Pfadmultiplikationsregel auch in der Form $P(A \cap B) = P(A) \cdot P(B)$ notiert werden.

Beispiel 1 *aus* I3

m = männlich, w = weiblich, V = vollzeitbeschäftigt:

$$P_V(m) = \frac{P(V \cap m)}{P(V)} = \frac{P(V \cap m)}{P(m) \cdot P_m(V) + P(w) \cdot P_w(V)} = \frac{0{,}478}{0{,}478 + 0{,}257} = 0{,}650.$$

Beispiel 2 *aus* I3

p = Testreaktion positiv, J = Infektion liegt vor, N = Infektion liegt nicht vor:

$$P_p(J) = \frac{P(p \cap J)}{P(p)} = \frac{P(p \cap J)}{P(J) \cdot P_J(p) + P(N) \cdot P_N(p)} = \frac{0{,}000999}{0{,}000999 + 0{,}002997} = 0{,}250.$$

J1 Die Häufigkeitsverteilung eines Merkmals bestimmen sowie Mittelwert, Perzentile (Quantile) und Stichprobenstreuung berechnen.

(1) **Häufigkeitsverteilung**

Bei Erhebungen erfasst man, mit welchen **absoluten** oder **relativen Häufigkeiten** die verschiedenen möglichen **Ausprägungen** eines **Merkmals** auftreten. Eine Tabelle, in der jeder Ausprägung eines betrachteten Merkmals die relative Häufigkeit zugeordnet wird und in der die Summe der relativen Häufigkeiten 1 beträgt, wird als **Häufigkeitsverteilung** dieses Merkmals bezeichnet.

Die Häufigkeitsverteilung eines quantitativen Merkmals, also eines Merkmals, dessen Ausprägungen Zahlen sind, lässt sich durch Lage- und Streumaße charakterisieren.

(2) **Arithmetisches Mittel**

Das **arithmetische Mittel** $\overline{x}$ von m Merkmalswerten $x_1, x_2, x_3, \ldots, x_m$, erhält man, indem man die m Zahlen addiert und die Summe durch m teilt:

$$\overline{x} = \frac{1}{m} \cdot (x_1 + x_2 + x_3 + \ldots + x_m).$$

Wenn die verschiedenen Merkmalswerte nicht nur einmal, sondern mit den absoluten Häufigkeiten $H(x_1), H(x_2), H(x_3), \ldots, H(x_m)$ auftreten, dann berechnet man zunächst die Gesamtzahl der Werte $n = H(x_1) + H(x_2) + H(x_3) + \ldots + H(x_m)$ und hiermit dann das arithmetische Mittel:

$$\overline{x} = \frac{1}{n} \cdot [H(x_1) \cdot x_1 + H(x_2) \cdot x_2 + H(x_3) \cdot x_3 + \ldots + H(x_m) \cdot x_m].$$

Sind statt der absoluten Häufigkeiten $H(x_1), H(x_2), H(x_3), \ldots, H(x_m)$ die relativen Häufigkeiten $h(x_1), h(x_2), h(x_3), \ldots, h(x_m)$ gegeben, dann berechnet sich das **arithmetische Mittel $\overline{x}$ der Häufigkeitsverteilung** nach der Formel

$$\overline{x} = h(x_1) \cdot x_1 + h(x_2) \cdot x_2 + h(x_3) \cdot x_3 + \ldots + h(x_m) \cdot x_m.$$

Man bezeichnet $\overline{x}$ auch als **gewichtetes Mittel** der Merkmalswerte $x_1, x_2, x_3, \ldots, x_m$.

(3) **Streuung**

Die Streuung der Werte einer Stichprobe kann am einfachsten beschrieben werden durch die **Spannweite**, das ist die Differenz zwischen dem größten und kleinsten Wert einer Stichprobe; jedoch ist dieses Streumaß nicht robust: Ausreißerwerte haben unmittelbar Einfluss darauf, wie groß die Spannweite einer Datenmenge ist.

Die mittlere quadratische Abweichung der Daten einer Stichprobe vom Mittelwert $\overline{x}$ wird auch als **empirische Varianz $\overline{s}^2$** bezeichnet:

Für m einzelne Daten ist: $\overline{s}^2 = \frac{1}{m} \cdot [(x_1 - \overline{x})^2 + (x_2 - \overline{x})^2 + (x_3 - \overline{x})^2 + \ldots + (x_m - \overline{x})^2].$

Für eine Häufigkeitsverteilung mit relativen Häufigkeiten $h(x_1)$, $h(x_2)$, $h(x_3)$, ..., $h(x_m)$ gilt entsprechend:

$$\overline{s}^2 = (x_1 - \overline{x})^2 \cdot h(x_1) + (x_2 - \overline{x})^2 \cdot h(x_2) + (x_3 - \overline{x})^2 \cdot h(x_3) + \ldots + (x_m - \overline{x})^2 \cdot h(x_m).$$

Die Wurzel $\overline{s}$ aus der empirischen Varianz wird als **empirische Standardabweichung** oder auch als **Stichprobenstreuung** bezeichnet.

Den Term für $\overline{s}^2$ kann man umformen und erhält eine vereinfachte Berechnungsformel:

$$\overline{s}^2 = \left[x_1^2 \cdot h(x_1) + x_2^2 \cdot h(x_2) + x_3^2 \cdot h(x_3) + \ldots + x_m^2 \cdot h(x_m)\right] - \overline{x}^2.$$

(4) **Perzentile (Quartile), Boxplots**
Man kann das Streuverhalten einer Datenmenge auch dadurch beschreiben, dass **Perzentile** der Datenmenge bestimmt werden: Dazu ordnet man die Werte der Datenmenge und untersucht, welche Daten kleiner oder gleich einem bestimmten Anteil P % der gesamten Datenmenge sind.

Es ist auch üblich, für eine Datenmenge den kleinsten Wert (0 %-Perzentil), das untere Quartil (25 %-Perzentil), den Median (50 %-Perzentil), das obere Quartil (75 %-Perzentil) und den größten Wert (100 %-Perzentil) anzugeben und in Form eines sogenannten **Boxplots** darzustellen. Dann benutzt man den **Median** als Lagemaß und den **Quartilabstand** (= oberes Quartil – unteres Quartil) als Streuungsmaß für die Häufigkeitsverteilung.

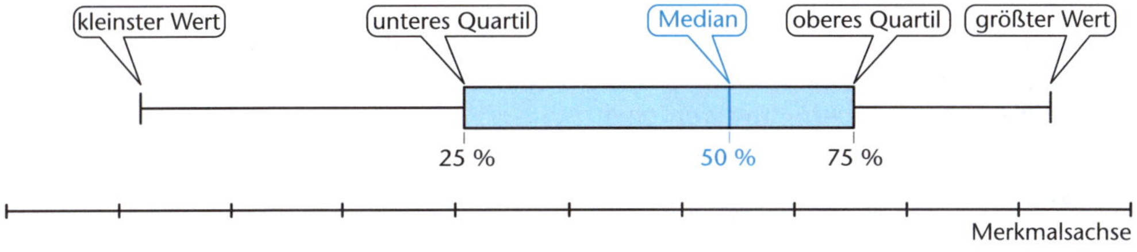

Beispiele

(1) In einem Kurs wurde erfasst, wie viele Schüler/innen Geschwister haben:

Anzahl k der Geschwister	0	1	2	3
absolute Häufigkeit H(k) der Schüler/innen mit k Geschwistern	11	9	4	1

Insgesamt sind in der Häufigkeitverteilung mit absoluten Häufigkeiten $n = 11 + 9 + 4 + 1 = 25$ Daten erfasst; das arithmetische Mittel ist daher

$$\overline{x} = \frac{1}{25} \cdot (11 \cdot 0 + 9 \cdot 1 + 4 \cdot 2 + 1 \cdot 3) = \frac{20}{25} = 0{,}8.$$

Im Mittel haben die Schüler/innen des Kurses also 0,8 Geschwister.

(2) In einer großen Stichprobe wurde die Anzahl der nicht-volljährigen Kinder in Haushalten erfasst:

Anzahl k der Kinder	0	1	2	3	4	5
relative Häufigkeit h (k) der Familien mit k Kindern	48,3 %	21,1 %	21,3 %	6,9 %	1,8 %	0,6 %

Wäre dies beispielsweise eine Stichprobe vom Umfang n = 1000 gewesen, dann hätte man das arithmetische Mittel wie in (1) berechnen können:

$$\overline{x} = \frac{1}{1000} \cdot (483 \cdot 0 + 211 \cdot 1 + 213 \cdot 2 + 69 \cdot 3 + 18 \cdot 4 + 6 \cdot 5) = \frac{946}{1000} = 0{,}946.$$

Den Bruch zur Berechnung von $\overline{x}$ kann man auch wie folgt schreiben:

$$\overline{x} = \frac{483}{1000} \cdot 0 + \frac{211}{1000} \cdot 1 + \frac{213}{1000} \cdot 2 + \frac{69}{1000} \cdot 3 + \frac{18}{1000} \cdot 4 + \frac{6}{1000} \cdot 5$$
$$= 0{,}483 \cdot 0 + 0{,}211 \cdot 1 + 0{,}213 + 2 \cdot 0{,}069 + 3 + 0{,}018 \cdot 4 + 0{,}006 \cdot 5 = 0{,}946.$$

Im Mittel sind in den erfassten Haushalten 0,946 Kinder.
Die empirische Varianz ist hier:

$$\overline{s}^2 = (0 - 0{,}946)^2 \cdot 0{,}483 + (1 - 0{,}946)^2 \cdot 0{,}211 + (2 - 0{,}946)^2 \cdot 0{,}213$$
$$+ (3 - 0{,}946)^2 \cdot 0{,}069 + (4 \cdot 0{,}946)^2 \cdot 0{,}018 + (5 - 0{,}946)^2 \cdot 0{,}0006$$
$$= (0^2 \cdot 0{,}483 + 1^2 \cdot 0{,}211 + 2^2 \cdot 0{,}213 + 3^2 \cdot 0{,}069 + 4^2 \cdot 0{,}018 + 5^2 \cdot 0{,}006) - 0{,}946^2$$
$$\approx 1{,}227.$$

Die empirische Standardabweichung (Stichprobenstreuung) beträgt $\overline{s} = \sqrt{1{,}227} \approx 1{,}108$.

Berechnung des Mittelwerts mithilfe des WTR:

Bei der Eingabe der Häufigkeitstabelle müssen absolute Häufigkeiten eingegeben werden. Das arithmetische Mittel und die empirische Varianz x können mithilfe der 1-Variablen-Statistik ermittelt werden:

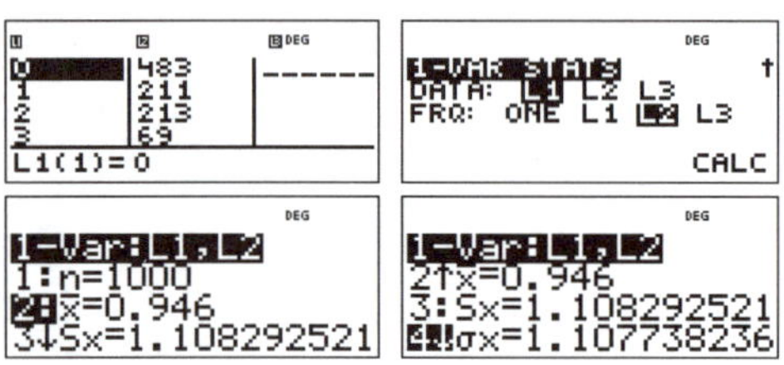

J2 Die Wahrscheinlichkeitsverteilung einer Zufallsgröße bestimmen sowie den Erwartungswert und die Standardabweichung der Zufallsgröße berechnen.

Zufallsgrößen sind Funktionen, die jedem Ergebnis eines Zufallsversuchs eine Zahl zuordnen.

Eine Liste mit den möglichen Werten der Zufallsgröße und den dazu gehörenden Wahrscheinlichkeiten wird als **Wahrscheinlichkeitsverteilung** bezeichnet.

Wahrscheinlichkeitsverteilungen werden durch Abzählen der zugehörigen Ergebnisse in der Ergebnismenge bestimmt oder aufgrund von einheitlichen Strukturen mithilfe eines Terms berechnet (vgl. Beispiele).

Der **Erwartungswert einer Zufallsgröße** ist der Mittelwert der Wahrscheinlichkeitsverteilung der Zufallsgröße, d. h. das gewichtete Mittel der Werte, welche die Zufallsgröße annehmen kann.

$$E(X) = \mu = a_1 \cdot P(X = a_1) + a_2 \cdot P(X = a_2) + \ldots + a_m \cdot P(X = a_m) = \sum_{i=1}^{m} a_i \cdot P(X = a_i).$$

Die Berechnung erfolgt mithilfe der um eine Spalte erweiterten Tabelle der Verteilung, in der das Produkt $a_i \cdot P(X = a_i)$ eingetragen wird.

Für einzelne Verteilungen gibt es Formeln, mit deren Hilfe der Erwartungswert direkt berechnet werden kann, z. B. bei der Binomialverteilung gilt: $\mu = n \cdot p$, wobei n die Anzahl der Stufen und p die Erfolgswahrscheinlichkeit des BERNOULLI-Versuchs ist.

Die **Varianz einer Zufallsgröße** ist die mittlere quadratische Abweichung der Werte der Zufallsgröße vom Erwartungswert der Zufallsgröße:

$$V(X) = \sigma^2 = (a_1 - \mu)^2 \cdot P(X = a_1) + (a_2 - \mu)^2 \cdot P(X = a_2) + \ldots + (a_m - \mu)^2 \cdot P(X = a_m)$$

$$= \sum_{i=1}^{m} (a_i - \mu)^2 \cdot P(X = a_i);$$

dabei ist σ die Standardabweichung der Zufallsgröße.

Die Varianz kann nach Definition berechnet werden (eine weitere Spalte mit $(a_i - \mu)^2 \cdot P(X = a_i)$ ergänzen) oder mithilfe einer durch Anwendung der binomischen Formel vereinfachten Darstellung (eine weitere Spalte mit $a_i^2 \cdot P(X = a_i)$ ergänzen):

$$V(X) = \sigma^2 = [a_1^2 \cdot P(X = a_1) + a_2^2 \cdot P(X = a_2) + \ldots + a_m^2 \cdot P(X = a_m)] - \mu^2 = \left(\sum_{i=1}^{m} a_i^2 \cdot P(X = a_i)\right) - \mu^2$$

Für einzelne Verteilungen gibt es Formeln, mit deren Hilfe die Varianz direkt berechnet werden kann, z. B. bei der Binomialverteilung gilt $\sigma^2 = n \cdot p \cdot (1 - p)$, wobei n die Anzahl der Stufen und p die Erfolgswahrscheinlichkeit des BERNOULLI-Versuchs ist.

Beispiel 1

Die Verteilung der Zufallsgröße
X: *Augensumme beim doppelten Hexaederwurf*
erhält man durch Abzählen der Ergebnisse, welche die Augensumme 2, 3, 4, ..., 12 ergeben.

(1|1)	(1|2)	(1|3)	(1|4)	(1|5)	(1|6)
(2|1)	(2|2)	(2|3)	(2|4)	(2|5)	(2|6)
(3|1)	(3|2)	(3|3)	(3|4)	(3|5)	(3|6)
(4|1)	(4|2)	(4|3)	(4|4)	(4|5)	(4|6)
(5|1)	(5|2)	(5|3)	(5|4)	(5|5)	(5|6)
(6|1)	(6|2)	(6|3)	(6|4)	(6|5)	(6|6)

k	zugehörige Ergebnisse	P (X = k)	k · P (X = k)	(k − 7)² · P (X = k)
2	(1|1)	1/36	2/36	25/36
3	(1|2), (2|1)	2/36	6/36	32/36
4	(1|3), (2|2), (3|1)	3/36	12/36	27/36
5	(1|4), (2|3), (3|2), (4|1)	4/36	20/36	16/36
6	(1|5), (2|4), (3|3), (4|2), (5|1)	5/36	30/36	5/36
7	(1|6), (2|5), (3|4), (4|3), (5|2), (6|1)	6/36	42/36	0
8	(2|6), (3|5), (4|4), (5|3), (6|2)	5/36	40/36	5/36
9	(3|6), (4|5), (5|4), (6|3)	4/36	36/36	16/36
10	(4|6), (5|5), (6|4)	3/36	30/36	27/36
11	(5|6), (6|5)	2/36	22/36	32/36
12	(6|6)	1/36	12/36	25/36
	Summe	**1**	**E (X) = 7**	**V (X) = 35/6**

Beispiel 2

In einer Urne sind drei rote und zwei grüne Kugeln. Nacheinander werden Kugeln ohne Zurücklegen gezogen.
Die Verteilung der Zufallsgröße
X: *Anzahl der notwendigen Ziehungen, bis zwei grüne Kugeln gezogen sind*
lässt sich mithilfe eines Baumdiagramms bestimmen.

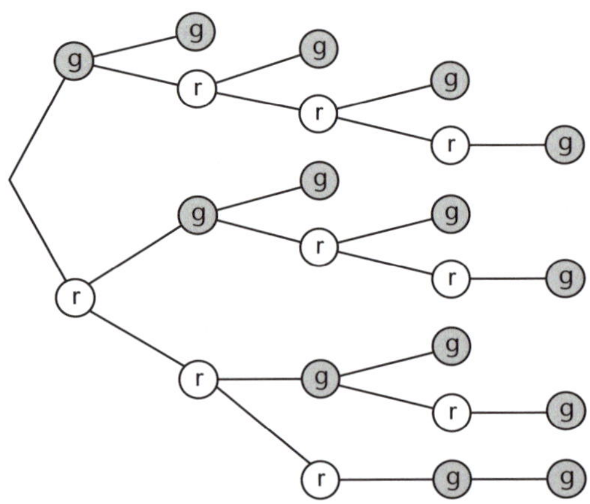

$$P(X = 2) = \frac{2 \cdot 1}{5 \cdot 4} = \frac{1}{10}$$

$$P(X = 3) = 2 \cdot \frac{3 \cdot 2 \cdot 1}{5 \cdot 4 \cdot 3} = \frac{1}{5}$$

$$P(X = 4) = 3 \cdot \frac{3 \cdot 2 \cdot 2 \cdot 1}{5 \cdot 4 \cdot 3 \cdot 2} = \frac{3}{10}$$

$$P(X = 5) = 4 \cdot \frac{3 \cdot 2 \cdot 1 \cdot 2 \cdot 1}{5 \cdot 4 \cdot 3 \cdot 2 \cdot 1} = \frac{2}{5}$$

Für den Erwartungswert und die Varianz ergibt sich:

k	**P (X = k)**	**k · P (X = k)**	**(k – 4)² · P (X = k)**
2	0,1	0,2	0,4
3	0,2	0,6	0,2
4	0,3	1,2	0
5	0,4	2,0	0,4
Summe	**1**	**E (X) = 4**	**V (X) = 1**

E (X) = 4 bedeutet: Im Mittel benötigt man 4 Ziehungen, bis zwei grüne Kugeln gezogen sind.

Beispiel 3

Ein Glücksspiel wird als **fair** bezeichnet, wenn der Erwartungswert der Auszahlung gleich dem Spieleinsatz ist.

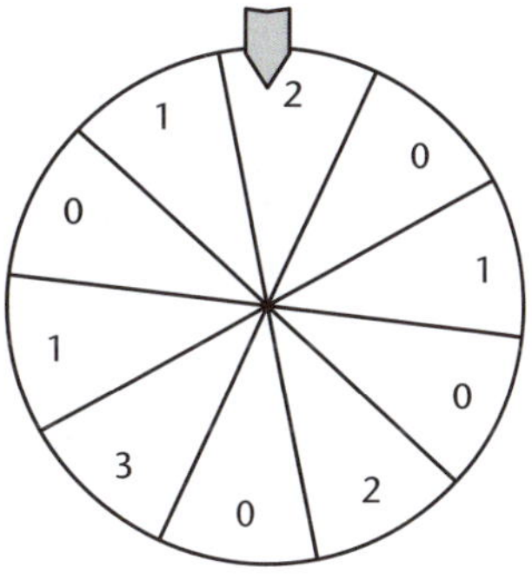

Bei dem Glücksrad rechts wird der in dem Sektor stehende Betrag in Euro ausgezahlt, wenn der Zeiger auf diesem Sektor stehen bleibt. Der Erwartungswert der Zufallsgröße X: *Auszahlung in Euro* berechnet sich wie folgt:

$E(X) = \frac{4}{10} \cdot 0 + \frac{3}{10} \cdot 1 + \frac{2}{10} \cdot 2 + \frac{1}{10} \cdot 3 = 1,$

d. h., das Spiel ist fair, wenn der Spieleinsatz 1 Euro beträgt.

Beispiel 4 (LK)

Die Netze von zwei Würfeln sind rechts abgebildet.

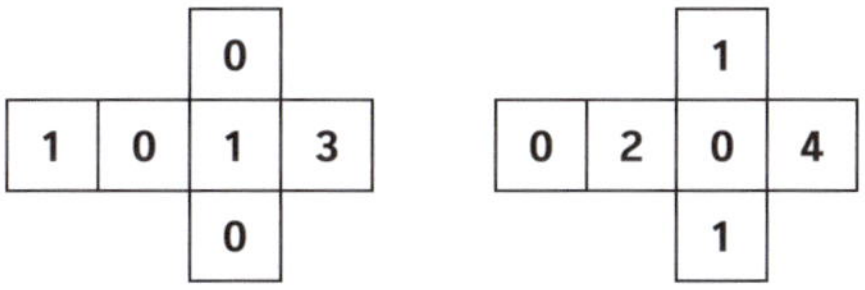

Die Zufallsgrößen X_1: *Augenzahl bei Würfel 1* und X_2: *Augenzahl bei Würfel 2* haben folgen de Wahrscheinlichkeitverteilungen:

$X_1 = k$	0	1	3
$P(X_1 = k)$	$\frac{1}{2}$	$\frac{1}{3}$	$\frac{1}{6}$

$X_2 = k$	0	1	2	4
$P(X_2 = k)$	$\frac{1}{3}$	$\frac{1}{3}$	$\frac{1}{6}$	$\frac{1}{6}$

Wenn beide Würfel geworfen werden, kann man die Summe bzw. das Produkt der Zufallsgrößen betrachten. Die Wahrscheinlichkeitsverteilung der Zufallsgrößen Y: *Summe der Augenzahlen* bzw. Z: *Produkt der Augenzahlen* ergibt sich aus einer Kombinationstabelle (oder auch mithilfe von Baumdiagrammen):

	$X_2 = 0$, $p = \frac{1}{3}$	$X_2 = 1$, $p = \frac{1}{3}$	$X_2 = 2$, $p = \frac{1}{6}$	$X_2 = 4$, $p = \frac{1}{6}$
$X_1 = 0$, $p = \frac{1}{2}$	Y = 0	Y = 1	Y = 2	Y = 4
$X_1 = 1$, $p = \frac{1}{3}$	Y = 1	Y = 2	Y = 3	Y = 5
$X_1 = 3$, $p = \frac{1}{6}$	Y = 3	Y = 4	Y = 5	Y = 7

	$X_2 = 0$, $p = \frac{1}{3}$	$X_2 = 1$, $p = \frac{1}{3}$	$X_2 = 2$, $p = \frac{1}{6}$	$X_2 = 4$, $p = \frac{1}{6}$
$X_1 = 0$, $p = \frac{1}{2}$	Z = 0	Z = 0	Z = 0	Z = 0
$X_1 = 1$, $p = \frac{1}{3}$	Z = 0	Z = 1	Z = 2	Z = 4
$X_1 = 3$, $p = \frac{1}{6}$	Z = 0	Z = 3	Z = 6	Z = 12

Y = k	**0**	**1**	**2**	**3**	**4**	**5**	**7**	**Summe**
$P(Y = k)$	$\frac{6}{36}$	$\frac{10}{36}$	$\frac{7}{36}$	$\frac{4}{36}$	$\frac{5}{36}$	$\frac{3}{36}$	$\frac{1}{36}$	1
$k \cdot P(Y = k)$	0	$\frac{10}{36}$	$\frac{14}{36}$	$\frac{12}{36}$	$\frac{20}{36}$	$\frac{15}{36}$	$\frac{7}{36}$	$E(Y) = \frac{78}{36} = \frac{13}{6} \approx 2{,}17$
$(k - \mu)^2 \cdot P(Y = k)$	$\frac{1014}{1296}$	$\frac{490}{1296}$	$\frac{7}{1296}$	$\frac{100}{1296}$	$\frac{605}{1296}$	$\frac{867}{1296}$	$\frac{841}{1296}$	$V(Y) = \frac{3924}{1296} = \frac{109}{36} \approx 3{,}02$

Z = k	**0**	**1**	**2**	**3**	**4**	**6**	**12**	**Summe**
$P(Z = k)$	$\frac{24}{36}$	$\frac{4}{36}$	$\frac{2}{36}$	$\frac{2}{36}$	$\frac{2}{36}$	$\frac{1}{36}$	$\frac{1}{36}$	1
$k \cdot P(Z = k)$	0	$\frac{4}{36}$	$\frac{4}{36}$	$\frac{6}{36}$	$\frac{8}{36}$	$\frac{6}{36}$	$\frac{12}{36}$	$E(Z) = \frac{40}{36} = \frac{10}{9}$
$(k - \mu)^2 \cdot P(Z = k)$	$\frac{2400}{2916}$	$\frac{4}{2916}$	$\frac{128}{2916}$	$\frac{578}{2916}$	$\frac{1352}{2916}$	$\frac{1936}{2916}$	$\frac{9604}{2916}$	$V(Z) = \frac{16\,002}{2916} = \frac{889}{162} \approx 5{,}487$

J3 Geeignete Zufallsversuche mithilfe des Binomialmodells beschreiben und Wahrscheinlichkeiten mithilfe der BERNOULLI-Formel berechnen und erläutern, unter welchen Bedingungen auch Ziehvorgänge ohne Zurücklegen näherungsweise als BERNOULLI-Versuche interpretiert werden können.

Ein n-stufiger **BERNOULLI-Versuch** ist ein n-stufiger Zufallsversuch, bei dem man sich nur dafür interessiert, ob ein bestimmtes Ergebnis (= „Erfolg“) eintritt oder nicht („Misserfolg“). Während der Versuchsdurchführungen ändert sich die Wahrscheinlichkeit für das interessierende Ergebnis nicht (Erfolgswahrscheinlichkeit p bzw. Misserfolgswahrscheinlichkeit $q = 1 - p$ des BERNOULLI-Versuchs).
Die Zufallsgröße X zählt, wie oft der Erfolg eintritt (X: *Anzahl der Erfolge*).

Ein n-stufiger BERNOULLI-Versuch kann 0 Erfolge, 1 Erfolg, ..., n Erfolge haben. Würde man das zugehörige Baumdiagramm zeichnen, dann hätte dieses 2^n Verzweigungen.

Zum Ereignis $X = k$ gehören $\binom{n}{k}$ Pfade, denn es gibt $\binom{n}{k}$ Möglichkeiten, aus den n Stufen k auszuwählen, auf denen ein Erfolg stattfindet. Jeder Pfad mit k Erfolgen und $n - k$ Misserfolgen hat nach Pfadmultiplikationsregel die Wahrscheinlichkeit $p^k \cdot (1 - p)^{n-k}$.

Daher gilt die **BERNOULLI-Formel:** Die Wahrscheinlichkeit für k Erfolge berechnet sich mithilfe von $P(X = k) = \binom{n}{k} \cdot p^k \cdot (1 - p)^{n-k}$.

Die Wahrscheinlichkeitsverteilung der Zufallsgröße X heißt **Binomialverteilung**.

Ziehen mit und ohne Zurücklegen: Beim mehrfachen Ziehen aus einer Urne ohne Zurücklegen verändert sich der Inhalt der Urne bei jeder Ziehung. Die Wahrscheinlichkeiten für bestimmte Ziehungsergebnisse lassen sich mithilfe der Pfadregeln berechnen.
Ist jedoch das Verhältnis des Umfangs der Gesamtheit (Inhalt der Urne) zum Umfang der Stichprobe groß, dann können Wahrscheinlichkeiten in guter Näherung mit einem Binomialansatz berechnet werden.

Beispiel *BERNOULLI-Versuche*

(1) Beim Hexaederwurf kann man „Augenzahl 6“ als *Erfolg* und die übrigen Augenzahlen als *Misserfolg* interpretieren. Erfolgswahrscheinlichkeit ist dann $p = \frac{1}{6}$, Misserfolgswahrscheinlichkeit $q = 1 - p = \frac{5}{6}$.

(2) In Deutschland ist die Wahrscheinlichkeit für die Geburt eines Mädchen 48,6 %, die eines Jungen 51,4 %. Die Zuordnung der Begriffe „Erfolg“, „Misserfolg“ ist willkürlich.

(3) Für den 6-stufigen BERNOULLI-Versuch mit p = 0,2 ergibt sich:

$P(X = 0) = 0{,}8^6 = 0{,}262$

$P(X = 1) = \binom{6}{1} \cdot 0{,}2^1 \cdot 0{,}8^5 = 0{,}393$

$P(X = 2) = \binom{6}{2} \cdot 0{,}2^2 \cdot 0{,}8^4 = 0{,}246$

$P(X = 3) = \binom{6}{3} \cdot 0{,}2^3 \cdot 0{,}8^3 = 0{,}082$

$P(X = 4) = \binom{6}{4} \cdot 0{,}2^4 \cdot 0{,}8^2 = 0{,}015$

$P(X = 5) = \binom{6}{5} \cdot 0{,}2^5 \cdot 0{,}8^1 = 0{,}0015$

$P(X = 6) = 0{,}2^6 = 0{,}00006$

Beispiel *Ziehen mit bzw. ohne Zurücklegen*

Aus einer Urne mit 60 % roten und 40 % grünen Kugeln werden drei Kugeln mit bzw. ohne Zurücklegen gezogen. Betrachtet wird die Zufallsgröße X: *Anzahl der roten Kugeln.*

Die Wahrscheinlichkeiten beim Ziehen mit bzw. ohne Zurücklegen können deutlich voneinander abweichen – je nachdem, ob man aus einer kleinen oder großen Gesamtheit zieht:

	Ziehen mit Zurücklegen (Binomialansatz)	**Ziehen ohne Zurücklegen aus einer Urne mit ... Kugeln**	
		6 rote und 4 grüne	**60 rote und 40 grüne**
k	P (X = k)	P (X = k)	P (X = k)
0	0,064	$\frac{4}{10} \cdot \frac{3}{9} \cdot \frac{2}{8} \approx 0{,}033$	$\frac{40}{100} \cdot \frac{39}{99} \cdot \frac{38}{98} \approx 0{,}061$
1	0,288	$3 \cdot \frac{6}{10} \cdot \frac{4}{9} \cdot \frac{3}{8} = 0{,}300$	$3 \cdot \frac{60}{100} \cdot \frac{40}{99} \cdot \frac{39}{98} = 0{,}289$
2	0,432	$3 \cdot \frac{6}{10} \cdot \frac{5}{9} \cdot \frac{4}{8} = 0{,}500$	$3 \cdot \frac{60}{100} \cdot \frac{59}{99} \cdot \frac{40}{98} = 0{,}438$
3	0,216	$\frac{6}{10} \cdot \frac{5}{9} \cdot \frac{4}{8} \approx 0{,}167$	$\frac{60}{100} \cdot \frac{59}{99} \cdot \frac{58}{98} \approx 0{,}212$

J4 Berechnen, wie oft ein Bernoulli-Versuch mindestens durchgeführt werden muss, um mit einer gegebenen Mindestwahrscheinlichkeit mindestens einen Erfolg zu erzielen.

Gegeben ist ein n-stufiger Bernoulli-Versuch mit Erfolgswahrscheinlichkeit p.
Die Zufallsgröße ist X: *Anzahl der Erfolge*.
Die Wahrscheinlichkeit für mindestens einen Erfolg wird mithilfe der Komplementärregel berechnet: Man betrachtet das Gegenereignis (lauter Misserfolge im n-stufigen Bernoulli-Versuch).
Die Wahrscheinlichkeit für lauter Misserfolge ist: $P(X = 0) = q^n$
Für die Wahrscheinlichkeit für mindestens einen Erfolg $P(X \geq 1) = 1 - q^n$ muss die Bedingung $P(X \geq 1) \geq M$ erfüllt sein.
Aus der Gleichung $1 - q^n \geq M$ bestimmt man die gesuchte Anzahl n durch Probieren oder Logarithmieren.

Beispiel

Wie oft muss ein Ikosaeder mindestens geworfen werden, damit mit einer Wahrscheinlichkeit von mindestens M = 90 % mindestens einmal Augenzahl 1 gefallen sein wird?

Hier ist $p = \frac{1}{20} = 0{,}05$; also $q = 0{,}95$.

P (lauter Misserfolge) = P (n Würfe ohne Augenzahl 1) = $0{,}95^n$
Gesucht ist also die Anzahl n, sodass $P(X \geq 1) = 1 - 0{,}95^n \geq 0{,}90$
Aus der Ungleichung $0{,}95^n \leq 0{,}10$ erhält man $n \geq 45$

Methode 1: Logarithmieren der Ungleichung (Basis des Logarithmus beliebig)

$$0{,}95^n \leq 0{,}10 \Leftrightarrow n \cdot \log(0{,}95) \leq \log(0{,}1) \Leftrightarrow n \geq \frac{\log(0{,}1)}{\log(0{,}95)} \approx 44{,}89$$

Hinweis: Bei der Division durch log (0,95) – dies ist eine negative Zahl – kehrt sich das Ungleichheitszeichen um (sogenanntes Inversionsgesetz).

Methode 2: Man sucht in der Wertetabelle der Funktion f mit $f(x) = 0{,}95^x$ denjenigen Wert von x, für den sich $f(x) \approx 0{,}1$ ergibt. Beim WTR beispielsweise lassen sich die Funktionswerte mithilfe der TABLE-Funktionen ablesen; hierbei wählt man ΔTBL = 1 und findet so diejenige natürliche Zahl x, von der ab die Bedingung erfüllt ist:

x	$0{,}95^x$
…	…
43	0,1102
44	0,1047
45	0,0994
46	0,0945
…	…

J5 Den Erwartungswert und die Standardabweichung von Binomialverteilungen berechnen und mithilfe der Sigma-Regeln Umgebungen um den Erwartungswert bei vorgegebener Wahrscheinlichkeit der Umgebung bestimmen.

Erwartungswert und Standardabweichung von Binomialverteilungen

Für Binomialverteilungen ist der Erwartungswert $E(X) = \mu = n \cdot p$

Dies ist plausibel, denn das Produkt $n \cdot p$ entspricht genau der Häufigkeitsinterpretation der Wahrscheinlichkeit p in einem n-stufigen Zufallsversuch. Das Maximum einer Binomialverteilung liegt in der Nähe von $\mu = n \cdot p$.
Die Varianz wird nach der Formel $V(X) = \sigma^2 = n \cdot p \cdot (1 - p) = n \cdot p \cdot q$ berechnet.

Sigma-Regeln

Falls $\sigma > 3$ (LAPLACE-Bedingung), dann gilt für symmetrische Umgebungen des Erwartungswerts von Binomialverteilungen bei großem Stichprobenumfang:
$P(\mu - 1{,}64\sigma \le X \le \mu + 1{,}64\sigma) \approx 90\,\%$
$P(\mu - 1{,}96\sigma \le X \le \mu + 1{,}96\sigma) \approx 95\,\%$
$P(\mu - 2{,}58\sigma \le X \le \mu + 2{,}58\sigma) \approx 99\,\%$
Die Sigma-Regeln geben nur Näherungswerte für die Wahrscheinlichkeiten der Umgebungen an. Bei der Anwendung der Sigma-Regeln im Rahmen der Beurteilenden Statistik (vgl. hierzu auch Basiswissen L1 ff.) rundet man daher meistens „zur sicheren Seite" (d. h. nach außen), damit die vorgegebene Intervall-Wahrscheinlichkeit „sicher" erfüllt ist (oder man bestimmt das ungefähre Intervall nach den Sigma-Regeln, berechnet dann die exakte Wahrscheinlichkeit für das Intervall und korrigiert danach die Intervallgrenzen, falls dies erforderlich ist).

Beispiel *Berechnung von Erwartungswert und Varianz*

(1) $n = 120$; $p = \frac{1}{6}$: $\mu = 120 \cdot \frac{1}{6} = 20$, d. h. im Mittel ist bei 120 Hexaederwürfen 20-mal Augenzahl 6 zu erwarten.
Für die Varianz gilt: $V(X) = \sigma^2 = 120 \cdot \frac{1}{6} \cdot \frac{5}{6} = \frac{50}{3}$, die Standardabweichung ist $\sigma \approx 4{,}08$.

(2) $n = 100$; $p = 0{,}5$: $\mu = 100 \cdot 0{,}5 = 50$, d. h. im Mittel ist bei 100 Münzwürfen 50-mal Wappen zu erwarten.
Für die Varianz gilt: $V(X) = \sigma^2 = 100 \cdot 0{,}5 \cdot 0{,}5 = 25$, die Standardabweichung ist $\sigma = 5$.

Beispiel *Berechnung von Sigma-Umgebungen*

$n = 100$; $p = 0{,}5$; $\mu = 50$; $\sigma = 5$

$P(\mu - 1{,}64\sigma \le X \le \mu + 1{,}64\sigma) \approx 90\,\%$:
$P(50 - 1{,}64 \cdot 5 \le X \le 50 + 1{,}64 \cdot 5)$
$\approx P(42 \le X \le 58) = 0{,}911$

$P(\mu - 1{,}96\sigma \le X \le \mu + 1{,}96\sigma) \approx 95\,\%$:
$P(50 - 1{,}96 \cdot 5 \le X \le 50 + 1{,}96 \cdot 5)$
$\approx P(41 \le X \le 59) = 0{,}943$

$P(\mu - 2{,}58\sigma \le X \le \mu + 2{,}58\sigma) \approx 99\,\%$:
$P(50 - 2{,}58 \cdot 5 \le X \le 50 + 2{,}58 \cdot 5)$
$\approx P(38 \le X \le 62) = 0{,}988$

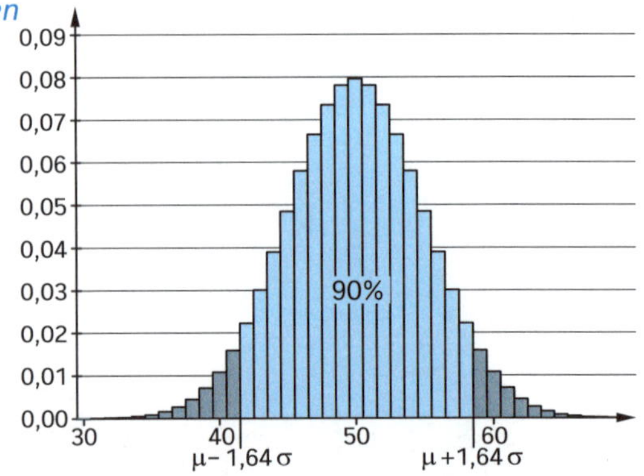

J6 Nur LK: Die zur Standardisierung einer binomial-verteilten Zufallsgröße notwendigen Schritte beschreiben und die Bedingung für eine gute Approximation durch die GAUSS'sche Dichtefunktion angeben.

Den Übergang von der Zufallsgröße X: *Anzahl der Erfolge* zur Zufallsgröße $Z = \frac{X - \mu}{\sigma}$ bezeichnet man als Standardisieren der Zufallsgröße X. Die Zufallsgröße Z misst die Abweichungen vom Erwartungswert in Vielfachen der Standardabweichung σ.

Histogramme von verschiedenen Binomialverteilungen lassen sich nur miteinander vergleichen, wenn man für die Zeichnung einheitliche Maßstäbe wählt:

1. Schritt: Das Histogramm so verschieben, dass der Erwartungswert μ an der Stelle z = 0 des neuen Koordinatensystems liegt.
2. Schritt: Die Breite der Rechtecke gleich $\frac{1}{\sigma}$ zeichnen, sodass auf der 1. Achse die Einheiten −3, −2, −1, 0, +1, +2, +3 anstelle der Abschnitte μ − 3σ, μ − 2σ, μ − 1σ, μ, μ + 1σ, μ + 2σ, μ + 3σ treten.
3. Schritt: Das Stauchen der Rechtecke in Richtung der 1. Achse wird dadurch ausgeglichen, dass auf der 2. Achse nicht mehr die Wahrscheinlichkeiten P (X = k) abgetragen werden, sondern die mit der Standardabweichung σ vervielfachten Wahrscheinlichkeiten.

Diese so standardisierten (d. h. mit einheitlichem Maßstab gezeichneten) Histogramme werden durch den Graphen der *einen* GAUSS'schen Dichtefunktion $\varphi(x) = \frac{1}{\sqrt{2\pi}} \cdot e^{-\frac{x^2}{2}}$ approximiert. (Würde man die Binomialverteilungen nicht standardisieren, müsste man jeweils eine eigene Dichtefunktion betrachten.)

LAPLACE-Bedingung: Der Graph der GAUSS'schen Dichtefunktion $\varphi(x) = \frac{1}{\sqrt{2\pi}} \cdot e^{-\frac{x^2}{2}}$ weicht besonders wenig vom Histogramm der Binomialverteilung ab, wenn $n \cdot p \cdot (1 - p) > 9$, d. h. σ > 3. Die LAPLACE-Bedingung ist eine Faust-Regel.

Beispiel

X	Z
μ − 3σ = 8	−3
9	−2,75
10	−2,5
11	−2,25
μ − 2σ = 12	−2
13	−1,75
14	−1,5
15	−1,25
μ − 1σ = 16	−1
17	−0,75
18	−0,5
19	−0,25
μ = 20	0
21	0,25
22	0,5
23	0,75
μ + 1σ = 24	1
…	…

n = 100; p = 0,2; μ = 20; σ = 4

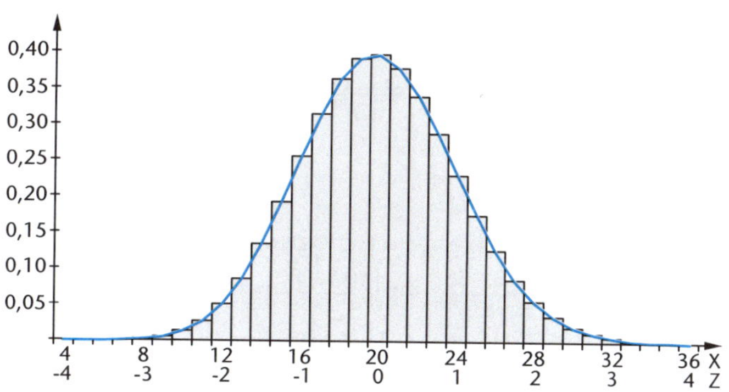

J7 Nur LK: Wahrscheinlichkeiten für binomialverteilte Zufallsgrößen näherungsweise mithilfe der Formeln von Moivre und Laplace berechnen.

Lokale Näherungsformel von Moivre und Laplace

Da für $\sigma > 3$ die Histogramme von Binomialverteilungen durch den Graphen der Gauss'schen Dichtefunktion approximiert werden können, gilt:

$P(X = k) \approx \frac{1}{\sigma} \cdot \varphi\left(\frac{k-\mu}{\sigma}\right).$

Integrale Näherungsformeln von Moivre und Laplace

Mithilfe von $\Phi(z) = \int_{-\infty}^{z} \varphi(x)\,dx$, der Integralfunktion zur Gauss'schen Dichtefunktion, können Wahrscheinlichkeiten für Intervalle näherungsweise durch Flächenbestimmung ermittelt werden:

$P(X \le k) \approx \Phi\left(\frac{k+0{,}5-\mu}{\sigma}\right)$ und $P(a \le X \le b) \approx \Phi\left(\frac{b+0{,}5-\mu}{\sigma}\right) - \Phi\left(\frac{a-0{,}5-\mu}{\sigma}\right).$

Beispiel 1 *Anwendung der Lokalen Näherungsformel*

$n = 100;\ p = 0{,}5;\ \mu = 50;\ \sigma = 5$

näherungsweise:

$P(X = 50) \approx \frac{1}{5} \cdot \varphi(0) \approx 0{,}0798$

exakt:

$P(X = 50) = 0{,}0796$

Beispiel 2 *Anwendung der Integralen Näherungsformel*

$n = 100;\ p = 0{,}5;\ \mu = 50;\ \sigma = 5$

näherungsweise:

$$P(45 \le X \le 55) \approx \Phi\left(\frac{55{,}5-50}{5}\right) - \Phi\left(\frac{44{,}5-50}{5}\right) \approx \Phi(1{,}1) - \Phi(-1{,}1) \approx 0{,}7286$$

exakt:

$P(45 \le X \le 55) = 0{,}7287$

Die Fläche eines Balkens im Histogramm:

$$P(X = 50) \approx \Phi\left(\frac{50{,}5-50}{5}\right) - \Phi\left(\frac{49{,}5-50}{5}\right) \approx \Phi(0{,}1) - \Phi(-0{,}1) \approx 0{,}0796$$

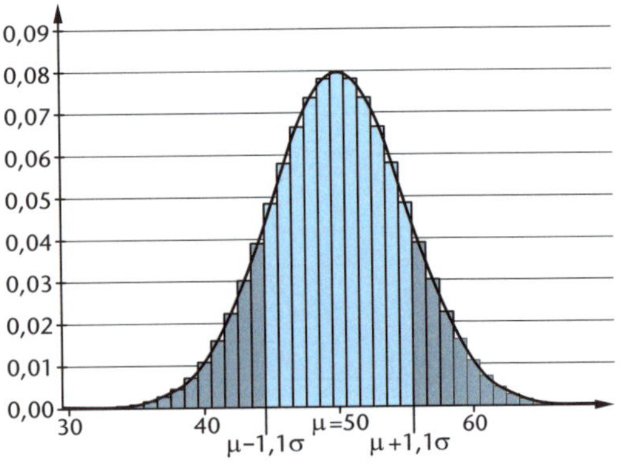

J8 Nur LK: Wahrscheinlichkeitsberechnungen bei normalverteilten Zufallsgrößen durchführen.

Eine Funktion f heißt Dichtefunktion einer stetigen Zufallsgröße X, wenn folgende Eigenschaften erfüllt sind:

(1) Für alle $x \in \mathbb{R}$ gilt: $f(x) \geq 0$ (2) $P(a \leq X \leq b) = \int_a^b f(x)\,dx$ (3) $\int_{-\infty}^{+\infty} f(x)\,dx = 1$.

Eine stetige Zufallsgröße X heißt **normalverteilt** mit den Parametern μ und σ, wenn ihre zugehörige Dichtefunktion $\varphi_{\mu,\sigma}$ gegeben ist durch

$$\varphi_{\mu,\sigma}(x) = \frac{1}{\sigma \cdot \sqrt{2\pi}} \cdot \exp\left(-\frac{1}{2} \cdot \left(\frac{x-\mu}{\sigma}\right)^2\right).$$

Die Dichtefunktion für den Sonderfall $\mu = 0$ und $\sigma = 1$ wird auch als GAUSS'sche Dichtefunktion φ oder Dichtefunktion der Standard-Normalverteilung bezeichnet; sie ist definiert durch $\varphi(x) = \frac{1}{\sqrt{2\pi}} \cdot e^{-\frac{x^2}{2}}$.

Wahrscheinlichkeitsberechnungen können mithilfe der zugehörigen Integralfunktion der oberen Grenze, der GAUSS'schen Integralfunktion $\Phi_{\mu,\sigma}$, durchgeführt werden. Im Falle $\mu = 0$, $\sigma = 1$ schreibt man kurz nur Φ, vgl. auch den Sonderfall der Formeln von MOIVRE und LAPLACE K8. Es gilt

$$P(a \leq X \leq b) = \int_a^b \varphi_{\mu,\sigma}(x)\,dx - \int_{-\infty}^b \varphi_{\mu,\sigma}(x)\,dx \quad \int_{-\infty}^a \varphi_{\mu,\sigma}(x)\,dx$$
$$= \Phi_{\mu,\sigma}(b) - \Phi_{\mu,\sigma}(a) = \Phi\left(\frac{b-\mu}{\sigma}\right) - \Phi\left(\frac{a-\mu}{\sigma}\right).$$

Im Falle von klassierten Daten stehen die Randwerte a, b jeweils für eine Klasse; dann sollte bei der Berechnung von Wahrscheinlichkeiten die Klassenbreite berücksichtigt werden.

Da die Dichtefunktion der Normalverteilung nicht elementar integrierbar ist, müssen die Funktionswerte der Integralfunktion aus Tabellen abgelesen werden.

Beispiel

Im Rahmen eines Mikrozensus ergab sich für die Körpergröße von 18- bis 20-jährigen Frauen ein Mittelwert von 1,68 m bei einer Standardabweichung von 6,5 cm. Die Körpergröße kann näherungsweise als normalverteilt angesehen werden.

Mit welcher Wahrscheinlichkeit ist eine zufällig ausgewählte Frau dieser Altersgruppe größer als 1,63 m?

$$P(X > 163) = 1 - P(X \leq 163) \approx 1 - \Phi_{168;6,5}(163) = 1 - \Phi\left(\frac{163-168}{6{,}5}\right) \approx 1 - \Phi(-0{,}77) \approx 78\,\%$$

Wenn aus der Aufgabenstellung klar wird, dass die Angabe der Körperlänge sich auf Klassen der Breite 1 cm bezieht, dann ist es angemessener, die Klassenbreite zu berücksichtigen: Jemand, der größer ist als 1,63 cm, hat eine Körperlänge, die oberhalb der Klasse [162,5; 163,5[liegt, also

$$P(X > 163) = P(X > 163{,}5) = 1 - P(X \leq 163{,}5) \approx 1 - \Phi\left(\frac{163{,}5-168}{6{,}5}\right) \approx \Phi(-0{,}69) \approx 76\,\%$$

Entsprechend würde der Anteil der Frauen, deren Körpergröße mindestens 1,60 m und höchstens 1,70 m beträgt, unter Berücksichtigung der halben Klassenbreite wie folgt berechnet:

$$P(160\text{ cm} \leq X \leq 170\text{ cm}) \approx \Phi\left(\frac{170{,}5-168}{6{,}5}\right) - \Phi\left(\frac{159{,}5-168}{6{,}5}\right) \approx \Phi(0{,}38) - \Phi(-1{,}31)$$
$$= 0{,}6480 - 0{,}0951 \approx 0{,}553$$

K1 Am Beispiel zweier alternativer Hypothesen das prinzipielle Vorgehen beim Hypothesentest erläutern und Wahrscheinlichkeiten für fehlerhafte Entscheidungen berechnen.

Beim **Alternativtest** will man sich aufgrund des Versuchsergebnisses eines noch durchzuführenden BERNOULLI-Versuchs entscheiden, welche von zwei möglichen Erfolgswahrscheinlichkeiten p_1 und p_2 dem Zufallsversuch zugrunde liegt. Dazu legt man einen kritischen Wert fest (der zwischen den beiden Erwartungswerten $\mu_1 = n \cdot p_1$ und $\mu_2 = n \cdot p_2$ liegt).

Durch diesen kritischen Wert werden Annahme- und Verwerfungsbereich festlegt – je nachdem, welche der beiden Hypothesen man betrachtet.

Fehler 1. Art: Das Ergebnis der Stichprobe liegt zufällig im so genannten Verwerfungsbereich der Hypothese, obwohl die Hypothese richtig ist, und führt so fälschlicherweise zum Verwerfen der richtigen Hypothese und damit zur Annahme der Alternativ-Hypothese: Eine wahre Hypothese wird nicht als wahr erkannt.

Fehler 2. Art: Das Ergebnis der Stichprobe liegt zufällig im Annahmebereich der Hypothese, obwohl die Hypothese falsch ist, und führt so fälschlicherweise nicht zum Verwerfen der falschen Hypothese: Eine falsche Hypothese wird nicht als falsch erkannt.

Beispiel

Ein neues Medikament hat nach Angaben des Herstellers eine Heilungschance von $p_2 = 80\,\%$, bisher verwendete Medikamente nur von $p_1 = 60\,\%$.

Werden $n = 20$ Patienten mit dem neuen Medikament behandelt, dann erwartet man $\mu_1 = 12$ Heilungen, falls das neue Medikament auch nicht besser ist als die bisherigen, und $\mu_2 = 16$ Heilungen, wenn die Aussagen des Herstellers stimmen.

Standpunkt 1: Aus der Sicht des Herstellers könnte die Hypothese $p_2 = 0{,}8$ nach folgender *Entscheidungsregel* getestet werden: *Verwirf die Hypothese $p_2 = 0{,}8$, falls in der Stichprobe weniger als 15 Heilungen eintreten* (kritischer Wert 14,5).

Standpunkt 2: Aus der Sicht der Konkurrenten (und der Verbraucher) könnte die Hypothese $p_1 = 0{,}6$ nach folgender Entscheidungsregel getestet werden: *Verwirf die Hypothese $p_1 = 0{,}6$, falls mehr als 14 Heilungen eintreten* (gleicher kritischer Wert wie oben: 14,5).

Für das **Testen der Hypothese $p_2 = 0{,}8$** (Abb. links) wurde oben der Verwerfungsbereich auf das Intervall [0; 14] festgelegt. Die Wahrscheinlichkeit, dass das Stichprobenergebnis zufällig in diesem Intervall liegt, wenn tatsächlich die Heilungschance des Medikaments $p_2 = 0{,}8$ beträgt, ist:
$P(X \leq 14) = \text{binomcdf}(20{,}0.8{,}14) \approx 0{,}196$.

Ein Fehler 2. Art wird eintreten, wenn das Stichprobenergebnis im Intervall [15; 20] liegt, obwohl dem Zufallsversuch $p_1 = 0{,}6$ zugrunde liegt. Die Wahrscheinlichkeit hierfür ist:
$\beta = P_{p_1=0{,}6}(X \geq 15) = 1 - P(X \leq 14) = 1 - \text{binomcdf}(20{,}0.6{,}14) \approx 0{,}126$.

Wenn man also so verfährt, dass die Hypothese $p_2 = 0{,}8$ verworfen wird, wenn die Anzahl der Heilungen unter 15 liegt, sie sonst aber akzeptiert wird, dann kann man davon ausgehen, dass mit einer Wahrscheinlichkeit von ca. 19,6 % ein Fehler 1. Art und mit einer Wahrscheinlichkeit von 12,6 % ein Fehler 2. Art auftritt.

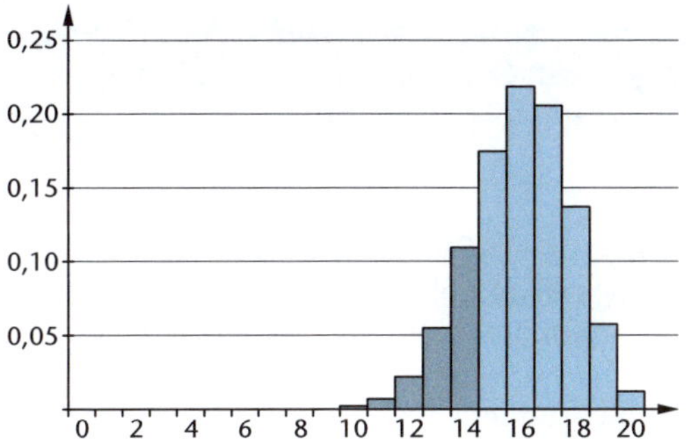

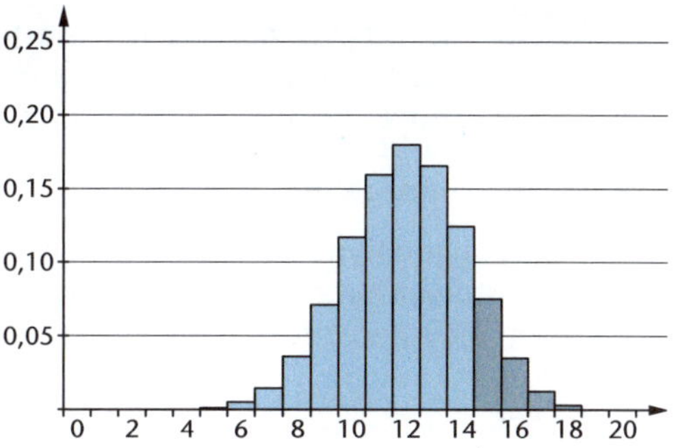

Beim **Testen der Hypothese $p_1 = 0{,}6$** (Abb. rechts) tritt ein Fehler 1. Art auf mit Wahrscheinlichkeit
$P(X \geq 15) = 1 - \text{binomcdf}(20{,}0.6{,}14) \approx 12{,}6\,\%$
und ein Fehler 2. Art mit Wahrscheinlichkeit
$\beta = P_{p_2=0{,}8}(X \leq 14) = \text{binomcdf}(20{,}0.8{,}14) \approx 19{,}6\,\%$.

Wird ein **Signifikanzniveau** vorgegeben, z. B. $\alpha = 10\%$, dann ergeben sich entsprechend hieraus die Entscheidungsregeln:

Beim **Testen der Hypothese $p_1 = 0{,}6$** tritt ein Fehler 1. Art auf mit einer Wahrscheinlichkeit von höchstens 10 %, wenn man als kritischen Wert k = 15,5 festlegt:
$\alpha = P(X \geq 16) = 1 - \text{binomcdf}(20{,}0.6{,}15) \approx 5{,}1\,\%$
und entsprechend ein größerer Fehler 2. Art:
$\beta = P_{p_2=0{,}8}(X \leq 15) = \text{binomcdf}(20{,}0.8{,}15) \approx 37{,}0\,\%$.

Beim **Testen der Hypothese $p_2 = 0{,}8$** tritt ein Fehler 1. Art auf mit einer Wahrscheinlichkeit von höchstens 10 %, wenn man als kritischen Wert k = 13,5 festlegt:
$P(X \leq 13) = \text{binomcdf}(20{,}0.8{,}13) \approx 8{,}7\,\%$
und entsprechend ein größerer Fehler 2. Art:
$\beta = P_{p_1=0{,}6}(X \geq 14) = 1 - P(X \leq 13) = 1 - \text{binomcdf}(20{,}0.6{,}13) \approx 25{,}0\,\%$.

K2 Das prinzipielle Vorgehen bei einem einseitigen Hypothesentest erläutern sowie die beiden möglichen Standpunkte beschreiben und zugehörigen Entscheidungsregeln bestimmen.

Prinzipielles Vorgehen

Beim einseitigen Hypothesentest wird nicht gefragt, ob ein Stichprobenergebnis vom Erwartungswert nach oben *oder* nach unten signifikant abweicht, also betrachtet man nicht die Alternativen $p = p_0$ gegen $p \neq p_0$, sondern stellt als Alternativen gegeneinander:

$p > p_0$ gegen $p \leq p_0$ oder $p \geq p_0$ gegen $p < p_0$ oder
$p < p_0$ gegen $p \geq p_0$ oder $p \leq p_0$ gegen $p > p_0$

Standpunkte

Man bezieht den Standpunkt von *einer* der Hypothesen. Von diesem geht man nur ab, wenn in der Kontroll-Stichprobe extreme Ergebnisse auftreten. Was *extrem* ist, wird durch die (vorgegebene) Wahrscheinlichkeit α für einen Fehler 1. Art festgelegt.

Grundsätzlich können zu einem Sachverhalt zwei gegensätzliche Standpunkte eingenommen werden, die zu unterschiedlichen Hypothesen gehören und somit zu unterschiedlichen Entscheidungsregeln führen. Wenn man einen Standpunkt hat, der den eigenen Interessen entspricht, ist das Vorgehen klar. Wenn man unbedingt eine bestimmte Hypothese „statistisch beweisen“ will, geht man vom logischen Gegenteil dieser Hypothese aus und testet diese.

Beispiel 1

Verlernen Jugendliche die ursprünglich angeborene Linkshändigkeit? Von 6- bis 10-jährigen Kindern weiß man, dass etwa 11 % bevorzugt die linke Hand benutzen.

Erster möglicher Standpunkt: $p < 0{,}11$ – man geht davon aus, dass der Anteil abgenommen hat; von diesem Standpunkt lässt man sich nur abbringen, wenn in der Kontrollstichprobe *extrem große* Anteile von Linkshändern vorkommen.

Zweiter möglicher Standpunkt: $p \geq 0{,}11$ – man geht davon aus, dass der Anteil gleich geblieben oder sogar größer geworden ist; von diesem Standpunkt lässt man sich nur abbringen, wenn in der Kontrollstichprobe *extrem kleine* Anteile von Linkshändern vorkommen.

Eine Stichprobe vom Umfang $n = 1000$ werde durchgeführt.

X: *Anzahl der Kinder, die bevorzugt die linke Hand benutzen*

Zum ersten möglichen Standpunkt:

Für $p < 0{,}11$ wird der Bereich am oberen Ende der Binomialverteilung gesucht, dem höchstens eine Wahrscheinlichkeit von 5 % zukommt.

Für p = 0,11 findet man: P(X > 126) ≈ 1 – 0,9501 = 0,0499 < 0,05,
dann gilt für p < 0,11 erst recht: P(X > 126) < 0,05.

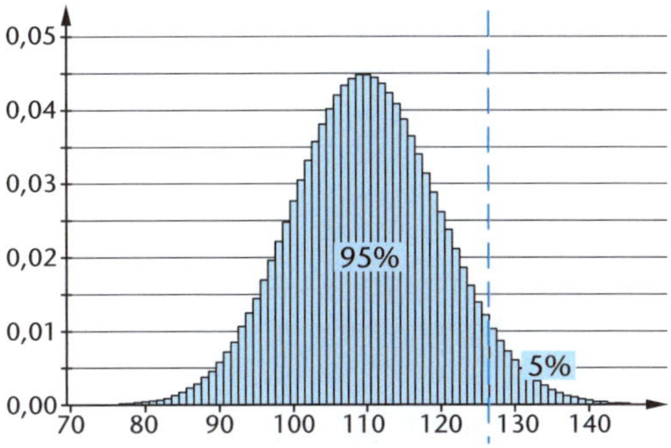

Daher lautet die Entscheidungsregel zur Hypothese p < 0,11:
Verwirf die Hypothese p < 0,11, falls in der Stichprobe mehr als 126 Jugendliche sind, die bevorzugt ihre linke Hand benutzen

Stehen die Sigma-Regeln zur Verfügung, dann kann man wie folgt überlegen:

Für p < 0,11 hat der Bereich oberhalb von $\mu + 1{,}64\sigma$ eine Wahrscheinlichkeit von höchstens 5 %.

Bei einem Stichprobenumfang von n = 1000 und p = 0,11 ist $\mu = 110$ und $1{,}64\sigma \approx 16{,}2$. Bezogen auf die Hypothese p < 0,11 werden also Ergebnisse oberhalb von $\mu + 1{,}64\sigma = 126{,}2$ als extrem angesehen.

Zum zweiten möglichen Standpunkt:

Für p ≥ 0,11 wird der Bereich am oberen Ende der Binomialverteilung gesucht, dem höchstens eine Wahrscheinlichkeit von 5 % zukommt.

Für p = 0,11 findet man: P(X < 94) ≈ 0,045 < 0,05,
dann gilt für p > 0,11 erst recht: P(X < 94) < 0,05.

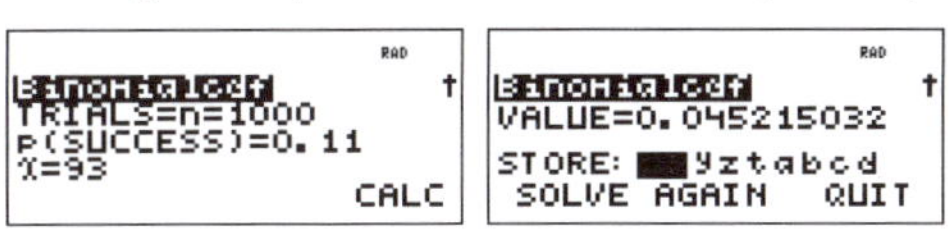

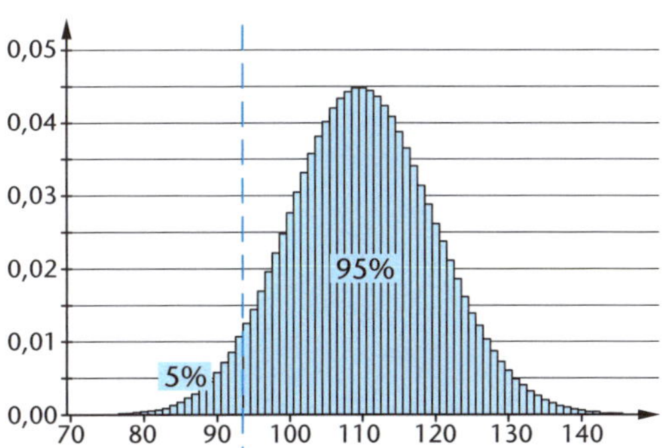

Daher lautet die Entscheidungsregel zur Hypothese $p \geq 0{,}11$:

Verwirf die Hypothese $p \geq 0{,}11$, falls in der Stichprobe weniger als 94 Jugendliche sind, die bevorzugt ihre linke Hand benutzen.

Stehen die Sigma-Regeln zur Verfügung, dann kann man wie folgt überlegen:

Für $p \geq 0{,}11$ hat der Bereich unterhalb von $\mu - 1{,}64\sigma$ eine Wahrscheinlichkeit von höchstens 5 %.

Bei einem Stichprobenumfang von $n = 1000$ und $p = 0{,}11$ ist $\mu = 110$ und $1{,}64\sigma \approx 16{,}2$. Bezogen auf die Hypothese $p \geq 0{,}11$ werden also Ergebnisse unterhalb von $\mu - 1{,}64\sigma = 93{,}8$ als extrem angesehen.

Beispiel 2

Ein Arzneimittelhersteller wirbt für ein neues Medikament mit dem Hinweis, dass es eine bessere Heilungschance hat als die bisher auf dem Markt befindlichen; deren Heilungschance ist 60 %.

Zum Testen der Behauptung des Herstellers nimmt man einen *skeptischen Standpunkt* ein, d. h. man testet die Hypothese $p \leq 0{,}6$ (das neue Medikament ist *höchstens* so gut wie die bisherigen).

Von seinem skeptischen Standpunkt lässt man sich nur abbringen, wenn in einer Kontrollstichprobe signifikante Abweichungen nach oben eintreten.

Der Hersteller wird einen gegenteiligen Standpunkt vertreten: Zu testen ist die Hypothese $p > 0{,}6$. Der Hinweis auf die besseren Heilungschancen wird nur zurückgenommen, wenn in einer Stichprobe signifikante Abweichungen nach unten festgestellt werden.

K3 Die Bedeutung der Fehler 1. Art und 2. Art für einen Hypothesentest angeben; die Wahrscheinlichkeiten für diese Fehler berechnen.

Ein **Fehler 1. Art** tritt ein, wenn das Ergebnis außerhalb des Annahmebereichs liegt, dem Zufallsversuch aber dennoch das hypothetische p zugrunde liegt.

Die Wahrscheinlichkeit α für einen Fehler 1. Art wird durch das Signifikanzniveau bestimmt. Ist beispielsweise das Signifikanzniveau durch $\alpha \leq 5\,\%$ vorgegeben und verfährt man so (d.h. nach diesem Schema), dann kommt es mit einer Wahrscheinlichkeit von höchstens 5 % vor, dass die Hypothese irrtümlich verworfen wird, obwohl sie wahr ist, denn mit einer Wahrscheinlichkeit von höchstens 5 % kommt es zufällig zu Ergebnissen des Zufallsversuchs, die außerhalb des angegebenen Intervalls liegen.

Ein **Fehler 2. Art** tritt ein, wenn das Ergebnis im Annahmebereich liegt, dem Zufallsversuch jedoch ein anderes p als das hypothetische zugrunde liegt.

Die Wahrscheinlichkeit β für einen Fehler 2. Art kann man nur berechnen, wenn die tatsächliche Erfolgswahrscheinlichkeit bekannt ist.

Beispiel *Beispiel 1 aus* K2

Beim Testen der ersten möglichen Hypothese $p < 0{,}11$ tritt ein Fehler 1. Art ein, wenn das Stichprobenergebnis zufällig im Verwerfungsbereich der Hypothese liegt, obwohl die Hypothese richtig ist. Das heißt: Wenn also mehr als 126 Jugendliche gefunden werden, die bevorzugt ihre linke Hand benutzen, und tatsächlich in der Gesamtheit der Jugendlichen in diesem Alter der Anteil der Linkshänder unter 11 % liegt.

Angenommen, der Anteil der Linkshänder unter den Jugendlichen in diesem Alter beträgt tatsächlich 12 %, dann tritt ein Fehler 2. Art mit der Wahrscheinlichkeit $P(X \leq 126) \approx 73{,}9\,\%$ auf.

Beim Testen der zweiten möglichen Hypothese $p \geq 0{,}11$ tritt ein Fehler 1. Art ein, wenn das Stichprobenergebnis zufällig im Verwerfungsbereich der Hypothese liegt, obwohl die Hypothese richtig ist. Das heißt: Wenn also weniger als 94 Jugendliche gefunden werden, die bevorzugt ihre linke Hand benutzen, und tatsächlich in der Gesamtheit der Jugendlichen in diesem Alter der Anteil der Linkshänder mindestens 11 % beträgt.

Angenommen, der Anteil der Linkshänder unter den Jugendlichen in diesem Alter beträgt tatsächlich 9 %, dann tritt ein Fehler 2. Art mit der Wahrscheinlichkeit $P(X \geq 94) = 1 - P(X \leq 93) \approx 34{,}5\,\%$ auf.

K4 Das prinzipielle Vorgehen bei einem zweiseitigen Hypothesentest erläutern sowie zu einem vorgegebenem Niveau eine Entscheidungsregel aufstellen.

Man hat eine Hypothese über den Anteil in der Gesamtheit (d. h. man glaubt, die Erfolgswahrscheinlichkeit p zu kennen); dann bestimmt man einen Bereich (eine symmetrische Umgebung um den Erwartungswert), in dem das Ergebnis der Stichprobe mit hoher Wahrscheinlichkeit liegen wird.

Wenn diese Prognose zutrifft, werden wir an unserem Ansatz nicht zweifeln (das Ergebnis liegt im Annahmebereich der Hypothese).

Wenn das Ergebnis außerhalb der Umgebung des Erwartungswerts liegt (also im Verwerfungsbereich), wird man die Hypothese verwerfen.

Beispiel

Hypothese: Eine gegebene Münze ist eine LAPLACE-Münze (d. h. dem Zufallsversuch liegt $p = 0{,}5$ zugrunde).

Die zu testende Hypothese wird mit H_0 bezeichnet:
H_0: $p = 0{,}5$.

Die **Gegenhypothese** lautet dann:
Die Münze ist gezinkt:
H_1: $p \neq 0{,}5$.

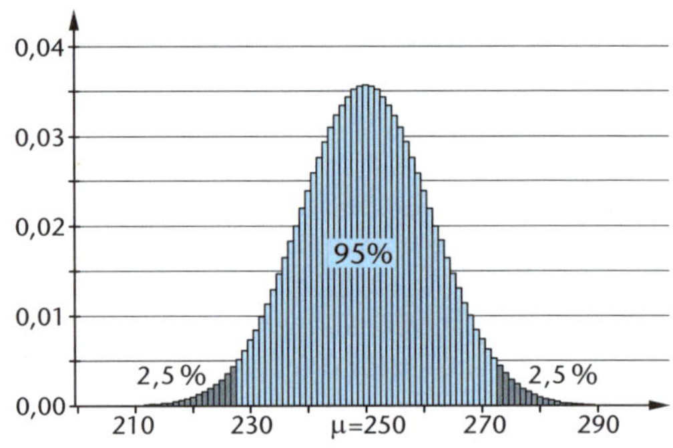

Zur Überprüfung der Hypothese wird die Münze 500-mal geworfen.

Der Verwerfungsbereich der Hypothese wird wie folgt bestimmt:
$P(X < 228) = P(X \leq 227) \approx 2{,}2\,\% < 2{,}5\,\%$.

Analog ergibt sich:
$P(X > 272) = 1 - P(X \leq 272) \approx 1 - 0{,}978 = 2{,}2\,\% < 2{,}5\,\%$.

Entscheidungsregel:
Verwirf die Hypothese $p = 0{,}5$, wenn weniger als 228- oder mehr als 272-mal Wappen fällt.

Hilfsmittelfreie Aufgaben

Aufgabe 1

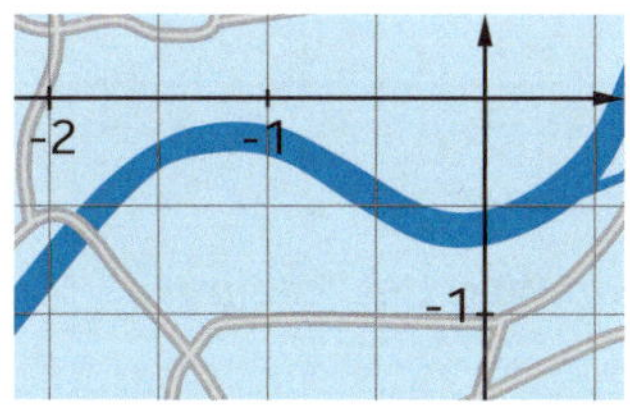

Die links abgebildete Karte zeigt den Verlauf des Rheins zwischen Leverkusen und Köln, die Abbildung rechts einen Ausschnitt aus dieser Karte.

(1) Begründen Sie, warum man den Verlauf des Rheins im rechts stehenden Ausschnitt mithilfe einer ganzrationalen Funktion 3. Grades modellieren könnte.

(2) Geben Sie jeweils zwei Bedingungen für Funktionswerte und für Werte der 1. Ableitung an, die man für diese Modellierung zugrundelegen könnte.
Abgelesene Werte: f( ) = , f( ) = ; f′( ) = ; f′( ) = . B1 B3

Aufgabe 2

(1) Gegeben ist die Funktion f mit der Funktionsgleichung $f(x) = 2x^2 \cdot e^{2x+1}$. Berechnen Sie die erste Ableitung von f und den Wert der ersten Ableitung an der Stelle x = 0. A1 A2

(2) Skizzieren Sie den Graphen einer Funktion g, wobei folgende Eigenschaften deutlich werden sollen: $g(0) = 1$, $g'(3) = 1$, $g''(3) < 0$.

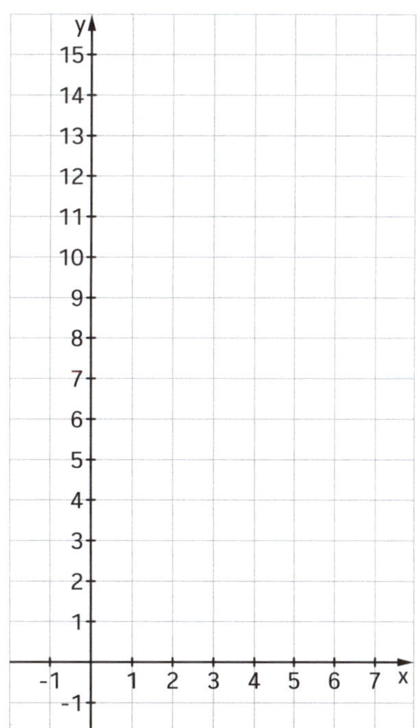

Aufgabe 3

(1) Die Abbildung zeigt den Graphen der Funktion f mit $f(x) = a \cdot (x - b)^2 \cdot e^x$, a, b > 0.

Ermitteln Sie die Parameterwerte a, b.
Begründen Sie Ihre Ansätze. A1 A2

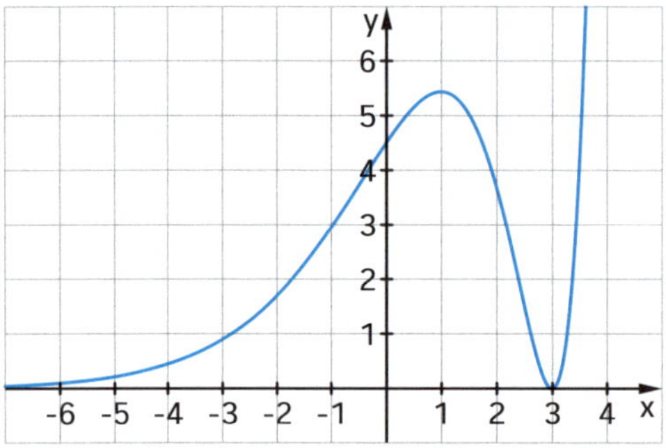

(2) Berechnen Sie den Wert des Integrals

$$\int_{-1}^{2} (3x^2 + 2x)\,dx.$$

D1

Aufgabe 4

Die Funktion f ist gegeben durch $f(x) = e^x$.

(1) Zeigen Sie, dass die Tangente t an den Graphen der Funktion f im Punkt $(a\,|\,e^a)$ durch die Gleichung $t(x) = e^a \cdot x + (1 - a) \cdot e^a$ beschrieben werden kann. A3

(2) Für welches a verläuft die Tangente durch den Ursprung?

Aufgabe 5

(1) Gegeben ist die Funktion f mit $f(x) = \ln(x)$.

Bestimmen Sie die Gleichung der Tangente an den Graphen von f im Punkt $(1\,|\,f(1))$ und skizzieren sie den Graphen von f und die Tangente in der Abbildung. A1 A3

(2) Geben Sie diejenige Stammfunktion der Funktion g mit $g(x) = \frac{1}{x}$ an, deren Graph durch den Punkt $(1\,|\,1)$ verläuft, und skizzieren Sie deren Graphen in der Abbildung. D1

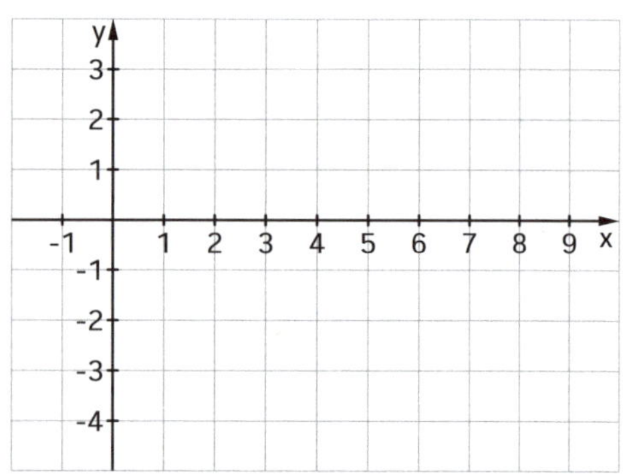

Aufgabe 6

Der Grafik ist zu entnehmen, mit welcher Geschwindigkeit (in m/s) sich ein Fahrzeug in einem Zeitraum von 20 s bewegt hat.

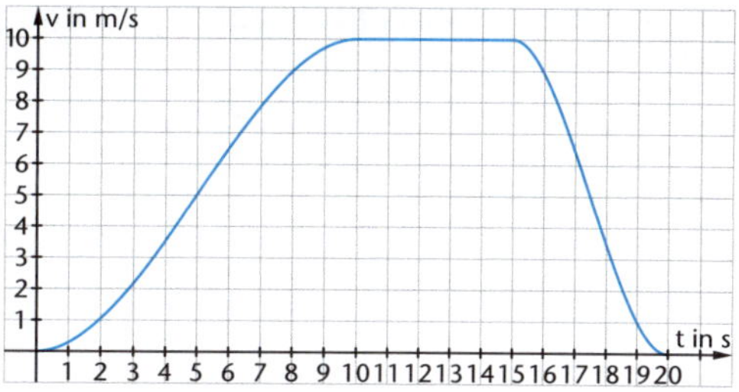

(1) Beschreiben Sie den Vorgang mit Worten.

(2) Bestimmen Sie (näherungsweise) den zurückgelegten Weg. D4

Aufgabe 7

Der Verlauf des Kartenverkaufs für ein Popkonzert kann näherungsweise durch den nebenstehenden Graphen modelliert werden.

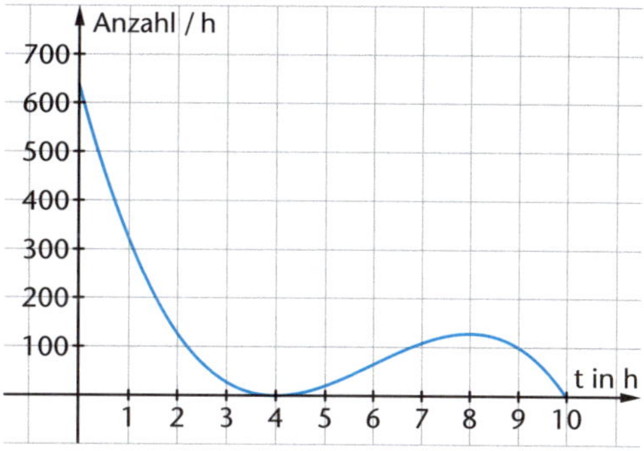

(1) Beschreiben Sie den Verlauf mit Worten. Ermitteln Sie einen Schätzwert für die Anzahl der in 10 Stunden verkauften Karten.

(2) Aus einem der nachfolgend abgebildeten Graphen kann man entnehmen, wie viele Karten zum Zeitpunkt t verkauft waren. Entscheiden Sie begründet, durch welchen der Graphen diese Information angegeben wird. D4

(a)

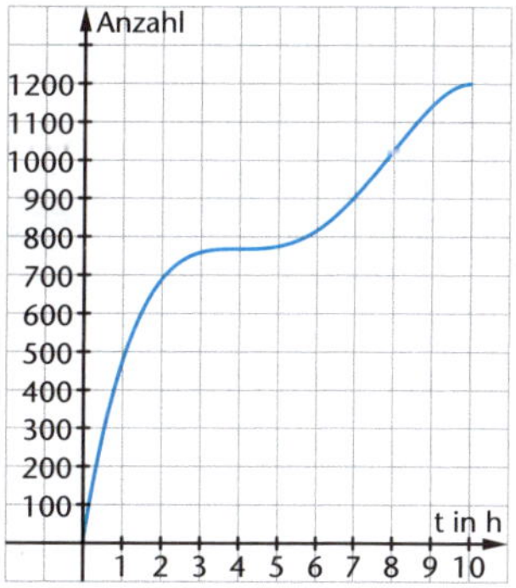

(b)

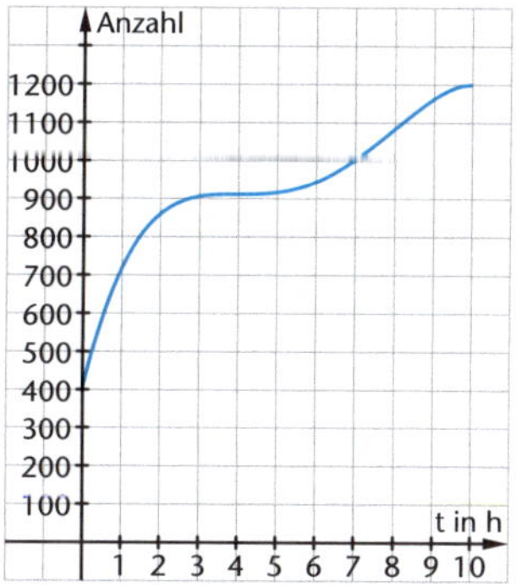

(c)

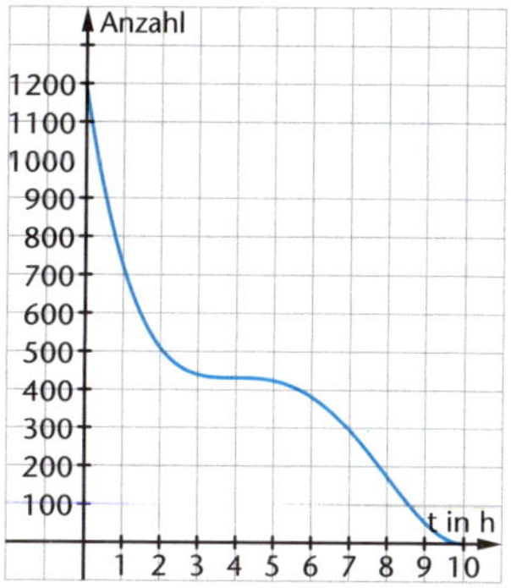

Aufgabe 8

Ein Tankwagen wird mit Heizöl gefüllt. Der zeitliche Verlauf der Zulaufgeschwindigkeit kann im nebenstehenden Diagramm abgelesen werden.

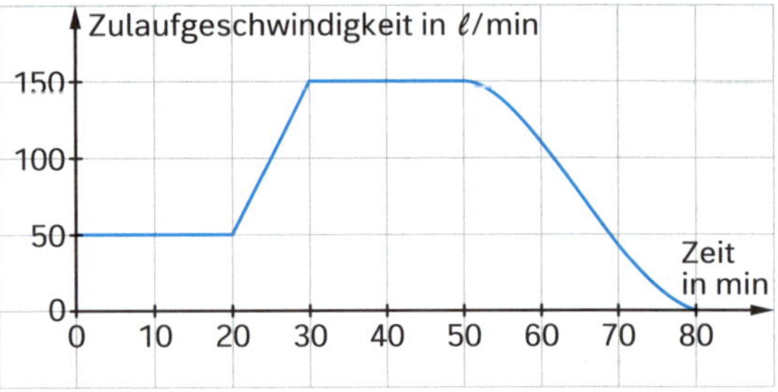

(1) Berechnen Sie, wie viel Öl in den ersten 50 Minuten näherungsweise in den Tankwagen geflossen sind. **D4**

(2) Beschreiben Sie eine Möglichkeit zur Berechnung der zugeflossenen Ölmenge im Zeitraum von 50 bis 80 Minuten und berechnen Sie einen Näherungswert dafür.

Aufgabe 9

Gegeben sind zwei Funktionenscharen f_k und g_k ($k \in \mathbb{N}$) mit $f_k(x) = k \cdot x^2$ bzw. $g_k(x) = k \cdot (2 - x^2)$.

(1) Zeigen Sie: Für alle $k \in \mathbb{N}$ schneiden sich die Graphen von f_k und g_k in den Punkten $P_k(-1\,|\,k)$ und $Q_k(1\,|\,k)$. **B6**

(2) Zeigen Sie: Die Graphen von f_k und g_k schließen ein Flächenstück mit Flächeninhalt $A(k) = \frac{8}{3} \cdot k$ ein. **D2**

Aufgabe 10

Das Dreieck $A(0\,|\,4)$, $B(2\,|\,0)$, $C(2\,|\,4)$ wird durch den Graphen der Funktion f mit $f(x) = 4 - x^2$ geteilt.

(1) Fertigen Sie eine Skizze an.

(2) Ermitteln Sie die Flächeninhalte der beiden Teilflächen und bestimmen Sie jeweils den Anteil, den die beiden Flächen an der Dreiecksfläche haben. **D1** **D2**

Aufgabe 11

(1) Berechnen Sie $\int_{-2}^{2} (x^3 - 4x)\,dx$. **D2**

(2) Interpretieren Sie das Ergebnis. Fertigen Sie zur Bestätigung Ihrer Vermutung eine Skizze an.

Aufgabe 12

(1) Begründen Sie: $\int_{-2}^{2}(x^4 - 3x^2 + 2)\,dx = 2 \cdot \int_{0}^{2}(x^4 - 3x^2 + 2)\,dx$. D2 B1

(2) Der Graph der Funktion f mit $f(x) = x^4 - 3x^2 + 2$ hat die Nullstellen $-\sqrt{2}, -1, 1, \sqrt{2}$. Geben Sie an, wie die Flächeninhalte der Flächenstücke berechnet werden können, die der Graph von f mit der x-Achse einschließt (keine Rechnung ausführen). D2

Aufgabe 13

Die Funktion f ist gegeben durch $f(x) = x^3$.

(1) Zeigen Sie, dass die Tangente t im Punkt $P(1\,|\,1)$ an den Graphen der Funktion f durch die Gleichung $t(x) = 3x - 2$ beschrieben werden kann. A3

(2) Zeigen Sie, dass die Tangente t und der Graph von f auch den Punkt $P(-2\,|\,-8)$ gemeinsam haben.

(3) Fertigen Sie eine Skizze an.

(4) Bestimmen Sie den Flächeninhalt der Fläche, die von f und t eingeschlossen wird. D2

Aufgabe 14

(1) Zeigen Sie, dass die Gerade g mit $g(x) = -x$ den Graphen der Funktion f mit $f(x) = -x^3 + x$ im Ursprung senkrecht schneidet. A3

(2) Zeigen Sie, dass die Graphen von f und g auch die Punkte $P_1(-\sqrt{2}\,|\,\sqrt{2})$ und $P_2(\sqrt{2}\,|\,-\sqrt{2})$ gemeinsam haben.

(3) Fertigen Sie eine Skizze an.

(4) Begründen Sie, warum die beiden von den Graphen von f und g eingeschlossenen Flächenstücke gleich groß sind. A2

(5) Bestimmen Sie den Flächeninhalt der beiden Flächenstücke. D2

Aufgabe 15

Gegeben ist der Graph einer stetigen Funktion f mit $f(x) > 0$ für alle $x \in \mathbb{R}$.
Erläutern Sie die Bedeutung der folgenden Terme:

$\frac{f(x_2) - f(x_1)}{x_2 - x_1}$, $\frac{f'(x_2) - f'(x_1)}{x_2 - x_1}$, $\int_{x_1}^{x_2} f(x)\,dx$, $\frac{1}{x_2 - x_1} \cdot \int_{x_1}^{x_2} f(x)\,dx$, $\int_{x_1}^{x_2} f'(x)\,dx$ A3 D2

Aufgabe 16

Gegeben ist der Vektor $\vec{u} = \begin{pmatrix} -3 \\ 4 \\ 8 \end{pmatrix}$.

(1) Geben Sie einen Vektor $\vec{v} = \begin{pmatrix} a \\ 2 \\ 7 \end{pmatrix}$ an, der die gleiche Länge hat wie der Vektor $\vec{u}$. E3

(2) Geben Sie einen Vektor $\vec{w} = \begin{pmatrix} a \\ -3 \\ 6 \end{pmatrix}$ an, der orthogonal zu Vektor $\vec{u}$ ist. E2

Betrachten Sie zwei Vektoren $\vec{v}$ und $\vec{w}$ mit den Eigenschaften aus den Teilaufgaben (1) und (2). Erläutern Sie, um welches besonderes Viereck es sich handelt, das von

(3) $\vec{u}$ und $\vec{v}$ (4) $\vec{u}$ und $\vec{w}$

aufgespannt wird.

Hinweis: Die Aufgaben (3), (4) können unabhängig von den Lösungen in (1) und (2) gelöst werden.

Aufgabe 17

Eine Ebene E wird aufgespannt durch die Vektoren $\vec{u} = \begin{pmatrix} 2 \\ 1 \\ 0 \end{pmatrix}$ und $\vec{v} = \begin{pmatrix} -1 \\ 0 \\ 1 \end{pmatrix}$; sie enthält den Punkt $P(-1\,|\,2\,|\,1)$. Eine Gerade g ist gegeben durch g: $\vec{x} = \begin{pmatrix} 1 \\ -2 \\ 3 \end{pmatrix} + t \cdot \begin{pmatrix} 1 \\ -2 \\ 1 \end{pmatrix}$.

(1) Geben Sie eine Parameterdarstellung der Ebene E an. F3

(2) Zeigen Sie, dass die Gerade g die Ebene E im Punkt P senkrecht schneidet. F1 E2

Aufgabe 18

Die Punkte $A(1\,|\,1\,|\,1)$, $B(4\,|\,3\,|\,-1)$, $C(5\,|\,6\,|\,-4)$ sowie der Punkt D bilden das Parallelogramm ABCD.

(1) Bestimmen Sie die Koordinaten des Punktes D. E1

(2) Bestimmen Sie die Seitenlängen des Parallelogramms. E3

(3) Zeigen Sie: Die Diagonalen des Parallelogramms schneiden sich nicht im rechten Winkel. E2

Aufgabe 19

(1) Ein lineares Gleichungssystem besteht aus zwei Gleichungen mit drei Variablen. Ein Taschenrechner gibt als Lösungsmenge an: $\{c + 1\,;\, -c\,;\, c\}$.
Erläutern Sie diese Lösung. F9

(2) Bestimmen Sie für $a = 1$ und für $a = -1$ die Lösung des linearen Gleichungssystems
$$\left| \begin{array}{l} x - y + z = 3 \\ x - y - z = -1 \\ x + ay + z = 1 \end{array} \right|.$$
F9

Aufgabe 20

Gegeben sind die Punkte $A(2|3|-1)$, $B(-2|1|3)$, $C(1|4|-2)$.

(1) Zeigen Sie, dass diese Punkte ein Dreieck bilden. E1

(2) Welche der drei Seiten des Dreiecks ist am längsten? E3

(3) Ergänzen Sie das Dreieck zu einem Parallelogramm.
(*Hinweis*: Es gibt drei verschiedene Möglichkeiten; wählen Sie eine davon.) E1

Aufgabe 21

Gegeben ist die Gerade $g: \vec{x} = \begin{pmatrix} 1 \\ -1 \\ 2 \end{pmatrix} + t \cdot \begin{pmatrix} 2 \\ 2 \\ -1 \end{pmatrix}$.

Geben Sie eine Parameterdarstellung einer Geraden h an, die

(1) die Gerade g orthogonal schneidet, F1

(2) (echt) parallel zur Geraden g verläuft (also nicht identisch mit g ist). F1 F2

Begründen Sie Ihre Wahl.

Aufgabe 22 (LK)

Die Gerade g und die Ebene E werden durch folgende Gleichungen beschrieben:

$g: \vec{x} = \begin{pmatrix} 1 \\ 0 \\ 2 \end{pmatrix} + t \cdot \begin{pmatrix} 3 \\ 1 \\ -2 \end{pmatrix}$; $E: x_1 - x_2 + x_3 = 5$.

(1) Bestimmen Sie einen Normalenvektor der Ebene E. E2 F5

(2) Begründen Sie, warum man ohne umfangreiche Rechnung ablesen kann, dass E und g sich nicht schneiden. Wie zeigt man dies durch eine Rechnung? F5

Aufgabe 23

Eine Gerade g verläuft durch die Punkte $A(2|-1|1)$ und $B(-1|2|-1)$.

(1) Zeigen Sie, dass der Punkt $C(0|5|2)$ nicht auf der Geraden durch A und B liegt. F1

(2) Weisen Sie nach, dass das Dreieck ABC ein rechtwinkliges Dreieck ist.
Welche der Dreiecksseiten ist die Hypotenuse? E2 E3

Aufgabe 24

Gegeben ist eine Ebene E durch $E: \vec{x} = \begin{pmatrix} -1 \\ 1 \\ 2 \end{pmatrix} + r \cdot \begin{pmatrix} 1 \\ 1 \\ 0 \end{pmatrix} + s \cdot \begin{pmatrix} 0 \\ -1 \\ 1 \end{pmatrix}$.

(1) Bestimmen Sie die Spurpunkte der Ebene E mit den Koordinatenachsen. F4

(2) Geben Sie die Parameterdarstellung einer Ursprungsgeraden g_1 an, die keinen Punkt mit der Ebene gemeinsam hat. F1

(3) Geben Sie die Parameterdarstellung der Ursprungsgeraden g_2 an, welche die Ebene orthogonal schneidet. E2

Aufgabe 25

Gegeben ist ein Dreieck ABC in der Ebene durch $A(1|2)$, $B(4|-1)$ und $C(3|5)$.

Welche Koordinaten haben die Eckpunkte des Bilddreiecks A'B'C'

(1) nach einer Streckung bzgl. des Koordinatenursprungs mit dem Faktor 1,5;

(2) nach einer Achsenspiegelung an der y-Achse;

(3) nach einer Drehung um 90°?

Geben Sie jeweils die Abbildungsmatrix M an und fertigen Sie eine Skizze des Bilddreiecks an. **H1**

Aufgabe 26

(1) Um die inverse Matrix $M^{-1} = \begin{pmatrix} a & c \\ b & d \end{pmatrix}$ zur Matrix $M = \begin{pmatrix} 1 & 3 \\ 2 & 4 \end{pmatrix}$ zu bestimmen, müssen lineare Gleichungssysteme gelöst werden.
Geben Sie diese Gleichungen an und bestimmen Sie die inverse Matrix. **H6**

(2) Multipliziert man die Matrix $M = \begin{pmatrix} a & c \\ b & d \end{pmatrix}$ mit den Einheitsvektoren, so ergibt sich

$\begin{pmatrix} a & c \\ b & d \end{pmatrix} \cdot \begin{pmatrix} 1 \\ 0 \end{pmatrix} = \begin{pmatrix} 1 \\ -1 \end{pmatrix}$ und $\begin{pmatrix} a & c \\ b & d \end{pmatrix} \cdot \begin{pmatrix} 0 \\ 1 \end{pmatrix} = \begin{pmatrix} -2 \\ 1 \end{pmatrix}$.

Welches sind die Koeffizienten der Matrix M?

Aufgabe 27

Spiegelt man den Punkt $A(3|2|-4)$ an der x-y-Ebene, so erhält man den Punkt B. Verbindet man die beiden Punkte A, B mit dem Punkt $C(3|0|0)$, so ergibt sich ein Dreieck.
Bestimmen Sie den Flächeninhalt des Dreiecks. **F7** **G2**

Aufgabe 28

Ein Glücksrad ist in 12 gleich große Sektoren unterteilt; diese sind gefärbt. Bei einem Spiel wird das Glücksrad mehrfach gedreht. Man gewinnt jedesmal einen Gutschein, wenn der Zeiger auf einem Sektor stehen bleibt, der in einer bestimmten Farbe gefärbt ist.

(1) Geben Sie eine mögliche Färbung der Sektoren sowie ein mögliches Ereignis an, wenn die Wahrscheinlichkeit für das Ereignis gegeben ist durch $\binom{5}{2} \cdot \left(\frac{2}{3}\right)^3 \cdot \left(\frac{1}{3}\right)^2$. **I2** **J3**

(2) 3 der 12 Sektoren sind rot gefärbt. Man gewinnt, wenn der Zeiger auf einem roten Feld stehen bleibt. Welches der folgenden Histogramme passt zu der Zufallsgröße X: *Anzahl der Gewinne beim 6-fachen Drehen des Glücksrads*?
Begründen Sie Ihre Entscheidung. **J3**

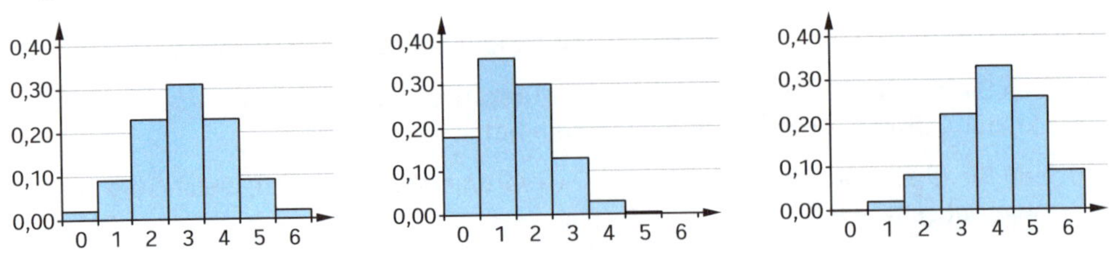

Aufgabe 29

(1) Bei einem Glücksspiel gewinnt man mit Wahrscheinlichkeit $p = 0{,}25$.
Ordnen Sie den folgenden Ereignissen den richtigen Term zur Berechnung der Wahrscheinlichkeit zu: I2 J3

E_1: In 5 Spielen gewinnt man mindestens 4-mal.

E_2: In 5 Spielen hat man mehr Spiele, in denen man gewinnt, als Spiele, in denen man verliert.

E_3: In 5 Spielen gewinnt man öfter als erwartet.

$P_1 = 10 \cdot 0{,}25^3 \cdot 0{,}75^2 + 5 \cdot 0{,}25^4 \cdot 0{,}75 + 0{,}25^5$

$P_2 = 1 - (0{,}75^5 + 5 \cdot 0{,}75^4 \cdot 0{,}25)$

$P_3 = 5 \cdot 0{,}75^4 \cdot 0{,}25 + 0{,}75^5$

$P_4 = 1 - (0{,}25^5 + 5 \cdot 0{,}25^4 \cdot 0{,}75)$

$P_5 = 10 \cdot 0{,}75^3 \cdot 0{,}25^2 + 5 \cdot 0{,}75^4 \cdot 0{,}25 + 0{,}75^5$

$P_6 = 5 \cdot 0{,}25^4 \cdot 0{,}75 + 0{,}25^5$

(2) Das Histogramm zeigt die Binomialverteilung mit $n = 5$ und $p = 0{,}25$. Ermitteln Sie mithilfe der Grafik ungefähre Werte für die Wahrscheinlichkeiten der Ereignisse E_1, E_2, E_3.

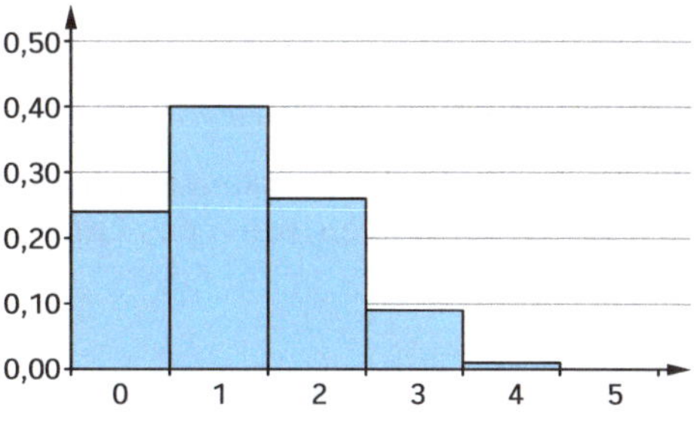

Aufgabe 30

In einer Urne befinden sich 3 weiße und 6 schwarze Kugeln.

(1) Geben Sie die Wahrscheinlichkeit an, eine weiße bzw. eine schwarze Kugel zu ziehen.

(2) Aus der Urne werden Kugeln mit Zurücklegen gezogen. Berechnen Sie die Wahrscheinlichkeit für das Ereignis E: *Beim 3-fachen Ziehen werden genau zwei weiße Kugeln gezogen.* I2 J2 J3

(3) In einer anderen Urne liegen 4 schwarze und w weiße Kugeln. Betrachten Sie die Verteilung der Zufallsgröße X: *Anzahl der weißen Kugeln beim 3-fachen Ziehen mit Zurücklegen.*

Bestimmen Sie eine Anzahl w so, dass man ohne konkrete Berechnung der Wahrscheinlichkeit sagen kann, dass die Wahrscheinlichkeit für das Ereignis $X = 2$ maximal ist.

Aufgabe 31

Zwei Spielwürfel W1 und W2 sind mit den Buchstaben E (= Erfolg) und M (= Misserfolg) beschriftet, und zwar hat W1 vier Flächen, die ein E tragen, und W2 zwei solcher Flächen.

(1) Bestimmen Sie die Wahrscheinlichkeitsverteilung der Zufallsgröße X_i: *Anzahl der Würfe mit Augenzahl „E" beim 3-fachen Werfen des Würfel* W_i **J3**

(2) Beim 3-fachen Werfen eines der beiden Würfel trat 2-mal „E" auf. Mit welcher Wahrscheinlichkeit war es Würfel W1, der geworfen wurde? **I4**

Aufgabe 32

Bei einem Spiel wird das abgebildete Glücksrad zweimal gedreht. Der Zeiger kann auf einem der weiß (w), blau (b) oder grau (g) gefärbten Sektoren stehen bleiben.

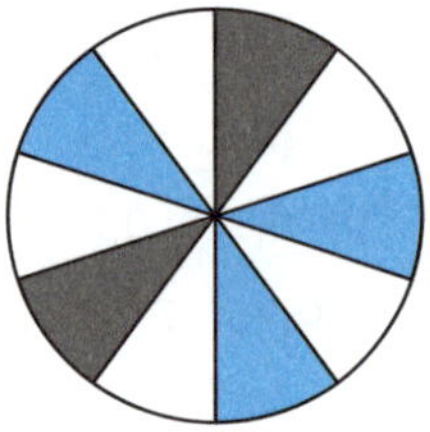

(1) Stellen Sie die möglichen Abläufe des Zufallsversuchs mithilfe eines Baumdiagramms dar. **I2**

(2) Bestimmen Sie die Wahrscheinlichkeit für das Ereignis E: *Das Rad bleibt zweimal hintereinander auf einem Sektor mit gleicher Färbung stehen.* **J2**

(3) Der Spielveranstalter plant für das Spiel einen Einsatz von 1 € und man soll 2 € ausgezahlt bekommen, wenn das Ereignis E eintritt. Bewerten Sie diese Spielregel.

Aufgabe 33

(1) Eine Zufallsgröße X ist binomialverteilt mit den Parametern $n = 50$ und $p = \frac{1}{3}$. Berechnen Sie die Standardabweichung σ. **J5**

(2) Eine Zufallsgröße Y ist binomialverteilt mit dem Parameter $n = 100$. Für die Standardabweichung von Y gilt: $\sigma = 4$. Berechnen Sie mögliche Erfolgswahrscheinlichkeiten p und zugehörige Erwartungswerte. **J5**

Aufgabe 34

Eine Zufallsgröße ist binomialverteilt mit n = 10 und p = 0,3.

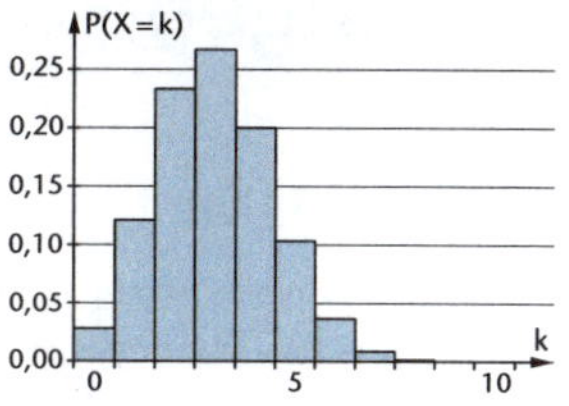

(1) Das zugehörige Histogramm ist rechts abgebildet. Entnehmen Sie diesem näherungsweise die Wahrscheinlichkeit P (E) für das Ereignis E: *Mindestens ein Erfolg.* I2

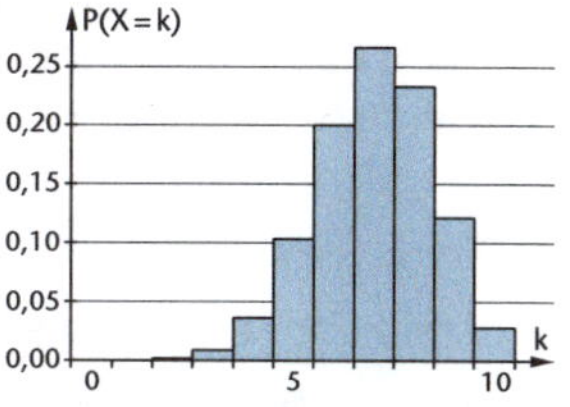

(2) Das Histogramm rechts ist durch Spiegelung aus dem Histogramm aus (1) entstanden. Geben Sie die diesem Histogramm zugrunde liegende Erfolgswahrscheinlichkeit sowie die Spiegelachse an. Beschreiben Sie das Ereignis, das eine Wahrscheinlichkeit hat, die gleich der in (1) abgelesenen Wahrscheinlichkeit P(E) ist. J3

(3) Für n = 9 Versuchsdurchführungen des BERNOULLI-Versuchs mit p = 0,3 ergibt sich die rechts stehende Wahrscheinlichkeitsverteilung. Erläutern Sie, wie man mithilfe von Daten aus der Tabelle die Wahrscheinlichkeit für das Ereignis *4 Erfolge im 10-stufigen Bernoulli-Versuch mit p = 0,3* berechnen könnte. Geben Sie einen Term hierfür an. J3

k	P (X = k)
0	0,0404
1	0,1556
2	0,2668
3	0,2668
4	0,1715
5	0,0735
6	0,0210
7	0,0039
8	0,0004
9	0,0000

Aufgabe 35

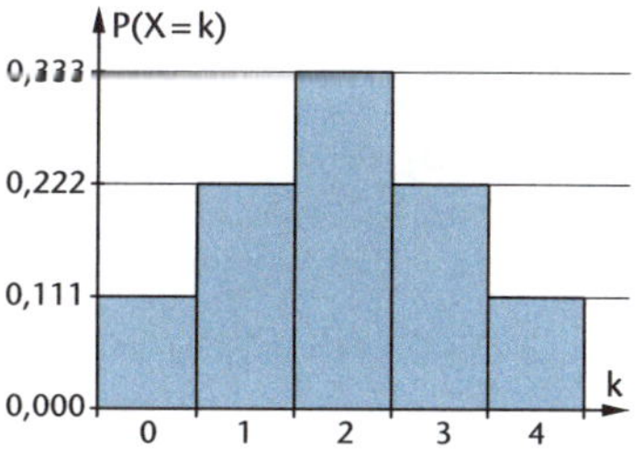

(1) Begründen Sie, warum das abgebildete Histogramm nicht zu einer Binomialverteilung mit n = 4 gehören kann. J3

(2) Begründen Sie: Wenn die Erfolgswahrscheinlichkeit p = 0,5 ist, dann ist für jede Stufenzahl n das Histogramm der Binomialverteilung symmetrisch. J3

(3) Bestimmen Sie die Verteilung zu einem 4-stufigen BERNOULLI-Versuch mit p = 0,5 und skizzieren Sie das hierzu gehörende Histogramm. J3

(4) Auch das Histogramm zu einer Binomialverteilung mit p = 0,5 und n = 5 ist symmetrisch. Beschreiben Sie den Unterschied zum Fall n = 4. J3

Lösungen

Lösung Aufgabe 1

(1) Der Graph einer ganzrationalen Funktion 3. Grades ist punktsymmetrisch zum Wendepunkt. Der Abschnitt des Rheins hat einen Verlauf, den man näherungsweise als punktsymmetrisch bezeichnen kann.

(2) Der Wendepunkt (= Symmetriezentrum) liegt ungefähr bei $(-0{,}65\,|\,-0{,}4)$. Der Hochpunkt liegt ungefähr bei $(-1{,}2\,|\,-0{,}2)$; der Tiefpunkt liegt ungefähr bei $(-0{,}1\,|\,-0{,}6)$; für beide Stellen gilt: $f'(x) = 0$.

Lösung Aufgabe 2

(1) $f(x) = 2x^2 \cdot e^{2x+1}$; Ableitung gemäß Produkt- und Kettenregel:

$f'(x) = 4x \cdot e^{2x+1} + 2x^2 \cdot e^{2x+1} \cdot 2 = e^{2x+1} \cdot (4x + 4x^2) = 4x \cdot e^{2x+1} \cdot (1 + x)$, $f'(0) = 0$.

(2) Die Bedingungen werden beispielsweise von der Funktion g mit $g(x) = -x^2 + 7x + 1$ erfüllt, aber auch von der Funktion g mit $g(x) = -0{,}5x^3 + 3x^2 - 3{,}5x + 1$, die einen Graphen besitzen, der durch den Punkt $(0\,|\,1)$ verläuft und an der Stelle $x = 3$ die Steigung 1 besitzt und rechtsgekrümmt ist.

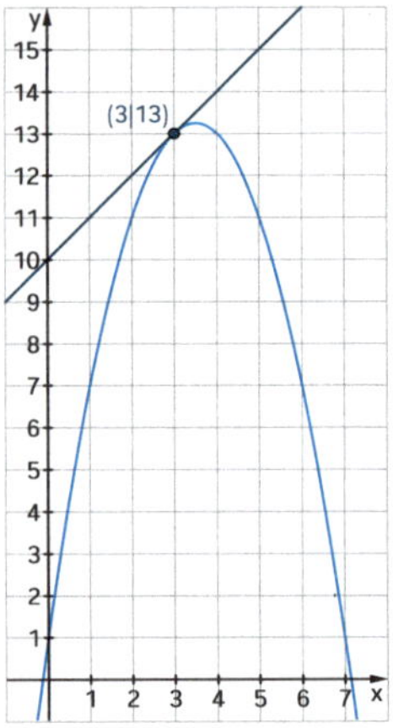

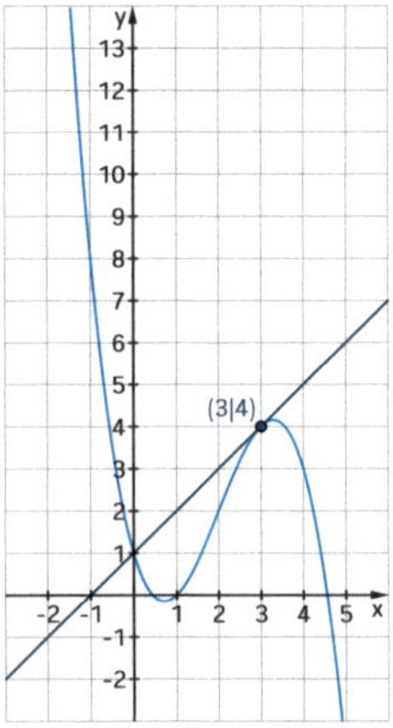

Lösung Aufgabe 3

(1) Aus der einzigen Nullstelle mit $f(3) = 0$ ergibt sich
$a \cdot (3 - b) \cdot e^3 = 0 \Leftrightarrow b = 3$ (wegen $a > 0$),
und aus $f(0) = 4{,}5$ folgt $f(0) = 4{,}5 = a \cdot (0 - 3)^2 \cdot 1 = 9a \Leftrightarrow a = 0{,}5$.

(2) $\int_{-1}^{2} (3x^2 + 2x)\,dx = [x^3 + x^2]_{-1}^{2} = (8 + 4) - (-1 + 1) = 12$

Lösung Aufgabe 4

Skizze zur Verdeutlichung: siehe rechts.

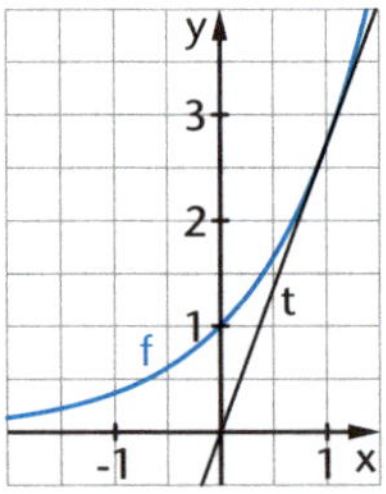

(1) Steigung der Tangente an der Stelle a: $f'(a) = e^a$.

Tangentengleichung:
$t(x) = e^a \cdot (x - a) + e^a = e^a \cdot x - a \cdot e^a + e^a$
$= e^a \cdot x + (1 - a) \cdot e^a$.

(2) Es soll gelten $t(0) = 0$. Dies ist der Fall, wenn $e^a \cdot 0 + (1 - a) \cdot e^a = 0$, also wenn $a = 1$.

Lösung Aufgabe 5

(1) Mit $f'(x) = \frac{1}{x}$ erhält man die Steigung der Tangente: $m = f'(1) = 1$.

Die Tangente verläuft durch den Punkt (1 | 0). Sie hat daher die Gleichung $t(x) = m \cdot x + b = x - 1$.

(2) Stammfunktionen zu g haben die Funktionsgleichung $G(x) = \ln(x) + c$ mit $c \in \mathbb{R}$. Da der Graph von G durch den Punkt (1 | 1) verläuft, gilt $c = 1$. Also ist $G(x) = \ln(x) + 1$ die gesuchte Funktionsgleichung.

Lösung Aufgabe 6

(1) Das Fahrzeug wird während der ersten 10 Sekunden beschleunigt, dann fährt es 5 Sekunden mit konstanter Geschwindigkeit und wird dann wieder abgebremst (die Geschwindigkeit wird verringert), bis das Fahrzeug zum Stillstand kommt.

(2) Wenn man die abschnittsweise definierten Funktionen mit v_1, v_2 und v_3 bezeichnet, dann kann der zurückgelegte Weg s durch Integrale bestimmt werden:

$$s = \int_0^{10} v_1(t)\,dt + \int_{10}^{15} v_2(t)\,dt + \int_{15}^{20} v_3(t)\,dt,$$

näherungsweise durch die Flächeninhalte von Dreiecken bzw. des Rechtecks:

$$\int_0^{10} v_1(t)\,dt \approx \frac{1}{2} \cdot 10 \cdot 10 = 50; \quad \int_{10}^{15} v_2(t)\,dt = 10 \cdot 5 = 50; \quad \int_{15}^{20} v_3(t)\,dt \approx \frac{1}{2} \cdot 10 \cdot 5 = 25.$$

Insgesamt hat das Fahrzeug also 125 m zurückgelegt.

Lösung Aufgabe 7

(1) Zunächst werden sehr viele Karten pro Zeiteinheit verkauft (während der 1. Stunde im Mittel etwa 470 Karten), dann lässt die Nachfrage nach (während der 2. Stunde im Mittel etwa 220 Karten, in der 3. Stunde etwa 70 Karten). Aus irgendeinem Grund (möglicherweise technische Probleme) werden in der 4. und 5. Stunde insgesamt nur ca. 20 Karten verkauft. Dann steigt die Nachfrage wieder an: In der 6. Stunde im Mittel ca. 40 Karten, in der 7. Stunde ca. 90 Karten, in der 8. Stunde ca. 120 Karten, in der 9. Stunde ebenso ca. 120 Karten. In der 10. Stunde lässt der Verkauf (nur noch ca. 50 Karten) dann nach und endet nach 10 Stunden. Durch die Schätzung der Flächenstücke unter dem abgebildeten Graphen durch etwa flächengleiche Rechtecke kommt man so auf eine Gesamtkartenzahl von ca. 1200 Karten.

(2) Richtig ist der Graph (a). Denn die Funktionswerte entsprechen den geschätzten Werten, wenn man auf der y-Achse Einheiten von 200 Karten abträgt. Graph (b) kann es nicht sein, weil zu Beginn der Aktion noch keine Karten verkauft sind. Graph (c) beschreibt den Kartenbestand zum Zeitpunkt t (anfangs 1200 Karten, am Ende 0 Karten).

Lösung Aufgabe 8

(1) Der dargestellte zeitliche Verlauf der Zulaufgeschwindigkeit wird abschnittweise untersucht. In den ersten 20 Minuten fließen konstant $50\frac{\ell}{\text{min}}$ zu, also $20\,\text{min}\cdot 50\frac{\ell}{\text{min}} = 1000\,\ell$. Im zweiten Zeitabschnitt fließen 10 Minuten lang im Mittel $100\,\frac{\ell}{\text{min}}$ in den Tank, insgesamt also $10\,\text{min}\cdot 100\,\frac{\ell}{\text{min}} = 1000\,\ell$. (Hier kann auch der Flächeninhalt des Trapezes berechnet werden.) Im dritten Zeitabschnitt kommen noch $20\,\text{min}\cdot 150\,\frac{\ell}{\text{min}} = 3000\,\ell$ hinzu. Insgesamt enthält der Tank nach 50 Minuten $1000\,\ell + 1000\,\ell + 3000\,\ell = 5000\,\ell$.

(2) Zur Berechnung eines Wertes für die im letzten Zeitintervall zugeflossene Ölmenge kann die Bestimmung eines Funktionsterms f(x) für eine ganzrationale Funktion 3. Grades dienen.

Anschließend ist dann das Integral $\int_{50}^{80} f(x)\,dx$ zu berechnen.

Aufgrund der naheliegenden Symmetrie kann aber auch ein näherungsweise linearer Verlauf der Zulaufgeschwindigkeit angenommen werden. Den Flächeninhalt des sich dann ergebenden Dreiecks ist ein Maß für die zugeflossene Ölmenge:

$\frac{1}{2}\cdot 30\,\text{min}\cdot 150\,\frac{\ell}{\text{min}} = 2250\,\ell$.

Lösung 9

(1) $f_k(x) = g_k(x) \Leftrightarrow k\cdot x^2 = k\cdot(2 - x^2) \Leftrightarrow x^2 = 2 - x^2 \Leftrightarrow 2x^2 = 2 \Leftrightarrow x^2 = 1 \Leftrightarrow x = 1 \vee x = -1$.

Einsetzen der x-Werte ergibt die Funktionswerte $f_k(1) = k$ und $f_k(-1) = k$.

(2) $\int_{-1}^{1} (g_k(x) - f_k(x))\,dx = k\cdot\int_{-1}^{1}(2 - 2x^2)\,dx = k\cdot\left[2x - \frac{2}{3}x^3\right]_{-1}^{1} = k\cdot\left[\left(2 - \frac{2}{3}\right) - \left(-2 + \frac{2}{3}\right)\right] = k\cdot\frac{8}{3}$.

Hinweis: Die Berechnung des Integrals kann wegen der Achsensymmetrie der Scharen zur y-Achse entsprechend vereinfacht werden.

Lösung Aufgabe 10

(1)

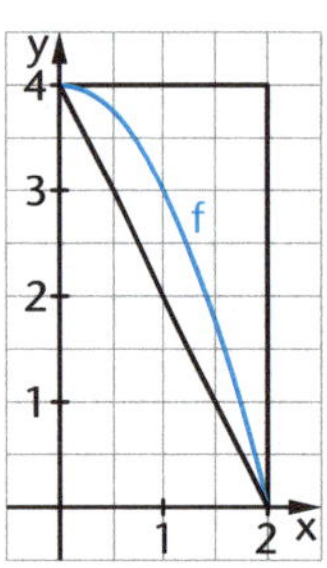

(2) Das abgebildete Rechteck hat einen Flächeninhalt von 8 FE, das Dreieck hat daher einen Flächeninhalt von 4 FE. Der Flächeninhalt des Flächenstücks zwischen der Strecke $\overline{AB}$ und dem Graphen von f ergibt sich aus

$$\int_0^2 4 - x^2\,dx - 4 = \left[4x - \frac{x^3}{3}\right]_0^2 - 4$$

$$= 8 - \frac{8}{3} - 4 = \frac{4}{3}.$$

Der Anteil dieses Flächenstücks an der Dreiecksfläche ist also ein Drittel. Der Anteil des oberen Flächenstücks an der Dreiecksfläche ist daher zwei Drittel; es ist doppelt so groß wie das Flächenstück unterhalb des Graphen.
Der Flächeninhalt dieses Flächenstücks

ist $4 - \frac{4}{3} = \frac{8}{3}$ FE.

Lösung Aufgabe 11

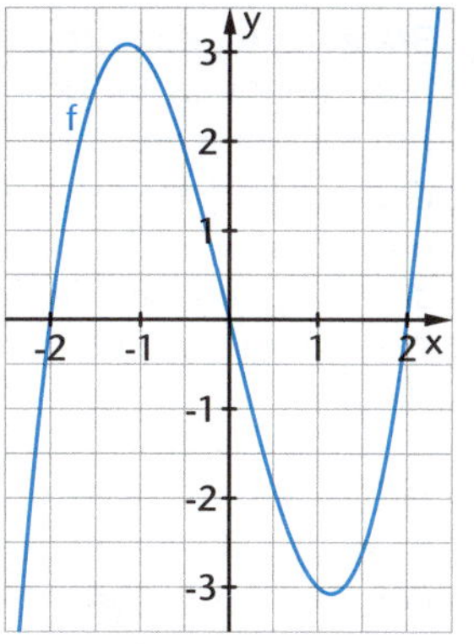

(1) $\int_{-2}^{2} x^3 - 4x\,dx = \left[\frac{x^4}{4} - 2x^2\right]_{-2}^{2} = (4-8) - (4-8) = 0$

(2) Wenn das Integral einer Funktion über einem Intervall den Wert null ergibt, muss der Flächeninhalt des Flächenstücks oder der Flächenstücke oberhalb der x-Achse genauso groß sein wie der Flächeninhalt des Flächenstücks oder der Flächenstücke unterhalb der x-Achse. Da der Term der Integrandfunktion nur Potenzen mit ungeraden Exponenten enthält, ist der Graph punktsymmetrisch zum Ursprung. Und da das Integrationsintervall symmetrisch zum Ursprung liegt, werden zwei gleich große, aber auf verschiedenen Seiten der x-Achse liegende Flächenstücke von Graph und x-Achse eingeschlossen.

Lösung Aufgabe 12

(1) Da der Term der Integrandfunktion nur Potenzen mit geraden Exponenten enthält, ist der Graph achsensymmetrisch zur y-Achse. Und da das Integrationsintervall symmetrisch zur y-Achse ist, werden gleich große, aber auf verschiedenen Seiten der y-Achse liegende Flächenstücke von Graph und x-Achse eingeschlossen. Daher genügt es, das Integral nur für die rechte Hälfte des Integrationsintervalls zu bestimmen und dann zu verdoppeln.

(2) Da die ganzrationale Funktion 4. Grades vier Nullstellen hat, hat der Graph keine doppelten Nullstellen. Daher werden drei Flächenstücke von Graph und x-Achse eingeschlossen. Wegen der Achsensymmetrie des Graphen von f zur y-Achse genügt es, die Beträge der Integrale über die Intervalle $[0; 1]$ und $[1; \sqrt{2}]$ zu berechnen und zu verdoppeln.

Lösung Aufgabe 13

(1) Die Steigung der Tangente im Punkt $(1\,|\,1)$ ist gegeben durch $f'(1) = 3 \cdot 1^2 = 3$.
Die Tangentengleichung ist daher
$t(x) = 3 \cdot (x-1) + 1 = 3x - 3 + 1 = 3x - 2$.

(2) Die Punktproben ergeben:
$t(-2) = 3 \cdot (-2) - 2 = -8$ und
$f(-2) = (-2)^3 = -8$.

(3)

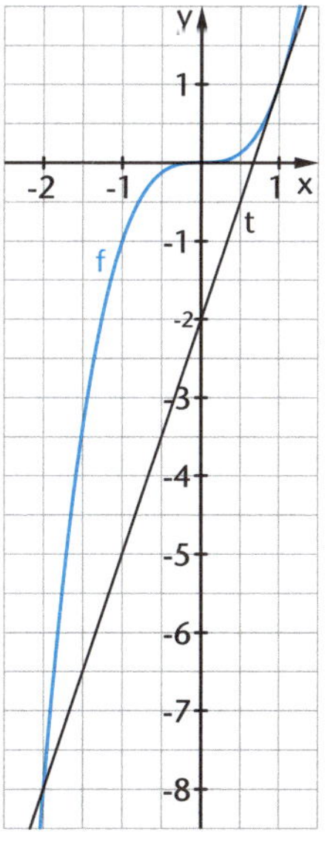

(4) Um den Flächeninhalt des Flächenstücks zu bestimmen, berechnet man das Integral über die Differenzfunktion $d(x) = f(x) - t(x)$. Da der Graph von f im Intervall $[-2; 1]$ oberhalb der Tangente verläuft, ergibt sich ein positiver Wert für das Integral:

$$\int_{-2}^{1} (x^3 - (3x - 2))\,dx = \left[\frac{x^4}{4} - \frac{3x^2}{2} + 2x\right]_{-2}^{1}$$

$$= \left(\frac{1}{4} - \frac{3}{2} + 2\right) - (4 - 6 - 4) = 6{,}75.$$

Lösung Aufgabe 14

(1) Steigung m_1 des Graphen der Funktion f im Ursprung: $f'(x) = -3x^2 + 1$, also $m_1 = f'(0) = 1$. Die Steigung der Geraden g ist $m_2 = -1$, das Produkt der beiden Steigungen ist also $m_1 \cdot m_2 = -1$, d. h., die Gerade g schneidet den Graphen von f im rechten Winkel.

(2) Punktproben ergeben:
$f(-\sqrt{2}) = -(-\sqrt{2})^3 + (-\sqrt{2}) = 2\sqrt{2} - \sqrt{2} = \sqrt{2}$
$= g(-\sqrt{2})$,
$f(\sqrt{2}) = -\sqrt{2^3} + \sqrt{2} = -2\sqrt{2} + \sqrt{2} = -\sqrt{2} = g(\sqrt{2})$.

(3)

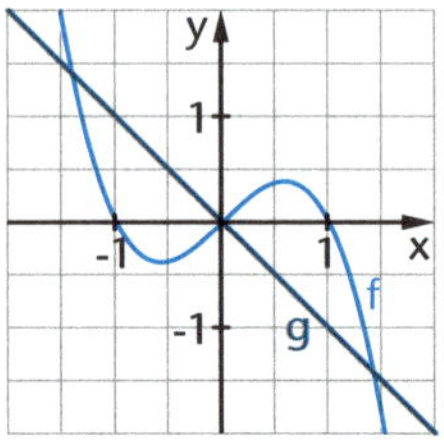

(4) Beide Graphen sind punktsymmetrisch zum Ursprung, da in den Funktionstermen nur Potenzen mit ungeraden Exponenten auftreten; daher kann man auch die beiden Flächenstücke durch Punktspiegelung am Ursprung jeweils ineinander überführen.

(5) Um den Flächeninhalt eines Flächenstücks zu bestimmen, berechnet man das Integral über die Differenzfunktion $d(x) = f(x) - g(x)$ für das Intervall $[0; \sqrt{2}]$:

$$\int_0^{\sqrt{2}} ((-x^3 + x) - (-x))\,dx = \int_0^{\sqrt{2}} (-x^3 + 2x)\,dx = \left[-\frac{x^4}{4} + x^2\right]_0^{\sqrt{2}} = -1 + 2 = 1.$$

Lösung Aufgabe 15

$\frac{f(x_2) - f(x_1)}{x_2 - x_1}$ = Steigung der Sekante durch die Punkte $(x_1|f(x_1))$ und $(x_2|f(x_2))$ des Graphen
= mittlere Steigung des Graphen im Intervall $[x_1; x_2]$;

$\frac{f'(x_2) - f'(x_1)}{x_2 - x_1}$ = mittlere Änderungsrate der 1. Ableitung der Funktion f;

$\int_{x_1}^{x_2} f(x)\,dx$ = Fläche zwischen Graph und x-Achse im Intervall $[x_1; x_2]$;

$\frac{1}{x_2 - x_1} \cdot \int_{x_1}^{x_2} f(x)\,dx$ = Mittelwert der Funktionswerte von f im Intervall $[x_1; x_2]$;

$\int_{x_1}^{x_2} f'(x)\,dx = [f(x)]_{x_1}^{x_2} = f(x_2) - f(x_1)$ = Differenz der Funktionswerte zwischen den Enden des Intervalls $[x_1; x_2]$

Lösung Aufgabe 16

(1) Der Vektor $\vec{u}$ hat die Länge $|\vec{u}| = \sqrt{(-3)^2 + 4^2 + 8^2} = \sqrt{89}$. Die Länge des Vektors $\vec{v}$ ist $|\vec{v}| = \sqrt{a^2 + 2^2 + 7^2} = \sqrt{a^2 + 53}$. Die Bedingung ist für a = 6 bzw. für a = −6 erfüllt.

(2) $\vec{u} * \vec{w} = \begin{pmatrix} -3 \\ 4 \\ 8 \end{pmatrix} * \begin{pmatrix} a \\ -3 \\ 6 \end{pmatrix} = -3a - 12 + 48 = 0 \Leftrightarrow 3a = 36 \Leftrightarrow a = 12.$

(3) Da beide Vektoren die gleiche Länge besitzen, handelt es sich um eine Raute.
Da für das Skalarprodukt gilt: $\vec{u} * \vec{v} = \begin{pmatrix} -3 \\ 4 \\ 8 \end{pmatrix} * \begin{pmatrix} a \\ 2 \\ 7 \end{pmatrix} = -3a + 8 + 56 = \mp 18 + 8 + 56 \neq 0$,
handelt es sich nicht um ein Quadrat.

(4) Da die beiden Vektoren orthogonal zueinander sind, handelt es sich um ein Rechteck.
Da $|\vec{v}| = \left|\begin{pmatrix} 12 \\ 2 \\ 7 \end{pmatrix}\right| = \sqrt{12^2 + 2^2 + 7^2} \neq \sqrt{89}$, handelt es sich nicht um ein Quadrat.

Lösung Aufgabe 17

(1) $E: \vec{x} = \begin{pmatrix} -1 \\ 2 \\ 1 \end{pmatrix} + r \cdot \begin{pmatrix} 2 \\ 1 \\ 0 \end{pmatrix} + s \cdot \begin{pmatrix} -1 \\ 0 \\ 1 \end{pmatrix}$

(2) Mithilfe einer Punktprobe zeigt man, dass $P \in g$. Zu lösen ist das lineare Gleichungssystem

$$\begin{pmatrix} 1 \\ -2 \\ 3 \end{pmatrix} + t \cdot \begin{pmatrix} 1 \\ -2 \\ 1 \end{pmatrix} = \begin{pmatrix} -1 \\ 2 \\ 1 \end{pmatrix} \Leftrightarrow t \cdot \begin{pmatrix} 1 \\ -2 \\ 1 \end{pmatrix} = \begin{pmatrix} -2 \\ 4 \\ -2 \end{pmatrix} \Leftrightarrow \left| \begin{matrix} t = -2 \\ -2t = 4 \\ t = -2 \end{matrix} \right| \Leftrightarrow \left| \begin{matrix} t = -2 \\ t = -2 \\ t = -2 \end{matrix} \right| \Leftrightarrow t = -2.$$

Dann muss noch gezeigt werden, dass der Richtungsvektor von g und die Richtungsvektoren von E zueinander orthogonal sind, d. h. dass die Skalarprodukte jeweils gleich null sind:

$$\begin{pmatrix} 1 \\ -2 \\ 1 \end{pmatrix} * \begin{pmatrix} 2 \\ 1 \\ 0 \end{pmatrix} = 1 \cdot 2 + (-2) \cdot 1 + 1 \cdot 0 = 0; \quad \begin{pmatrix} 1 \\ -2 \\ 1 \end{pmatrix} * \begin{pmatrix} -1 \\ 0 \\ 1 \end{pmatrix} = 1 \cdot (-1) + (-2) \cdot 0 + 1 \cdot 1 = 0.$$

Lösung Aufgabe 18

(1) $\overrightarrow{BC} = \begin{pmatrix} 5-4 \\ 6-3 \\ -4-(-1) \end{pmatrix} = \begin{pmatrix} 1 \\ 3 \\ -3 \end{pmatrix}$, d. h. $\overrightarrow{OD} = \overrightarrow{OA} + \overrightarrow{AD} = \overrightarrow{OA} + \overrightarrow{BC} = \begin{pmatrix} 1 \\ 1 \\ 1 \end{pmatrix} + \begin{pmatrix} 1 \\ 3 \\ -3 \end{pmatrix} = \begin{pmatrix} 2 \\ 4 \\ -2 \end{pmatrix}$, also $D(2|4|-2)$.

(2) $\overrightarrow{AB} = \begin{pmatrix} 4-1 \\ 3-1 \\ -1-1 \end{pmatrix} = \begin{pmatrix} 3 \\ 2 \\ -2 \end{pmatrix}$, also $|\overrightarrow{AB}| = |\overrightarrow{DC}| = \sqrt{\begin{pmatrix} 3 \\ 2 \\ -2 \end{pmatrix} * \begin{pmatrix} 3 \\ 2 \\ -2 \end{pmatrix}} = \sqrt{9+4+4} = \sqrt{17}$ und

$|\overrightarrow{AD}| = |\overrightarrow{BC}| = \sqrt{\begin{pmatrix} 1 \\ 3 \\ -3 \end{pmatrix} * \begin{pmatrix} 1 \\ 3 \\ -3 \end{pmatrix}} = \sqrt{1+9+9} = \sqrt{19}.$

(3) $\overrightarrow{AC} = \begin{pmatrix} 5-1 \\ 6-1 \\ -4-1 \end{pmatrix} = \begin{pmatrix} 4 \\ 5 \\ -5 \end{pmatrix}$; $\overrightarrow{DB} = \begin{pmatrix} 4-2 \\ 3-4 \\ -1-(-2) \end{pmatrix} = \begin{pmatrix} 2 \\ -1 \\ 1 \end{pmatrix}$; $\begin{pmatrix} 4 \\ 5 \\ -5 \end{pmatrix} * \begin{pmatrix} 2 \\ -1 \\ 1 \end{pmatrix} = 8 - 5 - 5 = -2 \neq 0.$

Da das Skalarprodukt der beiden Diagonalenvektoren ungleich null ist, gilt, dass sich die Diagonalen nicht im rechten Winkel schneiden.

Lösung Aufgabe 19

(1) Das lineare Gleichungssystem besitzt unendlich viele Lösungen, die sich in der Form
$\vec{x} = \begin{pmatrix} c+1 \\ -c \\ c \end{pmatrix} = \begin{pmatrix} 1 \\ 0 \\ 0 \end{pmatrix} + c \cdot \begin{pmatrix} 1 \\ -1 \\ 1 \end{pmatrix}$, $c \in \mathbb{R}$, darstellen lassen.

(Geometrische Veranschaulichung: Die beiden Gleichungen können als Koordinatengleichungen von zwei Ebenen interpretiert werden; die Lösung ist eine Parameterdarstellung der Schnittgerade.)

(2) $\left| \begin{array}{l} x - y + z = 3 \\ x - y - z = -1 \\ x + ay + z = 1 \end{array} \right| \Leftrightarrow \left| \begin{array}{r} x - y + z = 3 \\ -2z = -4 \\ (1+a) \cdot y = -2 \end{array} \right| \Leftrightarrow \left| \begin{array}{r} x = 1 + y \\ z = 2 \\ (1+a) \cdot y = -2 \end{array} \right|$

1. Schritt: (−1)-Faches der 1. Zeile zur 2. Zeile und zur 3. Zeile addieren.
2. Schritt: Für die Variable z in der 1. Zeile den Wert 2 einsetzen und Gleichung nach x auflösen.
Falls $a = 1$, ergibt sich aus der 3. Zeile $y = -1$ und hieraus weiter $x = 0$; das Gleichungssystem hat also die Lösung $(0; -1; 2)$.
Falls $a = -1$, ergibt sich in der 3. Zeile die Gleichung $0 = -2$. Das Gleichungssystem hat dann also keine Lösung.
Hinweis: Die beiden Fälle können auch einzeln gelöst werden.

Lösung Aufgabe 20

(1) Zu zeigen ist, dass die drei Punkte nicht auf einer Geraden liegen.
Dies ist auf verschiedene Arten möglich.

Möglichkeit 1:
$\overrightarrow{AB} = \begin{pmatrix} -2-2 \\ 1-3 \\ 3-(-1) \end{pmatrix} = \begin{pmatrix} -4 \\ -2 \\ 4 \end{pmatrix}$; $\overrightarrow{AC} = \begin{pmatrix} 1-2 \\ 4-3 \\ -2-(-1) \end{pmatrix} = \begin{pmatrix} -1 \\ 1 \\ -1 \end{pmatrix}$; $\overrightarrow{BC} = \begin{pmatrix} 1-(-2) \\ 4-1 \\ -2-3 \end{pmatrix} = \begin{pmatrix} 3 \\ 3 \\ -5 \end{pmatrix}$.

Da diese drei Vektoren nicht Vielfache voneinander sind, liegen sie nicht auf einer Geraden.

Möglichkeit 2:
Geprüft wird, ob der Punkt C auf der Geraden g durch A, B liegt: $g: \vec{x} = \begin{pmatrix} 2 \\ 3 \\ -1 \end{pmatrix} + r \cdot \begin{pmatrix} -4 \\ -2 \\ 4 \end{pmatrix}$;

Punktprobe: $C \in g \Leftrightarrow \begin{pmatrix} 1 \\ 4 \\ -2 \end{pmatrix} = \begin{pmatrix} 2 \\ 3 \\ -1 \end{pmatrix} + r \cdot \begin{pmatrix} -4 \\ -2 \\ 4 \end{pmatrix} \Leftrightarrow \begin{pmatrix} -1 \\ 1 \\ -1 \end{pmatrix} = r \cdot \begin{pmatrix} -4 \\ -2 \\ 4 \end{pmatrix} \Leftrightarrow \left| \begin{array}{l} r = \frac{1}{4} \\ r = -\frac{1}{2} \\ r = -\frac{1}{4} \end{array} \right|$.

Da das lineare Gleichungssystem keine Lösung hat, liegt C nicht auf der Geraden durch A, B. Die drei Punkte bilden also ein Dreieck.

(2) Vergleich der Seitenlängen: Es genügt, die Quadrate der Seitenlängen zu berechnen:
$|\overrightarrow{AB}|^2 = 36$, $|\overrightarrow{AC}|^2 = 3$, $|\overrightarrow{BC}|^2 = 43$. Die Seite BC ist die längste Seite.

(3) $\overrightarrow{OD_1} = \overrightarrow{OC} + \overrightarrow{CD_1} = \overrightarrow{OC} + \overrightarrow{AB} = \begin{pmatrix} 1+(-4) \\ 4+(-2) \\ -2+4 \end{pmatrix} = \begin{pmatrix} -3 \\ 2 \\ 2 \end{pmatrix}$; $D_1(-3|2|2)$

$\overrightarrow{OD_2} = \overrightarrow{OC} + \overrightarrow{CD_2} = \overrightarrow{OC} + \overrightarrow{BA} = \begin{pmatrix} 1+4 \\ 4+2 \\ -2+(-4) \end{pmatrix} = \begin{pmatrix} 5 \\ 6 \\ -6 \end{pmatrix}$; $D_2(5|6|-6)$

$\overrightarrow{OD_3} = \overrightarrow{OB} + \overrightarrow{BD_3} = \overrightarrow{OB} + \overrightarrow{CA} = \begin{pmatrix} -2+1 \\ 1+(-1) \\ 3+1 \end{pmatrix} = \begin{pmatrix} -1 \\ 0 \\ 4 \end{pmatrix}$; $D_3(-1|0|4)$

Lösung Aufgabe 21

(1) Eine Gerade h, die durch den gemeinsamen Punkt $(1|-1|2)$ verläuft, ist beispielsweise gegeben durch $h: \vec{x} = \begin{pmatrix} 1 \\ -1 \\ 2 \end{pmatrix} + t \cdot \begin{pmatrix} 1 \\ -1 \\ 0 \end{pmatrix}$, deren Richtungsvektor die Orthogonalitätsbedingung $\begin{pmatrix} 2 \\ 2 \\ -1 \end{pmatrix} * \begin{pmatrix} 1 \\ -1 \\ 0 \end{pmatrix} = 2 - 2 + 0 = 0$ erfüllt.

(2) Man wählt für die Gerade h den gleichen Richtungsvektor wie für g sowie einen Punkt als Aufhängepunkt, der nicht auf g liegt, z. B. den Ursprung: $h: \vec{x} = \begin{pmatrix} 0 \\ 0 \\ 0 \end{pmatrix} + t \cdot \begin{pmatrix} 2 \\ 2 \\ -1 \end{pmatrix}$.

Nachweis, dass $O(0|0|0)$ nicht auf g liegt:
$1 + 2t = 0 \Leftrightarrow t = -0{,}5$; $-1 + 2t = 0 \Leftrightarrow t = 0{,}5$; $2 + t = 0 \Leftrightarrow t = -2$.

Wenn die Gerade g den Ursprung enthalten würde, müsste sich bei den drei Koordinaten der gleiche Parameterwert t ergeben.

Lösung Aufgabe 22

(1) Ein Normalenvektor der Ebene ist $\vec{n} = \begin{pmatrix} 1 \\ -1 \\ 1 \end{pmatrix}$.

(2) Da das Skalarprodukt von Richtungsvektor der Geraden und Normalenvektor der Ebene gleich null ist: $\begin{pmatrix} 3 \\ 1 \\ -2 \end{pmatrix} * \begin{pmatrix} 1 \\ -1 \\ 1 \end{pmatrix} = 3 - 1 - 2 = 0$, verläuft die Gerade in der Ebene oder parallel zur Ebene. Da die Koordinaten des Aufhängepunkts der Geraden die Ebenengleichung nicht erfüllen $(1 - 0 + 2 \neq 5)$, liegt er nicht in der Ebene und damit auch nicht die Gerade.

Nachweis durch eine Rechnung: Gemeinsame Punkte von Gerade und Ebene müssen beide Gleichungen erfüllen. Einsetzen der Parameterdarstellung von Punkten der Geraden in die Koordinatengleichung der Ebene ergibt: $(1 + 3t) - (0 + t) + (2 - 2t) = 5$ $\Leftrightarrow 3 = 5$, d. h., Gerade und Ebene haben keine Punkte gemeinsam.

Lösung Aufgabe 23

(1) Es gilt: $\overrightarrow{AB} = \begin{pmatrix} -1-2 \\ 2-(-1) \\ -1-1 \end{pmatrix} = \begin{pmatrix} -3 \\ 3 \\ -2 \end{pmatrix}$; also werden durch die Parameterdarstellung g:

$\vec{x} = \begin{pmatrix} 2 \\ -1 \\ 1 \end{pmatrix} + t \cdot \begin{pmatrix} -3 \\ 3 \\ -2 \end{pmatrix}$ alle Punkte erfasst, die auf der Geraden durch A und B liegen.

Die Punktprobe $\begin{pmatrix} 2 \\ -1 \\ 1 \end{pmatrix} + t \cdot \begin{pmatrix} -3 \\ 3 \\ -2 \end{pmatrix} = \begin{pmatrix} 0 \\ 5 \\ 2 \end{pmatrix} \Leftrightarrow t \cdot \begin{pmatrix} -3 \\ 3 \\ -2 \end{pmatrix} = \begin{pmatrix} -2 \\ 6 \\ 1 \end{pmatrix} \Leftrightarrow \begin{vmatrix} t = \frac{2}{3} \\ t = 2 \\ t = -\frac{1}{2} \end{vmatrix}$ zeigt,

dass C nicht auf g liegt.

(2) $|\overrightarrow{AB}| = \sqrt{\begin{pmatrix} -3 \\ 3 \\ -2 \end{pmatrix} * \begin{pmatrix} -3 \\ 3 \\ -2 \end{pmatrix}} = \sqrt{9+9+4} = \sqrt{22}$; $|\overrightarrow{BC}| = \sqrt{\begin{pmatrix} 1 \\ 3 \\ 3 \end{pmatrix} * \begin{pmatrix} 1 \\ 3 \\ 3 \end{pmatrix}} = \sqrt{1+9+9} = \sqrt{19}$;

$|\overrightarrow{CA}| = \sqrt{\begin{pmatrix} 2 \\ -6 \\ -1 \end{pmatrix} * \begin{pmatrix} 2 \\ -6 \\ -1 \end{pmatrix}} = \sqrt{4+36+1} = \sqrt{41}$.

Aus $AB^2 + BC^2 = AC^2$ folgt, dass das Dreieck ABC rechtwinklig ist mit AC als Hypotenuse.

Lösung Aufgabe 24

(1) Spurpunkte der Ebene mit den Koordinatenachsen sind Punkte, bei denen zwei der drei Koordinaten gleich null sind. Zu lösen sind also drei Gleichungssysteme:

$\begin{pmatrix} -1 \\ 1 \\ 2 \end{pmatrix} + r \cdot \begin{pmatrix} 1 \\ 1 \\ 0 \end{pmatrix} + s \cdot \begin{pmatrix} 0 \\ -1 \\ 1 \end{pmatrix} = \begin{pmatrix} a \\ 0 \\ 0 \end{pmatrix} \Leftrightarrow \begin{vmatrix} r = a+1 \\ r-s=-1 \\ s=-2 \end{vmatrix} \Leftrightarrow \begin{vmatrix} a=-4 \\ r=-3 \\ s=-2 \end{vmatrix}$,

d.h. die Ebene E schneidet die z-Achse im Punkt (−4 | 0 | 0).

$\begin{pmatrix} -1 \\ 1 \\ 2 \end{pmatrix} + r \cdot \begin{pmatrix} 1 \\ 1 \\ 0 \end{pmatrix} + s \cdot \begin{pmatrix} 0 \\ -1 \\ 1 \end{pmatrix} = \begin{pmatrix} 0 \\ b \\ 0 \end{pmatrix} \Leftrightarrow \begin{vmatrix} r = 1 \\ r-s=b-1 \\ s=-2 \end{vmatrix} \Leftrightarrow \begin{vmatrix} r=1 \\ b=4 \\ s=-2 \end{vmatrix}$,

d.h. die Ebene E schneidet die y-Achse im Punkt (0 | 4 | 0).

$\begin{pmatrix} -1 \\ 1 \\ 2 \end{pmatrix} + r \cdot \begin{pmatrix} 1 \\ 1 \\ 0 \end{pmatrix} + s \cdot \begin{pmatrix} 0 \\ -1 \\ 1 \end{pmatrix} = \begin{pmatrix} 0 \\ 0 \\ c \end{pmatrix} \Leftrightarrow \begin{vmatrix} r = 1 \\ r-s=-1 \\ s-c=-2 \end{vmatrix} \Leftrightarrow \begin{vmatrix} r=1 \\ s=2 \\ c=4 \end{vmatrix}$,

d.h. die Ebene E schneidet die z-Achse im Punkt (0 | 0 | 4).

(2) Der Richtungsvektor einer Geraden, die parallel zur Ebene verläuft, muss sich als Linearkombination der beiden Richtungsvektoren der Ebene darstellen lassen, beispielsweise $\vec{u} = 1 \cdot \begin{pmatrix} 1 \\ 1 \\ 0 \end{pmatrix} + 1 \cdot \begin{pmatrix} 0 \\ -1 \\ 1 \end{pmatrix} = \begin{pmatrix} 1 \\ 0 \\ 1 \end{pmatrix}$. Da eine Ursprungsgerade gesucht ist, ist eine solche Gerade durch $g_1\colon \vec{x} = r \cdot \begin{pmatrix} 1 \\ 0 \\ 1 \end{pmatrix}$ gegeben.

(3) Für den Richtungsvektor $\vec{u}$ einer Geraden, welche die Ebene orthogonal schneidet, muss gelten:
$\vec{u} * \begin{pmatrix} 1 \\ 1 \\ 0 \end{pmatrix} = 0$ und $\vec{u} * \begin{pmatrix} 0 \\ -1 \\ 1 \end{pmatrix} = 0$. Ein solcher Vektor ist beispielsweise $\vec{u} = \begin{pmatrix} 1 \\ -1 \\ -1 \end{pmatrix}$.
Da eine Ursprungsgerade gesucht ist, ist eine solche Gerade durch $g_2\colon \vec{x} = r \cdot \begin{pmatrix} 1 \\ -1 \\ -1 \end{pmatrix}$ gegeben.

Lösung Aufgabe 25

(1) $M = \begin{pmatrix} 1,5 & 0 \\ 0 & 1,5 \end{pmatrix}$; $\overrightarrow{OA'} = \begin{pmatrix} 1,5 & 0 \\ 0 & 1,5 \end{pmatrix} \cdot \begin{pmatrix} 1 \\ 2 \end{pmatrix} = \begin{pmatrix} 1,5 \\ 3 \end{pmatrix}$; $\overrightarrow{OB'} = \begin{pmatrix} 1,5 & 0 \\ 0 & 1,5 \end{pmatrix} \cdot \begin{pmatrix} 4 \\ -1 \end{pmatrix} = \begin{pmatrix} 6 \\ -1,5 \end{pmatrix}$
$\overrightarrow{OC'} = \begin{pmatrix} 1,5 & 0 \\ 0 & 1,5 \end{pmatrix} \cdot \begin{pmatrix} 3 \\ 5 \end{pmatrix} = \begin{pmatrix} 4,5 \\ 7,5 \end{pmatrix}$

(2) $M = \begin{pmatrix} -1 & 0 \\ 0 & 0 \end{pmatrix}$; $\overrightarrow{OA'} = \begin{pmatrix} -1 & 0 \\ 0 & 0 \end{pmatrix} \cdot \begin{pmatrix} 1 \\ 2 \end{pmatrix} = \begin{pmatrix} -1 \\ 2 \end{pmatrix}$; $\overrightarrow{OB'} = \begin{pmatrix} -1 & 0 \\ 0 & 0 \end{pmatrix} \cdot \begin{pmatrix} 4 \\ -1 \end{pmatrix} = \begin{pmatrix} -4 \\ -1 \end{pmatrix}$;
$\overrightarrow{OC'} = \begin{pmatrix} -1 & 0 \\ 0 & 0 \end{pmatrix} \cdot \begin{pmatrix} 3 \\ 5 \end{pmatrix} = \begin{pmatrix} -3 \\ 5 \end{pmatrix}$

(3) $M = \begin{pmatrix} 0 & -1 \\ 1 & 0 \end{pmatrix}$; $\overrightarrow{OA'} = \begin{pmatrix} 0 & -1 \\ 1 & 0 \end{pmatrix} \cdot \begin{pmatrix} 1 \\ 2 \end{pmatrix} = \begin{pmatrix} -2 \\ 1 \end{pmatrix}$; $\overrightarrow{OB'} = \begin{pmatrix} 0 & -1 \\ 1 & 0 \end{pmatrix} \cdot \begin{pmatrix} 4 \\ -1 \end{pmatrix} = \begin{pmatrix} 1 \\ 4 \end{pmatrix}$;
$\overrightarrow{OC'} = \begin{pmatrix} 0 & -1 \\ 1 & 0 \end{pmatrix} \cdot \begin{pmatrix} 3 \\ 5 \end{pmatrix} = \begin{pmatrix} -5 \\ 3 \end{pmatrix}$

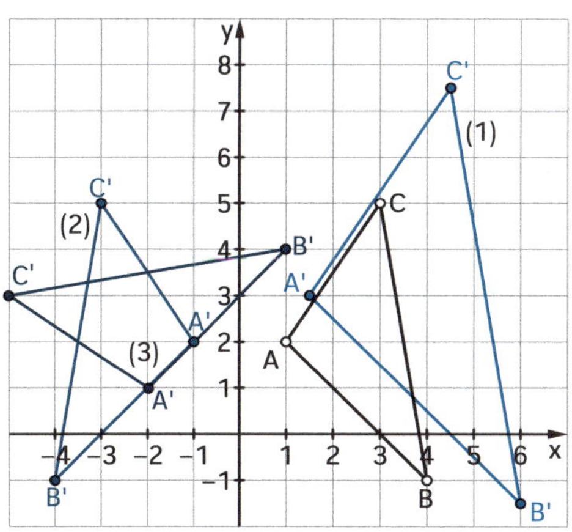

Lösung Aufgabe 26

(1) Aus der Definition der inversen Matrix durch die Gleichung $\begin{pmatrix} 1 & 3 \\ 2 & 4 \end{pmatrix} \cdot \begin{pmatrix} a & c \\ b & d \end{pmatrix}$ ergeben sich die linearen Gleichungen
$a + 3b = 1$; $c + 3d = 0$; $2a + 4b = 0$; $2c + 4d = 1$.
Die erste und die dritte Gleichung ergeben zusammen ein lineares Gleichungssystem mit den Variablen a und b, die zweite und die vierte Gleichung ein lineares Gleichungssystem mit den Variablen c und d:

$$\begin{vmatrix} a + 3b = 1 \\ 2a + 4b = 0 \end{vmatrix} \Leftrightarrow \begin{vmatrix} a + 3b = 1 \\ a + 2b = 0 \end{vmatrix} \Leftrightarrow \begin{vmatrix} b = 1 \\ a = -2 \end{vmatrix} \text{ und } \begin{vmatrix} c + 3d = 0 \\ 2c + 4d = 1 \end{vmatrix} \Leftrightarrow \begin{vmatrix} c + 3d = 0 \\ c + 2d = 0{,}5 \end{vmatrix} \Leftrightarrow \begin{vmatrix} d = -0{,}5 \\ c = 1{,}5 \end{vmatrix}$$

also $M^{-1} = \begin{pmatrix} -2 & 1{,}5 \\ 1 & -0{,}5 \end{pmatrix}$.

(2) Aus $\begin{pmatrix} a & c \\ b & d \end{pmatrix} \cdot \begin{pmatrix} 1 \\ 0 \end{pmatrix} = \begin{pmatrix} a \\ b \end{pmatrix} = \begin{pmatrix} 1 \\ -1 \end{pmatrix}$ und $\begin{pmatrix} a & c \\ b & d \end{pmatrix} \cdot \begin{pmatrix} 0 \\ 1 \end{pmatrix} = \begin{pmatrix} c \\ d \end{pmatrix} = \begin{pmatrix} -2 \\ 1 \end{pmatrix}$ ergibt sich $M = \begin{pmatrix} 1 & -2 \\ -1 & 1 \end{pmatrix}$.

Lösung Aufgabe 27

Beim Spiegeln an der x-y-Ebene bleiben die x- und die y-Koordinate unverändert, die z-Koordinate wird mit (−1) multipliziert, d. h., der Punkt B hat die Koordinaten $(3|2|4)$.

Um den Flächeninhalt des Dreiecks ABC zu bestimmen, benötigt man die Länge einer Grundseite und die Länge der Höhe.

Die Strecke AB (= Grundseite) hat die Länge 8 (Betrag der Differenz der z-Koordinaten).

Der Mittelpunkt der Strecke AB ist $M(3|2|0)$. Es ist der Fußpunkt der Höhe.

Die Strecke MC hat dann die Länge $|MC| = \sqrt{(3-3)^2 + (2-0)^2 + (0-0)^2} = 2$.

Daher ist der Flächeninhalt des Dreiecks ABC gleich $\frac{1}{2} \cdot 8 \cdot 2 = 8$ FE.

Lösung Aufgabe 28

(1) Der Term steht für die Wahrscheinlichkeit für 2 Erfolge bei einem 5-stufigen BERNOULLI-Versuch mit $p = \frac{1}{3}$. Diese Bedingung ist erfüllt, wenn 4 der 12 Sektoren in der Gewinnfarbe gefärbt sind und das Glücksrad bei 5 Umdrehungen 2-mal auf einem solchen Sektor stehen bleibt.

Hinweis: Da $\binom{5}{2} = \binom{5}{3}$, steht der Term auch für 3 Erfolge bei einem 5-stufigen BERNOULLI-Versuch mit $p = \frac{2}{3}$. Diese Bedingung ist erfüllt, wenn 8 der 12 Sektoren in der Gewinnfarbe gefärbt sind und das Glücksrad bei 5 Umdrehungen 3-mal auf einem solchen Sektor stehen bleibt.

(2) Wenn $p = \frac{1}{4}$ ist, liegt das Maximum der Verteilung bei einem der Nachbarwerte von $\mu = 6 \cdot 0{,}25 = 1{,}5$, also bei $k = 1$ oder $k = 2$; diese Bedingung wird nur von der 2. Grafik erfüllt.

Hinweis: Die 1. Grafik zeigt ein symmetrisches Histogramm, also das für $p = 0{,}5$. Das Histogramm rechts gehört zu $p = \frac{2}{3}$ mit einem Maximum bei $k = 4$.

Lösung Aufgabe 29

(1) Mithilfe der Zufallsgröße X: *Anzahl der Erfolge* ergibt sich
$P(E_1) = P(X \geq 4) = P(X = 4) + P(X = 5) = 5 \cdot 0{,}25^4 \cdot 0{,}75 + 0{,}25^5 = P_6$
$P(E_2) = P(X \geq 3) = P(X = 3) + P(X = 4) + P(X = 5)$
$= 10 \cdot 0{,}25^3 \cdot 0{,}75^2 + 5 \cdot 0{,}25^4 \cdot 0{,}75 + 0{,}25^5 = P_1$

$\mu = 5 \cdot 0{,}25 = 1{,}25$, also
$P(E_3) = P(X \geq 2) = 1 - P(X \leq 1) = 1 - (P(X = 0) + P(X = 1))$
$= 1 - (0{,}75^5 + 5 \cdot 0{,}75^4 \cdot 0{,}25) = P_2$

(2) Im Histogramm kann man ablesen: $P(X = 0) \approx 0{,}24$; $P(X = 1) \approx 0{,}40$;
$P(X = 2) \approx 0{,}26$; $P(X = 3) \approx 0{,}09$; $P(X = 4) \approx 0{,}01$; $P(X = 5) \approx 0$.
Hieraus ergibt sich:
$P(E_1) = P(X = 4) + P(X = 5) \approx 0{,}01$,
$P(E_2) = P(X = 3) + P(X = 4) + P(X = 5) \approx 0{,}10$,
$P(E_3) = 1 - (P(X = 0) + P(X = 1)) \approx 1 - 0{,}64 = 0{,}36$.

Lösung Aufgabe 30

(1) $P(\text{weiß}) = \frac{3}{9} = \frac{1}{3}$; $P(\text{schwarz}) = \frac{6}{9} = \frac{2}{3}$

(2) $P(E) = 3 \cdot \left(\frac{1}{3}\right)^2 \cdot \left(\frac{2}{3}\right) = \frac{2}{9}$

(3) Die Wahrscheinlichkeit einer binomialverteilten Zufallsgröße ist in der Nähe des Erwartungswerts $\mu = n \cdot p$ maximal. Aus $2 \approx 3 \cdot p$ folgt $p = \frac{2}{3}$. Der Anteil der weißen Kugeln in der Urne müsste also ungefähr $\frac{2}{3}$ sein. Dies ist erfüllt, wenn $w = 8$ ist.

Hinweis: Auch für $w = 7$, also $p = \frac{7}{11}$, ergibt sich eine Binomialverteilung, deren Maximum bei $k = 2$ liegt. Das Gleiche gilt auch noch für $w = 6$, $w = 5$, aber auch für $w = 9$, $w = 10$, $w = 11$. Für $w = 4$ (also $p = 0{,}5$) und für $w = 12$ (also $p = 0{,}75$) ergeben sich Binomialverteilungen, die zwei Maxima haben, nämlich für $p = 0{,}5$ bei $k = 1$ und $k = 2$ und für $p = 0{,}75$ bei $k = 2$ und $k = 3$.

Lösung Aufgabe 31

Die Erfolgswahrscheinlichkeiten sind: $p_1 = \frac{2}{3}$ und $p_2 = \frac{1}{3}$.

Für die Wahrscheinlichkeitsverteilungen gilt:

k	0	1	2	3
$P(X_1 = k)$	$\binom{3}{0} \cdot \left(\frac{2}{3}\right)^0 \cdot \left(\frac{1}{3}\right)^3 = \frac{1}{27}$	$\binom{3}{1} \cdot \left(\frac{2}{3}\right)^1 \cdot \left(\frac{1}{3}\right)^2 = \frac{6}{27}$	$\binom{3}{2} \cdot \left(\frac{2}{3}\right)^2 \cdot \left(\frac{1}{3}\right)^1 = \frac{12}{27}$	$\binom{3}{3} \cdot \left(\frac{2}{3}\right)^3 \cdot \left(\frac{1}{3}\right)^0 = \frac{8}{27}$

k	0	1	2	3
$P(X_2 = k)$	$\binom{3}{0} \cdot \left(\frac{1}{3}\right)^0 \cdot \left(\frac{2}{3}\right)^3 = \frac{8}{27}$	$\binom{3}{1} \cdot \left(\frac{1}{3}\right)^1 \cdot \left(\frac{2}{3}\right)^2 = \frac{12}{27}$	$\binom{3}{2} \cdot \left(\frac{1}{3}\right)^2 \cdot \left(\frac{2}{3}\right)^1 = \frac{6}{27}$	$\binom{3}{3} \cdot \left(\frac{1}{3}\right)^3 \cdot \left(\frac{2}{3}\right)^0 = \frac{1}{27}$

Da sich die Wahrscheinlichkeiten für das Ereignis $X = 2$ wie 2 zu 1 verhalten, ist die Wahrscheinlichkeit, dass es sich um Würfel W1 handelt, gleich $\frac{2}{3}$.

Aufwendige Lösung mithilfe bedingter Wahrscheinlichkeiten:

$$P_{X=2}(W1) = \frac{P(X = 2 \cap W1)}{P(X = 2)} = \frac{P(X = 2 \cap W1)}{P(X = 2 \cap W1) + P(X = 2 \cap W2)} = \frac{\frac{6}{27}}{\frac{6}{27} + \frac{3}{27}} = \frac{6}{9} = \frac{2}{3}$$

Lösung Aufgabe 32

(1)

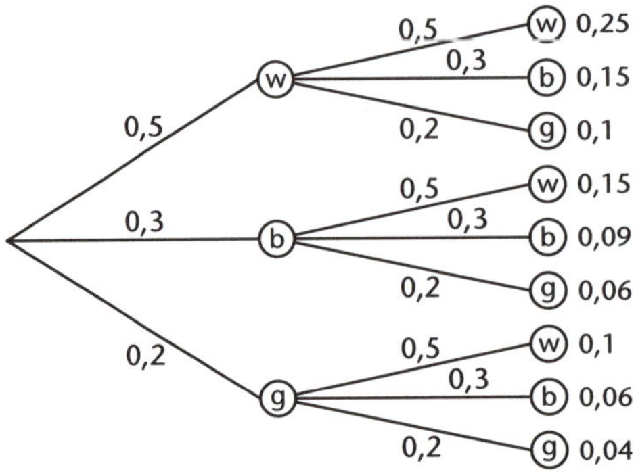

(2) $P(E) = 0{,}5^2 + 0{,}3^2 + 0{,}2^2 = 0{,}38$

(3) Zufallsgröße X: *Auszahlung in €*

$E(X) = 0{,}38 \cdot 2\,€ + 0{,}62 \cdot 0\,€ = 0{,}76\,€$

Im Mittel werden pro Spiel 0,76 € ausgezahlt, d. h. der Spielbetreiber hat im Mittel einen Gewinn von 0,24 € pro Spiel.

Lösung Aufgabe 33

(1) $\sigma = \sqrt{50 \cdot \frac{1}{3} \cdot \frac{2}{3}} = \sqrt{\frac{100}{3^2}} = \frac{10}{3}$.

(2) Aus $\sigma = 4 = \sqrt{100 \cdot p \cdot (1-p)}$, also $100 \cdot p \cdot (1-p) = 16$ und somit $p \cdot (1-p) = 0{,}16$, ergibt sich $p_1 = 0{,}2$ und $1 - p_1 = 0{,}8$ oder umgekehrt $p_2 = 0{,}8$ und $1 - p_2 = 0{,}2$.

Hieraus ergeben sich die Erwartungswerte $\mu_1 = 100 \cdot 0{,}2 = 20$ bzw. $\mu_2 = 100 \cdot 0{,}8 = 80$.

Lösung Aufgabe 34

(1) Das Ereignis E: *Mindestens ein Erfolg* ist das Gegenereignis zum Ereignis $\overline{E}$: *Kein Erfolg*. Dieses hat gemäß Histogramm die Wahrscheinlichkeit $P(X = 0) \approx 0{,}03$, also gilt gemäß Komplementärregel: $P(X \geq 1) \approx 0{,}97$.

(2) Wenn das Histogramm durch Spiegelung entstanden ist, dann wurden beim zugehörigen BERNOULLI-Versuch Erfolg und Misserfolg miteinander vertauscht, d. h. es handelt sich um die Wahrscheinlichkeitsverteilung mit $n = 10$ und $p = 0{,}7$. Da das Ereignis E in (1) das Ereignis *Mindestens ein Erfolg* (mit $p = 0{,}3$) beschreibt und Erfolg und Misserfolg miteinander vertauscht wurden, ist hier das Ereignis *Höchstens neun Erfolge* (mit $p = 0{,}7$) angesprochen, dessen Wahrscheinlichkeit ca. 97 % beträgt.

Die Spiegelachse liegt beim $k = \frac{1}{2} \cdot n$.

(3) Damit es zu 4 Erfolgen bei einem 10-stufigen BERNOULLI-Versuch kommt, müssen nach 9 Stufen entweder bereits 4 Erfolge vorgelegen haben und dann trat auf der 10. Stufe ein Misserfolg ein oder es lagen 3 Erfolge vor und auf der 10. Stufe trat ein Erfolg ein. Die Wahrscheinlichkeit ist daher

$P(X = 4) = \text{Wahrscheinlichkeit für 4 Erfolge} \cdot (1 - p) + \text{Wahrscheinlichkeit für 3 Erfolge} \cdot p$
$= 0{,}1715 \cdot 0{,}7 + 0{,}2668 \cdot 0{,}3$

Lösung Aufgabe 35

(1) Aus dem Histogramm ist zu entnehmen:
$P(X = 0) = P(X = 4) = \frac{1}{9}$; $P(X = 1) = P(X = 3) = \frac{2}{9}$ sowie $P(X = 2) = \frac{3}{9}$.

Da das Histogramm symmetrisch ist, müsste $p = 0{,}5$ sein; allerdings ist dann:

$P(X = 0) = P(X = 4) = 0{,}5^4 = 0{,}0625$; $P(X = 1) = P(X = 2) = 4 \cdot 0{,}5^4 = 0{,}25$ und $P(X = 3) = 6 \cdot 0{,}5^4 = 0{,}375$, was nicht mit den Werten des Histogramms übereinstimmt.
Alternativ kann man schließen: Aus $P(X = 0) = p^4 = \frac{1}{9}$, dass gilt: $p = \frac{1}{\sqrt[4]{9}} = \frac{1}{\sqrt{3}}$;
andererseits müsste wegen $P(X = 4) = (1 - p)^4$ auch gelten: $q = \frac{1}{\sqrt[4]{9}} = \frac{1}{\sqrt{3}}$.

Da aber $p + q = 1$ sein muss, kann das abgebildete Histogramm nicht zu einer Binomialverteilung gehören.

(2) Wenn $p = 0{,}5$ ist, dann ist auch $q = 0{,}5$ und daher vereinfacht sich die Berechnung gemäß BERNOULLI-Formel: $P(X = k) = \binom{n}{k} \cdot 0{,}5^k$. Da für die Binomialkoeffizienten gilt $\binom{n}{k} = \binom{n}{n-k}$, d. h. das PASCAL'sche Dreieck ist symmetrisch, folgt

$P(X = n - k) = \binom{n}{n-k} \cdot 0{,}5^k = \binom{n}{k} \cdot 0{,}5^k = P(X = k)$.

(3) Die Wahrscheinlichkeitsverteilung wurde bereits in der Lösung von (2) angegeben:

k	P (X = k)
0	0,0625
1	0,2500
2	0,3750
3	0,2500
4	0,0625

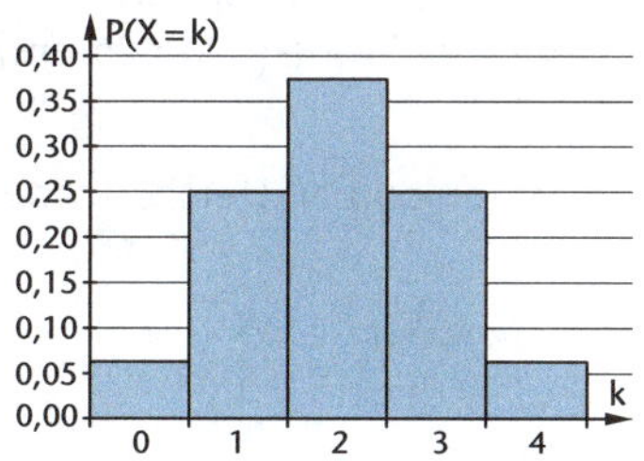

(4) Da n ungerade ist, ist der Erwartungswert nicht ganzzahlig. Hier ergibt sich:
$E(X) = 5 \cdot 0{,}5 = 2{,}5$. Daher gibt es zwei Anzahlen von Erfolgen, für welche die Wahrscheinlichkeit maximal ist:
Es gilt $P(X = 2) = P(X = 3) = 10 \cdot 0{,}5^5 = 0{,}3125$.

Aufgaben mit Hilfsmitteln

Aufgabe 1 *Deichbau*

Ein Deich ist ein Schutzwall gegen das Meer mit einer steilen Böschung zur Landseite und einer flacheren Böschung an der Seeseite, so dass die auflaufenden Wellen ihre Kraft verlieren.

Ältere Deiche an der Nordseeküste haben ein Deichprofil, dessen Form auf einem bestimmten Deichabschnitt näherungsweise dem Graphen der Funktion f_t entspricht mit

$f_t(x) = \frac{1}{3t}x(x-3t)^2;\ t \geq 1;$

und einem geeigneten Definitionsbereich. Dabei beschreibt die negative x-Achse im Koordinatensystem den Verlauf des Lands hinter dem Deich, die positive x-Achse die Deichsohle und die Meeresoberfläche.

Der abgebildete Graph zeigt das Deichprofil für $t = 2$.

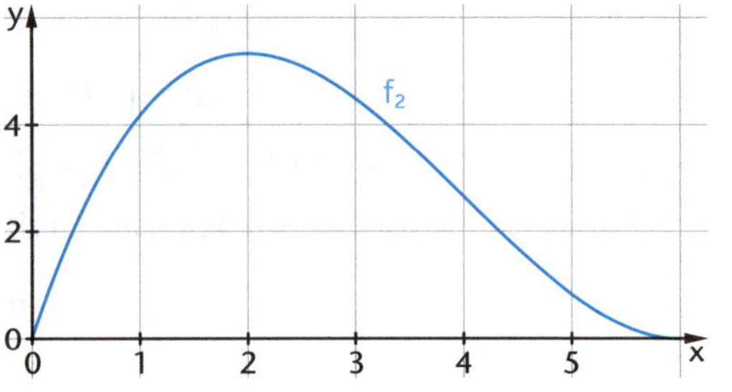

a) Bestimmen Sie allgemein für die durch die Graphen von f_t beschriebenen Deichprofile Lage und Höhe der Deichkrone (= Maximum) und die Breite der Deiche in der Ebene. **B2** **B3**

b) Bestimmen Sie von den Profilen denjenigen Deich, dessen Höhe mit der Breite übereinstimmt. **B6**

c) Das Innere der Deiche besteht aus Sand, der mit einer Schicht aus Kleie abgedeckt ist. Der Querschnitt dieser Schichten wird durch die Graphen der Funktionen f_t und $0{,}8 \cdot f_t$ und die x-Achse begrenzt.

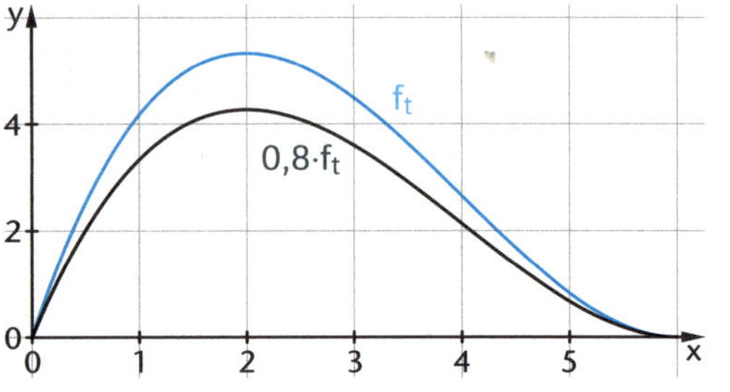

(1) Erklären Sie, was in der folgenden Rechnung bestimmt wird und erläutern Sie die einzelnen Schritte:

$$\int_0^{3t} f_t(x)\,dx = \left[\frac{1}{12t}x^4 - \frac{2}{3}x^3 + \frac{3}{2}tx^2\right]_0^{3t} = \frac{27}{4}t^3 - 18t^3 + \frac{27}{2}t^3 = \frac{9}{4}t^3$$ **D2**

(2) Begründen Sie, warum der Anteil an Sand im Innern des Deichs nicht vom Parameter t abhängt.

d) Von der Deichkrone aus soll ein unterirdisch verlaufendes, gerades Entwässerungsrohr bis zum Punkt O(0|0) verlegt werden.

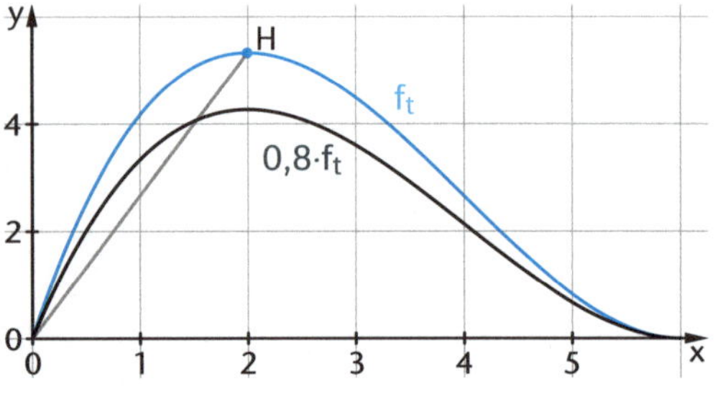

(1) Bestimmen Sie die Länge dieses Rohrs sowie die Länge der Strecke, für die das Rohr innerhalb der Sandschicht verläuft. B2

(2) Bestimmen Sie die Stelle auf dem Deich, an der der senkrecht zur Meeresoberfläche gemessene Abstand zum Rohr am größten ist. C5

e) Zur Festigung des Deichs soll an der Meeresseite die obere Schicht durch Basaltsteine ersetzt werden. Im Rahmen dieser Baumaßnahme soll das Deichprofil so verändert werden, dass zur Meerseite hin eine nicht gekrümmte Ebene entsteht. Der bis zum Wendepunkt rechtsgekrümmte Graph soll nicht in eine Linkskrümmung übergehen, sondern tangential fortgesetzt werden. Bestimmen Sie für beliebiges t, $t \geq 1$, die Gleichung dieser Tangente sowie die Stelle, an der das neue Profil die Meeresoberfläche (Normalnull) schneidet. A3 B2 B4

Lösung

a) $f_t(x) = \frac{1}{3t} \cdot x \cdot (x - 3t)^2 = \frac{1}{3t} \cdot x^3 - 2x^2 + 3tx$,

Ableitungen: $f_t'(x) = \frac{1}{t}x^2 - 4x + 3t$ und $f_t''(x) = \frac{2}{t}x - 4$.

Um die Lage und Höhe der Deichkrone zu bestimmen, untersuchen wir die Graphen auf Extrempunkte.

Notwendige Bedingung:

$f_t'(x) = 0 \Leftrightarrow x^2 - 4tx + 3t^2 = 0 \Leftrightarrow (x - t)(x - 3t) = 0 \Leftrightarrow x = t \vee x = 3t.$

Überprüfung der hinreichenden Bedingung:

Da $f_t'(t) = 0$ und $f_t''(t) = -2 < 0$, liegt an der Stelle $x = t$ ein lokales Maximum vor.

Die Höhe der Deichkrone ist $f_t(t) = \frac{1}{3t} \cdot t \cdot (t - 3t)^2 = \frac{1}{3} \cdot (-2t)^2 = \frac{4}{3}t^2$.

Für $x = 3t$ erhält man: $f_t''(3t) = 2 > 0$ – hier liegt ein lokales Minimum der Funktion vor.

Die Breite der Deiche ergibt sich aus den Schnittpunkten der Graphen mit der x-Achse:

$f_t(x) = 0 \Leftrightarrow \frac{1}{3t}x(x - 3t)^2 = 0 \Leftrightarrow x = 0 \vee x = 3t$

Die Breite der Deiche (bezogen auf die Ebene) ist $3t$.

b) Damit die Höhe und die Breite übereinstimmen, muss der Abstand der Nullstellen mit dem Funktionswert des Maximums übereinstimmen:

$3t = \frac{4}{3}t^2 \Leftrightarrow t = \frac{9}{4} \quad (t \neq 0)$

c) (1) In der Rechnung wird der Flächeninhalt der Querschnittsfläche des Deichs zwischen den beiden Nullstellen der Modellierungsfunktion berechnet. Dazu wird im ersten Schritt eine Stammfunktion für die Funktion f_t bestimmt und dann gemäß Hauptsatz der Differenzial- und Integralrechnung die Differenz der Funktionswerte der Stammfunktion am oberen und unteren Ende des betrachteten Intervalls berechnet.

Das Ergebnis $A(t) = \frac{9}{4}t^3$ gibt den gesuchten Flächeninhalt (in Abhängigkeit von t) an.

(2) Da die Profilkurve des inneren Sand-Deiches sich durch Multiplikation mit dem konstanten Faktor 0,8 aus der Profilkurve des Deiches ergibt, hat die Sandfläche 80 % Anteil an der gesamten Querschnittsfläche (Linearität des Integrals).

d) Die Verbindungsgerade vom lokalen Maximum in $\left(t\middle|\frac{4}{3}t^2\right)$ zum Koordinatenursprung hat die Steigung $m = \frac{\frac{4}{3}t^2}{t} = \frac{4}{3}t$, die Gerade demnach die Gleichung $g_t(x) = \frac{4}{3}t \cdot x$.

(1) Die Länge des Rohrs berechnet sich nach dem Satz von PYTHAGORAS $l_1 = \sqrt{t^2 + \frac{16}{9}t^4}$

Gesucht ist außerdem der Schnittpunkt der Geraden $g_t(x)$ mit der Profilkurve des Sand-Deiches:

$0{,}8 \cdot \left(\frac{1}{3t}x^3 - 2x^2 + 3tx\right) = \frac{4}{3}tx \Leftrightarrow \frac{4}{15t}x^3 - \frac{8}{5}x^2 + \frac{12}{5}tx = \frac{4}{3}tx \Leftrightarrow$

$\frac{4}{15t}x^3 - \frac{8}{5}x^2 + \frac{16}{15}tx = 0 \Leftrightarrow x \cdot \left(\frac{4}{15t}x^2 - \frac{8}{5}x + \frac{16}{15}t\right) = 0 \Leftrightarrow$

$x = 0 \vee x^2 - 6tx + 4t^2 = 0 \Leftrightarrow x = 0 \vee (x - 3t)^2 = 5t^2 \Leftrightarrow$

$x = 0 \vee x = (3 + \sqrt{5}) \cdot t \approx 5{,}24 \cdot t \vee x = (3 - \sqrt{5}) \cdot t \approx 0{,}764 \cdot t.$

Die hier in Frage kommende Schnittstelle ist $x \approx 0{,}764t$ (da sie im Intervall $[0;t]$ liegen muss).

Die zugehörige y-Koordinate berechnen wir am einfachsten mithilfe der Geradengleichung: $g_t(0{,}764t) \approx 1{,}019t^2$.

Die Länge des Rohrs, das im Sand liegt, ist demnach:
$l_2 = \sqrt{(0{,}764t)^2 + (1{,}019t^2)^2} \approx \sqrt{0{,}584t^2 + 1{,}038t^4}$.

(2) Gesucht ist das Maximum der Differenzfunktion $d_t(x) = f_t(x) - g_t(x)$ auf dem Intervall $[0;t]$:

$d_t(x) = f_t(x) - g_t(x) = \frac{1}{3t} \cdot x^3 - 2x^2 + 3tx - \frac{4}{3}tx = \frac{1}{3t} \cdot x^3 - 2x^2 + \frac{5}{3}tx,$

Ableitungen: $d_t'(x) = \frac{1}{t} \cdot x^2 - 4x + \frac{5}{3}t$ und $d_t''(x) = \frac{2}{t} \cdot x - 4$.

Notwendige Bedingung:

$d_t'(x) = \frac{1}{t} \cdot x^2 - 4x + \frac{5}{3}t = 0$

$\Leftrightarrow x^2 - 4tx + \frac{5}{3}t^2 = 0$

$\Leftrightarrow x^2 - 4tx + (2t)^2 = \frac{7}{3}t^2$

also $x = \left(2 + \sqrt{\frac{7}{3}}\right) \cdot t \approx 3{,}53t \vee$

$x = \left(2 - \sqrt{\frac{7}{3}}\right) \cdot t \approx 0{,}47t.$

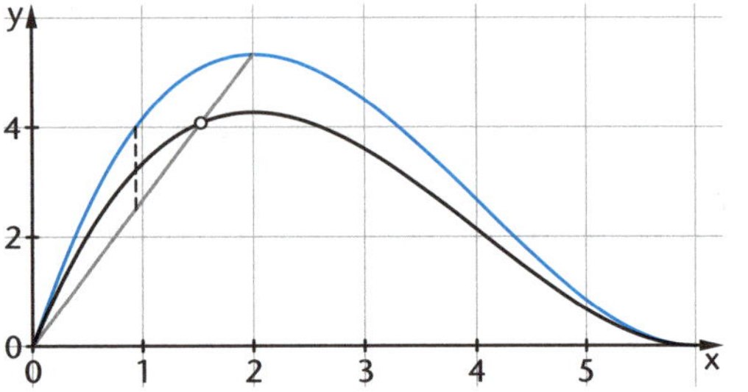

Da zusätzlich $d_t''(0{,}47t) < 0$, liegt an der Stelle $x \approx 0{,}47t$ ein lokales Maximum vor.

e) Bestimmung des Wendepunkts des Graphen:

Notwendige Bedingung: $f_t''(x) = \frac{2}{t}x - 4 = 0$, d. h. $x = 2t$.

Da die 3. Ableitung $f_t'''(x) = \frac{2}{t}$ konstant ist, ist auch die hinreichende Bedingung für das Vorliegen eines Wendepunkts erfüllt.

Es gilt: $f_t(2t) = \frac{1}{3t} \cdot 2t \cdot (2t - 3t)^2 = \frac{2}{3}t^2$ und $f_t'(2t) = \frac{1}{t} \cdot (2t)^2 - 4 \cdot 2t + 3t = -t$.

Die Gleichung der Wendetangente w lautet daher:

$w(x) = (-t) \cdot (x - 2t) + \frac{2}{3}t^2 = -t \cdot x + \frac{8}{3}t^2$.

Die Wendetangente schneidet die x-Achse (Meereshöhe, Normalnull) für $x = \frac{8}{3}t$.

Aufgabe 2 *Trassierung*

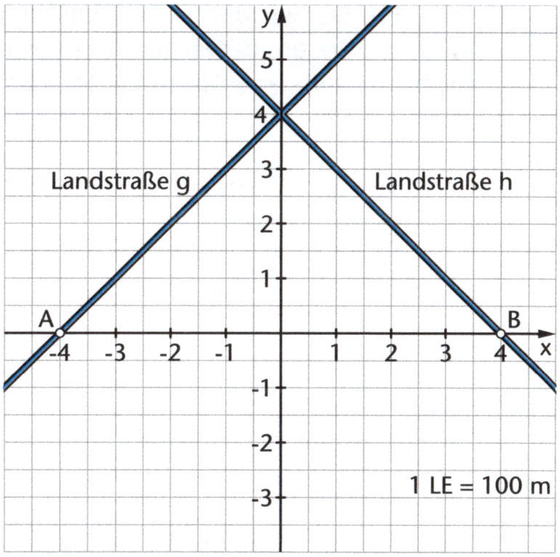

An der Kreuzung zweier Landstraßen ist das Verkehrsaufkommen sehr hoch und die Unfallgefahr groß.
Zur Entlastung der Kreuzung sollen die Straßen durch eine sinnvolle Trassenführung für Rechtsabbieger miteinander verbunden werden. Diese sollen die Möglichkeit erhalten, bei A die Landstraße g zu verlassen und über die Trasse in B auf die Landstraße h aufzufahren.

a) Bauingenieure einer Trassenbaugesellschaft erhalten den Auftrag, eine Funktion f zu finden, welche eine geeignete Trasse modelliert.
Grundlegend für die Trassierung ist, dass sich die gesuchte Übergangsstraße (1) *nahtlos* und (2) *glatt (knickfrei)* an die Landstraßen anschließen muss. Mathematisch bedeutet dies, dass der Graph der Trassenfunktion f den Graphen der Landstraße g im Punkt A sowie den Graphen der Landstraße h im Punkt B berühren muss.
Zudem müssen die Fahrzeuge an den Anknüpfungspunkten der Trasse möglichst (3) *krümmungsruckfrei* von der einen zur anderen Straße wechseln können. Dies ist erfüllt, wenn in den Berührpunkten auch die Krümmung der Graphen übereinstimmt, welche durch die zweite Ableitungsfunktion angegeben wird.
Stellen Sie die Bedingungen dar, welche eine Funktion f für die vorliegende Trassierung erfüllen sollte. **A6** **C2** **C3**
Hinweise: Zur Lösung des vorliegenden Trassierungsproblems lassen sich Symmetrieeigenschaften ausnutzen. Geben Sie daher an, welche Voraussetzung die Funktion f erfüllen muss und schränken Sie die Bedingungen ein. Beachten Sie auch, dass die Trasse südlich (also in der Abbildung unterhalb) der Kreuzung verlaufen soll. Nennen Sie auch die hierzu gehörenden Bedingungen.

b) Begründen Sie, dass es keine ganzrationale Funktion zweiten Grades geben kann, welche alle gewünschten Bedingungen erfüllt.
Ermitteln Sie das Gleichungssystem, welches die Koeffizienten einer ganz-rationalen Funktion f vierten Grades mit $f(x) = ax^4 + bx^2 + c$ erfüllen müssen. (Die Koeffizienten sollen nicht bestimmt werden.) **C2**

c) Zur Planung der Übergangsstraße wird ein Ausschuss eingerichtet. Jemand schlägt vor, eine Trasse zu bauen, welche durch eine Exponentialfunktion f_1 der Form $f_1(x) = a e^{b \cdot x^2} + c$; $a, b \neq 0$ mathematisch beschrieben werden kann.

(1) Begründen Sie: Der Graph der Funktion f_1 ist achsensymmetrisch zur y-Achse.
(2) Erläutern Sie die notwendigen Schritte:
$f_1'(x) = 2abx e^{b \cdot x^2}$, $f_1''(x) = 2ab(1 + 2bx^2) e^{b \cdot x^2}$

(3) Erläutern Sie, wie durch die folgenden Schritte geeignete Parameterwerte für a, b, c bestimmt werden, so dass ein nahtloses, glattes und krümmungsruckfreies Auf- und Abfahren der Verkehrsteilnehmer über die Trasse möglich ist: C3

> Aus den Bedingungen ergibt sich ein Gleichungssystem:
> (I) $a \cdot e^{16 \cdot b} + c = 0$
> (II) $8 \cdot a \cdot b \cdot e^{16 \cdot b} = -1$
> (III) $2 \cdot a \cdot b \cdot (1 + 32 \cdot b) \cdot e^{16 \cdot b} = 0$
>
> Aus (III) folgt: $b = -\frac{1}{32}$
> Aus (II) folgt dann: $a = 4 \cdot e^{\frac{1}{2}}$
> Aus (I) ergibt sich: $c = -4$
> also: $f_1(x) = 4\left(e^{-\frac{1}{32}x^2 + \frac{1}{2}} - 1\right)$

(4) Prüfen Sie die Lage der Trasse bezüglich der Kreuzung.

d) Von der Trassenbaugesellschaft wird die Funktion f_2 für die Modellierung der Trasse vorgeschlagen:

$f_2(x) = -0{,}2757\left(e^{0{,}5x} + e^{-0{,}5x}\right) + 2{,}075$

Zeigen Sie, dass auch f_2 als Modellierung in Frage kommt mit der Einschränkung, dass die Ruckfreiheit nur bedingt gewährleistet ist. A2 A6

e) Das Gebiet, welches von den Landstraßen und der Trasse eingeschlossen wird, kann nicht mehr landwirtschaftlich genutzt werden; pro Quadratmeter Fläche entstehen hohe Kosten.
Die Planungsgruppe vergleicht den Flächenbedarf der beiden durch f_1 und f_2 gegebenen Alternativen. Für Modell 1 wird ein Bedarf von 28 580 m² berechnet. Modell 2 erfordert eine k-fach so große Fläche.
Bestimmen Sie den Faktor k (Rundung auf eine Dezimalstelle). D1 D2 A2

Entscheiden Sie, welche Funktion zur Modellierung der Trasse ausgewählt werden soll.

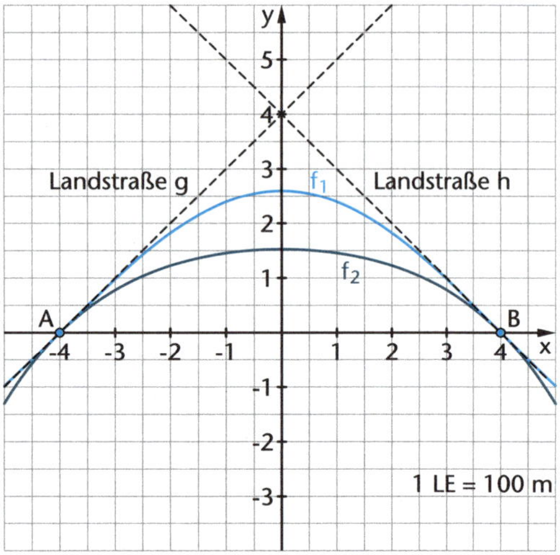

Lösung

a) Die Landstraßen werden modelliert durch die linearen Funktionen g und h mit $g(x) = x + 4$ und $h(x) = -x + 4$.
Eine Modellierungsfunktion f sollte die folgenden Bedingungen erfüllen:
A ist Berührpunkt der Graphen von f und g und B ist Berührpunkt von f und h.
(1) nahtlos: $f(-4) = g(-4) \wedge f(4) = h(4) \Leftrightarrow f(-4) = 0 \wedge f(4) = 0$
(2) knickfrei: $f'(-4) = g'(-4) \wedge f'(4) = h'(4) \Leftrightarrow f'(-4) = 1 \wedge f'(4) = -1$
Zusätzlich soll das Krümmungsverhalten der Graphen an den Berührstellen übereinstimmen. Die Krümmung einer Gerade ist in allen Punkten gleich null.
(3) ruckfrei: $f''(-4) = g''(-4) = 0 \wedge f''(4) = h''(4) = 0$

Das vorliegende Trassierungsproblem ist achsensymmetrisch, gesucht wird also eine achsensymmetrische Funktion f. Es genügt daher, die Bedingungen im Punkt B zu betrachten, d. h. es muss gelten:
(1) $f(4) = 0$ (2) $f'(4) = -1$ (3) $f''(4) = 0$
Zu beachten ist auch $f(0) < 4$, da die Trasse südlich der Kreuzung verlaufen soll.

b) Der Graph der ganzrationalen Funktion zweiten Grades muss achsensymmetrisch zur y-Achse sein, der Funktionsterm kann also nur Summanden mit geraden Potenzen von x enthalten:
Ansatz: $f(x) = ax^2 + b$ mit $f'(x) = 2ax$ und $f''(x) = 2a$.
(1) $16a + b = 0$ (2) $8a = -1$ (3) $2a = 0$
Die Gleichungen (2) und (3) stehen zueinander im Widerspruch.

Es existiert also keine ganzrationale Funktion zweiten Grades, welche alle drei Bedingungen erfüllt.

Aufgrund der Achsensymmetrie lässt sich für die gesuchte ganzrationale Funktion vierten Grades die Funktionsgleichung $f(x) = ax^4 + bx^2 + c$ aufstellen.
Die erste und zweite Ableitung lauten: $f'(x) = 4ax^3 + 2bx$ und $f''(x) = 12ax^2 + 2b$

Aus den Bedingungen (1), (2) und (3) ergibt sich das Gleichungssystem
(1) $256a + 16b + c = 0$ (2) $256a + 8b = -1$ (3) $192a + 2b = 0$

c) (1) Der Graph der Funktion ist achsensymmetrisch, denn es gilt
$f_1(-x) = ae^{b \cdot (-x)^2} + c = ae^{b \cdot x^2} + c = f_1(x)$ für alle $x \in D_{f_1}$.

(2) Nach Kettenregel gilt: $f_1'(x) = a \cdot e^{b \cdot x^2} \cdot 2bx = 2ab \cdot x \cdot e^{b \cdot x^2}$
Nach Produkt- und Kettenregel folgt:
$f_1''(x) = 2ab \cdot e^{b \cdot x^2} + 2ab \cdot x \cdot e^{b \cdot x^2} \cdot 2bx = 2ab \cdot e^{b \cdot x^2} \cdot (1 + 2bx^2)$

(3) (I) Der Graph hat bei $x = 4$ eine Nullstelle, d. h. $f(4) = a \cdot e^{16b} + c = 0$
(II) Die Steigung der Tangente an der Stelle $x = 4$ ist gleich -1:
$f_1'(4) = 8ab \cdot e^{16b} = -1$
(III) Der Übergang an der Stelle $x = 4$ ist krümmungsruckfrei, d. h. $f_1''(4) = 0$,
also $2ab \cdot e^{16b} \cdot (1 + 32b) = 0$

In Gleichung (III) steht auf der linken Seite ein Produkt; dieses kann nur null sein, wenn mindestens einer der Faktoren gleich null ist. Da $a, b \neq 0$ vorausgesetzt wird und für die Potenz gilt $e^{16b} > 0$, muss gelten:

$1 + 32b = 0$, also $b = -\frac{1}{32}$.
Durch Einsetzen von $b = -\frac{1}{32}$ in (2) ergibt sich
$8 \cdot a \cdot \left(-\frac{1}{32}\right) \cdot e^{-16 \cdot \frac{1}{32}} = -1 \Leftrightarrow a = 4 \cdot e^{\frac{1}{2}}$.
Setzt man $a = 4 \cdot e^{\frac{1}{2}}$ und $b = -\frac{1}{32}$ in (1) ein, so erhält man
$4 \cdot e^{\frac{1}{2}} \cdot e^{-16 \cdot \frac{1}{32}} + c = 0 \Leftrightarrow c = -4$.
Für die Funktion f_1 ergibt sich $f_1(x) = 4 \cdot e^{\frac{1}{2}} \cdot e^{-\frac{1}{32} \cdot x^2} - 4 = 4 \cdot \left(e^{-\frac{1}{32} \cdot x^2 + \frac{1}{2}} - 1\right)$

(4) Es ist $f_1(0) = 4 \cdot e^{\frac{1}{2}} - 4 \approx 2{,}6 < 4$. Die Trasse verläuft etwa 140 m südlich des Kreuzungspunktes.

d) Der Graph der Funktion f_2 mit $f_2(x) = -0{,}2757 \cdot (e^{0,5 \cdot x} + e^{-0,5 \cdot x}) + 2{,}075$ ist achsensymmetrisch, denn es gilt für alle $x \in D_{f_2}$
$f_2(-x) = -0{,}2757 \cdot (e^{0,5 \cdot (-x)} + e^{-0,5 \cdot (-x)}) + 2{,}075 = -0{,}2757 \cdot (e^{0,5\ x} + e^{0,5\ x}) + 2{,}075 = f_2(x)$
Das Maximum liegt unterhalb des Schnittpunktes der beiden Geraden, denn es ist
$f_2(0) = -0{,}2757 \cdot (e^0 + e^0) + 2{,}075 \approx 1{,}52 < 4$.
Zur Überprüfung des Verhaltens an den Übergangspunkten werden zunächst die Ableitungen gebildet:
$f_2'(x) = -0{,}2757 \cdot (0{,}5 \cdot e^{0,5 \cdot x} - 0{,}5 \cdot e^{-0,5 \cdot x}) = -0{,}13785 \cdot (e^{0,5 \cdot x} - e^{-0,5 \cdot x})$
$f_2''(x) = -0{,}13785 \cdot (0{,}5 \cdot e^{0,5 \cdot x} + 0{,}5 \cdot e^{-0,5 \cdot x}) = -0{,}068925 \cdot (e^{0,5 \cdot x} + e^{-0,5 \cdot x})$

Es ist $f_2(4) = -0{,}2757 \cdot (e^2 + e^{-2}) + 2{,}075 \approx 0 \wedge f_2'(4) = -0{,}13785 \cdot (e^2 - e^{-2}) \approx -1$.
Die Trassierung mittels der Funktion f_2 ermöglicht einen nahtlosen und knickfreien Übergang.
Der Übergang ist nicht völlig ruckfrei, da die Krümmung $f_2''(4) \approx -0{,}52 \neq 0$ ist.

e) Zunächst wird die von den beiden Geraden und der x-Achse eingeschlossene Dreiecksfläche berechnet.
Die Länge der Grundseite des Dreiecks beträgt 8 LE (Längeneinheiten), die Länge der Dreieckshöhe 4 LE.

$A_D = \frac{1}{2} \cdot 8\text{ LE} \cdot 4\text{ LE} = 16\text{ FE}$ (Flächeneinheiten).

In der Realität entspricht eine Längeneinheit einer Länge von 100 m, daher beträgt der Inhalt des dreieckförmigen Flächenstücks 160 000 m².
Die Fläche, welche der Graph von f_2 mit der x-Achse einschließt, kann unter Ausnutzung der Achsensymmetrie durch Integration bestimmt werden:

$$A_{f_2} = 2 \cdot \int_0^4 f_2(x)\,dx = 2 \cdot \int_0^4 (-0{,}2757 \cdot (e^{0,5 \cdot x} + e^{-0,5 \cdot x}) + 2{,}075)\,dx$$
$$= 2 \cdot \left[-0{,}2757 \cdot (2 \cdot e^{0,5 \cdot x} - 2 \cdot e^{-0,5 \cdot x}) + 2{,}075 \cdot x\right]_0^4 \approx 8{,}6\text{ FE}.$$

Dies entspricht in der Realität einer Größe von 86 000 m². Der Flächenbedarf für die Trassierung mittels f_2 beträgt demnach $A = 160000\text{ m}^2 - 86000\text{ m}^2 = 74000\text{ m}^2$.
Alternativ kann auch die Fläche zwischen den Funktionsgraphen von h und f_2 betrachtet werden:

$$A = 2 \cdot \int_0^4 (h(x) - f_2(x))\,dx = 2 \cdot \int_0^4 (-x + 0{,}2757 \cdot (e^{0,5 \cdot x} + e^{-0,5 \cdot x}) + 1{,}925)\,dx$$
$$= 2 \cdot \left[-\frac{1}{2}x^2 + 0{,}2757 \cdot (2 \cdot e^{0,5 \cdot x} - 2 \cdot e^{-0,5 \cdot x}) + 1{,}925 \cdot x\right]_0^4 \approx 7{,}4\text{ FE} = 74000\text{ m}^2.$$

Mit $k = 74000\text{ m}^2 : 28580\text{ m}^2 \approx 2{,}6$ ist der Flächenbedarf für das Trassierungsmodell 2 also etwa 2,6-fach höher als bei Modell 1.
Die Funktion f_1 ist für die Modellierung der Trassierung zu empfehlen. Der zugehörige Graph verläuft achsensymmetrisch unterhalb des Schnittpunktes der Geraden g und h. Das Verhalten an den Übergangspunkten entspricht genau den geforderten Bedingungen.

Aufgabe 3 *mp3-Player*

Die Elektronikfirma stellt einen mp3-Player her.
In der nebenstehenden Abbildung ist die Anzahl der täglich verkauften mp3-Player im Verlauf eines Jahres dargestellt.
Zur Vereinfachung der Modellierung wird im Folgenden mit einem Jahr mit 360 Tagen und einer konstanten Monatslänge von 30 Tagen gerechnet.

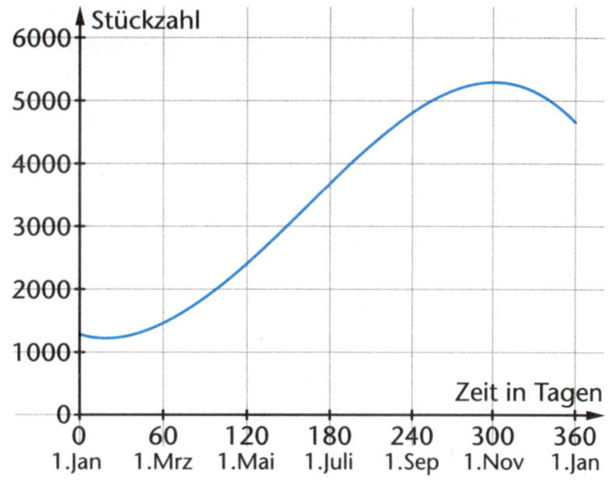

a) Erläutern Sie, wie man folgende Aussagen am Graphen ablesen kann:

(1) Am 1. März wurden ungefähr 1400 mp3-Player verkauft.
(2) Die mittlere tägliche Zunahme für den Zeitraum vom 1. März bis zum 1. Mai beträgt ungefähr 16,7 Stück/Tag.
(3) Die momentane tägliche Zunahme am 1. März beträgt ungefähr 10,7 Stück/Tag. A4

b) Anhand einiger Unternehmensdaten soll ein mathematisches Modell für die Anzahl der täglich verkauften mp3-Player erstellt werden:

- Am 1. Januar ($t = 0$) wurden 1280 und am 1. September ($t = 240$) wurden 4800 mp3-Player verkauft.
- Am 20. Januar ($t = 20$) wurden die wenigsten mp3-Player verkauft.
- Die momentane Zunahme der verkauften mp3-Player betrug am 1. Mai ($t = 120$) $20\,\frac{\text{Stück}}{\text{Tag}}$.

(1) Stellen Sie anhand dieser Daten ein Gleichungssystem zur Bestimmung einer geeigneten ganzrationalen Funktion 3. Grades auf. C2
(2) Zeigen Sie, dass folgende Funktion f diese Bedingungen erfüllt:

$$f(t) = -\frac{10}{30^3}t^3 + \frac{40}{15^2}t^2 - \frac{20}{3}t + 1280$$

c) Nun sei durch $f(t) = -\frac{10}{30^3}t^3 + \frac{40}{15^2}t^2 - \frac{20}{3}t + 1280$ eine Funktion zur Beschreibung der pro Tag verkauften mp3-Player gegeben. Dabei wird die Zeit t in Tagen und die Anzahl $f(t)$ in Stück angegeben.

(1) Untersuchen Sie rechnerisch, wie viele mp3-Player nach diesem Modell maximal pro Tag verkauft wurden. Geben Sie an, wann dies der Fall war. B3
(2) Untersuchen Sie rechnerisch, wann die Zunahme der täglich verkauften mp3-Player am größten war. B4
(3) Berechnen Sie, wie viele mp3-Player im ganzen Jahr verkauft wurden. D4

d) **(LK)** Für das folgende Geschäftsjahr mit $360 \leq t \leq 720$ nimmt die Unternehmensleitung an, dass die Verkaufszahlen exponentiell abnehmen werden. Zur Untersuchung von Prognosen wird dazu die Funktion g mit $g(t) = a \cdot e^{-b \cdot t}$ ($a > 0$, $b > 0$) so bestimmt, dass die Graphen von f und g an der Stelle $t = 360$ ohne Sprung und ohne Knick aneinander anschließen.

(1) Bestimmen Sie die Koeffizienten a und b, so dass die obige Bedingung erfüllt ist. C3

(2) Berechnen Sie die mittlere Anzahl der in diesem Jahr täglich verkauften mp3-Player. D3

Lösung

a) (1) Gesucht ist der Funktionswert an der Stelle $t = 60$. Dem Graphen kann man $f(60) \approx 1400$ entnehmen.

(2) Die mittlere tägliche Zunahme für den Zeitraum ergibt sich aus der Sekantensteigung in dem betrachteten Zeitraum. Die benötigten Funktionswerte $f(60)$ und $f(120)$ können dem Graphen entnommen werden:

$$\frac{f(120) - f(60)}{120 - 60} \approx \frac{2400 - 1400}{60} = \frac{1000}{60} \approx 16{,}7.$$

(3) Die momentane tägliche Zunahme am 1. März kann als Tangentensteigung einer in die Grafik eingezeichneten Tangente abgelesen werden.

Sie beträgt ungefähr $10{,}7\,\frac{\text{Stück}}{\text{Tag}}$.

b) Ansatz: $f(x) = a x^3 + b x^2 + c x + d$

Folgende Bedingungen müssen erfüllt sein:

$f(0) = 1280 \wedge f(240) = 4800 \wedge f'(20) = 0 \wedge f'(120) = 20$

(1) Das Gleichungssystem lautet:

$$\left| \begin{array}{r} d = 1280 \\ 240^3 a + 240^2 b + 240 c + d = 4800 \\ 3 \cdot 20^2 a + 2 \cdot 20 b + c = 0 \\ 3 \cdot 120^2 a + 2 \cdot 120 b + c = 20 \end{array} \right|$$

(2) Mit der gegebenen Funktion und ihrer Ableitung $f'(t) = -\frac{1}{900}t^2 + \frac{16}{45}t - \frac{20}{3}$ bestätigt man die genannten Bedingungen.

c) $f'(t) = -\frac{1}{900}t^2 + \frac{16}{45}t - \frac{20}{3}$; $f''(t) = -\frac{1}{450}t + \frac{16}{45}$; $f'''(t) = -\frac{1}{450}$

(1) Zu bestimmen ist ein absolutes Extremum. Die notwendige Bedingung ergibt:

$f'(t) = 0 \Leftrightarrow -\frac{1}{900}t^2 + \frac{16}{45}t - \frac{20}{3} = 0 \Leftrightarrow t^2 - 320t + 6000 = 0 \Leftrightarrow t = 20 \vee t = 300$

Da an der Stelle $t = 20$ ein lokales Minimum vorliegt, kommt hier nur $t = 300$ in Frage.

Mit der hinreichenden Bedingung $f'(300) = 0 \wedge f''(300) = -\frac{14}{45} < 0$ ergibt sich ein lokales Maximum bei $t = 300$. Durch den Vergleich von $f(300) = 5280$ mit den Funktionswerten an den Rändern des betrachteten Intervalls $f(0) = 1280$ und $f(360) = 4640$ ergibt sich hier auch ein absolutes Maximum.

Mit 5280 Stück wurden also am 1. November die meisten mp3-Player verkauft.

(2) Gesucht ist eine Extremstelle der ersten Ableitung, also eine Wendestelle, an der zusätzlich eine positive Steigung vorliegen soll. Die notwendige Bedingung ergibt

$f''(t) = 0 \Leftrightarrow \frac{1}{450}t = \frac{16}{45} \Leftrightarrow t = 160$. Aus der hinreichenden Bedingung

$f''(160) = 0 \wedge f'''(160) = -\frac{1}{450} \neq 0$ folgt, dass $t = 160$ eine Wendestelle ist.

Da außerdem auch $f'(160) = 21\frac{7}{9} > 0$, war die Zunahme für $t = 160$, also am 10. Juni maximal.

(3) Zur Berechnung der Gesamtzahl der verkauften mp3-Player wird folgendes Integral

berechnet: $n = \int_0^{360} f(t)\,dt = \left[-\frac{1}{10800}t^4 + \frac{8}{135}t^3 - \frac{10}{3}t^2 + 1280t\right]_0^{360}$

$= -1\,555\,200 + 2\,764\,800 - 432\,000 + 460\,800$

$= 1\,238\,400.$

d) (1) Die Bedingungen
$g(360) = f(360) \wedge g'(360) = f'(360)$
führen zum Gleichungssystem

$a\,e^{-360 \cdot b} = 4640 \wedge -b \cdot a\,e^{-360 \cdot b} = -\frac{68}{3}.$

Einsetzen von 4640 für $a\,e^{-360 \cdot b}$ in der zweiten Gleichung ergibt $b = \frac{17}{3480}$.

Daraus folgt mit der ersten Glei-chung $a = 4640 \cdot e^{\frac{51}{29}}$.

Also lautet die Funktionsgleichung:

$g(t) = 4640\,e^{\frac{51}{29}} \cdot e^{-\frac{17}{3480} \cdot t}$

$\approx 26\,932{,}5 \cdot e^{-0{,}004885t}$

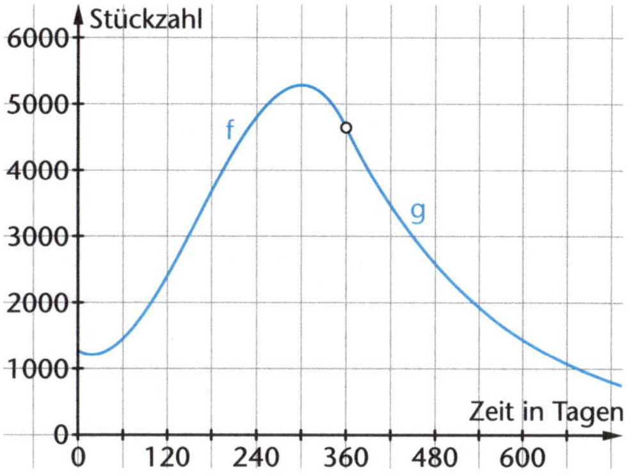

(2) Berechnung des Mittelwertes M durch Integration:

$M = \frac{1}{360}\int_{360}^{720} g(t)\,dt = \frac{1}{360}\left[-\frac{a}{b}e^{-b \cdot t}\right]_{360}^{720} \approx \frac{1}{360} \cdot 786\,195 \approx 2184.$

Die mittlere Anzahl der täglich verkauften mp3-Player beträgt also 2184 Stück.

Aufgabe 4 *Ein Kugelgasbehälter*

Der abgebildete kugelförmige Körper kann mit Flüssiggas befüllt werden. Flüssiggas kann natürlich nur entnommen werden, wenn der Kugelgasbehälter nicht leer ist. Die Zulaufgeschwindigkeit v(t) des Flüssiggases wird in $\frac{m^3}{h}$, die Zeit t in Stunden angegeben.

Betrachtet wird das Zeitintervall [0 h; 5 h]. Zum Zeitpunkt t = 0 h befinden sich 42 m^3 Flüssiggas im Behälter.

Die Zulaufgeschwindigkeit v kann mithilfe einer ganzrationalen 3. Grades modelliert werden mit $v(t) = a \cdot t^3 + b \cdot t^2 + c \cdot t + d$.

a) Zur Bestimmung der Koeffizienten dieser ganzrationalen Funktion werden die im Folgenden notierten Ansätze gemacht und Rechnungen durchgeführt. Hierbei werden Aussagen zu den Zeitpunkten t = 1 und t = 4 gemacht. C2

(1) Ansatz

$$\left|\begin{array}{rcl} a + b + c + d &=& 22 \\ 3a + 2b + c &=& 0 \\ 64a + 16b + 4c + d &=& -32 \\ 48a + 8b + c &=& 0 \end{array}\right|$$

Erläutern Sie, welche Informationen über v hierbei vorgelegen haben.

(2) Rechnung

$$\left|\begin{array}{rrrr|r} 1 & 1 & 1 & 1 & 22 \\ 3 & 2 & 1 & 0 & 0 \\ 64 & 16 & 4 & 1 & -32 \\ 48 & 8 & 1 & 0 & 0 \end{array}\right| \Leftrightarrow \left|\begin{array}{rrrr|r} 1 & 1 & 1 & 1 & 22 \\ 0 & -1 & -2 & -3 & -66 \\ 0 & -48 & -60 & -63 & -1440 \\ 0 & -40 & -47 & -48 & -1056 \end{array}\right| \Leftrightarrow \left|\begin{array}{cccc|c} \dots & \dots & \dots & \dots & \dots \end{array}\right| \Leftrightarrow$$

$$\left|\begin{array}{cccc|c} \dots & \dots & \dots & \dots & \dots \end{array}\right| \Leftrightarrow \left|\begin{array}{rrrr|r} 1 & 1 & 1 & 1 & 22 \\ 0 & 1 & 2 & 3 & 66 \\ 0 & 0 & 1 & 2{,}25 & 48 \\ 0 & 0 & 0 & 1 & 0 \end{array}\right|$$

Erläutern Sie das angewandte Verfahren und führen Sie die fehlenden Umformungsschritte aus. Geben Sie an, wie sich die gesuchten Koeffizienten a, b, c, d aus der letzten erweiterten Koeffizientenmatrix ergeben.

b) Die Abbildung zeigt den Graphen für die Zulaufgeschwindigkeit im Intervall [0; 5]. Beschreiben Sie den in der Abbildung dargestellten Vorgang.
Geben Sie ohne Berechnung eine begründete Entscheidung an, ob nach 5 Stunden mehr oder weniger als 42 m^3 Flüssiggas im Behälter sind. D2
Bestimmen Sie rechnerisch, zu welchen Zeitpunkten Flüssiggas weder zu- noch abfließt. B2

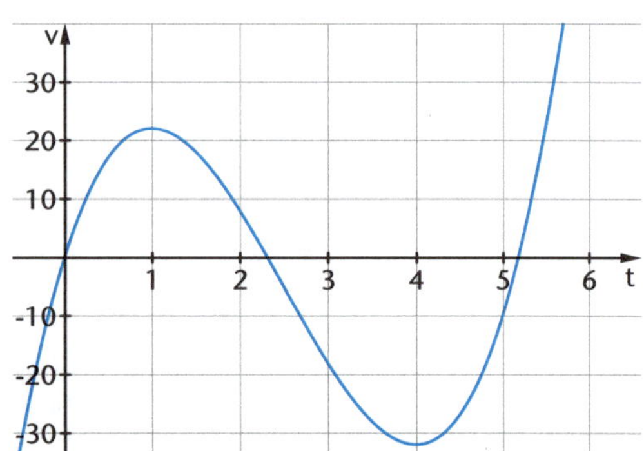

c) Bestimmen Sie den Zeitpunkt, in dem die Zuflussrate am stärksten abnimmt. Welche Ablaufgeschwindigkeit liegt dann vor? **B4**

d) (1) Berechnen Sie, wie viel Gas sich nach 2 h in dem Gasbehälter befindet.
   (2) Berechnen Sie, zu welchen Zeitpunkten sich wieder die Ausgangsmenge von 42 m^3 Gas im Behälter befindet. **D4**

e) **(LK)** Die Form des kugelförmigen Gasbehälters entsteht durch die Rotation des Graphen der Funktion $h(x) = \sqrt{9 - x^2}$ zwischen ihren Nullstellen um die x-Achse. Alle Längen werden dabei in Meter angegeben.

   (1) Berechnen Sie das Volumen des Gasbehälters.
   (2) **(CAS)** Welche Füllhöhe hat der Behälter, wenn 42 m^3 Flüssiggas eingefüllt ist? **D6**

Lösung

a) Ansatz mit einer ganzrationalen Funktion 3. Grades:
$v(t) = at^3 + bt^2 + ct + d$ mit $v'(t) = 3at^2 + 2bt + c$.

Aus den Informationen im Text ergeben sich die folgenden Bedingungen:
Die Zulaufgeschwindigkeit zum Zeitpunkt $t = 1$
– beträgt 22 m^3/h: $v(1) = 22$
– ist maximal: $v'(1) = 0$ (*notwendige Bedingung*)
Die Zulaufgeschwindigkeit zum Zeitpunkt $t = 4$
– beträgt –32 m^3/h: $v(4) = -32$
– ist minimal: $v'(4) = 0$ (*notwendige Bedingung*)

Setzt man diese in die Gleichungen für v(t) bzw. v'(t) ein, so ergibt sich ein lineares Gleichungssystem mit zugehöriger erweiterter Koeffizientenmatrix:

$$\left|\begin{array}{l} a + b + c + d = 22 \\ 3a + 2b + c = 0 \\ 64a + 16b + 4c + d = -32 \\ 48a + 8b + c = 0 \end{array}\right| \Leftrightarrow \left|\begin{array}{rrrr|r} 1 & 1 & 1 & 1 & 22 \\ 3 & 2 & 1 & 0 & 0 \\ 64 & 16 & 4 & 1 & -32 \\ 48 & 8 & 1 & 0 & 0 \end{array}\right|$$

Bei der Lösung des Gleichungssystems mithilfe linearer Zeilenumformungen erhält man folgende Zwischenschritte

$$\left|\begin{array}{rrrr|r} 1 & 1 & 1 & 1 & 22 \\ 0 & -1 & -2 & -3 & -66 \\ 0 & -48 & -60 & -63 & -1440 \\ 0 & -40 & -47 & -48 & -1056 \end{array}\right| \Leftrightarrow \left|\begin{array}{rrrr|r} 1 & 1 & 1 & 1 & 22 \\ 0 & 1 & 2 & 3 & 66 \\ 0 & 0 & 36 & 81 & 1728 \\ 0 & 0 & 33 & 72 & 1584 \end{array}\right| \Leftrightarrow$$

$$\left|\begin{array}{rrrr|r} 1 & 1 & 1 & 1 & 22 \\ 0 & 1 & 2 & 3 & 66 \\ 0 & 0 & 1 & 2{,}25 & 48 \\ 0 & 0 & 0 & -2{,}25 & 0 \end{array}\right| \Leftrightarrow \left|\begin{array}{rrrr|r} 1 & 1 & 1 & 1 & 22 \\ 0 & 1 & 2 & 3 & 66 \\ 0 & 0 & 1 & 2{,}25 & 48 \\ 0 & 0 & 0 & 1 & 0 \end{array}\right|$$

Aus der Matrix in Dreiecksform kann man von unten nach oben die Lösungen ablesen:
$d = 0$,
$c + 2{,}25 \cdot 0 = 48$, also $c = 48$,
$b + 2 \cdot 48 + 3 \cdot 0 = 66$, also $b = -30$,
$a + 1 \cdot (-30) + 1 \cdot 48 + 1 \cdot 0 = 22$, also $a = 4$.
Damit lautet die Funktionsgleichung der Zulaufgeschwindigkeit:
$v(t) = 4t^3 - 30t^2 + 48t$.

Kontrolle, ob diese so ermittelte Funktion tatsächlich die Bedingungen erfüllt:
Es gilt: $v'(t) = 12t^2 - 60t + 48 = 12 \cdot (t^2 - 5t + 4) = 12 \cdot (t-1) \cdot (t-4)$, also
$v'(t) = 0 \Leftrightarrow t = 1 \lor t = 4$.

Überprüfung, ob die hinreichenden Bedingungen erfüllt sind:
Da $v''(t) = 24t - 60$, liegt mit $v''(1) = -36 < 0$ für $t = 1$ ein lokales Maximum und mit $v''(4) = 36 > 0$ für $t = 4$ ein lokales Minimum vor.

b) Zunächst läuft Flüssiggas in den zu Beginn bereits mit 42 m^3 gefüllten Tank ein. Die Zuflussgeschwindigkeit nimmt in der ersten Stunde immer weiter zu. Danach verringert sich die Zuflussgeschwindigkeit wieder (es wird aber weiter Flüssiggas eingefüllt), bis sie nach etwa 2,3 h gleich null ist. In diesem Moment fließt nichts ein oder aus. Anschließend wird die Zuflussgeschwindigkeit sogar negativ, was bedeutet, dass Flüssiggas aus dem Tank entnommen wird.
Man erkennt eindeutig, dass über dem Intervall [0; 5] der Flächeninhalt der Fläche unterhalb der x-Achse größer ist als der Flächeninhalt der Fläche oberhalb der x-Achse. Daher wird dem Tank insgesamt mehr entnommen als zugeführt wird und er wird nach 5 h weniger als 42 m^3 Flüssiggas enthalten.

Es ergeben sich die Nullstellen: $t_1 = 0$; $t_2 = \frac{15}{4} - \frac{\sqrt{33}}{4} \approx 2{,}31$; $t_3 = \frac{15}{4} + \frac{\sqrt{33}}{4} \approx 5{,}19$

Im Zeitintervall $[0; t_2]$ fließt Gas zu; im Zeitintervall $[t_2; 5]$ fließt Gas aus.
Die Nullstelle t_3 liegt außerhalb des betrachteten 5-stündigen Zeitintervalls.

c) $v'(t) = 12t^2 - 60t + 48$; $v''(t) = 24t - 60$; $v'''(t) = 24$
Gesucht ist eine Extremstelle der ersten Ableitung, also eine Wendestelle, an der zusätzlich eine negative Steigung vorliegen soll.
Die notwendige Bedingung ergibt $v''(t) = 0 \Leftrightarrow 24t = 60 \Leftrightarrow t = 2{,}5$.
Aus der hinreichenden Bedingung $v''(2{,}5) = 0 \land v'''(2{,}5) = 24 \neq 0$ folgt, dass $t = 2{,}5$ eine Wendestelle ist.
Da außerdem auch $v'(2{,}5) = -27 < 0$, war die Abnahme nach 2,5 Stunden am größten.

Da weiterhin $v(2{,}5) = -5$, fließen zu diesem Zeitpunkt $5\,\frac{m^3}{h}$ aus dem Behälter heraus.

d) (1) Bei der Berechnung der Füllmenge nach 2 Stunden mithilfe der Integralrechnung ist zu beachten, dass der Behälter bereits mit 42 m^3 gefüllt war.

$$\int_0^2 v(t)\,dt + 42 = \left[t^4 - 10t^3 + 24t^2\right]_0^2 + 42 = 32 + 42 = 74$$

Nach 2 Stunden befinden sich also 74 m^3 Gas im Behälter.

(2) Soll sich im Behälter wieder die Ausgangsmenge von 42 m^3 befinden, so muss die Bilanzsumme aus Zu- und Abfluss gerade wieder null ergeben.

Der Ansatz $\int_0^d v(t)\,dt = 0$ mit $d > 0$ führt zu der Gleichung:

$d^4 - 10d^3 + 24d^2 = 0 \Leftrightarrow d^2(d^2 - 10d + 24) = 0 \Leftrightarrow d^2(d-4)(d-6) = 0$.
Diese hat die Lösungen $d = 0 \lor d = 4 \lor d = 6$.
Im betrachteten Zeitintervall befindet sich also nach 4 Stunden sowie zusätzlich nach 6 Stunden wieder die Ausgangsmenge im Behälter.

e) **(LK)** Der kugelförmige Behälter hat den Radius r = 3 m. Er kann als Rotationskörper betrachtet werden.

(1) $V_{ges} = = \pi \int_{-3}^{3} (9 - x^2)\,dx = 2\pi \int_{0}^{3} (9 - x^2)\,dx = 2\pi \left[9x - \frac{1}{3}x^3\right]_0^3 = 36\pi \approx 113{,}1$

Das gesamte Volumen des Behälters beträgt etwa 113,1 m³.

(2) **(CAS)** Die Füllung kann als sich in einer Kugelkappe der Höhe h befindlich betrachtet werden. Zur Bestimmung der Füllhöhe h dient der Ansatz

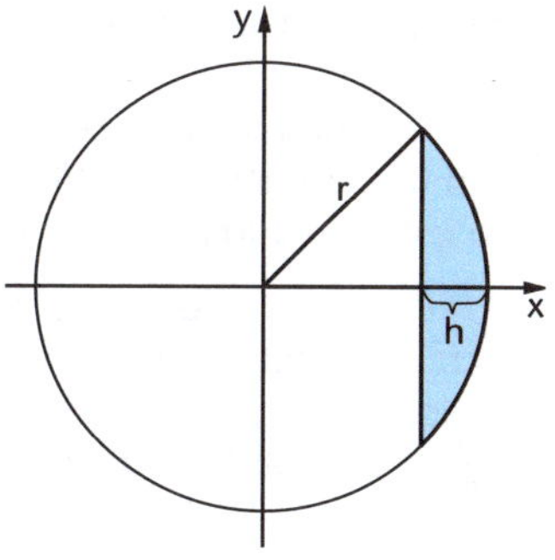

$\pi \int_{3-h}^{3} (9 - x^2)\,dx = 42.$

Durch Integration folgt die äquivalente Gleichung

$\frac{\pi}{3} \cdot h^2(9 - h) = 42$

mit den numerisch bestimmten Lösungen
$h_1 \approx -1{,}92$; $h_2 \approx 2{,}48$; $h_3 \approx 8{,}44$.
Da nur h_2 im Intervall [0; 3] liegt, beträgt die gesuchte Füllhöhe ungefähr 2,48 m.

Aufgabe 5 *Arzneimittel-Konzentration*

Bei einer intramuskulären Injektion hängt die messbare Konzentration f_k (in mg pro Liter) des injizierten Medikaments im Blut u. a. von der Zeit x (Angaben in Stunden) seit der Injektion ab. Sie ist außerdem abhängig von zahlreichen weiteren Faktoren (z. B. der unterschiedlichen Konstitution des Menschen) und lässt sich durch Änderungen der physikalisch-chemischen Zusammensetzung beeinflussen (Parameter k).

Für f_k gilt: $f_k(x) = x \cdot e^{-k \cdot x + k} = e^k \cdot x \cdot e^{-k \cdot x}$; $x \geq 0$; $k > 0$.

a) Bestimmen Sie den Zeitpunkt, zu dem die maximale Arzneimittelkonzentration im Blut erreicht ist. Berechnen Sie die maximale Arzneimittelkonzentration allgemein und für den Parameterwert k = 2. **B3**

b) Untersuchen Sie, zu welchem Zeitpunkt die Geschwindigkeit, mit der sich die Arzneimittelkonzentration ändert, extremal ist.
Bestimmen Sie die maximale Änderungsgeschwindigkeit allgemein und für k = 2.
Untersuchen Sie das Verhalten der Funktion f_k für $x \to \infty$. Interpretieren Sie das Ergebnis im Hinblick auf den langfristigen Abbau des Medikaments. **B6** **B5**

c) Die Abbildung zeigt die Graphen von f_k für k = 1 bis k = 4.
Beschreiben Sie den Verlauf der Graphen im Sachzusammenhang. Untersuchen Sie, welche Aussagen sich hinsichtlich des Einflusses von k machen lassen. (Beachten Sie auch Ihre Ergebnisse von a) und b). **B3** **B5**

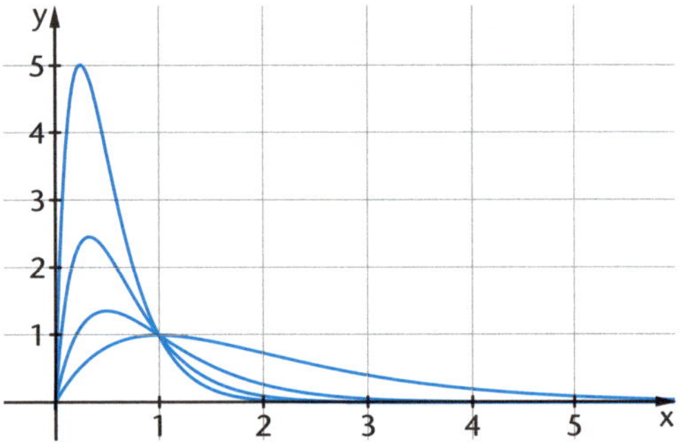

d) Zeigen Sie, dass es genau einen Zeitpunkt x > 0 gibt, bei dem die Arzneimittelkonzentration für alle verschiedenen Zusammensetzungen (d. h. die verschiedenen möglichen Parameterwerte) gleich ist und geben Sie diese Konzentration an. **B6**

e) Weisen Sie nach, dass die Funktion F_k mit $F_k(x) = -\frac{e^k}{k^2} \cdot (kx + 1) \cdot e^{-k \cdot x}$ eine Stammfunktion von f_k ist. **D1** **A2**
(LK) Bestimmen Sie in Abhängigkeit von k die mittlere Wirkstoffkonzentration m(k) in den ersten k Stunden nach der Einnahme des Medikaments. Berechnen Sie auch den konkreten Wert für k = 2. **D3**

f) Erklären Sie die einzelnen Schritte der Rechnung. Erläutern Sie die Bedeutung des Ergebnisses x = 12,5 im Sachzusammenhang. **A3**

(1) $y = f'(12) \cdot (x - 12) + f(12)$
(2) $y = -23 \cdot e^{-22} \cdot (x - 12) + 12 \cdot e^{-22}$
(3) $y = -23 \cdot e^{-22} \cdot x + 288 \cdot e^{-22}$
(4) $0 = -23 \cdot e^{-22} \cdot x + 288 \cdot e^{-22}$
(5) $x = 12,5$

Lösung

a) Ableitungen:

$f_k'(x) = 1 \cdot e^{-k \cdot x+k} + x \cdot (-k) \cdot e^{-k \cdot x+k}$
$= (1 - k \cdot x) \cdot e^{-k \cdot x+k}$

$f_k''(x) = -k \cdot e^{-k \cdot x+k} + (1 - k \cdot x) \cdot (-k) \cdot e^{-k \cdot x+k} = -k \cdot e^{-k \cdot x+k} + (-k + k^2 x) \cdot e^{-k \cdot x+k}$
$= (k^2 x - 2k) \cdot e^{-k \cdot x+k}$

Notwendige Bedingung:

$f_k'(x) = 0 \Leftrightarrow 1 - k \cdot x = 0 \Leftrightarrow x = \frac{1}{k}$

Aus dem hinreichenden Kriterium $f'\left(\frac{1}{k}\right) = 0 \wedge f_k''\left(\frac{1}{k}\right) = \left(k^2 \cdot \frac{1}{k} - 2k\right) \cdot e^{-k \cdot \frac{1}{k}+k} = -k \cdot e^{-1+k} < 0$

folgt, dass ein lokales Maximum nach $\frac{1}{k}$ Stunden vorliegt.

Der Funktionswert an dieser Stelle ist: $f_k\left(\frac{1}{k}\right) = \frac{1}{k} \cdot e^{-k \cdot \frac{1}{k}+k} = \frac{1}{k} \cdot e^{k-1}$

Für $k = 2$ gilt konkret: $f_2\left(\frac{1}{2}\right) = \frac{1}{2} e^{-2 \cdot \frac{1}{2}+2} = \frac{1}{2} e \approx 1{,}359$

Für $k = 2$ ist die Konzentration nach $\frac{1}{2}$ h maximal, sie beträgt dann 1,359 mg/l.

b) Die Geschwindigkeit $f_k'(x) = (1 - k \cdot x) \cdot e^{-k \cdot x+k}$
wird extremal, wenn $f_k''(x) = (k^2 \cdot x - 2k) \cdot e^{-k \cdot x+k} = 0$
$\Leftrightarrow \quad k^2 \cdot x - 2k = 0$
$\Leftrightarrow \quad k^2 \cdot x = 2k$
$\Leftrightarrow \quad x = \frac{2}{k}$

Für $x < \frac{2}{k}$ ist $f_k''(x) < 0$ und für $x > \frac{2}{k}$ ist $f_k''(x) > 0$.

Also liegt bei $x = \frac{2}{k}$ ein Vorzeichenwechsel von „–" nach „+" vor, d. h. die Arzneimittelkonzentration nimmt zum Zeitpunkt $x = \frac{2}{k}$ am stärksten ab.

Die Änderungsgeschwindigkeit an der Stelle $x = \frac{2}{k}$ beträgt:

$f_k'\left(\frac{2}{k}\right) = \left(1 - k \cdot \frac{2}{k}\right) \cdot e^{-k \cdot \frac{2}{k}+k} = (-1) \cdot e^{k-2}$

Für $k = 2$ gilt: $f_2'\left(\frac{2}{2}\right) = f_2'(1) = (1 - 2 \cdot 1) \cdot e^{-2 \cdot 1+2} = (-1) \cdot e^0 = -1$

Für $k = 2$ beträgt also die Änderungsrate: $-1 \frac{\text{mg}}{\text{l} \cdot \text{h}}$

Die Veränderung der Konzentration und der langfristige Abbau des Medikaments werden beschrieben durch:

$\lim\limits_{x \to \infty} (x \cdot e^{-k \cdot x+k}) = \lim\limits_{x \to \infty} \frac{x \cdot e^k}{e^{k \cdot x}} = 0$

Auf lange Sicht geht die Konzentration gegen null.

$\lim\limits_{x \to \infty} [(1 - k \cdot x) \cdot e^{-k \cdot x+k}] = \lim\limits_{x \to \infty} \frac{(1 - k \cdot x) \cdot e^k}{e^{k \cdot x}} = 0.$

Die Änderungsrate der Konzentration geht gegen null, d. h. die Konzentration des injizierten Medikaments ändert sich immer langsamer.

c) Aus der Entwicklung der Graphen für wachsende Parameterwerte von k lesen wir ab: Je größer k, desto früher tritt die maximale Konzentration ein (das Maximum liegt bei $t=\frac{1}{k}$) und desto höher ist sie (im Term $\frac{1}{k}\cdot e^{k-1}$ wächst e^{k-1} schneller als der Nenner k).
Je größer k, desto früher und schneller verläuft der Abbau; die Abnahmegeschwindigkeit ist am größten zum Zeitpunkt $t=\frac{2}{k}$ und hat die Geschwindigkeit $(-1)\cdot e^{k-2}$.

d) Aufgrund der abgebildeten Graphen vermuten wir, dass alle Graphen – außer dem Ursprung – der nicht zu beachten ist, vgl. Aufgabenstellung – den Punkt (1|1) gemeinsam haben. Die folgende Rechnung zeigt unter der Annahme $k_1 \neq k_2$, dass dies tatsächlich der einzige gemeinsame Punkt ist:
$f_{k_1}(x)=f_{k_2}(x) \;\Leftrightarrow\; x\cdot e^{-k_1\cdot x+k_1}=x\cdot e^{-k_2\cdot x+k_2} \;\Leftrightarrow\; x\cdot\left(e^{-k_1\cdot x+k_1}-e^{-k_2\cdot x+k_2}\right)=0$

$\Leftrightarrow\; x=0 \;\vee\; e^{-k_1\cdot x+k_1}-e^{-k_2\cdot x+k_2}=0 \;\Leftrightarrow\; x=0 \;\vee\; -k_1x+k_1=-k_2x+k_2$

$\Leftrightarrow\; x=0 \;\vee\; x(-k_1+k_2)=-k_1+k_2 \;\Leftrightarrow\; x=0 \;\vee\; x=1.$

Alle Zusammensetzungen haben zum Zeitpunkt x = 1 h die Konzentration 1 mg/l gemeinsam.

e) Durch Ableiten der Funktion F_k mithilfe der Produkt- und der Kettenregel bestätigt man die Stammfunktion
$F_k'(x)=-\frac{e^k}{k^2}\cdot(-k)\cdot e^{-k\cdot x}\cdot(kx+1)-\frac{e^k}{k^2}\cdot e^{-k\cdot x}\cdot k=\frac{e^k}{k}\cdot e^{-k\cdot x}\cdot(kx+1-1)=e^k\cdot x\cdot e^{-k\cdot x}.$
Die mittlere Wirkstoffkonzentration in den ersten k Stunden ist

$m(k)=\frac{1}{k}\cdot\int_0^k f_k(x)\,dx=\frac{1}{k}\cdot\left[-\frac{e^k}{k^2}\cdot(kx+1)\cdot e^{-k\cdot x}\right]_0^k=-\frac{e^k}{k^3}\cdot\left[(k^2+1)\cdot e^{-k^2}-1\right].$

Für k = 2 ergibt sich:

$m(2)=-\frac{e^2}{2^3}\cdot\left[(2^2+1)\cdot e^{-2^2}-1\right]=\frac{e^2}{8}\cdot(1-5\cdot e^{-4})\approx 0{,}839$ mg/l.

f) Die Steigung der Tangente an den Graphen von f_2 im Punkt $P(12|12e^{-22})$ ist
$m=f_2'(12)=(1-2\cdot 12)\cdot e^{-2\cdot 12+2}=-23e^{-22}.$
Durch Einsetzen der Koordinaten in die entsprechende Tangentengleichung
$t(x)=f'(12)\cdot(x-12)+f(12)$ erhalten wir:

$t(x)=-23e^{-22}\cdot(x-12)+12\cdot e^{-22}=-23e^{-22}\cdot x+288\cdot e^{-22}.$

Die Nullstelle erhält man aus $-23e^{-22}\cdot x+288\cdot e^{-22}=0 \;\Leftrightarrow\; x=\frac{288}{23}\approx 12{,}5.$

Nach etwa 12,5 Stunden ist das Medikament abgebaut.

Aufgabe 6 *Eine Weinkaraffe*

Die Abbildungen zeigen eine Glaskaraffe, in die Rotwein gefüllt werden kann. Die benötigten Maße können der Abbildung in der Einheit cm entnommen werden.

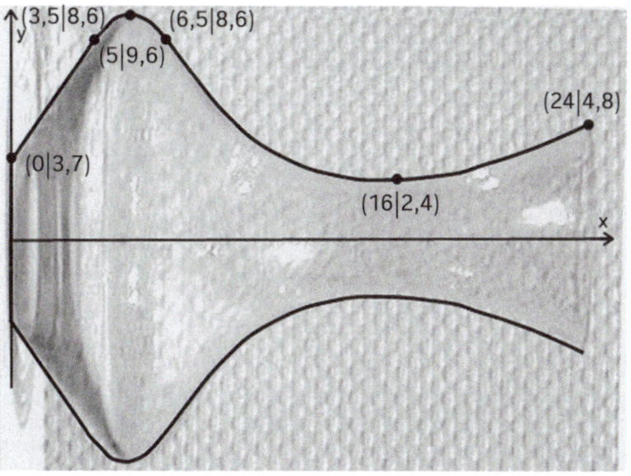

a) Die Formlinie soll zunächst für drei Intervalle getrennt betrachtet werden und auf diesen durch abschnittsweise definierte Funktionen beschrieben werden, und zwar:

(1) über dem Intervall [0; 3,5] durch eine lineare Funktion f_1,
(2) über dem Intervall [3,5; 6,5] durch eine quadratische Funktion f_2 und
(3) über dem Intervall [6,5; 24] durch eine kubische Funktion f_3.

Die schmalste Stelle der Karaffe befindet sich in einer Höhe von 16 cm (d.h. im Koordinatensystem: an der Stelle $x = 16$).
Bestimmen Sie die entsprechenden Funktionsterme von f_1 sowie f_2 und stellen Sie ein Gleichungssystem für die Koeffizienten von f_3 auf. C2
(WTR) Lösen Sie das Gleichungssystem, um den Funktionsterm von f_3 zu bestimmen.

b) Begründen Sie, warum die drei Funktionen f_1, f_2, f_3 mit
$f_1(x) = 1{,}4x + 3{,}7$ und $f_2(x) = -0{,}444x^2 + 4{,}444x - 1{,}511$
sowie $f_3(x) = -0{,}001783x^3 + 0{,}13733x^2 - 3{,}0255x + 22{,}9532$
zwar die abgebildete Formlinie gut modellieren, aber insgesamt den Bedingungen einer glatten Formlinie nicht gerecht werden.

Eine ähnliche Karaffe kann durch die Berandungsfunktion g mit

$$g(x) = \frac{3}{400}x^3 - \frac{1}{4}x^2 + 2x + 5 \text{ für } x \in [0; 24]$$

modelliert werden. Dabei soll sich der Boden wieder bei $x = 0$ und die Öffnung bei $x = 24$ befinden.

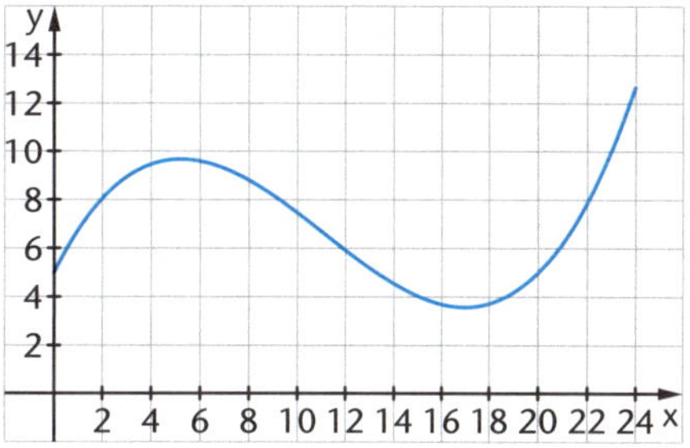

c) Untersuchen Sie, in welcher Höhe die so entstehende Karaffe ihre breiteste und wo sie ihre engste Stelle aufweist. Vergleichen Sie Ihre Ergebnisse mit der oben dargestellten Glaskaraffe. B3

d) Stellt man die Karaffe aufrecht und betrachtet ihre Formlinie von der Standfläche aus aufwärts bis zum oberen Rand, so stellt man fest, dass die Formlinie nach der Stelle, die den „Bauch" der Vase bestimmt, zunächst immer flacher, dann bis zur Engstelle wieder steiler und zum oberen Rand hin wieder flacher wird.
Untersuchen Sie am Graphen der Modellierungsfunktion g, in welcher Höhe die Formlinie der aufrechtstehenden Karaffe am flachsten verläuft.

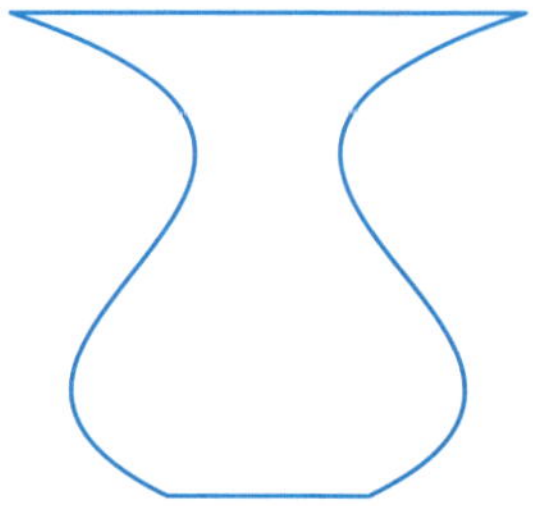

B4 D6

e) Berechnen Sie das Volumen der neuen Karaffe.

f) **(LK)** Die Funktion g ist Teil einer Funktionenschar g_k mit
$g_k = \frac{3}{(5k)^2}x^3 - \frac{1}{k}x^2 + 2x + 5$ für
$x \in [0;24]$ und $k > 0$.
Die Abbildung zeigt Graphen der Schar für k = 2; 2,5; 3; ...; 7,5. B6

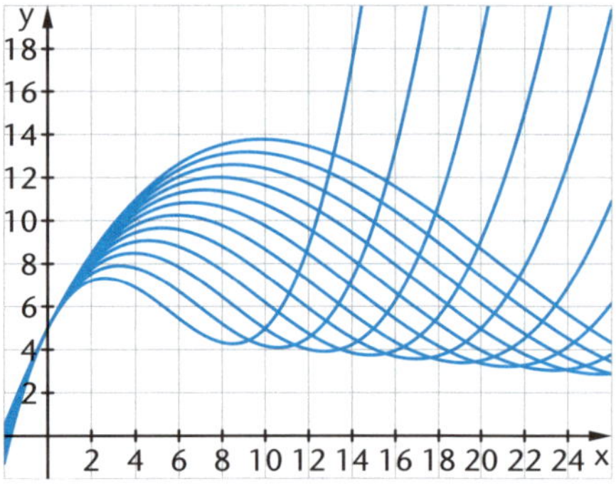

(1) Bestimmen Sie k so, dass die breiteste Stelle der Karaffe in einer Höhe von 6 cm auftrifft.
(2) Weisen Sie nach, dass die Steigung der Wendetangente an die Graphen von g_k unabhängig von k ist. Interpretieren Sie die Bedeutung dieser Aussage im Kontext. A3

Lösung

a) (1) Gesucht sind die Koeffizienten a, b einer linearen Funktion f_1 mit $f_1(x) = ax + b$, für die gilt: $f_1(0) = 3{,}7 \wedge f_1(3{,}5) = 8{,}6 \Leftrightarrow b = 3{,}7 \wedge 3{,}5a + 3{,}7 = 8{,}6$
$\Leftrightarrow a = 1{,}4 \wedge b = 3{,}7$, also $f_1(x) = 1{,}4x + 3{,}7$.

(2) Gesucht sind die Koeffizienten a, b, c einer quadratischen Funktion f_2 mit $f_2(x) = ax^2 + bx + c$, für die gilt:
$f_2(3{,}5) = 8{,}6 \wedge f_2(5) = 9{,}6 \wedge f_2(6{,}5) = 8{,}6$
$\Leftrightarrow 12{,}25a + 3{,}5b + c = 8{,}6 \wedge 25a + 5b + c = 9{,}6 \wedge 42{,}25a + 6{,}5b + c = 8{,}6$

Die Lösung des Gleichungssystems ist:

$a = -\frac{4}{9}$, $b = \frac{40}{9}$, $c = -\frac{68}{45}$, also $f_2(x) = -\frac{4}{9}x^2 + \frac{40}{9}x - \frac{68}{45}$

Alternativer Ansatz: Gesucht ist der Koeffizient k einer quadratischen Funktion f_2 mit $f_2(x) = k \cdot (x-5)^2 + 9{,}6$, wobei $f_2(3{,}5) = 8{,}6$

also: $8{,}6 = k \cdot (3{,}5 - 5)^2 + 9{,}6 \Leftrightarrow 2{,}25 \cdot k = -1 \Leftrightarrow k = -\frac{4}{9}$

also: $f_2(x) = -\frac{4}{9} \cdot (x-5)^2 + 9{,}6 = -\frac{4}{9}x^2 + \frac{40}{9}x - \frac{100}{9} + \frac{48}{5} = -\frac{4}{9}x^2 + \frac{40}{9}x - \frac{68}{45}$

(3) Gesucht sind die Koeffizienten a, b, c, d einer kubischen Funktion f_3 mit:
$f_3(x) = a x^3 + b x^2 + c x + d$.
Aus den drei Punkten ergeben sich drei Bedingungen:
$f_3(6{,}5) = 8{,}6 \wedge f_3(16) = 2{,}4 \wedge f_3(24) = 4{,}8$. Als vierte Bedingung nutzen wir die Information, dass an der Stelle $x = 16$ ein lokales Minimum ist: $f_3'(16) = 0$.
Wegen $f_3'(x) = 3ax^2 + 2bx + c$ ergibt sich dann insgesamt das Gleichungssystem:

$$\left| \begin{array}{llllll} 274{,}625a & +42{,}25b & +6{,}5c & +d & =8{,}6 \\ 4096a & +256b & +16c & +d & =2{,}4 \\ 13824a & +576b & +24c & +d & =4{,}8 \\ 768a & +32b & +c & & =0 \end{array} \right|$$

Lösung: $a \approx -0{,}001783 \wedge b \approx 0{,}13733 \wedge c \approx -3{,}0255 \wedge d \approx 22{,}9532$
Funktionsgleichung: $f_3(x) = -0{,}001783x^3 + 0{,}13733x^2 - 3{,}0255x + 22{,}9532$

b) Da die Formlinie keine Knicke hat, sollte man dies auch von den Übergangsstellen zwischen den drei Funktionsgraphen erwarten. Dazu überprüfen wir die Steigungen der Funktionen an diesen Stellen. Es gilt:
$f_1'(x) = 1{,}4$ und $f_2'(x) = -0{,}889x + 4{,}444$
sowie $f_3'(x) = -0{,}005349x^2 + 0{,}27466x - 3{,}0255$,
also: $f_1'(3{,}5) = 1{,}4$ und $f_2'(3{,}5) \approx 1{,}3325$ sowie $f_2'(6{,}5) \approx -1{,}3345$ und $f_3'(6{,}5) \approx -1{,}4662$.

Diese Unterschiede in der Steigung bedeuten, dass es Knicke gibt. Die „Ruckfreiheit der Übergänge" braucht erst gar nicht überprüft zu werden.

c) Zunächst müssen die Extremstellen von g bestimmt werden:

Ableitungen: $g'(x) = \frac{9}{400}x^2 - \frac{1}{2}x + 2$; $g''(x) = \frac{9}{200}x - \frac{1}{2}$

Notwendige Bedingung: $g'(x) = 0 \Leftrightarrow \frac{9}{400}x^2 - \frac{1}{2}x + 2 = 0 \Leftrightarrow x^2 - \frac{200}{9}x + \frac{800}{9} = 0$

Die Nullstellen der 1. Ableitung liegen bei

$x_1 = \frac{100}{9} - \sqrt{\left(\frac{100}{9}\right)^2 - \frac{800}{9}} \approx 5{,}23$ und $x_2 = \frac{100}{9} + \sqrt{\left(\frac{100}{9}\right)^2 - \frac{800}{9}} \approx 16{,}99$.

Da $g''(x_1) \approx -0{,}26 < 0$, liegt an der Stelle x_1 ein lokales Maximum vor, und da $g''(x_2) \approx +0{,}26 > 0$, an der Stelle x_2 ein lokales Minimum.
Zusätzlich ist hier noch der Vergleich dieser beiden Extremwerte mit den Funktionswerten am Rand des Definitionsbereichs erforderlich:
Da $g(0) = 5$, $g(5{,}23) \approx 9{,}69$, $g(16{,}99) \approx 3{,}60$ und $g(24) \approx 12{,}68$, liegt die schmalste Stelle der Glaskaraffe in der Höhe von etwa 16,99 cm und die breiteste Stelle in der Höhe von 24 cm vor, also an der oben befindlichen Öffnung.
Bei der in den Abbildungen dargestellten Karaffe liegt die breiteste Stelle unterhalb der Engstelle vor – im Gegensatz zur neuen Karaffe, bei der die breiteste Stelle an der Öffnung der Vase ist.

d) Da die flachste Stelle eine Stelle mit extremaler Steigung ist, untersuchen wir $g'(x)$ auf Extremstellen. Hierbei kommt es nicht auf das Vorzeichen der Steigung an.

Notwendige Bedingung: $g''(x) = 0 \Leftrightarrow \frac{9}{200}x - \frac{1}{2} = 0 \Leftrightarrow x = \frac{100}{9} \approx 11{,}11$

Da die 2. Ableitung von g eine lineare Funktion ist, liegt hier auf jeden Fall eine Nullstelle mit Vorzeichenwechsel vor; der Graph von g hat also an der Stelle $x = \frac{100}{9}$ eine Wendestelle. Die Steigung von g an dieser Stelle ist $g'\left(\frac{100}{9}\right) = -\frac{7}{9} \approx -0{,}78$.

Die Steigung an der Wendestelle muss noch mit den Steigungen an den Rändern des Definitionsbereichs verglichen werden: Es gilt $g'(0) = 2$ und $g'(24) = 2{,}96$; daher liegt die am flachsten verlaufende Stelle der Wandung am oberen Rand vor, also bei $x = 24$.

e) **(CAS)** Zu bestimmen ist das Volumen der als Rotationskörper betrachteten Glaskaraffe:

$$V = \pi \int_a^b (g(x))^2\,dx = \pi \int_0^{24} \left(\frac{3}{400}x^3 - \frac{1}{4}x^2 + 2x + 5\right)^2 dx \approx 4001.$$

Die neue Karaffe hat also ein Volumen von etwa 4 Litern.

(WTR) Die Berechnung mithilfe des *fnInt*-Befehls (numerische Integration) ergibt den gleichen Wert.

f) (1) **(LK)** Da die breiteste Stelle der Karaffe im Inneren des Definitionsbereichs auftreten soll, untersucht man zunächst die Graphen von g_k auf lokale Maxima.

Ableitungen: $g_k'(x) = \frac{9}{(5k)^2}x^2 - \frac{2}{k}x + 2$; $g_k''(x) = \frac{18}{(5k)^2}x - \frac{2}{k}$

Notwendige Bedingung: $g_k'(x) = 0 \Leftrightarrow \frac{9}{(5k)^2}x^2 - \frac{2}{k}x + 2 = 0 \Leftrightarrow x^2 - \frac{50k}{9}x + \frac{50k^2}{9} = 0$

Die Nullstellen der 1. Ableitung liegen an den Stellen

$x_1 = \frac{25k}{9} - \sqrt{\left(\frac{25k}{9}\right)^2 - \frac{50k^2}{9}} = \frac{25k}{9} - \sqrt{\frac{175k^2}{9}} = \frac{5k}{9} \cdot (5 + \sqrt{7})$ und $x_2 = \frac{5k}{9} \cdot (5 - \sqrt{7})$.

Hinreichende Bedingung: Da

$g''\left(\frac{5k}{9}(5 - \sqrt{7})\right) = \frac{18}{(5k)^2}\left(\frac{5k}{9}(5 - \sqrt{7})\right) - \frac{2}{k} = -\frac{2}{5k}\sqrt{7} < 0,$

liegt an der Stelle $x = \frac{5k}{9}(5 - \sqrt{7})$ ein lokales Maximum vor. Die andere Extremstelle muss also zu einem hier nicht interessierenden lokalen Minimum führen und wird daher nicht benötigt.

Da die breiteste Stelle in der Höhe von 6 cm auftreten soll, ergibt sich der gesuchte Wert für k zu:

$\frac{5k}{9}(5 - \sqrt{7}) = 6 \Leftrightarrow k = \frac{54}{25 - 5\sqrt{7}} \approx 4{,}59.$

Nun ist noch zu überprüfen, dass die Karaffe für diesen Wert von k nicht am Boden oder an der oberen Öffnung noch breiter wird: Dazu werden die Funktionswerte $g_{4,59}(0) = 5$ und $g_{4,59}(24) \approx 6{,}25$ an den Rändern des Definitionsbereichs berechnet und mit $g_{4,59}(6) \approx 10{,}39$ verglichen.

Damit ist nachgewiesen, dass die breiteste Stelle tatsächlich für $k = \frac{54}{25 - 5\sqrt{7}} \approx 4{,}59$ in der Höhe von 6 cm auftritt.

(2) **(LK)** Zunächst muss hier die Bestimmung der Wendestelle erfolgen:

Notwendige Bedingung: $g_k''(x) = 0 \Leftrightarrow \frac{18}{(5k)^2}x - \frac{2}{k} = 0 \Leftrightarrow x - \frac{25}{9}k$

Mit der konstanten dritten Ableitung $g_k'''(x) = \frac{18}{(5k)^2}$ ist auch eine hinreichende

Bedingung erfüllt, so dass die Stelle $x = \frac{25}{9}k$ die gesuchte Wendestelle der Kurvenschar ist.

Nun kann die Steigung der Wendetangenten berechnet werden:

$g_k''\left(\frac{25}{9}k\right) = \frac{9}{(5k)^2}\left(\frac{25}{9}k\right)^2 - \frac{2}{k}\left(\frac{25}{9}k\right) + 2 = \frac{25}{9} - \frac{50}{9} + 2 = -\frac{7}{9}.$

Die Steigung der Wendetangenten der Kurvenschar ist also unabhängig von k; sie hat für beliebige k den gleichen Wert. Alle mittels der Kurvenschar modellierten Karaffen besitzen daher eine ähnliche Form, die sich nicht in der minimalen Steilheit der Wandung zwischen der bauchigsten und der engsten Stelle unterscheidet.

Aufgabe 7 *Glaspyramide*

Eine Stadt in Hessen möchte ihre Attraktivität für Touristen steigern. Kulturinteressierte Sponsoren schlagen vor, angeregt durch das Beispiel des Louvre in Paris, auf dem Vorhof eines großen Museums der Stadt eine Glaspyramide zu errichten, um neue Besucher anzulocken.

Ein Architekturbüro wird mit dem Entwurf der Glaspyramide beauftragt. Nach der Vermessung der gegebenen Räumlichkeiten, des Vorhofes sowie der Front des Museumsgebäudes plant ein Architekt die Erstellung einer dreiseitigen Pyramide, welche in einem lokalen Koordinatensystem die Eckpunkte O (0|0|0), P (6|6|0) und Q (2|8|0) sowie die Spitze S (4|6|10) (*Angaben in m*) besitzt.

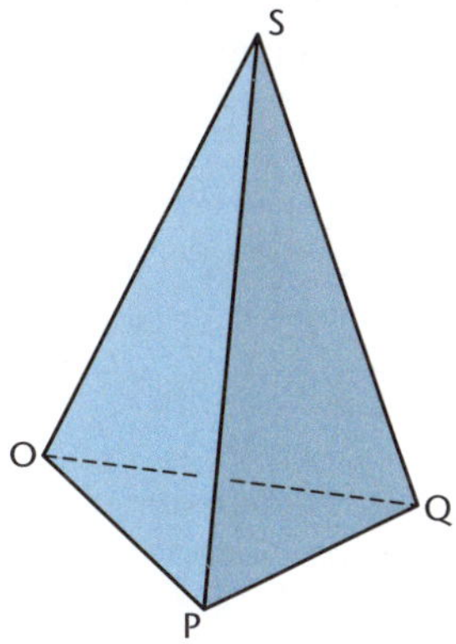

a) Um ein weiteres optisches Element zu erhalten, soll die Pyramide durch eine farbige Glasplatte unterbrochen werden, welche in der Ebene $E: x_1 + 2x_2 + 2x_3 = 18$ liegt. Die farbige Glasplatte kostet 150 € pro m². (Von der Dicke der Platte sei hier abgesehen.)
Bestimmen Sie die Abmessungen der Platte und berechnen Sie die Kosten ohne Berücksichtigung des Verschnitts. Beachten Sie dabei die besonderen Eigenschaften des Dreiecks, welches die Form der Glasplatte beschreibt. F5 E3

b) Erläutern Sie, wie aus den folgenden Rechenschritten folgt, dass der Punkt S von der Ebene E den Abstand 6 LE hat.

(1) $\vec{n} = \begin{pmatrix} 1 \\ 2 \\ 2 \end{pmatrix}$ (2) $g_{SF}: \vec{x} = \vec{s} + c \cdot \vec{n} = \begin{pmatrix} 4 \\ 6 \\ 10 \end{pmatrix} + c \cdot \begin{pmatrix} 1 \\ 2 \\ 2 \end{pmatrix}$

(3) $4 + c + 2 \cdot (6 + 2c) + 2 \cdot (10 + 2c) = 18 \Leftrightarrow c = -2$

(4) $\overrightarrow{OF} = \begin{pmatrix} 4 \\ 6 \\ 10 \end{pmatrix} + (-2) \cdot \begin{pmatrix} 1 \\ 2 \\ 2 \end{pmatrix} = \begin{pmatrix} 2 \\ 2 \\ 6 \end{pmatrix}$ (5) $|\overrightarrow{SF}| = \left| \begin{pmatrix} 2 \\ 2 \\ 6 \end{pmatrix} - \begin{pmatrix} 4 \\ 6 \\ 10 \end{pmatrix} \right| = 6$

c) Bestimmen Sie das Volumen derjenigen Pyramide, welche die farbige Glasplatte als Grundfläche und den Punkt S als Spitze hat. Untersuchen Sie, in welchem Verhältnis die Glasplatte das Volumen der gesamten Glaspyramide teilt. G2 G3

d) Vor der festlichen Einweihung ist die Pyramide zunächst noch durch eine schwarze Folie geschützt. Bei Dunkelheit wird die Pyramide durch einen Strahler, der an der Front des Museumsgebäudes befestigt ist, angestrahlt.

Der Vektor $\vec{u} = \begin{pmatrix} 3 \\ -1 \\ -5 \end{pmatrix}$ gibt die Richtung des parallel einfallenden Lichtes an.

Dabei wirft die Pyramide OPQS einen Schatten auf die x-y-Ebene.
Bestimmen Sie die Koordinaten des Schattenpunktes S* der Pyramidenspitze S auf dem Vorhof. Zeigen Sie, dass S* auf der Verlängerung der Pyramidenkante PQ liegt. F1 F5

e) Durch Einstellung des Strahlers lässt sich die Richtung des einfallenden Lichtes so verändern, dass der Schatten der Pyramide ein gleichschenklig-rechtwinkliges Dreieck OS**P mit rechtem Winkel bei S** ergibt.
Bestimmen Sie den Richtungsvektor $\vec{v}$ des einfallenden Lichtes. E2 E3

Lösung

a) Die drei Eckpunkte der Glasplatte ergeben sich als Schnittpunkte der Ebene E mit den Geraden, auf welchen die Pyramidenkanten liegen.

$g_{OS}: \vec{x} = \begin{pmatrix}0\\0\\0\end{pmatrix} + k \cdot \begin{pmatrix}2\\3\\5\end{pmatrix} \quad k \in \mathbb{R}, \text{ da } \overrightarrow{OS} = \begin{pmatrix}4\\6\\10\end{pmatrix}$

$g_{PS}: \vec{x} = \begin{pmatrix}6\\6\\0\end{pmatrix} + l \cdot \begin{pmatrix}-1\\0\\5\end{pmatrix} \quad l \in \mathbb{R}, \text{ da } \overrightarrow{PS} = \begin{pmatrix}-2\\0\\10\end{pmatrix}$

$g_{QS}: \vec{x} = \begin{pmatrix}2\\8\\0\end{pmatrix} + m \cdot \begin{pmatrix}1\\-1\\5\end{pmatrix} \quad m \in \mathbb{R}, \text{ da } \overrightarrow{QS} = \begin{pmatrix}2\\-2\\10\end{pmatrix}$

Als Richtungsvektoren wurden Vielfache der Verbindungsvektoren $\overrightarrow{OS}$, $\overrightarrow{PS}$ und $\overrightarrow{QS}$ mit kleineren ganzzahligen Komponenten gewählt, um die Rechnungen zu vereinfachen.

A ist gemeinsamer Punkt von g_{OS} und E.
Aus der Geradengleichung ergibt sich $A \in g_{OS} \Rightarrow a_1 = 2k$, $a_2 = 3k$ und $a_3 = 5k$.
Durch Einsetzen dieser Koordinaten von A in die Gleichung der Ebene E $x_1 + 2x_2 + 2x_3 = 18$ erhält man $2k + 2 \cdot 3k + 2 \cdot 5k = 18 \Leftrightarrow k = 1$.

Es ist also $\vec{a} = \begin{pmatrix}0\\0\\0\end{pmatrix} + 1 \cdot \begin{pmatrix}2\\3\\5\end{pmatrix} = \begin{pmatrix}2\\3\\5\end{pmatrix} \Rightarrow A(2|3|5)$.

Analog bestimmt man $P(6|6|0)$ als Schnittpunkt der Geraden g_{PS} mit der Ebene E sowie $Q(2|8|0)$ als dritten Eckpunkt der Platte.
Daraus lassen sich die Abmessungen der Platte berechnen:

$|\overrightarrow{AP}| = \left|\begin{pmatrix}6\\6\\0\end{pmatrix} - \begin{pmatrix}2\\3\\5\end{pmatrix}\right| = \left|\begin{pmatrix}4\\3\\-5\end{pmatrix}\right| = \sqrt{4^2 + 3^2 + (-5)^2} = \sqrt{50}, \ |\overrightarrow{AQ}| = \sqrt{50}, \ |\overrightarrow{PQ}| = \sqrt{20}.$

Die Glasplatte besitzt die Form eines gleichschenkligen Dreiecks.
Für die Höhe h in diesem gleichschenkligen Dreieck gilt:

$h^2 + \left(\frac{\sqrt{20}}{2}\right)^2 = \sqrt{50}^2 \Rightarrow h = \sqrt{45}.$

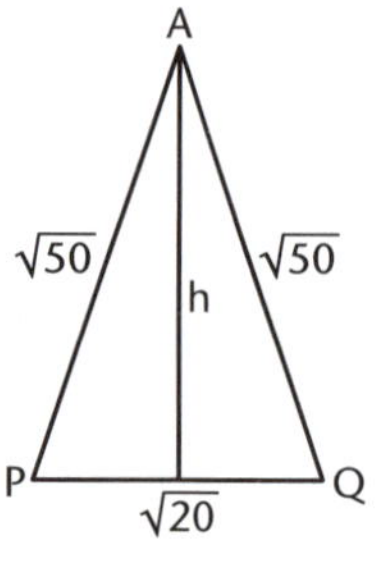

Damit berechnet sich der Flächeninhalt der Glasplatte zu

$A = \frac{1}{2} \cdot \sqrt{20} \cdot \sqrt{45} = 15 \text{ m}^2.$

Die Kosten für die Glasplatte betragen $15 \text{ m}^2 \cdot 150 \frac{€}{\text{m}^2} = 2250$ €.

b) Der Abstand des Punktes S von der Ebene E entspricht der Länge des Lotes von S auf die Ebene E, wobei F der Lotfußpunkt auf der Ebene ist: $\text{Abst}(S, E) = |\overrightarrow{SF}| = |\vec{f} - \vec{s}|$
Aus der Ebenengleichung E: $x_1 + 2x_2 + 2x_3 = 18$ lesen wir einen Normalenvektor zur Ebene ab: $\vec{n} = \begin{pmatrix}1\\2\\2\end{pmatrix}$. Die Lotgerade durch den Punkt S kann dargestellt werden durch

$g_{SF}: \vec{x} = \vec{s} + c \cdot \vec{n} = \begin{pmatrix}4\\6\\10\end{pmatrix} + c \cdot \begin{pmatrix}1\\2\\2\end{pmatrix}$; sie schneidet die Ebene E im Punkt F.

Aus der Gleichung der Lotgeraden ergeben sich für den Punkt F die Koordinaten $x_1 = 4 + c$, $x_2 = 6 + 2c$ und $x_3 = 10 + 2c$.
Setzt man diese in die Ebenengleichung E: $x_1 + 2x_2 + 2x_3 = 18$ ein, so erhält man $4 + c + 2 \cdot (6 + 2c) + 2 \cdot (10 + 2c) = 18 \Leftrightarrow c = -2$

Es ist $\overrightarrow{OF} = \begin{pmatrix}4\\6\\10\end{pmatrix} + (-2) \cdot \begin{pmatrix}1\\2\\2\end{pmatrix} = \begin{pmatrix}2\\2\\6\end{pmatrix} \Rightarrow F(2|2|6)$ und damit $|\overrightarrow{SF}| = \left|\begin{pmatrix}2\\2\\6\end{pmatrix} - \begin{pmatrix}4\\6\\10\end{pmatrix}\right| = 6.$

c) Die obere Teilpyramide besitzt die Glasplatte als Grundfläche und den Punkt S als Spitze. Die Höhe der Teilpyramide ergibt sich als Abstand des Punktes S von der Ebene E.

Für das Volumen gilt demnach $V_0 = \frac{1}{3} \cdot \text{Grundfläche} \cdot \text{Körperhöhe} = \frac{1}{3} \cdot A_{\text{Glasplatte}} \cdot \text{Abst}(S;\, E)$.

Die HNF von E lautet $\frac{x_1 + 2x_2 + 2x_3 - 18}{3} = 0$.

Der Abstand zwischen S und E ist gleich $\left|\frac{4 + 2 \cdot 6 + 2 \cdot 10 - 18}{3}\right| = 6$.

Die Höhe der Teilpyramide beträgt also 6 m.

Für das Volumen erhält man $V_0 = \frac{1}{3} \cdot 15\ \text{m}^2 \cdot 6\ \text{m} = 30\ \text{m}^3$.

Um das Teilverhältnis ermitteln zu können, wird zunächst das Volumen der gesamten Pyramide bestimmt. Das Dreieck OPQ bildet die Grundfläche dieser Pyramide. Da diese in der x-y-Ebene liegt, lässt sich die Höhe der Pyramide aus der dritten Koordinate der Pyramidenspitze S ablesen.

$V_{ges} = \frac{1}{3} \cdot G \cdot h_k = \frac{1}{3} \cdot A_{OPQ} \cdot s_3$. Es ist $S(4|6|10) \Rightarrow s_3 = 10$ m

Der Flächeninhalt des Dreiecks OPQ ergibt sich als Produkt der Länge der Grundseite $|\overrightarrow{PQ}|$ und der Flächenhöhe $|\overrightarrow{PO}| \cdot \sin\alpha$ multipliziert mit dem Faktor $\frac{1}{2}$.

$A_{OPQ} = \frac{1}{2} \cdot |\overrightarrow{PQ}| \cdot |\overrightarrow{PO}| \cdot \sin\alpha$

Dabei bezeichnet α den Winkel zwischen den Vektoren $\overrightarrow{PO}$ und $\overrightarrow{PQ}$:

$$\cos\alpha = \frac{|\overrightarrow{PO} * \overrightarrow{PQ}|}{|\overrightarrow{PO}| \cdot |\overrightarrow{PQ}|} = \frac{\left|\begin{pmatrix}-6\\-6\\0\end{pmatrix} * \begin{pmatrix}-4\\2\\0\end{pmatrix}\right|}{\sqrt{72} \cdot \sqrt{20}} = \frac{12}{\sqrt{1440}} \Rightarrow \alpha \approx 71{,}57°$$

Es ist $A_{OPQ} \approx \frac{1}{2} \cdot \sqrt{20} \cdot \sqrt{72} \cdot \sin 71{,}57° \approx 18\ \text{m}^2$.

Alternativ kann der Flächeninhalt des Dreiecks OPQ auch nach den Formeln

$$A_{OPQ} = \frac{1}{2} \cdot \sqrt{|\overrightarrow{OP}|^2 \cdot |\overrightarrow{OQ}|^2 - (\overrightarrow{OP} * \overrightarrow{OQ})^2} = \frac{1}{2} \cdot \sqrt{72 \cdot 68 - 60^2} = \frac{1}{2} \cdot \sqrt{1296} = \frac{1}{2} \cdot 36 = 18\ \text{m}^2$$

oder

$A_{OPQ} = \frac{1}{2} \cdot |\overrightarrow{OP} \times \overrightarrow{OQ}| = \frac{1}{2} \cdot \sqrt{0^2 + 0^2 + 36^2} = 18\ \text{m}^2$ berechnet werden.

Damit ist $V_{ges} = \frac{1}{3} \cdot 18\ \text{m}^2 \cdot 10\ \text{m} = 60\ \text{m}^3$.

Die Glasplatte teilt das Volumen der Glaspyramide im Verhältnis 1:1.

d) Das parallel einfallende Licht lässt sich durch die Gerade i beschreiben mit

$$i: \vec{x} = \vec{s} + t \cdot \vec{u} = \begin{pmatrix}4\\6\\10\end{pmatrix} + t \cdot \begin{pmatrix}3\\-1\\-5\end{pmatrix}$$

Der Schattenpunkt S* ist der Schnittpunkt der Geraden i mit der Ebene $G: x_3 = 0$ des Vorhofes. Durch Einsetzen von $s_3^* = 10 - 5 \cdot t$ in $x_3 = 0$ erhält man $t = 2$ und damit

$$\vec{s^*} = \begin{pmatrix}4\\6\\10\end{pmatrix} + 2 \cdot \begin{pmatrix}3\\-1\\-5\end{pmatrix} = \begin{pmatrix}10\\4\\0\end{pmatrix} \Rightarrow S^*(10|4|0) \text{ ist der Schattenpunkt der Pyramidenspitze.}$$

Zu zeigen: S* liegt auf der Verlängerung der Kante PQ, das heißt, S* liegt auf der Geraden durch die Punkte P und Q.

$g_{PQ}: \vec{x} = \begin{pmatrix}6\\6\\0\end{pmatrix} + r \cdot \begin{pmatrix}-2\\1\\0\end{pmatrix} \quad r \in \mathbb{R}$, da $\overrightarrow{PQ} = \begin{pmatrix}-4\\2\\0\end{pmatrix}$

Die Punktprobe $\begin{pmatrix}10\\4\\0\end{pmatrix} = \begin{pmatrix}6\\6\\0\end{pmatrix} + r \cdot \begin{pmatrix}-2\\1\\0\end{pmatrix}$ ist erfüllt für $r = -2$.

e) Das Lot des Schattenpunktes S** auf die Pyramidenkante OP verläuft in der x-y-Ebene und lässt sich daher beschreiben durch einen Vektor $\vec{l} = \begin{pmatrix}l_1\\l_2\\0\end{pmatrix}$.

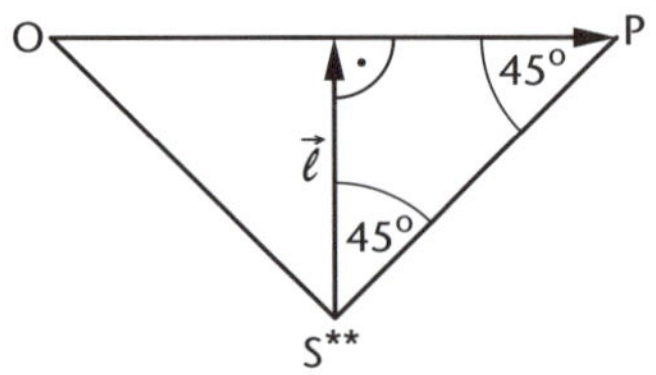

Der Lotvektor $\vec{l}$ steht senkrecht auf dem Verbindungsvektor $\overrightarrow{OP}$, der die Pyramidenkante beschreibt.
Es gilt:

(1) $\overrightarrow{OP} * \vec{l} = 0 \Rightarrow l_1 + l_2 = 0 \Leftrightarrow l_2 = -l_1$

Da das Dreieck OS**P rechtwinklig ist, gilt außerdem:

(2) $\left|\frac{1}{2} \cdot \overrightarrow{OP}\right| = \left|\begin{pmatrix}3\\3\\0\end{pmatrix}\right| = |\vec{l}\,| \Rightarrow l_1^2 + l_2^2 = 18$

(1) einsetzen in (2) ergibt $2 \cdot l_1^2 = 18 \Leftrightarrow l_1 = -3 \vee l_1 = 3$.

Nach den räumlichen Gegebenheiten ist $\vec{l} = \begin{pmatrix}3\\-3\\0\end{pmatrix}$ und damit

$\overrightarrow{s^{**}} = \frac{1}{2} \cdot \overrightarrow{OP} + \vec{l} = \begin{pmatrix}3\\3\\0\end{pmatrix} + \begin{pmatrix}3\\-3\\0\end{pmatrix} = \begin{pmatrix}6\\0\\0\end{pmatrix} \Rightarrow S^{**}(6|0|0)$.

Der Richtungsvektor des einfallenden Lichtes lautet dann:

$\vec{v} = \begin{pmatrix}1\\-3\\-5\end{pmatrix}$, denn $\overrightarrow{SS^{**}} = \begin{pmatrix}6\\0\\0\end{pmatrix} - \begin{pmatrix}4\\6\\10\end{pmatrix} = \begin{pmatrix}2\\-6\\-10\end{pmatrix}$.

Aufgabe 8 *Marienkirche in Dortmund*

Die Turmspitze der Marienkirche in Dortmund hat eine quadratische Grundfläche ABCD (die Seitenlänge werde mit 8 m angenommen), auf der vier senkrecht gemauerte gleichseitige Dreiecke stehen; die vierteiligen Dachflächen der Turmspitze sind rautenförmig.

Ein lokales Koordinatensystem ist so festgelegt, dass die Straßenebene durch $z = 0$ bestimmt ist und die Ecken A, B, C, D folgende Koordinaten haben:
$A(-4|-4|z)$, $B(+4|-4|z)$, $C(+4|+4|z)$ und $D(-4|+4|z)$, mit $z > 0$.

Die Turmspitze liegt 42,50 m über dem Straßenniveau.

a) Bestimmen Sie die Koordinaten der oberen Eckpunkte P_{AB}, P_{BC}, P_{CD}, P_{DA} der gleichseitigen Dreiecke zunächst in Abhängigkeit von z, die Koordinaten der Turmspitze S (auf der das Kreuz steht). Geben Sie die Koordinaten der Eckpunkte der Grundfläche auch numerisch an. (Angaben mit 2 Dezimalstellen).
[Kontrollergebnis: $z = 28{,}64$] E1

Aus der Formelsammlung:
Für die Höhe h im gleichseitigen Dreieck mit Seitenlänge a gilt:
$h = \frac{a}{2} \cdot \sqrt{3}$.

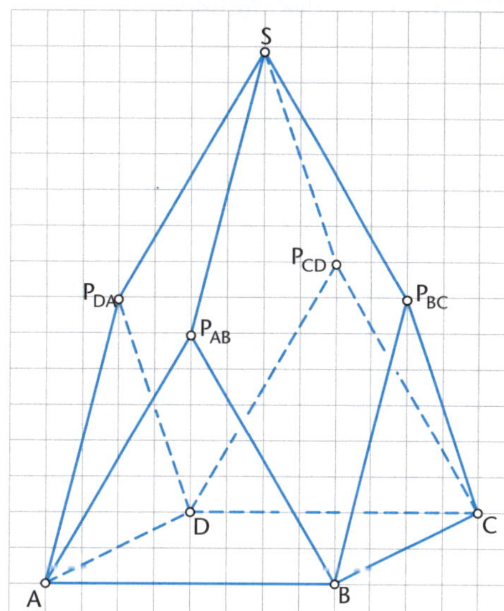

b) Bestimmen Sie die Gleichung für die Dachfläche, die den Punkt A enthält, in Parameter- und Koordinatenform. F3 F4

c) Das Kreuz auf der Turmspitze soll durch vier Laserstrahler so beleuchtet werden, dass der Strahl genau über die zum Kreuz führenden Dachkanten führt und diese zusätzlich beleuchtet. Die Laserstrahler sollen ebenerdig montiert werden. Berechnen Sie, in welcher Entfernung von der Turmmitte die Strahler zu montieren sind, und bestimmen Sie den Winkel α, den die Strahlen gegenüber dem Straßenniveau haben. Führen Sie Ihre Untersuchungen für *einen* der vier Laserstrahler durch. F1 F5 G1

d) Berechnen Sie die Innenwinkel β und γ der Rauten und die Neigung δ der rautenförmigen Dachflächen gegenüber dem Grundniveau. G1

e) Um das Volumen des Dachraums der Turmspitze oberhalb des Quadrats ABCD zu bestimmen, kann man diesen Körper zerlegen in einen Teilkörper von der Grundebene mit den Punkten A, B, C, D bis zu einer Ebene durch die Punkte P_{AB}, P_{BC}, P_{CD}, P_{DA} und den darüber liegenden Teilkörper bis zur Turmspitze S. (Die Dicke der Mauern und des Dachs werden vernachlässigt.) G2

Erläutern Sie die folgende Vorgehensweise und Rechnung:

(1) $V_1 = 8^2 \cdot 6{,}93 - 4 \cdot \frac{1}{3} \cdot \left(\frac{1}{2} \cdot 4^2 \cdot 6{,}93\right) = 369{,}6\ \text{m}^3$

(2) $V_2 = \frac{1}{3} \cdot (4 \cdot \sqrt{2})^2 \cdot 6{,}93 \approx 73{,}9\ \text{m}^3$

(3) $V = V_1 + V_2 = 443{,}5\ \text{m}^3$

f) Die Statik der Dachkonstruktion soll durch Stützbalken verstärkt werden. Diese verbinden die Mitten der Rauten mit dem jeweils gegenüberliegenden Eckpunkt des Grundquadrats ABCD. Bestimmen Sie die Länge dieser Balken (die sich im Innern der Kirchturmspitze gegenseitig durchdringen) sowie deren Neigungswinkel ε mithilfe der Methoden der Vektorgeometrie. E2 G1

Lösung

a) Koordinaten der oberen Eckpunkte der gleichseitigen Dreiecke: Für die Höhe h im gleichseitigen Dreieck gilt: $h = \frac{a}{2} \cdot \sqrt{3}$, also hier $h = \frac{8}{2} \cdot \sqrt{3} = 4 \cdot \sqrt{3} \approx 6{,}93$ m.

Die oberen Eckpunkte der Dreiecke haben daher die Koordinaten $P_{AB}(0\,|-4\,|\,z+6{,}93)$, $P_{BC}(4\,|\,0\,|\,z+6{,}93)$, $P_{CD}(0\,|\,4\,|\,z+6{,}93)$, $P_{DA}(-4\,|\,0\,|\,z+6{,}93)$.

Die Turmspitze S liegt dann noch einmal 6,93 m höher, wie sich aus der Rautenform der Dachflächen ergibt.
Da die Turmspitze über der Mitte des Quadrats ABCD liegt, gilt für deren Koordinaten: $S(0\,|\,0\,|\,42{,}50)$.

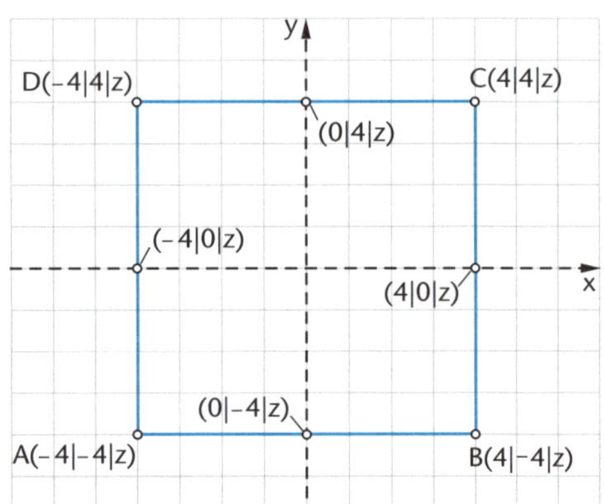

Da sich für die eigentliche Turmspitze eine Höhe von $2 \cdot 6{,}93\ \text{m} = 13{,}86$ m ergibt, muss gelten:
$z = 42{,}50 - 13{,}86 = 28{,}64$.

Es gilt also: $A(-4\,|-4\,|\,28{,}64)$, $B(+4\,|-4\,|\,28{,}64)$, $C(+4\,|+4\,|\,28{,}64)$ und $D(-4\,|+4\,|\,28{,}64)$ sowie
$P_{AB}(0\,|-4\,|\,35{,}57)$, $P_{BC}(4\,|\,0\,|\,35{,}57)$, $P_{CD}(0\,|\,4\,|\,35{,}57)$, $P_{DA}(-4\,|\,0\,|\,35{,}57)$.

b) Die Dachflächen-Ebene wird aufgespannt durch die beiden Vektoren, die vom Eckpunkt A ausgehen und zu je zwei benachbarten Punkten P_{AB} und P_{DA} führen.
Für die Ebene, die den Punkt A enthält, gilt also:

$$E_A: \vec{x} = \overrightarrow{OA} + r \cdot \overrightarrow{AP_{DA}} + s \cdot \overrightarrow{AP_{AB}} = \begin{pmatrix} -4 \\ -4 \\ 28{,}64 \end{pmatrix} + r \cdot \begin{pmatrix} -4-(-4) \\ 0-(-4) \\ 35{,}57-28{,}64 \end{pmatrix} + s \cdot \begin{pmatrix} 0-(-4) \\ -4-(-4) \\ 35{,}57-28{,}64 \end{pmatrix} =$$

$$= \begin{pmatrix} -4 \\ -4 \\ 28{,}68 \end{pmatrix} + r \cdot \begin{pmatrix} 0 \\ 4 \\ 6{,}93 \end{pmatrix} + s \cdot \begin{pmatrix} 4 \\ 0 \\ 6{,}93 \end{pmatrix}$$

Der Vektor $\vec{n_1} = \begin{pmatrix} 6{,}93 \\ 6{,}93 \\ -4 \end{pmatrix}$ ist offensichtlich ein Normalenvektor zu den beiden Richtungsvektoren der Ebene, denn es gilt: $\begin{pmatrix} 0 \\ 4 \\ 6{,}93 \end{pmatrix} * \begin{pmatrix} 6{,}93 \\ 6{,}93 \\ -4 \end{pmatrix} = 0$ und $\begin{pmatrix} 4 \\ 0 \\ 6{,}93 \end{pmatrix} * \begin{pmatrix} 6{,}93 \\ 6{,}93 \\ -4 \end{pmatrix} = 0.$

Alternativ kann man einen Normalenvektor auch mithilfe des linearen Gleichungssystems

$$\left| \begin{matrix} 0 \cdot n_1 + 4 \cdot n_2 + 6{,}93 \cdot n_3 = 0 \\ 4 \cdot n_1 + 0 \cdot n_2 + 6{,}93 \cdot n_3 = 0 \end{matrix} \right| \Leftrightarrow \left| \begin{matrix} 4 \cdot n_2 = -6{,}93 \cdot n_3 \\ 4 \cdot n_1 = -6{,}93 \cdot n_3 \end{matrix} \right|$$

bestimmen und dann $n_3 = -4$ wählen, oder man benutzt das Vektorprodukt (vgl. G6).

Daher ist eine Koordinatengleichung dieser Ebene gegeben durch
$E_A: 6{,}93 \cdot x_1 + 6{,}93 \cdot x_2 - 4 \cdot x_3 = d.$
Durch Einsetzen der Koordinaten von A erhält man
$d = 6{,}93 \cdot (-4) + 6{,}93 \cdot (-4) + (-4) \cdot 28{,}64 = -170,$
also $E_A: 6{,}93 \cdot x_1 + 6{,}93 \cdot x_2 - 4 \cdot x_3 = -170.$

c) Gesucht wird die Gerade, die sich aus der Verlängerung z. B. der Strecke zwischen P_{AB} und S ergibt, also:

$$g_{AB}: \vec{x} = \overrightarrow{OP_{AB}} + r \cdot \overrightarrow{P_{AB}S} = \begin{pmatrix} 0 \\ -4 \\ 35{,}57 \end{pmatrix} + r \cdot \begin{pmatrix} 0-0 \\ 0-(-4) \\ 42{,}50 - 35{,}57 \end{pmatrix} = \begin{pmatrix} 0 \\ -4 \\ 35{,}57 \end{pmatrix} + r \cdot \begin{pmatrix} 0 \\ 4 \\ 6{,}93 \end{pmatrix}.$$

Diese Gerade schneidet die x_1-x_2-Ebene genau dann, wenn $x_3 = 0$, also wenn
$35{,}57 + 6{,}93 \cdot r = 0$, d. h. für $r \approx -5{,}133$.
Einsetzen dieses Parameterwerts in der Geradengleichung ergibt die Koordinaten des Montagepunkts des Laserstrahlers:

$$\vec{x} = \begin{pmatrix} 0 \\ -4 \\ 35{,}57 \end{pmatrix} + (-5{,}133) \cdot \begin{pmatrix} 0 \\ 4 \\ 6{,}93 \end{pmatrix} = \begin{pmatrix} 0 \\ -24{,}532 \\ 0 \end{pmatrix}.$$

Der Laserstrahler müsste ca. 24,53 m von der Turmmitte entfernt montiert werden.

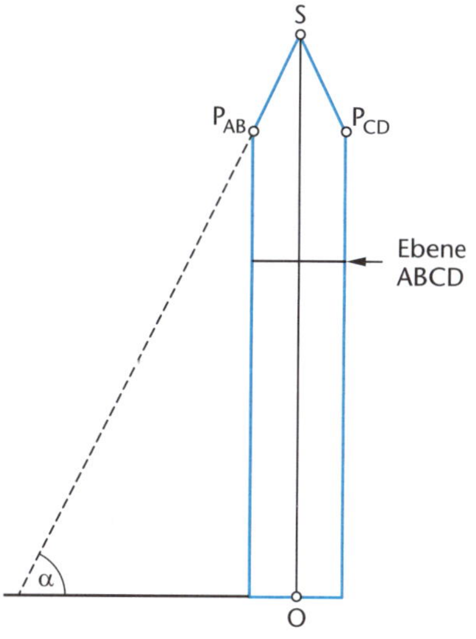

Der zu bestimmende Winkel α wird bestimmt durch den Richtungsvektor der Geraden und einen Vektor, der vom Montagepunkt des Laserstrahlers auf den Ursprung des Koordinatensystems weist:

$$\cos(\alpha) = \frac{\left| \begin{pmatrix} 0 \\ 24{,}53 \\ 0 \end{pmatrix} * \begin{pmatrix} 0 \\ 4 \\ 6{,}93 \end{pmatrix} \right|}{24{,}53 \cdot \sqrt{4^2 + 6{,}93^2}} \approx \frac{98{,}12}{196{,}28} \approx 0{,}500 \Rightarrow \alpha \approx 60{,}0°.$$

Alternativ ist auch eine Argumentation möglich, dass das Dreieck $P_{AB}P_{CD}S$ gleichseitig ist und daher in diesem Dreieck, also auch am Montagepunkt, ein Winkel von 60° auftritt.

d) Innenwinkel β der Rauten = Winkel zwischen den Richtungsvektoren der Ebene E_A:

$$\cos(\beta) = \frac{\left|\begin{pmatrix}0\\4\\6{,}93\end{pmatrix} * \begin{pmatrix}0\\0\\6{,}93\end{pmatrix}\right|}{\sqrt{4^2+6{,}93^2}\cdot\sqrt{4^2+6{,}93^2}} \approx \frac{48{,}0249}{64{,}0249} \approx 0{,}7501 \Rightarrow \beta \approx 41{,}4°$$

Der Komplementärwinkel der Raute ist $\gamma = 180° - \beta = 180° - 41{,}4° = 138{,}6°$.

Neigungswinkel δ der Dachfläche = Winkel zwischen einem Normalenvektor der Ebene, die durch ABCD geht (parallel zur x_1-x_2-Ebene) und zu einem Normalenvektor der Ebene E_A:

$$\cos(\delta) = \frac{\left|\begin{pmatrix}0\\0\\1\end{pmatrix} * \begin{pmatrix}6{,}93\\6{,}93\\-4\end{pmatrix}\right|}{\sqrt{1^2}\cdot\sqrt{6{,}93^2+6{,}93^2+(-4)^2}} \approx \frac{4}{10{,}5854} \approx 0{,}3779 \Rightarrow \delta \approx 67{,}8°.$$

e) (1) Der untere Teilkörper entsteht, indem man von einem Quader mit quadratischer Grundfläche (Seitenlänge 8 m) und Höhe 6,93 m an den vier Ecken jeweils eine Pyramide abschneidet, deren Grundfläche ein rechtwinkliges Dreieck ist (Kathetenlänge 4 m) und deren Höhe 6,93 m beträgt.

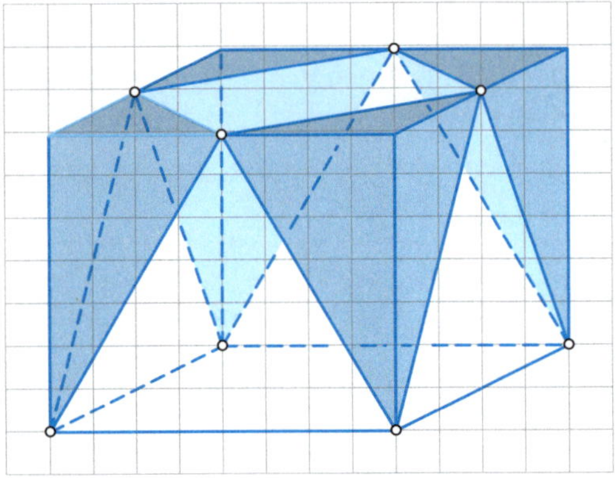

V_1 = Volumen des Quaders – 4 · Volumen der Pyramide mit dreieckiger Grundfläche

(2) Der obere Teilkörper ist eine quadratische Pyramide mit Seitenlänge $4\sqrt{2}$ und der Höhe 6,93 m.
V_2 = Volumen einer quadratischen Pyramide

(3) V = Summe der Volumina der beiden Teilkörper

f) Einer der Balken verbindet den Mittelpunkt $M_A(-2\,|\,-2\,|\,35{,}57)$ der Strecke $P_{DA}P_{AB}$ mit dem gegenüber liegenden Punkt $C(+4\,|\,+4\,|\,28{,}64)$. Die Länge dieses Balkens, also die Länge des Vektors $\overrightarrow{CM_A} = \begin{pmatrix}-6\\-6\\6{,}93\end{pmatrix}$, ist $\sqrt{(-6)^2+(-6)^2+6{,}93^2} \approx 10{,}96$ m.

Der Neigungswinkel ε des Balkens ergibt sich aus dem Winkel zwischen dem Vektor $\overrightarrow{CM_A} = \begin{pmatrix}-6\\-6\\6{,}93\end{pmatrix}$ und dem Verbindungsvektor von C nach A $\overrightarrow{CA} = \begin{pmatrix}-8\\-8\\0\end{pmatrix}$:

$$\cos(\varepsilon) = \frac{\left|\begin{pmatrix}-6\\-6\\6{,}93\end{pmatrix} * \begin{pmatrix}-8\\-8\\0\end{pmatrix}\right|}{\sqrt{(-6)^2+(-6)^2+6{,}93^2}\cdot\sqrt{(-8)^2+(-8)^2+0^2}} \approx \frac{96}{123{,}948} \approx 0{,}7745 \Rightarrow \varepsilon \approx 39{,}2°.$$

Aufgabe 9 *Die Scheune*

Die Abbildung zeigt eine Scheune mit einem Pultdach. Die Eckpunkte haben die Koordinaten A(6|0|0), B(6|10|0), C(0|10|0), F(6|0|3), G(6|10|3), H(0|10|4), K(0|0|4).

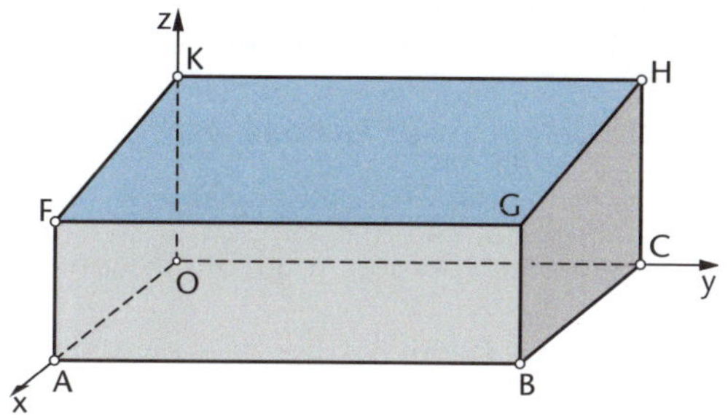

Auf dem Boden des Hauses wird ein 5 m langes, senkrecht stehendes Schornsteinrohr aufgestellt. Zur Vereinfachung betrachten wir bei der geometrischen Beschreibung dieses Schornsteinrohres nur den im Schornsteininneren verlaufenden Teil seiner Symmetrieachse. Der Fuß des Schornsteinrohres befindet sich dann im Punkt I(4|7|0).
Eine Längeneinheit entspricht einem Meter.

a) Berechnen Sie den Rauminhalt der Scheune und die Größe ihrer Dachfläche. G2

b) Die schräg verlaufende Dachfläche liege in der Ebene E.

(1) Geben Sie für die Ebene E eine Parameter- und eine Koordinatendarstellung an. (Kontrollergebnis: $E: x_1 + 6x_3 = 24$) F3 F4
(2) Untersuchen Sie, ob der Punkt P(1,5|7,5|3,75) auf E liegt. F3
(3) Bestimmen Sie den Neigungswinkel des Daches. G1
(4) Berechnen Sie den Abstand der Spitze des Schornsteinrohres vom Dach. G3

c) Eine Sicherheitsvorschrift besagt, dass das Schornsteinrohr mindestens 2 m aus dem Dach herausragen muss.
Bestimmen Sie den Punkt, in dem das Schornsteinrohr die Dachfläche durchstößt und begründen Sie Ihre Entscheidung, ob die Sicherheitsvorschrift eingehalten wird.
Berechnen Sie, wie viel Prozent des Schornsteinrohres sich außerhalb des Daches befinden. F5

d) Berechnen Sie den Abstand des oberen Schornsteinendes von der hinteren Dachkante. G4

e) Paralleles Sonnenlicht fällt in Richtung des Vektors $\vec{v} = \begin{pmatrix} -1 \\ 2 \\ -3 \end{pmatrix}$ ein.

(1) Berechnen Sie den Schattenpunkt der Spitze des Schornsteinrohres auf der Dachfläche. F5
(2) **(LK)** Geben Sie eine Matrix zur Projektion des Scheunendachs auf die x-y-Ebene an und berechnen Sie damit die Schattenpunkte zu G und H auf der x-y-Ebene. H2

Lösung

a) Wir fassen das Gebäude als Prisma auf mit Grundfläche BCHG und Höhe AB. Die Grundfläche ist ein Trapez mit den parallelen Seiten BG und CH sowie der Flächenhöhe BC.
Das Volumen des Prismas beträgt
$V = \frac{1}{2} \cdot (|\overrightarrow{BG}| + |\overrightarrow{CH}|) \cdot |\overrightarrow{BC}| \cdot |\overrightarrow{AB}| = \frac{1}{2} \cdot (3\text{ m} + 4\text{ m}) \cdot 6\text{ m} \cdot 10\text{ m} = 210\text{ m}^3$
Die fehlende Kantenlänge der Dachfläche erhält man als Länge des Vektors $\overrightarrow{GH} = \begin{pmatrix} -6 \\ 0 \\ 1 \end{pmatrix}$ zu $\sqrt{37}$ m. Damit beträgt der Flächeninhalt der Dachfläche $A = 10 \cdot \sqrt{37} \approx 60{,}83\text{ m}^2$.

b) (1) Die Ebene E wird beispielsweise aufgespannt durch die Vektoren $\overrightarrow{FG}$ und $\overrightarrow{FK}$, also $E: \vec{x} = \begin{pmatrix} 6 \\ 0 \\ 3 \end{pmatrix} + r\begin{pmatrix} 0 \\ 1 \\ 0 \end{pmatrix} + s\begin{pmatrix} -6 \\ 0 \\ 1 \end{pmatrix}$. Der Vektor $\vec{n} = \begin{pmatrix} 1 \\ 0 \\ 6 \end{pmatrix}$ ist orthogonal zu $\overrightarrow{FG}$ und $\overrightarrow{FK}$, daher ist $E: x_1 + 6x_3 = 24$ eine Koordinatengleichung für die Ebene.

(2) Da $1{,}5 + 6 \cdot 3{,}75 = 24$, ergibt die Punktprobe, dass der Punkt P in der Ebene E liegt.

(3) Der Neigungswinkel α kann z. B. als Winkel zwischen $\vec{n} = \begin{pmatrix} 1 \\ 0 \\ 6 \end{pmatrix}$ und einem zur 3. Koordinatenachse parallelen Vektor berechnet werden: $\cos\alpha = \frac{\begin{pmatrix} 1 \\ 0 \\ 6 \end{pmatrix} * \begin{pmatrix} 0 \\ 0 \\ 1 \end{pmatrix}}{\left|\begin{pmatrix} 1 \\ 0 \\ 6 \end{pmatrix}\right| \cdot \left|\begin{pmatrix} 0 \\ 0 \\ 1 \end{pmatrix}\right|} = \frac{6}{\sqrt{37}}$
oder elementar im rechtwinkligen Dreieck mit $\tan\alpha = \frac{1}{6}$ zu $\alpha \approx 9{,}5°$.

(4) **(LK)** Die Spitze des Schornsteins liegt im Punkt S (4|7|5).
Die HNF der Ebene E: $\frac{x_1 + 6x_3 - 24}{\sqrt{37}} = 0$ liefert $d = \left|\frac{4 + 6 \cdot 5 - 24}{\sqrt{37}}\right| = \frac{10}{\sqrt{37}} \approx 1{,}64$
Der Abstand beträgt etwa 1,64 m.

c) Den Schnittpunkt Q der Ebene E mit der Geraden $g: \vec{x} = \begin{pmatrix} 4 \\ 7 \\ 0 \end{pmatrix} + t \cdot \begin{pmatrix} 0 \\ 0 \\ 1 \end{pmatrix}$, welche die Symmetrieachse des Schornsteinrohrs beschreibt, erhält man durch Einsetzen in die Ebenengleichung: $4 + 6t = 24 \Leftrightarrow t = \frac{10}{3}$, also: $\vec{q} = \begin{pmatrix} 4 \\ 7 \\ 0 \end{pmatrix} + \frac{10}{3} \cdot \begin{pmatrix} 0 \\ 0 \\ 1 \end{pmatrix} = \begin{pmatrix} 4 \\ 7 \\ \frac{10}{3} \end{pmatrix}$ und $Q\left(4|7|\frac{10}{3}\right)$.
Da das Schornsteinrohr also nur 1,67 m aus dem Dach herausragt, ist die Sicherheitsvorschrift nicht erfüllt.
Es liegen $1 - \frac{\frac{10}{3}}{5} \approx 33\,\%$ des Schornsteins außerhalb des Dachs.

d) **(LK)** Der Lotvektor von der Schornsteinspitze S (4|7|5) auf die Gerade $h: \vec{x} = \begin{pmatrix} 0 \\ 0 \\ 4 \end{pmatrix} + t \cdot \begin{pmatrix} 0 \\ 1 \\ 0 \end{pmatrix}$ muss zu dieser orthogonal sein: $\left[\begin{pmatrix} 4 \\ 7 \\ 5 \end{pmatrix} - \begin{pmatrix} 0 \\ 0 \\ 4 \end{pmatrix} - t \cdot \begin{pmatrix} 0 \\ 1 \\ 0 \end{pmatrix}\right] * \begin{pmatrix} 0 \\ 1 \\ 0 \end{pmatrix} = 0$
Hieraus ergibt sich $t = 7$ und L (0|7|4) als Fußpunkt des Lotes, also gilt für den Abstand:
$d = \left|\begin{pmatrix} 0 \\ 7 \\ 4 \end{pmatrix} - \begin{pmatrix} 4 \\ 7 \\ 5 \end{pmatrix}\right| = \sqrt{17}$.
Hinweis: Man kann dies auch elementargeometrisch mithilfe des Satzes von PYTHAGORAS berechnen: $d^2 = 4^2 + 1^2$

e) (1) Den Schattenpunkt R der Schornsteinspitze auf der Dachfläche erhält man als Schnittpunkt der Gerade $k: \vec{x} = \begin{pmatrix} 4 \\ 7 \\ 5 \end{pmatrix} + t \cdot \begin{pmatrix} -1 \\ 2 \\ -3 \end{pmatrix}$ mit der Ebene E durch Einsetzen in die Ebenengleichung: $4 - t + 6(5 - 3t) = 24 \Leftrightarrow t = \frac{10}{19}$;

$$\vec{r} = \begin{pmatrix} 4 \\ 7 \\ 5 \end{pmatrix} + \frac{10}{19} \cdot \begin{pmatrix} -1 \\ 2 \\ -3 \end{pmatrix} = \begin{pmatrix} \frac{66}{19} \\ \frac{153}{19} \\ \frac{65}{19} \end{pmatrix} \text{ und } R\left(\frac{66}{19} \middle| \frac{153}{19} \middle| \frac{65}{19}\right).$$

(2) Die Projektionsmatrix ist $M = \begin{pmatrix} 1 & 0 & -\frac{v_1}{v_3} \\ 0 & 1 & -\frac{v_2}{v_3} \\ 0 & 0 & 0 \end{pmatrix} = \begin{pmatrix} 1 & 0 & -\frac{1}{3} \\ 0 & 1 & \frac{2}{3} \\ 0 & 0 & 0 \end{pmatrix}$.

Damit werden die Ortsvektoren der Schattenpunkte auf der x-y-Ebene berechnet:

$$\vec{g}\,' = M \cdot \vec{g} = \begin{pmatrix} 1 & 0 & -\frac{1}{3} \\ 0 & 1 & \frac{2}{3} \\ 0 & 0 & 0 \end{pmatrix} \cdot \begin{pmatrix} 6 \\ 10 \\ 3 \end{pmatrix} = \begin{pmatrix} 5 \\ 12 \\ 0 \end{pmatrix} \text{ und } \vec{h}\,' = M \cdot \vec{h} = \begin{pmatrix} 1 & 0 & -\frac{1}{3} \\ 0 & 1 & \frac{2}{3} \\ 0 & 0 & 0 \end{pmatrix} \cdot \begin{pmatrix} 0 \\ 10 \\ 4 \end{pmatrix} = \begin{pmatrix} -\frac{4}{3} \\ \frac{38}{3} \\ 0 \end{pmatrix}.$$

Die Schattenpunkte sind also $G'(5|12|0)$ und $H'\left(-\frac{4}{3}\middle|\frac{38}{3}\middle|0\right)$.

Alternative: Die Schattenpunkte können auch mithilfe der Projektions-Geraden durch G bzw. H bestimmt werden:

$$g: \vec{x} = \begin{pmatrix} 6 \\ 10 \\ 3 \end{pmatrix} + s \cdot \begin{pmatrix} -1 \\ 2 \\ -3 \end{pmatrix} \text{ bzw. } h: \vec{x} = \begin{pmatrix} 0 \\ 10 \\ 4 \end{pmatrix} + s \cdot \begin{pmatrix} -1 \\ 2 \\ -3 \end{pmatrix}.$$

Die 3. Koordinate ist null für $s = 1$ bzw. $s = \frac{4}{3}$. Einsetzen dieser Parameterwerte in die Geraden-Gleichungen ergibt die o. a. Punkte G′ bzw. H′.

Aufgabe 10 *Impfung gegen Influenza*

Das Robert-Koch-Institut hat in einer Stichprobe 1261 Menschen über 12 Jahre telefonisch befragt. Demnach waren in West-Deutschland 15 % und in Ost-Deutschland (einschl. Berlin) 32 % der Bevölkerung gegen Grippe geimpft.
In den „westlichen" Bundesländern leben 79,3 % der 73 327 000 Bundesbürger über 12 Jahre.

a) Berechnen Sie den Anteil der geimpften Personen in der Gesamtbevölkerung. Bestimmen Sie die Wahrscheinlichkeit, dass eine zufällig angetroffene geimpfte Person in den „östlichen" Bundesländern wohnt. I3 I4

b) Berechnen Sie die Wahrscheinlichkeit, dass von 12 zufällig ausgesuchten Personen aus den östlichen Bundesländern

(1) keine Person geimpft ist;
(2) mindestens 10 Personen nicht geimpft sind;
(3) mehr als 8 und höchstens 10 Personen geimpft sind. J3

c) Personen über 12 Jahre aus den westlichen Bundesländern werden für ein Interview zufällig ausgewählt. Bestimmen Sie, wie viele Personen man mindestens auswählen muss, um mit einer Wahrscheinlichkeit von mindestens 98 % mindestens eine geimpfte Person zu erfassen. J4

d) Von dem verwendeten Impfserum wird behauptet, dass höchstens 10 % der Geimpften trotz einer Impfung an Grippe erkranken. 300 zufällig ausgewählte Personen werden mit diesem Serum geimpft. Es erkranken 38 Personen.

Untersuchen Sie die Behauptung in der Art eines Hypothesentests mit dem Signifikanzniveau von 5 % und geben Sie eine begründete Entscheidung an. K1 K3
Beschreiben Sie die Bedeutung der Fehler 1. Art und 2. Art im Zusammenhang dieses Tests.
Berechnen Sie die Wahrscheinlichkeit für einen Fehler 1. Art im Fall $p = 0{,}1$ und die Wahrscheinlichkeit für einen Fehler 2. Art im Fall $p = 0{,}15$. K3

Lösung

a) G: Person ist geimpft
$\overline{G}$: Person ist nicht geimpft

A: Person wohnt in den „westlichen" Bundesländern;
$\overline{A}$: Person wohnt in den „östlichen" Bundesländern

Mit diesen Bezeichnungen und einem Baumdiagramm kann eine Vierfeldertafel erstellt werden:

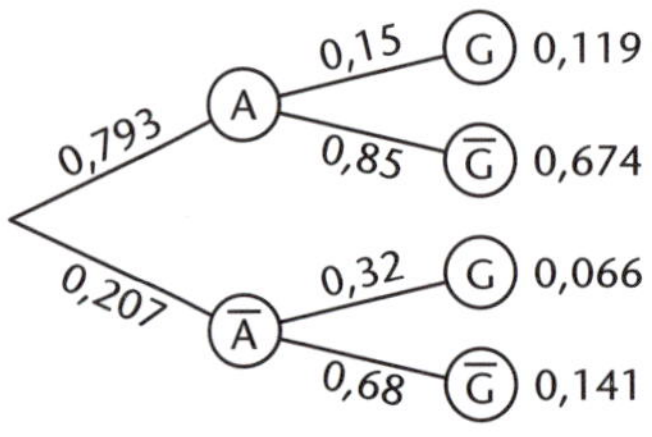

	G	$\overline{G}$	
A	0,119	0,674	0,793
$\overline{A}$	0,066	0,141	0,207
	0,185	0,815	1

Daraus ist abzulesen: $P(G) = 0{,}793 \cdot 0{,}15 + 0{,}207 \cdot 0{,}32 \approx 0{,}185$.
Der Anteil der geimpften Personen in der Gesamtbevölkerung beträgt also etwa 18,5 %.

Mit der Vierfeldertafel erhält man das umgekehrte Baumdiagramm:

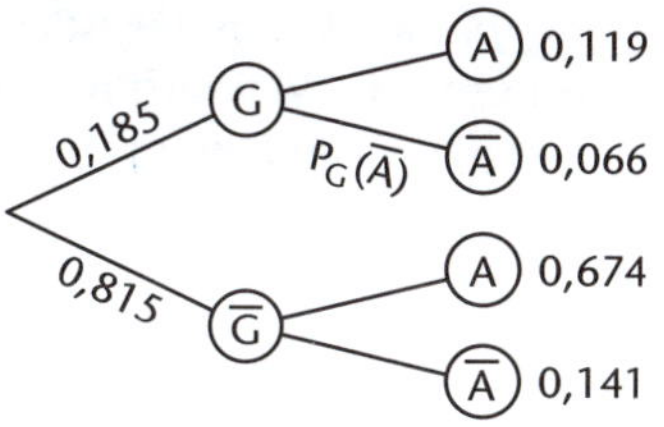

Daraus ist abzulesen: $P_G(\overline{A}) = \frac{P(G \cap \overline{A})}{P(G)} = \frac{0{,}066}{0{,}185} \approx 0{,}357$.

Die Person wohnt demnach mit einer Wahrscheinlichkeit von etwa 35,7 % in den „östlichen“ Bundesländern.

b) X: *Anzahl der geimpften Personen*
Die Zufallsgröße X ist binomialverteilt mit n = 12 und p = 0,32.

(1) $P(X = 0) = \binom{12}{0} \cdot 0{,}32^0 \cdot 0{,}68^{12} \approx 0{,}68^{12} \approx 0{,}0098 \approx 1\,\%$

(2) $P(X \leq 2) = P(X = 0) + P(X = 1) + P(X = 2)$

$= 0{,}68^{12} + \binom{12}{1} \cdot 0{,}32 \cdot 0{,}68^{11} + \binom{12}{2} \cdot 0{,}32^2 \cdot 0{,}68^{10} \approx 0{,}2078 \approx 20{,}8\,\%$

(3) $P(9 \leq X \leq 10) = P(X = 9) + P(X = 10)$

$= \binom{12}{9} \cdot 0{,}32^9 \cdot 0{,}68^3 + \binom{12}{10} \cdot 0{,}32^{10} \cdot 0{,}68^2 \approx 0{,}0028 \approx 0{,}3\,\%$

c) Gesucht ist die unbekannte Personenzahl n, die man mindestens auswählen muss.

$P(\text{mind. eine Person ist geimpft}) \geq 0{,}98$

$\Leftrightarrow\ 1 - P(\text{keine Person ist geimpft}) \geq 0{,}98$

$\Leftrightarrow\ 1 - 0{,}85^n \geq 0{,}98$

$\Leftrightarrow\ n \geq \frac{\ln(0{,}02)}{\ln(0{,}85)} \approx 24{,}07$

Also muss man mindestens 25 Personen auswählen.

d) Hypothesentest:

$H_0: p \leq 0{,}1$	(Nullhypothese)	$H_1: p > 0{,}1$	(Gegenhypothese)
$\alpha \leq 0{,}05$	(Signifikanzniveau)	$n = 300$	(Stichprobenumfang)

X: *Anzahl der erkrankten Personen*
Bei wahrer Nullhypothese ist die Zufallsgröße X binomialverteilt mit n = 300 und p = 0,1. Da eine große Anzahl erkrankter Personen gegen die Annahme der Nullhypothese spricht, handelt es sich um einen rechtsseitigen Test.

Bestimmung des Verwerfungsbereichs durch systematisches Probieren:
Wegen $P(X \leq 39) \approx 0{,}962$ und $P(X \leq 38) \approx 0{,}945$ ergibt sich für den Annahmebereich der Hypothese: $A = \{0, 1, \ldots, 39\}$.

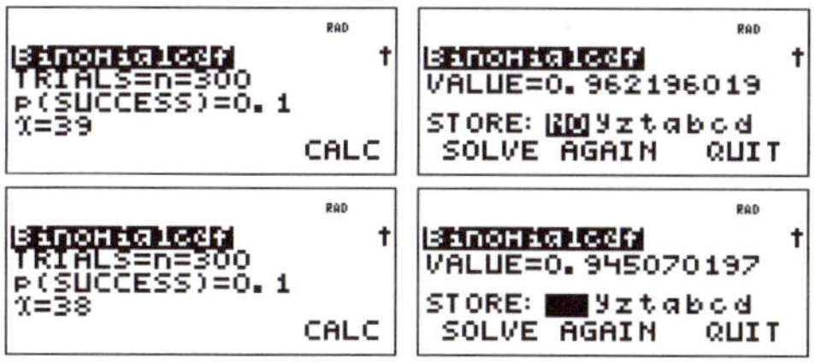

Die Nullhypothese wird demzufolge abgelehnt, wenn das Stichprobenergebnis im Verwerfungsbereich K = {40, ..., 300} liegt.

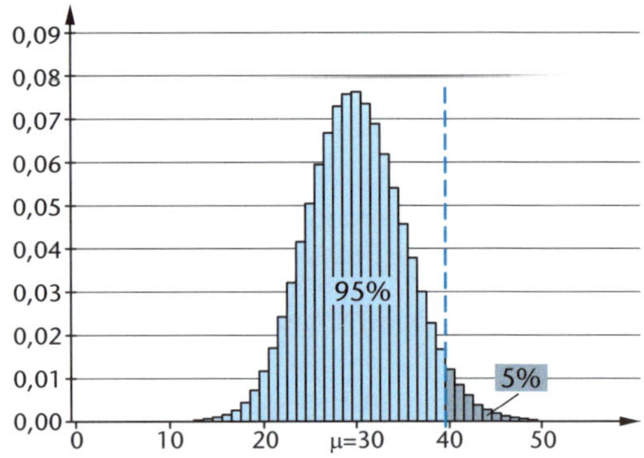

Der Fehler 1. Art (eine wahre Nullhypothese wird irrtümlich verworfen) bedeutet hier, dass man aufgrund einer zufällig ungewöhnlich hohen Zahl erkrankter Personen in der Stichprobe irrtümlicherweise schließt, dass mehr als 10 % der Patienten trotz Impfung an der Grippe erkranken, obwohl dies in Wahrheit nicht stimmt.

Der Fehler 2. Art (eine falsche Nullhypothese wird irrtümlich angenommen) bedeutet hier, dass aufgrund einer mit der Nullhypothese verträglichen Anzahl erkrankter Personen in der Stichprobe irrtümlicherweise schließt, dass höchstens 10 % der Patienten trotz Impfung an der Grippe erkranken, obwohl dies in Wahrheit nicht stimmt.

Wahrscheinlichkeit für den Fehler 1. Art für $p = 0{,}1$:
$\alpha = P(40 \le X \le 300) = 1 - P(X \le 39) = 3{,}8\,\%$.

Wahrscheinlichkeit für den Fehler 2. Art für $p = 0{,}15$:
$\beta = P(X \le 39) = 18{,}8\,\%$.

Aufgabe 11 *Haushaltsgrößen in Deutschland*

Die nebenstehende Grafik veranschaulicht die Entwicklung der Haushaltsgrößen in Deutschland.

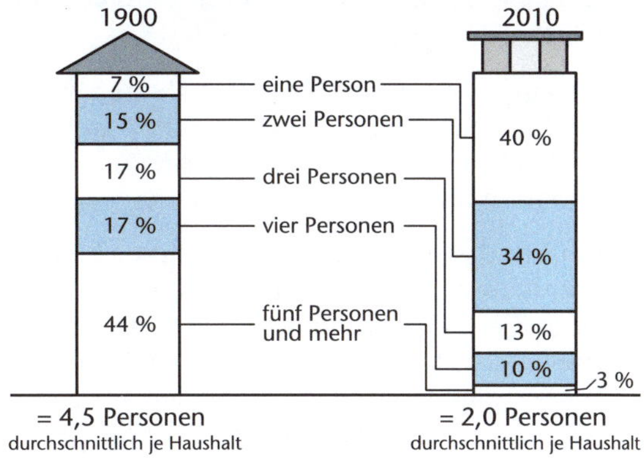

a) Unter den beiden Bildern der Grafik sind jeweils die durchschnittlichen Haushaltsgrößen angegeben. Erläutern Sie, *wie* man diese Durchschnittswerte berechnet. Führen Sie selbst diese Rechnung aus und begründen Sie, warum bei der Mittelwertbildung für 1900 Ihr Ergebnis vom angegebenen Durchschnittswert abweicht. J1

b) Laut Veröffentlichung des Statistischen Bundesamts befinden sich 64 % aller Haushalte in Deutschland in Gemeinden mit weniger als 100 000 Einwohnern; in diesen kleinen und mittelgroßen Gemeinden beträgt der Anteil der 1-Personen-Haushalte nur 35 %. I3 I4

(1) Stellen Sie diese Information auf dem Hintergrund der oben stehenden Grafik in einer Vierfeldertafel mit relativen Häufigkeiten zusammen.
(2) Entwickeln Sie hieraus die beiden zugehörigen Baumdiagramme und geben Sie die in den Baumdiagrammen enthaltenen Informationen in Worten wieder.

Angenommen, aus der Gesamtheit aller Haushalte in Deutschland wäre im Jahr 2010 zufällig ein Haushalt ausgewählt worden.

(3) Bestimmen Sie die Wahrscheinlichkeit, dass es sich um einen Mehrpersonen-Haushalt handelt, wenn bekannt ist, dass der Haushalt in einer Großstadt (mindestens 100 000 Einwohner) liegt.
(4) Bestimmen Sie die Wahrscheinlichkeit, dass es sich um einen Haushalt in einer Großstadt handelt, wenn bekannt ist, dass darin nur eine Person lebt.

Für die folgende Rechnungen sei angenommen, dass die Angaben für das Jahr 2010 auch heute noch gültig sind. Für eine Stichprobe werden n Haushalte zufällig ausgewählt.

c) Bestimmen Sie die Wahrscheinlichkeit, dass bei einer Auswahl von $n = 3$ Haushalten I2

(1) in allen drei ausgewählten Haushalten höchstens zwei Personen leben,
(2) unter den drei Haushalten mindestens ein 3-Personen-Haushalt ist,
(3) je ein Haushalt mit einer Person, mit zwei Personen und drei Personen erfasst wird.

d) Bestimmen Sie die Wahrscheinlichkeit, dass bei einer Auswahl von $n = 100$ Haushalten J3

(1) genau 40
(2) mehr als 35
(3) mindestens 38, höchstens 45

1-Personen-Haushalte erfasst sind.

e) Bei einer Stichprobe mit $n = 50$ Haushalten sind zufällig lauter Haushalte mit weniger als fünf Personen erfasst. Bestimmen Sie die Wahrscheinlichkeit für ein solches Ereignis. J3

f) Bei einer Rechnung zu den Haushalten mit mindestens fünf Personen wurde der folgende Ansatz verwendet: $P(X \geq 1) \geq 0{,}90$. Ein Zwischenschritt ergab: $1 - 0{,}97^n \geq 0{,}9$ und als Lösung: $n \geq 76$. J4
Erläutern Sie, was berechnet wurde.

g) Aufgrund von detaillierteren Untersuchungen weiß man, dass die Verteilung der Haushaltsgrößen regional sehr unterschiedlich ist. Der Bürgermeister einer Kleinstadt vermutet, dass in seiner Gemeinde der Anteil der 1-Personen-Haushalte (der bundesweit bei den kleinen und mittleren Gemeinden 35 % beträgt, vgl. Teilaufgabe b)) signifikant größer ist als in den übrigen Gemeinden mit einer Einwohnerzahl unter 100 000. Wenn der Bürgermeister Recht hat mit seiner Vermutung, dann hat dies Auswirkungen auf die zukünftige Wohnungsbaupolitik der Gemeinde.
Da man sich hinsichtlich der tatsächlichen Situation in den Haushalten nicht allein auf die Informationen verlassen kann, die den Einwohnermeldeämtern zur Verfügung stehen, möchte er dies mithilfe eines *statistischen Beweises* belegen. Aufgrund der Haushaltssituation ist nur eine Stichprobe in $n = 250$ Haushalten möglich.

(1) Erläutern Sie die prinzipielle Vorgehensweise für ein solches Testverfahren. K1
(2) Bestimmen Sie eine Entscheidungsregel auf dem 90 %-Niveau.
(3) Beschreiben Sie die Auswirkungen eines Fehlers 1. bzw. 2. Art in dieser Sachsituation. K3
(4) Berechnen Sie die Wahrscheinlichkeit für einen Fehler 2. Art, wenn der tatsächliche Anteil an 1-Personen-Haushalten in der Gemeinde 45 % beträgt. K3

Lösung

a) Die Berechnung des Mittelwerts einer Häufigkeitsverteilung erfolgt analog zur Berechnung des Erwartungswerts einer Wahrscheinlichkeitsverteilung. Am einfachsten ist es, wenn man eine Tabelle anlegt und so das gewichtete Mittel der Merkmalswerte *Anzahl der Personen* berechnet:

1990		
Anzahl der Personen	**Anteil**	**Produkt**
1	0,07	0,07
2	0,15	0,30
3	0,17	0,51
4	0,17	0,68
≥5	0,44	≥2,20
Summe		≥3,76

2010		
Anzahl der Personen	**Anteil**	**Produkt**
1	0,40	0,40
2	0,34	0,68
3	0,13	0,39
4	0,10	0,40
≥5	0,03	≥0,15
Summe		2,02

Da die Angabe für den Anteil der Haushalte mit mindestens 5 Personen für das Jahr 1900 wenig differenziert ist („≥ 5" bedeutet 5, 6, 7, ...), muss die Rechnung mit dem kleinsten der Werte durchgeführt werden; daher wird man nicht den Mittelwert selbst, sondern eine Abschätzung des Mittelwerts nach unten erhalten. Teilt man die Anteile für *mindestens 5 Personen* weiter auf, dann kommt man zu einem weniger stark abweichenden Mittelwert, siehe z. B. nebenstehende Tabelle.

Anzahl der Personen	**Anteil**	**Produkt**
1	0,07	0,07
2	0,15	0,30
3	0,17	0,51
4	0,17	0,68
5	0,16	0,80
6	0,12	0,72
7	0,08	0,56
≥8	0,08	≥0,64
Summe		≥4,28

Alternativ kann man so rechnen:
$1 \cdot 0{,}07 + 2 \cdot 0{,}15 + 3 \cdot 0{,}17 + 4 \cdot 0{,}17 + x \cdot 0{,}44 = 4{,}5 \Leftrightarrow 0{,}44x = 2{,}94 \Leftrightarrow x = 6{,}7$;
dann könnte man so argumentieren: Die 44 % beziehen sich auf ein Intervall, das die Werte 5, 6, 7, 8, ... enthält. Die relativen Häufigkeiten, mit denen diese Werte auftreten, müssen so verteilt sein, dass sich der Mittelwert 6,7 ergibt.

b) (1) Aus der Grafik entnimmt man die Angabe 40 % und komplementär 60 % als Zeilensummen, aus dem Text von Teilaufgabe b) die Spaltensumme 64 % und komplementär 36 %. Die restlichen Daten (blau) ergeben sich durch Ergänzungen innerhalb der Tabelle:

		Gemeindetyp		
		Großstädte (G)	**andere Gemeinden (K)**	**gesamt**
Haushaltstyp	**1-Personen-haushalte (E)**	0,176	35 % von 64 % = 0,224	0,40
	Mehr-Personen-haushalte (M)	0,184	0,416	0,60
gesamt		0,36	0,64	1

(2) Durch Quotientenbildung innerhalb der Zeilen bzw. Spalten ergeben sich die beiden zugehörigen Baumdiagramme:

40 % der Haushalte in Deutschland sind 1-Personen-Haushalte, davon liegen ca. 44 % in Großstädten; dagegen liegen nur ca. 31 % aller Mehr-Personen-Haushalte in diesen Gemeinden mit mindestens 100 000 Einwohnern.

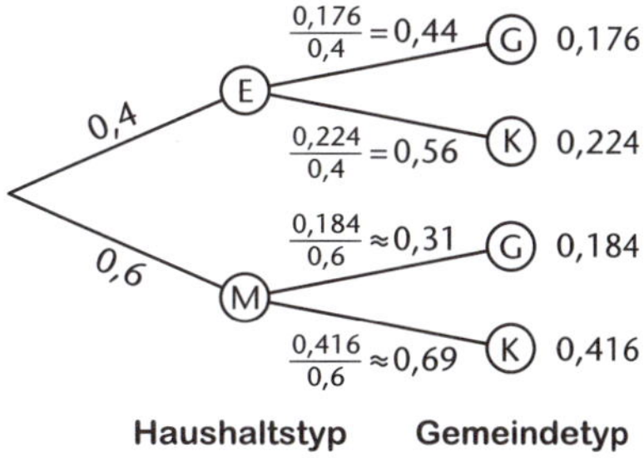

Ca. 36 % der Haushalte in Deutschland liegen in Großstädten, davon sind ca. 49 % 1-Personen-Haushalte; dagegen beträgt in den Gemeinden unter 100 000 Einwohnern der Anteil der 1-Personen-Haushalte nur ca. 35 %.

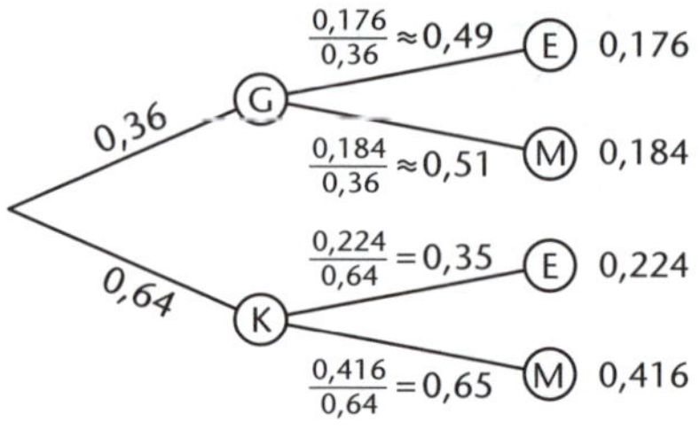

(3) Die Wahrscheinlichkeit, dass es sich um einen Mehrpersonen-Haushalt handelt, wenn bekannt ist, dass der Haushalt in einer Großstadt (mindestens 100 000 Einwohner) liegt, beträgt ca. 51 %: $P_G(M) \approx 0{,}51$ (vgl. 2. Baumdiagramm).

(4) Die Wahrscheinlichkeit, dass es sich um einen Haushalt in einer Großstadt handelt, wenn bekannt ist, dass darin nur eine Person lebt, beträgt ca. 44 %: $P_E(G) = 0{,}44$ (vgl. 1. Baumdiagramm).

c) (1) Die Wahrscheinlichkeit, dass in *einem* zufällig ausgewählten Haushalt höchstens zwei Personen leben, beträgt laut Grafik ca. 74 %. Daher ist die Wahrscheinlichkeit, dass in allen drei zufällig ausgewählten Haushalten eine oder zwei Personen leben, nach Pfadmultiplikationsregel gleich $0{,}74^3 \approx 0{,}405 = 40{,}5\,\%$.

(2) Das Ereignis *Unter den drei Haushalten ist mindestens ein 3-Personen-Haushalt* ist das Gegenereignis zu *Unter den drei Haushalten ist kein 3-Personen-Haushalt*. Die Wahrscheinlichkeit, dass in einem zufällig ausgewählten Haushalt drei Personen leben, beträgt laut Grafik 13 %. Die gesuchte Wahrscheinlichkeit berechnet sich also nach Komplementärregel und Pfadmultiplikationsregel zu
$1 - 0{,}87^3 \approx 1 - 0{,}659 = 0{,}341 = 34{,}1\,\%$.

(3) Nach Pfadmultiplikationsregel ergibt sich für ein Ergebnis EZD (*Haushalt mit einer Person, mit zwei Personen und drei Personen, in dieser Reihenfolge*) die Wahrscheinlichkeit $0{,}4 \cdot 0{,}34 \cdot 0{,}13$. Da aber keine Reihenfolge vorgegeben ist, handelt es sich um ein Ereignis mit sechs gleichwahrscheinlichen Ergebnissen (EZD, EDZ, ZED, ZDE, DEZ, DZE), also $6 \cdot 0{,}4 \cdot 0{,}34 \cdot 0{,}13 \approx 0{,}106 = 10{,}6\,\%$.

d) Da man sich auf die Betrachtung nur eines Ergebnisses beschränkt, liegt hier eine binomialverteilte Zufallsgröße X: *Anzahl der 1-Personen-Haushalte in einem 100-stufigen Bernoulli-Versuch mit Erfolgswahrscheinlichkeit p = 0,4* vor:

(1) $P(X = 40) = 0{,}0812$ (2) $P(X > 35) = 1 - P(X \leq 35) = 1 - 0{,}179 = 0{,}821$

(3) $P(38 \leq X \leq 45) = P(X \leq 45) - P(X \leq 37) = 0{,}869 - 0{,}307 = 0{,}562$

e) Hier wird die Zufallsgröße X: *Anzahl der Haushalte mit weniger als fünf Personen in einem 50-stufigen* Bernoulli*-Versuch mit p = 0,97* betrachtet: $P(X = 50) = 0{,}9750 = 0{,}218$.

f) Hier wird die Zufallsgröße X: *Anzahl der Haushalte mit mindestens fünf Personen in einem n-stufigen Bernoulli-Versuch mit p = 0,03* betrachtet. Zu bestimmen ist der Mindestumfang einer Stichprobe, damit mit einer Wahrscheinlichkeit von mindestens 90 % unter den ausgewählten Haushalten mindestens ein Haushalt mit mindestens fünf Personen ist.

Das Ereignis *Mindestens ein Haushalt mit mindestens fünf Personen hat die Wahrscheinlichkeit* $P(X \geq 1) = 1 - P(X = 0) = 1 - 0{,}97^n$. Für diese Wahrscheinlichkeit gilt:
$P(X \geq 1) \geq 0{,}90$, daher ist folgende Ungleichung zu lösen:

$1 - 0{,}97^n \geq 0{,}9$	Umstellen der Ungleichung
$\Leftrightarrow\ 0{,}97^n \leq 0{,}1$	Logarithmieren der Ungleichung
$\Leftrightarrow\ n \cdot \log(0{,}97) \leq \log(0{,}1)$	Auflösen nach n
$\Leftrightarrow\ n \geq 75{,}6 \Leftrightarrow n \geq 76$.	

g) (1) Bei einem statistischen Beweis wählt man das logische Gegenteil dessen, was man „beweisen" möchte, als zu testende Hypothese aus. Wenn man dann in der Stichprobe eine signifikante Abweichung findet, sieht man sich veranlasst, daran zu zweifeln, ob die getestete Erfolgswahrscheinlichkeit tatsächlich der Stichprobe zugrunde liegt, sodass man zukünftig das Gegenteil der getesteten Hypothese als richtig ansehen darf.

(2) Hier vermutet der Bürgermeister, dass der Anteil der 1-Personen-Haushalte in seiner Gemeinde größer ist als 35 %. Um dies statistisch zu beweisen, muss er die Hypothese H_0: $p \leq 0{,}35$ testen.
Diese Hypothese kann nur verworfen werden, wenn in der Stichprobe extrem viele 1-Personen-Haushalte vorgefunden werden.

Für $n = 250$ und $p = 0{,}35$ ist $\mu = 250 \cdot 0{,}35 = 87{,}5$.

Durch systematisches Probieren findet man heraus, dass die Wahrscheinlichkeit für $X \geq 98$ vom Erwartungswert signifikant nach oben abweicht:
$P(X > 97) = 1 - P(X \leq 97) \approx 1 - 0{,}907 = 0{,}093 < 0{,}10$.

Für $p < 0{,}35$ gilt erst recht: $P(X > 97) < 0{,}10$

Entscheidungsregel: *Verwirf die Hypothese $p \leq 0{,}35$, falls in der Stichprobe von $n = 250$ zufällig ausgewählten Haushalten mehr als 97 1-Personen-Haushalte sind.*
Annahmebereich der Hypothese: $A = \{0, 1, ..., 97\}$;
Verwerfungsbereich der Hypothese: $V = \{98, 99, ..., 250\}$.

(3) Bei einem Fehler 1. Art würde die Hypothese $p \leq 0{,}35$ verworfen, obwohl sie zutrifft, d. h., der Bürgermeister fühlt sich in seiner Vermutung bestätigt, dass seine Gemeinde einen deutlich höheren Anteil an 1-Personen-Haushalten hat als es dem Bundesdurchschnitt entspricht, dies ist aber nicht zutreffend.
Bei einem Fehler 2. Art würde die Hypothese $p \leq 0{,}35$ nicht verworfen, obwohl sie falsch ist, d. h., der Bürgermeister hätte mit seiner Vermutung recht, aber dies wird durch die Stichprobe nicht bestätigt.

(4) Zu berechnen ist die Wahrscheinlichkeit für einen Fehler 2. Art, wenn das wahre p, das der Stichprobe zugrunde liegt, 45 % beträgt:
$P_{p=0,45}(A) = P_{p=0,45}(X \leq 97) = 0{,}028 = 2{,}8\,\%$.
Die Wahrscheinlichkeit für einen Fehler 2. Art ist also nur gering, falls der tatsächliche Anteil der 1-Personen-Haushalte in der Gemeinde gleich 45 % ist.

Aufgabe 12 *Würfeln mit dem Ikosaeder*

Ein Ikosaeder ist ein regelmäßiger Körper mit 20 kongruenten, gleichseitigen Dreiecken als Außenflächen.

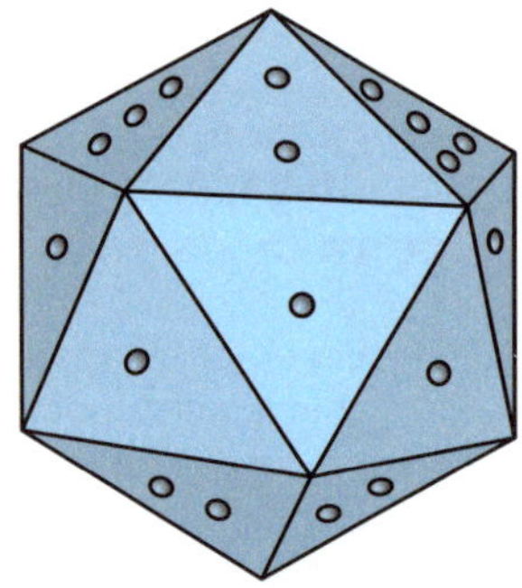

In der Form eines solchen Ikosaeders wurde ein Würfel hergestellt.
Dabei wurden auf 8 der Außenflächen *ein Auge* aufgemalt, auf 6 Flächen *zwei Augen*, auf 4 Flächen *drei Augen* und auf 2 Flächen *vier Augen*.

Im Folgenden werden Würfelexperimente mit diesem Würfel betrachtet.

a) Berechnen Sie die Wahrscheinlichkeit, dass bei 100 Würfen
   (1) mindestens 15- und höchstens 24-mal die „Augenzahl drei" fällt;
   (2) mehr als 45-mal die „Augenzahl eins" fällt;
   (3) mindestens 90-mal eine „Augenzahl kleiner als vier" fällt. J3

b) Bestimmen Sie, wie oft man den Würfel mindestens werfen muss, damit mit einer Wahrscheinlichkeit von mindestens 95% mindestens einmal die „Augenzahl vier" fällt. J4

c) Ein Freund bietet Ihnen folgendes Spiel an: Sie zahlen vor jedem Wurf mit dem Würfel 0,50 € an den Freund. Fällt die „Augenzahl eins", so geht ihr Einsatz verloren. Fällt die „Augenzahl zwei", so erhalten Sie Ihren Einsatz zurück. Fällt die „Augenzahl drei", so erhalten Sie 1 €. Fällt die „Augenzahl vier", so erhalten Sie 2 €. J2

   (1) Untersuchen Sie, ob das Spiel fair ist.
   (2) Die Auszahlung für den Fall, dass die „Augenzahl vier" fällt, soll nun so verändert werden, dass das Spiel fair ist. Die restlichen Auszahlungen bleiben unverändert. Berechnen Sie die neue Auszahlung.

d) Jemand hat die Vermutung, dass in eines der Felder mit zwei Augen ein weiteres Auge eingezeichnet wurde, möchte aber sein Misstrauen nicht zeigen und den Ikosaeder-Würfel vor aller Augen kontrollieren. Bei 400 Würfen sind 96-mal drei Augen gefallen. Ist der Ikosaeder-Würfel tatsächlich manipuliert worden (so wie oben beschrieben)?

   Untersuchen Sie die Behauptung im Sinne
   (1) eines Alternativtests mit einem selbst gewählten kritischen Wert K,
   (2) eines einseitigen Hypothesentests mit einem Signifikanzniveau von 10 %.

   Erläutern Sie jeweils die Vorgehensweise.

e) Ein weiterer Würfel in der Form eines Ikosaders ist mit den Zahlen 1 bis 20 beschriftet.

   (1) Berechnen Sie die Wahrscheinlichkeit, dass bei drei Würfen mit diesem Würfel lauter verschiedene Zahlen fallen.
   (2) Berechnen Sie die Wahrscheinlichkeit, dass beim 4-maligen Würfeln mindestens zweimal dieselbe Zahl fällt.
   (3) Untersuchen Sie, ab welcher Anzahl an Würfen es sich lohnt darauf zu wetten, dass mindestens zweimal dieselbe Zahl fällt. I2

Lösung

a) (1) X: *Anzahl der Würfe mit „Augenzahl drei"*
Die Zufallsgröße X ist binomialverteilt mit $n = 100$ und $p = \frac{4}{20} = 0{,}2$.
$P(15 \le X \le 24) = P(X \le 24) - P(X \le 14) = 0{,}788 = 78{,}8\,\%$

(2) X: *Anzahl der Würfe mit „Augenzahl eins"*
Die Zufallsgröße X ist binomialverteilt mit $n = 100$ und $p = \frac{8}{20} = 0{,}4$.
$P(X > 45) = 1 - P(X \le 45) \approx 0{,}131 = 13{,}1\,\%$

(3) X: *Anzahl der Würfe mit „Augenzahl eins oder zwei oder drei"*
Die Zufallsgröße X ist binomialverteilt mit $n = 100$ und $p = \frac{18}{20} = 0{,}9$.
$P(X \ge 90) = 1 - P(X \le 89) \approx 0{,}583 = 58{,}3\,\%$

b) Gesucht ist die Anzahl der Würfe n.

$$P(\text{mind. einmal „Augenzahl vier"}) \ge 0{,}95$$
$$\Leftrightarrow 1 - P(\text{keinmal „Augenzahl vier"}) \ge 0{,}95$$
$$\Leftrightarrow 1 - 0{,}9^n \ge 0{,}95$$
$$\Leftrightarrow 0{,}9^n \le 0{,}05$$
$$\Leftrightarrow n \ge \frac{\ln(0{,}05)}{\ln(0{,}9)} \approx 28{,}4$$

Also muss man den Würfel mindestens 29-mal werfen.

c) (1) Das Spiel ist fair, falls der Erwartungswert der Zufallsgröße „Gewinn" 0 € beträgt. Dann wird auf lange Sicht der an den Freund gezahlte Einsatz gleich dem ausgezahlten Betrag sein. Zu beachten ist dabei, dass der Gewinn stets um 0,50 € unter dem ausgezahlten Betrag liegt:

Augenzahl	1	2	3	4
Gewinn	−0,50 €	0 €	0,50 €	1,50 €
Wahrscheinlichkeit	0,4	0,3	0,2	0,1

Mit den aus der Tabelle entnommenen Werten beträgt der Erwartungswert μ der Zufallsgröße „Gewinn":
$\mu = -0{,}50\,€ \cdot 0{,}4 + 0\,€ \cdot 0{,}3 + 0{,}50\,€ \cdot 0{,}2 + 1{,}50\,€ \cdot 0{,}1 = 0{,}05\,€$.
Das Spiel ist also nicht fair. Sie erhalten auf lange Sicht einen Gewinn von 0,05 € pro Spiel.

(2) Bezeichnet man die neue Auszahlung für den Fall „Augenzahl vier" mit x, so beträgt der Gewinn in diesem Fall $x - 0{,}50\,€$.

Augenzahl	1	2	3	4
Gewinn	−0,50 €	0 €	0,50 €	x − 0,50 €
Wahrscheinlichkeit	0,4	0,3	0,2	0,1

Da nun der Erwartungswert gleich Null sein muss, ergibt sich die folgende Gleichung:
$-0{,}50\,€ \cdot 0{,}4 + 0\,€ \cdot 0{,}3 + 0{,}50\,€ \cdot 0{,}2 + (x - 0{,}50\,€) \cdot 0{,}1 = 0$.
Durch Auflösen der Gleichung nach x erhält man: $x = 1{,}50\,€$
Also muss die Auszahlung für den Fall „Augenzahl vier" auf 1,50 € gesenkt werden (d. h. der Gewinn ist dann 1,00 €), damit das Spiel fair ist.
Hinweis: Statt der Zufallsgröße „Gewinn" kann auch die Zufallsgröße „Auszahlung" betrachtet werden. Der Erwartungswert der Auszahlung muss bei einer fairen Spielregel gleich dem Einsatz sein. Im Falle von (2) wird die Rechnung etwas leichter.

d) (1) Wenn die Vermutung richtig ist, dann gilt $p_2 = \frac{5}{20} = 0{,}25$ für das Ereignis drei Augen; wenn sie falsch ist, gilt p_1 = $\frac{4}{20} = 0{,}20$ (wie vom Spielbetreiber angegeben).

Für $n = 400$ ist $\mu_1 = 400 \cdot 0{,}2 = 80$ und $\mu_2 = 400 \cdot 0{,}25 = 100$. Wählt man als kritischen Wert beispielsweise $K = 90{,}5$, dann ergibt sich, wenn man den Standpunkt $p_1 = 0{,}20$ einnimmt:
$P(X > 90) = 1 - P(X \leq 90) \approx 1 - 0{,}904 = 9{,}6\,\%$, d. h., Ergebnisse oberhalb von 90 treten mit einer Wahrscheinlichkeit von etwas weniger als 10 % auf. $X = 96$ ist daher ein signifikant abweichendes Ergebnis.

Wenn man aufgrund der durch den kritischen Wert $K = 90{,}5$ bestimmten Entscheidungsregel die Hypothese $p_1 = 0{,}20$ verwirft, dann geschieht dies mit der Wahrscheinlichkeit von 9,6 % für einen Fehler 1. Art.

(2) Wenn man die Vermutung $p > 0{,}2$ statistisch beweisen möchte, muss man untersuchen, ob das Stichprobenergebnis $X = 96$ signifikant vom Erwartungswert der Hypothese $p \leq 0{,}2$ nach oben abweicht.
Für $p = 0{,}2$ findet man durch systematisches Suchen:

sowie die o. a. Wahrscheinlichkeit für $P(X \leq 90)$.

Daher lautet die Entscheidungsregel: *Verwirf die Hypothese $p \leq 0{,}2$, wenn mehr als 90-mal Augenzahl 3 fällt.*

e) Die Wahrscheinlichkeiten der verschiedenen Ereignisse können mit den Standardmethoden der Kombinatorik und mithilfe der Pfadregeln berechnet werden:

(1) P (bei 3 Würfen nur verschiedene Augenzahlen) $= \frac{20 \cdot 19 \cdot 18}{20^3} = 0{,}855$
Die Wahrscheinlichkeit beträgt 85,5 %.

(2) Man geht analog zum sogenannten „Geburtstagsproblem“ vor:
P (bei 4 Würfen mindestens zweimal dieselbe Zahl)
= 1 − P (bei 4 Würfen nur verschiedene Augenzahlen) $= 1 - \frac{20 \cdot 19 \cdot 18 \cdot 17}{20^4} \approx 0{,}273$

Die Wahrscheinlichkeit beträgt etwa 27,3 %.

(3) Es lohnt sich auf mindestens eine Wiederholung zu setzen, wenn die Wahrscheinlichkeit dafür mindestens 50 % beträgt. Also untersucht man eine größere Anzahl von Würfen:
P (bei 5 Würfen mindestens zweimal diesselbe Zahl) $= 1 - \frac{20 \cdot 19 \cdot 18 \cdot 17 \cdot 16}{20^5} \approx 0{,}419$

P (bei 6 Würfen mindestens zweimal diesselbe Zahl) $= 1 - \frac{20 \cdot 19 \cdot 18 \cdot 17 \cdot 16 \cdot 15}{20^6} \approx 0{,}564$

Bereits bei sechs Würfen liegt die Wahrscheinlichkeit deutlich über 50%. Daher lohnt es sich in diesem Fall, auf mindestens eine Wiederholung zu wetten.

Original-Prüfungsaufgaben

Vorbemerkung: Für die Lösung der abgedruckten Originalaufgaben waren GTR und WTR (teilweise auch für CAS) zugelassen. Alle Aufgaben lassen sich also mit dem WTR allein lösen und entsprechen daher auch den veränderten Bedingungen für das Landesabitur 2019.

Aufgabe A1 *Analysis – Grundkurs (WTR/GTR)*

Die kanadische Wasserpest ist eine krautartige Wasserpflanze, die auch in hessischen Seen weit verbreitet ist.

1. Die Wachstumsgeschwindigkeit einer solchen Pflanze (in cm/Tag) soll näherungsweise durch die Funktion w mit $w(t) = \frac{1}{1350}t \cdot (t-45)^2 = \frac{1}{1350}t^3 - \frac{1}{15}t^2 + \frac{3}{2}t$ für $0 \le t \le 45$ beschrieben werden, wobei t die Zeit in Tagen nach Beobachtungsbeginn angibt. A2 B2 B3

1.1 Berechnen Sie die Nullstellen der Funktion w sowie die Extrem- und Wendepunkte des Graphen von w ohne Beachtung der Einschränkung des Definitionsbereichs.

1.2 Zeichnen Sie den Graphen von w im Intervall [0; 45] in ein geeignetes Koordinatensystem.

1.3 Erläutern Sie die Bedeutung der Nullstellen und der Wendestelle von w im Sachzusammenhang. B2 B4 C1

1.4 Zeigen Sie unter Angabe einer Stammfunktion von w, dass $\frac{1}{45-15}\int_{15}^{45} w(t)\,dt = w(30)$ gilt, und erläutern Sie diese Gleichung im Sachzusammenhang. D1 D3

2. Alternativ kann die Wachstumsgeschwindigkeit einer solchen Pflanze (in cm/Tag) durch eine Exponentialfunktion v mit $v(t) = a \cdot t \cdot e^{-b \cdot t}$ (a, b > 0) für $0 \le t \le 45$ beschrieben werden, wobei t die Zeit in Tagen nach Beobachtungsbeginn angibt.

2.1 Erläutern Sie die Bedeutung der Zeilen (I) und (II) im nebenstehenden Kasten für das Wachstumsverhalten der Pflanze.

$v(t) = a \cdot t \cdot e^{-b \cdot t}$ (a, b > 0)
(I) $v(15) = 10$
(II) $v'(15) = 0$ und $v''(15) < 0$

2.2 Bestätigen Sie rechnerisch, dass die Gleichungen $v(15) = 10$ und $v'(15) = 0$ durch die Wahl der Parameter $a = \frac{2e}{3}$ und $b = \frac{1}{15}$ erfüllt werden. C3

3. Im Folgenden soll für die Funktion v aus Aufgabenteil 2 gelten: $a = \frac{2e}{3}$ und $b = \frac{1}{15}$.

Ein Biologe beobachtet, dass ein Spross der Pflanze, der zum Zeitpunkt t = 0 zu wachsen beginnt, nach 45 Tagen eine Länge von 2,5 m erreicht. Bestimmen Sie für beide Funktionen w und v jeweils, welche Länge sich nach 45 Tagen ergibt.
Beurteilen Sie, ob die Funktionen w und v hinsichtlich der Beobachtung des Biologen das Wachstum der Pflanze korrekt beschreiben. D1 D4

Lösung

1.1 Berechnung der Nullstellen von w:
$w(t) = 0 \Leftrightarrow \frac{1}{1350} \cdot t \cdot (t-45)^2 = 0 \Leftrightarrow t = 0$ oder $t = 45$ (doppelte Nullstelle).

Berechnung der Extrempunkte:
Ableitung von w: $w'(t) = \frac{1}{450}t^2 - \frac{2}{15}t + \frac{3}{2}$.

Die notwendige Bedingung $w'(t) = 0$ ist erfüllt, wenn $\frac{1}{450}t^2 - \frac{2}{15}t + \frac{3}{2} = 0$

$\Leftrightarrow \frac{1}{450} \cdot (t^2 - 60t + 675) = 0 \Leftrightarrow \frac{1}{450} \cdot (t-15) \cdot (t-45) = 0 \Leftrightarrow t = 15$ oder $t = 45$.

Da die Parabel mit $y = \frac{1}{450}t^2 - \frac{2}{15}t + \frac{3}{2}$ nach oben geöffnet ist, hat sie an ihrer kleineren Nullstelle einen VZW von + nach – und an der größeren einen VZW von – nach +. Damit liegt bei x = 15 ein Hochpunkt und bei x = 45 ein Tiefpunkt vor.

Alternativ kann man einen Extrempunkt auch mit der zweiten Ableitung nachweisen:

$w''(t) = \frac{1}{225}t - \frac{2}{15}$,

$w''(15) = -\frac{1}{15} < 0$, d. h. der Graph hat bei t = 15 einen Hochpunkt;

$w''(45) = \frac{1}{15} > 0$, d. h. der Graph hat bei t = 45 einen Tiefpunkt.

Mit w(15) = 10 und w(45) = 0 sind die Koordinaten der Extrempunkte HP(15|10) und TP(45|0).

Berechnung des Wendepunktes:
Notwendige Bedingung: $w''(t) = 0 \Leftrightarrow \frac{1}{225}t - \frac{2}{15} = 0 \Leftrightarrow t = 30$.

Hinreichende Bedingung:
Die zweite Ableitungsfunktion hat an der Stelle t = 30 einen VZW von – zu +. Also liegt hier ein Krümmungswechsel von einer Rechts- in eine Linkskrümmung vor und somit ein R-L-Wendepunkt.
w(30) = 5, also WP (30|5).

Alternativ kann man den Wendepunkt auch mithilfe der dritten Ableitungsfunktion nachweisen:
$w''(30) = 0$ und $w'''(30) = 1/225 \neq 0$.

1.2 Zeichnung:

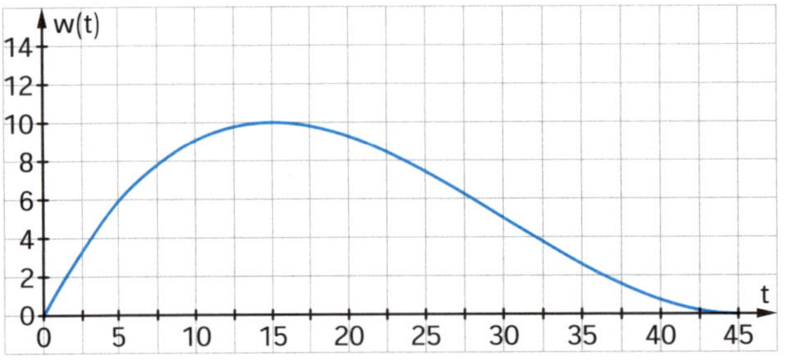

1.3 An den Stellen t =0 und t = 45 ist die Wachstumsgeschwindigkeit der Wasserpflanze null, die Pflanze wächst also noch nicht (bei t = 0) bzw. sie wächst nicht mehr (bei t = 45).

Die Wendestelle gibt den Zeitpunkt an, an dem die Wachstumsgeschwindigkeit der Pflanze am stärksten abnimmt.

1.4 $\frac{1}{45-15}\int_{15}^{45} w(t)\,dt = \frac{1}{30}\int_{15}^{45}\left(\frac{1}{1350}t^3 - \frac{1}{15}t^2 + \frac{3}{2}t\right)dt = \frac{1}{30}\cdot\left[\frac{1}{1350}\cdot\frac{1}{4}\cdot t^4 - \frac{1}{15}\cdot\frac{1}{3}\cdot t^3 + \frac{3}{2}\cdot\frac{1}{2}\cdot t^2\right]_{15}^{45}$

$$= \frac{1}{30}\cdot\left[\frac{1}{5400}\cdot t^4 - \frac{1}{45}\cdot t^3 + \frac{3}{4}\cdot t^2\right]_{15}^{45} = 5 = w(30).$$

Die linke Seite der Gleichung gibt an, dass die mittlere Wachstumsgeschwindigkeit der Pflanze im Zeitraum zwischen 15 und 45 Tagen nach Beobachtungsbeginn 5 cm/Tag beträgt. Diese stimmt mit der momentanen Wachstumsgeschwindigkeit zum Zeitpunkt t = 30 überein.

2.1 Zeile I: 15 Tage nach Beobachtungsbeginn beträgt die Wachstumsgeschwindigkeit der Pflanze 10 cm/Tag.
Zeile II: Zum Zeitpunkt $t = 15$, also 15 Tage nach Beobachtungsbeginn, sind die Bedingungen für einen Hochpunkt erfüllt. Es liegt ein lokales Maximum der Wachstumsgeschwindigkeit vor.

2.2 Mit $a = \frac{2e}{3}$ und $b = \frac{1}{15}$ gilt: $v(t) = \frac{2e}{3} \cdot t \cdot e^{-\frac{1}{15} \cdot t}$.
Für $t = 15$: $v(15) = \frac{2e}{3} \cdot 15 \cdot e^{-1} = 10 \cdot e \cdot e^{-1} = 10$.

Bildung der 1.Ableitung mithilfe der Produkt- und Kettenregel:

$$v'(t) = \frac{2e}{3} \cdot e^{-\frac{1}{15} \cdot t} + \frac{2e}{3} \cdot \left(-\frac{1}{15}\right) \cdot t \cdot e^{-\frac{1}{15} \cdot t} = \frac{2e}{3} \cdot e^{-\frac{1}{15} \cdot t} - \frac{2e}{45} \cdot t \cdot e^{-\frac{1}{15} \cdot t}.$$

Für $t = 15$: $v'(15) = \frac{2e}{3} \cdot e^{-\frac{1}{15} \cdot 15} - \frac{2e}{45} \cdot 15 \cdot e^{-\frac{1}{15} \cdot 15} = \frac{2e}{3} \cdot e^{-1} - \frac{2e}{3} \cdot e^{-1} = 0$

3. Die Länge nach 45 Tagen berechnet sich als Integral über die Funktionen w und v von 0 bis 45:

$$\int_0^{45} w(t)\,dt = \int_0^{45} \left(\frac{1}{1350} \cdot t^3 - \frac{1}{15}t^2 + \frac{3}{2}t\right) dt = \left[\frac{1}{5400} \cdot t^4 - \frac{1}{45} \cdot t^3 + \frac{3}{4} \cdot t^2\right]_0^{45} = \frac{2025}{8} = 253{,}125,$$

$$\int_0^{45} v(t)\,dt = \int_0^{45} \frac{2e}{3} \cdot t \cdot e^{-\frac{1}{15} \cdot t}\,dt \approx 326{,}541.$$

Die Funktion w liefert als Wert für die Länge der Pflanze nach 45 Tagen ca. 253 cm = 2,53 m, also einen Wert, der gut mit der Realität übereinstimmt. Der Wert von ca 3,26 m, der sich bei der Verwendung der Funktion v ergibt, ist deutlich zu groß.

Aufgabe A2 *Analysis – Grundkurs (WTR/GTR)*

In Herr Maiers Garten steht ein Kirschbaum. Beim Einpflanzen hatte der Baum eine Höhe von 2 Metern. 7 Jahre nach dem Einpflanzen ist er 5 Meter hoch.
Zur Modellierung seines Wachstums soll die Höhe des Kirschbaums durch eine Funktion in Abhängigkeit von der Zeit t beschrieben werden. Dazu werden die Funktionen h und g vorgeschlagen mit

$h(t) = 6 - 4 \cdot e^{-0,2 \cdot t}$ und $g(t) = 2 + \frac{3}{7}t$.

Dabei werden t in Jahren seit dem Einpflanzzeitpunkt und h(t) bzw. g(t) in Metern angegeben. Für die Modellierungen gilt jeweils $t \geq 0$. Für die Aufgaben 1.1 und 2 soll diese Einschränkung des Definitionsbereichs nicht gelten.

1.1 Im Koordinatensystem in der Abbildung ist der Graph von h abgebildet. Zeichnen Sie zusätzlich den Graphen von g in dieses Koordinatensystem.

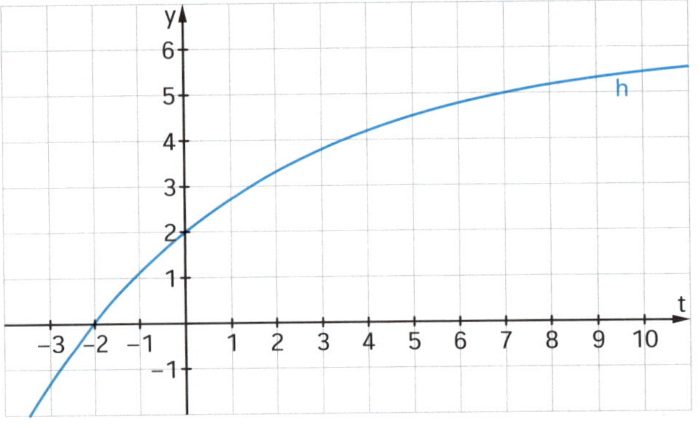

$h(t) = 6 - 4 \cdot e^{-0,2 \cdot t}$

1.2 Beschreiben Sie anhand der Graphen von g und h jeweils den Verlauf der Steigung. Begründen Sie im Sachzusammenhang ohne weitere Rechnung, warum die Funktion h für die Modellierung des Wachstums des Kirschbaums auf lange Sicht besser geeignet ist als die Funktion g.

2.1 Begründen Sie anhand des Funktionsterms der Funktion h, dass sich die Höhe des Baums langfristig dem Wert von 6 m immer mehr nähert, ohne ihn jedoch zu erreichen bzw. zu überschreiten. B5

2.2 Berechnen Sie für die Modellierung mit der Funktion h den Zeitpunkt t, zu dem die Höhe des Kirschbaums 90 % des Werts aus Aufgabe 2.1 erreicht.

2.3 Bestimmen Sie die Gleichung der Ableitungsfunktion h′. Geben Sie den Wert von h′(4) an und deuten Sie diesen im Sachzusammenhang. A2 A4

3. In den folgenden Abbildungen wird der Graph der Funktion f_1 mit $f_1(t) = e^{0,2 \cdot t}$ schrittweise durch jeweils eine der geometrischen Abbildungen Streckung in y-Richtung, Verschiebung in y-Richtung, Spiegelung an der x-Achse und Spiegelung an der y-Achse in den Graphen der Funktion h überführt. Geben Sie die Funktionsgleichungen von f_2, f_3 und f_4 zu den zugehörigen Graphen an. B1 B5

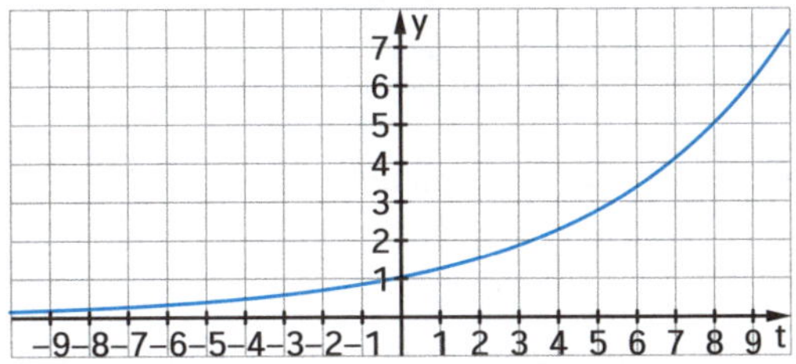

(1): $f_1(t) = e^{0,2 \cdot t}$

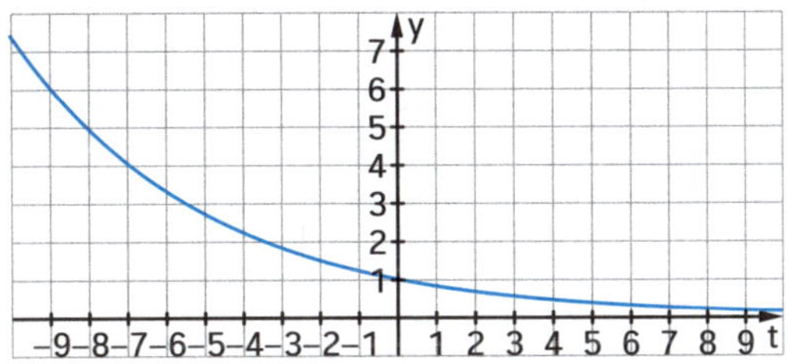

(2): $f_2(t) = \ldots$

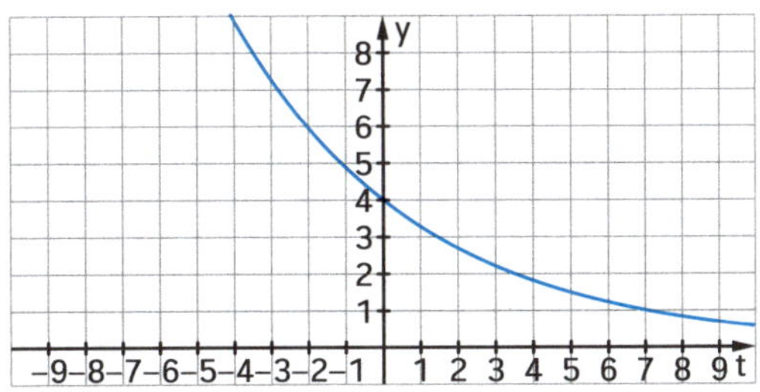

(3): $f_3(t) = \ldots$

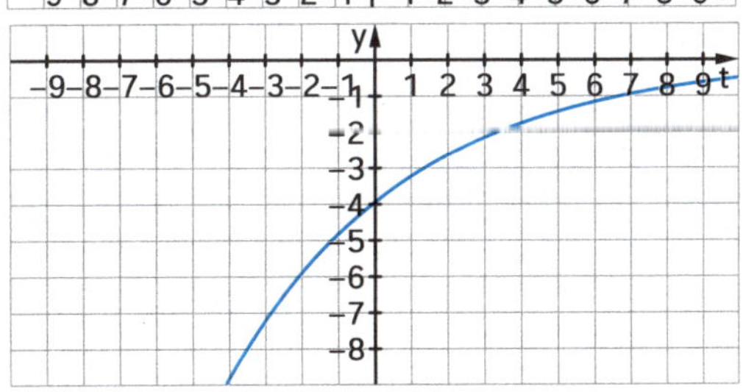

(4): $f_4(t) = \ldots$

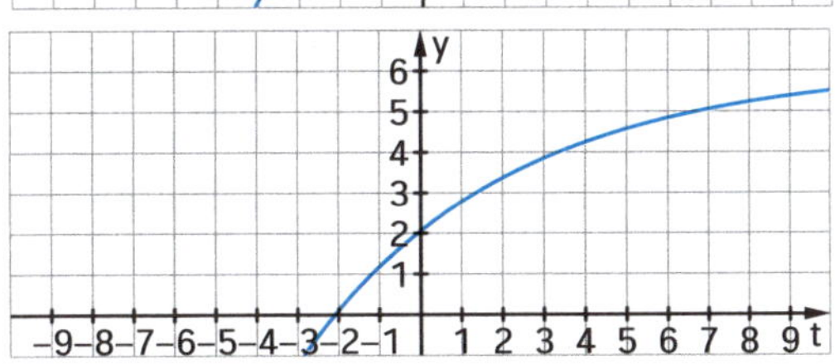

(5): $h(t) = 6 - 4 \cdot e^{-0,2 \cdot t}$

4.1 Berechnen Sie den Flächeninhalt der Fläche, die zwischen dem Graphen von h und der t-Achse im Intervall [0;7] liegt. D1 D2
[zur Kontrolle: A ≈ 26,93 (Flächeneinheiten)]

4.2 Zeichnen Sie die Fläche aus Aufgabe 4.1 in das Koordinatensystem (5) in den Abbildungen sowie die Fläche, die zwischen der Geraden y = 6 und dem Graphen der Funktion f_3 im Intervall [0;7] liegt, in das Koordinatensystem (3).
Beide Flächen haben denselben Flächeninhalt. Bestimmen Sie den Integralwert $\int_0^7 f_3(t)\,dt$ mithilfe dieser Flächen unter Verwendung des Ergebnisses aus Aufgabe 4.1. D1 D2

4.3 Berechnen Sie den Wert $I = \frac{1}{5} \cdot \int_0^5 h'(t)\,dt$ und deuten Sie diesen im Sachzusammenhang. D3

Lösung

1.1 Zeichnung

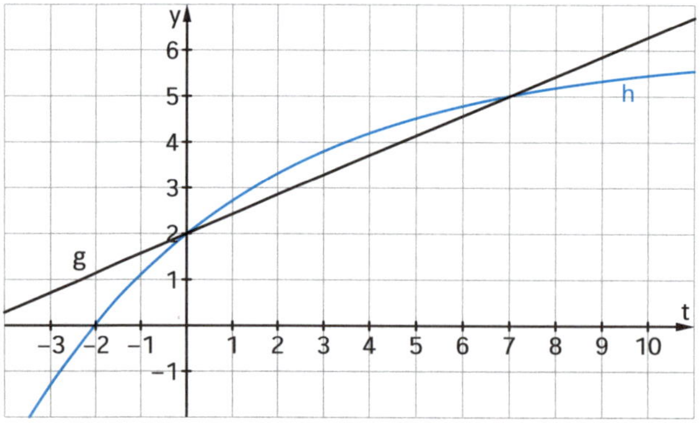

1.2 Der Graph von g ist eine Gerade, deren Steigung ist überall konstant.
Die Steigung des Graphen von h ist zunächst recht groß. Mit zunehmend größer werdenden Werten für t flacht der Graph ab; die Steigungen nehmen kontinuierlich ab. Damit ist die Funktion h besser geeignet, das Höhenwachstum des Kirschbaums zu modellieren. In der Realität wird der Baum zunächst stark an Höhe zunehmen, dann wird sich das Wachstum verlangsamen. Ein immer kontinuierlicher Zuwachs ist eher unrealistisch.

2.1 Der Term $e^{-0{,}2\cdot t} = \frac{1}{e^{0{,}2\cdot t}}$ strebt für wachsende Werte von t gegen null, ist aber stets größer als null.

Also strebt $-4 \cdot e^{-0{,}2\cdot t}$ ebenfalls gegen null für wachsende Werte von t, ist aber stets kleiner als null.
$6 - 4 \cdot e^{-0{,}2\cdot t}$ strebt gegen die Zahl 6, ist jedoch stets kleiner als 6, erreicht die 6 also nicht und überschreitet sie auch nicht.

2.2 90 % der Grenzhöhe von 6 m sind $0{,}9 \cdot 6\text{m} = 5{,}4$ m.
Zu berechnen ist der Zeitpunkt t, für den gilt: $5{,}4 = 6 - 4 \cdot e^{-0{,}2 \cdot t}$

$\Leftrightarrow -0{,}6 = -4 \cdot e^{-0{,}2 \cdot t} \Leftrightarrow 0{,}15 = e^{-0{,}2 \cdot t} \Leftrightarrow \ln(0{,}15) = -0{,}2 \cdot t \Leftrightarrow t = \frac{\ln(0{,}15)}{-0{,}2} \Leftrightarrow t \approx 9{,}5.$

Nach ca. 9,5 Jahren hat der Kirschbaum 90 % seiner Grenzhöhe von 6 m erreicht.

2.3 Bildung der 1. Ableitung mithilfe der Kettenregel (lineare Verkettung):
$h'(t) = -4 \cdot (-0{,}2) \cdot e^{-0{,}2 \cdot t} = 0{,}8 \cdot e^{-0{,}2 \cdot t}$,

$h'(4) = 0{,}8 \cdot e^{-0{,}2 \cdot 4} \approx 0{,}36.$

$h'(4) \approx 0{,}36$, das heißt: 4 Jahre nach Anpflanzung beträgt die momentane Wachstumsgeschwindigkeit 0,36 Meter pro Jahr.

3. (1) $f_1(t) = e^{0{,}2 \cdot t}$

(2) $f_2(t) = e^{-0{,}2 \cdot t}$	Spiegelung an der y-Achse
(3) $f_3(t) = 4 \cdot e^{-0{,}2 \cdot t}$	Streckung mit dem Faktor 4 in x-Richtung
(4) $f_4(t) = -4 \cdot e^{-0{,}2 \cdot t}$	Spiegelung an der x-Achse
(5) $h(t) = 6 - 4 \cdot e^{-0{,}2 \cdot t}$	Verschiebung von f_4 um 6 Einheiten nach oben (nicht verlangt)

4.1 Der Flächeninhalt der Fläche zwischen dem Graphen von h und der t-Achse im Intervall [0;7] berechnet sich als Integral über die Funktion h in den Grenzen von 0 bis 7:

$$\int_0^7 h(t)\,dt = \int_0^7 (6 - 4 \cdot e^{-0{,}2 \cdot t})\,dt = [6 \cdot t - 4 \cdot (-5) \cdot e^{-0{,}2 \cdot t}]_0^7 = (6 \cdot 7 + 20 \cdot e^{-1{,}4}) - (6 \cdot 0 + 20 \cdot e^{-0{,}2 \cdot 0})$$

$\approx 26{,}93.$

Der Flächeninhalt beträgt ca. 26,93 Flächeneinheiten.

4.2 Der Flächeninhalt der Fläche unter dem Graphen von f_3 entspricht dem Flächeninhalt gebildet aus dem Rechteck mit den Seitenlängen 6 und 7, vermindert um den Flächeninhalt der Fläche unter dem Graphen von h in [0;7]:

$$\int_0^7 f_3(t)\,dt = 6 \cdot 7 - \int_0^7 h(t)\,dt \approx 42 - 26{,}93 = 15{,}07 \text{ (FE)}$$

4.3 $I = \frac{1}{5} \cdot \int_0^5 h'(t)\,dt = \frac{1}{5} \cdot [h(t)]_0^5 = \frac{1}{5} \cdot (h(5) - h(0)) \approx 0{,}51.$

Deutung im Sachzusammenhang: In den ersten 5 Jahren wächst der Kirschbaum durchschnittlich um 0,51 m pro Jahr.

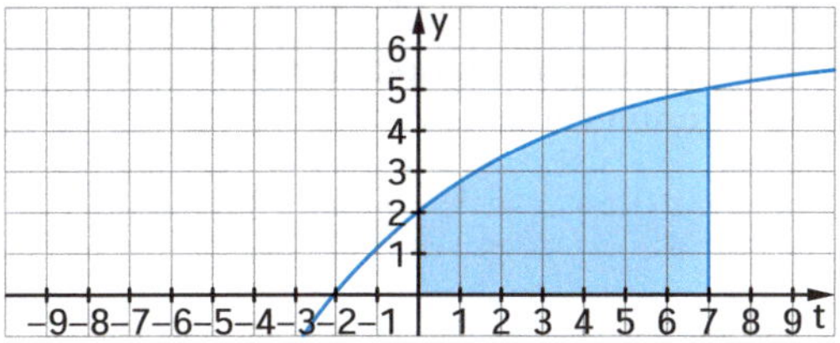

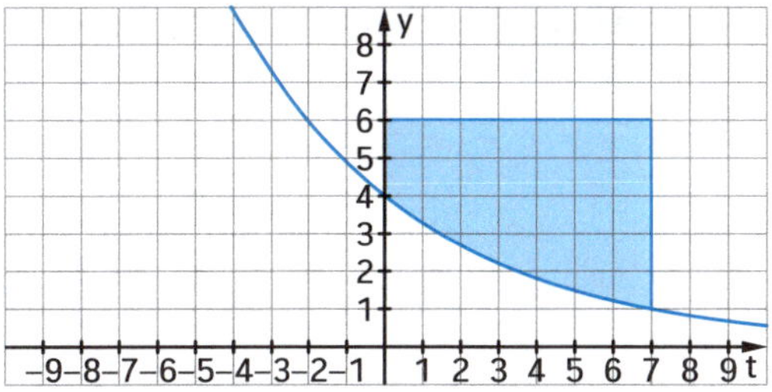

Aufgabe A1 *Analysis – Leistungskurs (WTR)*

Auf einem See breitet sich eine Algenart aus. Zu Beginn der Beobachtung ist etwa eine Fläche von 0,1 a des Sees mit Algen bedeckt (a steht für die Flächeneinheit Ar, 1 a entspricht einem Flächeninhalt von 100 m^2). Nach zwei Monaten sind bereits 3 a des Sees mit Algen bedeckt. Das weitere Wachstum soll prognostiziert werden. Dafür liegen drei unterschiedliche Modelle A, B und C vor.

1. Im Modell A wird der Inhalt der mit Algen bedeckten Fläche durch die Funktion f mit den Parametern r und k beschrieben mit $f(t) = r \cdot e^{k \cdot t}$, $t \geq 0$, $r, k > 0$.
   Dabei gilt:
   t: Zeit in Monaten nach Beginn der Beobachtung
   f(t): Inhalt der mit Algen bedeckten Fläche in a

1.1 Bestimmen Sie die zu den oben genannten Werten passenden Parameter r und k. C3

1.2 Ermitteln Sie unter Verwendung der Ergebnisse aus Aufgabe 1.1 für die Gleichung $f(t) = r \cdot e^{k \cdot t} = r \cdot (1 + p)^t$ den Wert von p.
Deuten Sie diesen Wert im Sachzusammenhang. C3

Falls Sie den Wert des Parameters k in Aufgabe 1.1 nicht bestimmen konnten, verwenden Sie als Ersatzwert k = 1,71.

2. Modell B prognostiziert ein Wachstum, bei dem die Änderungsrate des Inhalts der mit Algen bedeckten Fläche in Abhängigkeit von der Zeit t näherungsweise durch die Funktion g mit $g(t) = (-0{,}5t^2 + t + 2) \cdot e^{-0{,}5 \cdot t}$, $t \geq 0$, beschrieben wird.
   Dabei gilt:
   t: Zeit in Monaten nach Beginn der Beobachtung
   g(t): Änderungsrate in a pro Monat

2.1 Berechnen Sie für $t \geq 0$ die Null- und Extremstellen von g. Die zweite Ableitung $g''(t) = (-0{,}125t^2 + 1{,}25t - 1{,}5) \cdot e^{-0{,}5 \cdot t}$ kann ohne Herleitung verwendet werden. B2 B3

2.2 Deuten Sie die in Aufgabe 2.1 berechneten Null- und Extremstellen im Sachzusammenhang. B3

2.3 *Die im Landesabitur 2017 gestellte Teilaufgabe 2.3 entspricht nicht mehr den Abituranforderungen 2019. Ersatzweise könnten die beiden folgenden Aufgabenstellungen zum Training für das Landesabitur 2019 verwendet werden.*

Variante 1: Zeigen Sie: $F(t) = (t^2 + 2t) \cdot e^{-0{,}5 \cdot t}$ ist eine Stammfunktion für $f(t) = (-0{,}5t^2 + t + 2) \cdot e^{-0{,}5 \cdot t}$.

Variante 2: Eine Stammfunktion für $f(t) = (-0{,}5t^2 + t + 2) \cdot e^{-0{,}5 \cdot t}$ ist vom Typ $F(t) = (a \cdot t^2 + b \cdot t + c) \cdot e^{-0{,}5 \cdot t}$.
Bestimmen Sie die Koeffizienten a, b, c.

2.4 Untersuchen Sie, unter welchen Bedingungen Modell B näherungsweise zu den im einleitenden Text beschriebenen Werten passt.

3. Im Modell C wird der Inhalt der mit Algen bedeckten Fläche durch die Funktion h beschrieben mit B5

$h(t) = \frac{0{,}35}{0{,}1 + 3{,}4 \cdot e^{-2{,}66 \cdot t}}, \; t \geq 0.$

Dabei gilt:
t: Zeit in Monaten nach Beginn der Beobachtung
h(t): Inhalt der mit Algen bedeckten Fläche in a

Bestimmen Sie den Grenzwert $\lim\limits_{t \to +\infty} h(t)$.

Deuten Sie diesen Wert im Sachzusammenhang.

4. In der Abbildung sind drei Graphen (I), (II) und (III) abgebildet, die den Inhalt der mit Algen bedeckten Fläche in Abhängigkeit von der Zeit t über mehrere Monate für die drei Modelle A, B und C beschreiben.

Ordnen Sie die Graphen den entsprechenden Modellen zu und erörtern Sie im Sachzusammenhang, wie realistisch die drei Modelle sind. C4

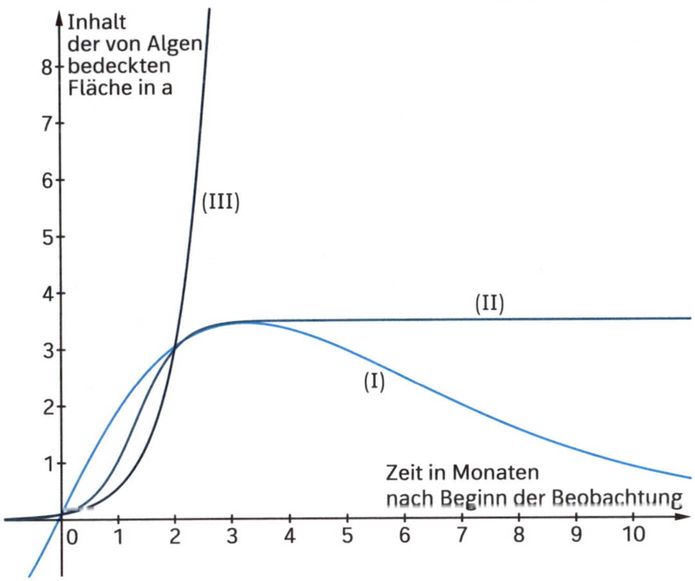

Lösung

1.1 Es gilt: $f(0) = 0{,}1 \Rightarrow r \cdot e^{k \cdot 0} = 0{,}1 \Leftrightarrow r = 0{,}1$ und

$f(2) = 3 \Rightarrow 0{,}1 \cdot e^{k \cdot 2} = 3 \Leftrightarrow e^{k \cdot 2} = \frac{3}{0{,}1} \Leftrightarrow 2 \cdot k = \ln(30) \Leftrightarrow k = \frac{\ln(30)}{2} \approx 1{,}7$

1.2 Mit $r = 0{,}1$ und $k = 1{,}7$ ist: $f(t) = 0{,}1 \cdot e^{1{,}7 \cdot t}$.

Zu lösen ist die Gleichung: $0{,}1 \cdot e^{1{,}7 \cdot t} = 0{,}1 \cdot (1 + p)^t$
$\Leftrightarrow e^{1{,}7 \cdot t} = (1 + p)^t \Rightarrow p = e^{1{,}7} - 1 \approx 4{,}5.$

Der Flächeninhalt der mit Algen bedeckten Fläche nimmt monatlich um ca. 450 % zu.

2.1 Nullstellen für $t \geq 0$: $g(t) = 0 \Leftrightarrow -0{,}5t^2 + t + 2 = 0$ (da $e^{-0{,}5t}$ stets ungleich null)
$\Leftrightarrow t^2 - 2t - 4 = 0 \Leftrightarrow t = 1 \pm \sqrt{5} \Leftrightarrow t \approx 3{,}24$ (da $t \geq 0$ nach Voraussetzung).

Extremstellen:
Bestimmung von g′ mithilfe von Produkt- und Kettenregel:
$g'(t) = (-t + 1) \cdot e^{-0{,}5 \cdot t} + (0{,}5 \cdot t^2 + t + 2) \cdot (-0{,}5) \cdot e^{-0{,}5 \cdot t} = (0{,}25\,t^2 - 1{,}5\,t) \cdot e^{-0{,}5t}$.

Notwendige Bedingung:
$g'(t) = 0 \Leftrightarrow 0{,}25 \cdot t^2 - 1{,}5 \cdot t = 0$ (da $e^{-0{,}5t}$ stets ungleich 0)

$\Leftrightarrow 0{,}25 \cdot t \cdot (t - 6) = 0 \Leftrightarrow t = 0$ oder $t = 6$.

Die erste Ableitungsfunktion hat an der Stelle $t = 0$ einen VZW von + zu − (hinreichende Bedingung für einen Hochpunkt) und an der Stelle $t = 6$ einen VZW von − zu + (hinreichende Bedingung für einen Tiefpunkt). Die gesuchten Extremstellen liegen also bei $t = 0$ und bei $t = 6$.

Alternativ kann man einen Extrempunkt auch mit Hilfe der zweiten Ableitung nachweisen.

Hinreichende Bedingung: $g'(t) = 0$ und $g''(t) \neq 0$.

Bestimmen der zweiten Ableitungsfunktion mithilfe von Produkt- und Kettenregel:

$g''(t) = (0{,}5t - 1{,}5) \cdot e^{-0{,}5 \cdot t} + (0{,}25 \cdot t^2 - 1{,}5 \cdot t) \cdot (-0{,}5) \cdot e^{-0{,}5 \cdot t}$
$= (-0{,}125t^2 + 1{,}25 \cdot t - 1{,}5) \cdot e^{-0{,}5t}$ (Herleitung nicht gefordert)

$g''(0) = -1{,}5 < 0$, d. h. g hat bei $t = 0$ einen Hochpunkt.
$g''(6) = 1{,}5 \cdot e^{-3} > 0$, d. h. g hat bei $t = 6$ einen Tiefpunkt.

2.2 Die Funktion g beschreibt die Änderungsrate der mit Algen bedeckten Fläche. An der Nullstelle von g ist also die Änderungsrate gleich null. Nach 3,24 Monaten ändert sich der Inhalt der mit Algen bedeckten Fläche nicht mehr, er hat also einen größten oder kleinsten Wert erreicht.

Die Extrema der Änderungsrate geben an, dass die Wachstumsgeschwindigkeit des Algenwachstums einen größten bzw. kleinsten Wert erreicht hat. Da bei $t = 0$ ein Hochpunkt vorliegt, ist also zu Beginn die Wachstumsgeschwindigkeit am größten und nach 6 Monaten ist sie am kleinsten (Minimum bei $t = 6$).

2.3 *Variante 1*: Nachweis durch Ableiten:

$F'(t) = (2t + 2) \cdot e^{-0{,}5 \cdot t} + (t^2 + 2t) \cdot e^{-0{,}5 \cdot t} \cdot (-0{,}5) = (2t + 2 - 0{,}5t^2 - t) \cdot e^{-0{,}5 \cdot t}$
$= (-0{,}5t^2 + t + 2) \cdot e^{-0{,}5 \cdot t} = f(t)$

Variante 2:
$F'(t) = (2at + b) \cdot e^{-0{,}5 \cdot t} + (at^2 + bt + c) \cdot e^{-0{,}5 \cdot t} \cdot (-0{,}5)$
$= (2at + b - 0{,}5at^2 - 0{,}5bt - 0{,}5c) \cdot e^{-0{,}5 \cdot t}$
$= (-0{,}5at^2 + (2a - 0{,}5b) \cdot t + (b - 0{,}5c)) \cdot e^{-0{,}5 \cdot t}$

Durch Vergleich der Koeffizienten erhält man:
$-0{,}5a = -0{,}5 \Leftrightarrow a = 1$;
$2a - 0{,}5b = 1 \Leftrightarrow b = 2$;
$b - 0{,}5c = 2 \Leftrightarrow c = 0$.

2.4 Zu überprüfen ist, ob $G(0) = 0{,}1$ und $G(2) = 3$:
$G(0) = C$, also: $C = 0{,}1$. Mit $C = 0{,}1$ ist $G(2) \approx 3{,}04$.

Damit passt das Modell B näherungsweise zu den gegebenen Werten.

3. $\lim\limits_{t\to\infty} h(t) = \lim\limits_{t\to\infty} \frac{0{,}35}{0{,}1 + 3{,}4 \cdot e^{-2{,}66t}} = \frac{0{,}35}{0{,}1+0}$ (da $\lim\limits_{t\to\infty} e^{-2{,}66t} = 0$), also $\lim\limits_{t\to\infty} h(t) = 3{,}5$.
   Auf lange Sicht nähert sich die mit Algen bedeckte Fläche dem Wert 3,5 a an.

4. Modell A ist ein exponentielles Wachstum mit unbegrenztem Wachstum für $t \to 0$:
   $\lim\limits_{t\to\infty} (0{,}1 \cdot e^{1{,}7\cdot t}) = \infty$.
   Damit entspricht Graph (III) dem Modell A.

   (I) entspricht dem Modell B mit der Modellfunktion G: Hier nähert sich der Flächeninhalt der von Algen bedeckten Fläche dem Wert 0,1 an:
   $\lim\limits_{t\to\infty} ((t^2 + 2t) \cdot e^{-0{,}5\cdot t} + 0{,}1) = 0{,}1$.

   Außerdem hat der Graph von (I) einen Hochpunkt ungefähr bei $t = 3$ in Übereinstimmung mit dem Hochpunkt von G bei $t \approx 3{,}24$.
   Modellfunktion h gehört zum Graphen von (II). Das kann ebenfalls mit dem Grenzverhalten begründet werden. Nach Teilaufgabe 3 ist $\lim\limits_{t\to\infty} h(t) = 3{,}5$, passend zum Graphen von (II).

   Begründung im Sachzusammenhang:
   Ausgeschlossen werden für die Beschreibung des Algenwachstums kann das Modell des exponentiellen Wachstums (Modell A). In der Realität kann das Wachstum nicht unbegrenzt weiter gehen. Die Oberfläche des Sees lässt die Ausdehnung irgendwann stoppen.

   Der Graph von (II), der zum Modell C gehört, könnte so in der Realität vorkommen, wenn das Wachstum zunächst immer stärker ansteigt und dann (ab einem Wendepunkt) kontinuierlich abflacht, um sich der Grenzzahl 3,5 anzunähern. Der Rückgang der Wachstumsgeschwindigkeit könnte zum Beispiel auf das verringerte Nährstoffangebot zurückzuführen sein im Zuge des weiter fortschreitenden Wachstums.

   Auch Modell B kann als Modell für die Realität taugen: Durch äußere Einflüsse, zum Beispiel den Wintereinbruch, kann die maximale Ausdehnung der mit Algen bedeckten Fläche zu einem bestimmten Zeitpunkt erreicht sein. Danach verringert sich die Fläche wieder.

Aufgabe A2 *Analysis – Leistungskurs (WTR)*

Diese Aufgabe entspricht nicht mehr den Vorgaben für das Landesabitur 2019.

Aufgabe B1 *Lineare Algebra/Analytische Geometrie – Grundkurs (WTR/GTR/CAS)*

In einem dreidimensionalen Koordinatensystem beschreibt die x-y-Ebene eine flache Landschaft. Eine Einheit entspricht dabei einem Kilometer. Ein Sportflugzeug befindet sich im Punkt $P(-9|25|2)$ und fliegt geradlinig in Richtung des Punktes $Q(-1|9|2)$ auf eine Nebelwand zu. Für die Strecke PQ benötigt es genau sechs Minuten. Die dem Flugzeug zugewandte Begrenzungsebene E der Nebelwand enthält die Punkte $A(1|3|1)$, $B(5|2|0)$ und $C(3|0|3)$.

1. Begründen Sie, dass $\vec{x} = \begin{pmatrix} -9 \\ 25 \\ 2 \end{pmatrix} + t \cdot \begin{pmatrix} 1 \\ -2 \\ 0 \end{pmatrix}$ eine Parametergleichung der Geraden g ist, in der die Flugroute liegt.
   Berechnen Sie die mittlere Geschwindigkeit des Flugzeuges auf dem Weg von P nach Q in km/h. E3 F1

2. Bestimmen Sie für die Ebene E eine Gleichung in Koordinatenform. F3 F4
   [zur Kontrolle: Eine mögliche Koordinatengleichung von E ist $x + 2y + 2z = 9$.]

3. Berechnen Sie die Koordinaten des Punktes S, in dem das Flugzeug bei gleichbleibender Flugrichtung die dem Flugzeug zugewandte Begrenzungsebene der Nebelwand durchstoßen würde. F5
   [zur Kontrolle: $S(3|1|2)$]

4. Erläutern Sie die Zeilen (I) bis (V) im Sachzusammenhang. G3

   (I) $S(3|1|2)$ $T(-9+t|25-2t|2)$

   (II) $d = \sqrt{(-9+t-3)^2 + (25-2t-1)^2 + (2-2)^2} = \sqrt{5t^2 - 120t + 720}$

   (III) $\sqrt{5t^2 - 120t + 720} = 5$ (km),
   also ist $t_1 = 12 + \sqrt{5} \approx 14{,}2$ und $t_2 = 12 - \sqrt{5} \approx 9{,}8$.

   (IV) $t_2 < t_1$, also ist t_2 die gesuchte Lösung.

   (V) Ergebnis: $T_2(3-\sqrt{5}|1+2\sqrt{5}|2)$

5. Aufgrund des Nebels ändert der Pilot rechtzeitig seine Flugroute und fliegt in gleichbleibender Höhe parallel zur Ebene E weiter.
   Erläutern Sie, warum $\vec{u} = \begin{pmatrix} 2 \\ -1 \\ 0 \end{pmatrix}$ ein möglicher Richtungsvektor der Geraden ist, die die neue Flugroute enthält.
   Berechnen Sie den Winkel, um den die neue Flugroute in Richtung des Vektors $\vec{u}$ gegenüber der alten Flugroute abweicht.

Lösung

1. Die Richtung der Flugroute ist durch den Vektor $\overrightarrow{PQ}$ festgelegt:
$$\overrightarrow{PQ} = \begin{pmatrix} -1-(-9) \\ 9-25 \\ 2-2 \end{pmatrix} = \begin{pmatrix} 8 \\ -16 \\ 0 \end{pmatrix}.$$
Da das Flugzeug in P(−9|25|2) startet, kann der Ortsvektor von P als Stützvektor gewählt werden. Damit erhält man als Parameterform der Geradengleichung:
$$\vec{x} = \begin{pmatrix} -9 \\ 25 \\ 2 \end{pmatrix} + \alpha_1 \cdot \begin{pmatrix} 8 \\ -16 \\ 0 \end{pmatrix} = \begin{pmatrix} -9 \\ 25 \\ 2 \end{pmatrix} + \alpha_2 \cdot \begin{pmatrix} 1 \\ -2 \\ 0 \end{pmatrix} \text{ mit } \alpha_2 = 8 \cdot \alpha_1.$$
Berechnung der Länge der Strecke PQ:
$$|PQ| = \sqrt{8^2 + (-16)^2 + 0^2} = \sqrt{320} = 8 \cdot \sqrt{5} \approx 17{,}89.$$
In 6 Minuten hat das Flugzeug eine Strecke von 17,89 km zurückgelegt. Damit ergibt sich eine mittlere Geschwindigkeit von 17,89 km/6 min ≈ 179 km/h.

2. Ebenengleichung der Ebene E durch die Punkte A, B und C in Parameterform:
$$E\colon \vec{x} = \begin{pmatrix} 1 \\ 3 \\ 1 \end{pmatrix} + \alpha \cdot \begin{pmatrix} 4 \\ -1 \\ -1 \end{pmatrix} + \beta \cdot \begin{pmatrix} 2 \\ -3 \\ 2 \end{pmatrix}$$ mit $\overrightarrow{OA}$ als Stützvektor und $\overrightarrow{AB}$ und $\overrightarrow{AC}$ als Richtungsvektoren.

Ebenengleichung in Normalenform:
Zunächst wird ein Normalenvektor $\vec{n}$ ermittelt, der auf beiden Richtungsvektoren senkrecht steht: $\vec{n} \perp \begin{pmatrix} 4 \\ -1 \\ -1 \end{pmatrix}$ und $\vec{n} \perp \begin{pmatrix} 2 \\ -3 \\ 2 \end{pmatrix}$.

Man erhält das lineare Gleichungssystem:
$$\left| \begin{matrix} n_1 \cdot 4 + n_2 \cdot (-1) + n_3 \cdot (-1) = 0 \\ n_1 \cdot 2 + n_2 \cdot (-3) + n_3 \cdot 2 = 0 \end{matrix} \right| \Leftrightarrow \left| \begin{matrix} 4n_1 - n_2 - n_3 = 0 \\ 2n_1 - 3n_2 + 2n_3 = 0 \end{matrix} \right| \Leftrightarrow \left| \begin{matrix} 2n_1 = n_2 \\ n_2 = n_3 \end{matrix} \right|.$$
Wählt man beispielsweise $n_1 = 1$, dann ergibt sich $n_2 = 2$ und $n_3 = 2$. Also ist $\vec{n} = \begin{pmatrix} 1 \\ 2 \\ 2 \end{pmatrix}$ ein Normalenvektor der Ebene E. Daraus folgt:
$$\vec{x} * \begin{pmatrix} 1 \\ 2 \\ 2 \end{pmatrix} = \begin{pmatrix} 1 \\ 3 \\ 1 \end{pmatrix} * \begin{pmatrix} 1 \\ 2 \\ 2 \end{pmatrix} \Leftrightarrow x + 2y + 2z = 9 \text{ (E in Koordinatenform).}$$

Alternativ kann man den Normalenvektor auch mithilfe des Vektorproduktes der aufspannenden Vektoren bestimmen:
$$\vec{n} = \begin{pmatrix} 4 \\ -1 \\ -1 \end{pmatrix} \times \begin{pmatrix} 2 \\ -3 \\ 2 \end{pmatrix} = \begin{pmatrix} -5 \\ -10 \\ -10 \end{pmatrix} = (-5) \cdot \begin{pmatrix} 1 \\ 2 \\ 2 \end{pmatrix}.$$
Auch hier erhält man die obige Koordinatengleichung für E.

Zweite Alternative: Bestimmen der Ebenengleichung aus den Koordinaten der drei Punkte A, B und C durch Einsetzen in die allgemeine Gleichung $ax + by + cz = d$:

$$\left|\begin{array}{l} 1\cdot a + 3\cdot b + 1\cdot c = d \\ 5\cdot a + 2\cdot b + 0\cdot c = d \\ 3\cdot a + 0\cdot b + 3\cdot c = d \end{array}\right| \Leftrightarrow \dots \Leftrightarrow \left|\begin{array}{l} a = \frac{1}{9}\cdot d \\ b = \frac{2}{9}\cdot d \\ c = \frac{2}{9}\cdot d \end{array}\right|:$$

Mit $d = 9$ erhält man ebenfalls $x + 2y + 2z = 9$.

3. Zu berechnen ist der Schnittpunkt S der Geraden g mit der Ebene E.

Berechnung des Schnittpunktes durch Einsetzen der Koordinaten eines Punktes der Geraden g in die Ebenengleichung von E:
$1\cdot(-9 + 1\cdot t) + 2\cdot(25 - 2\cdot t) + 2\cdot(2 + 0\cdot t) = 9 \Leftrightarrow t = 12.$

Also: $\overrightarrow{OS} = \begin{pmatrix} -9 \\ 25 \\ 2 \end{pmatrix} + 12\cdot\begin{pmatrix} 1 \\ -2 \\ 0 \end{pmatrix} = \begin{pmatrix} 3 \\ 1 \\ 2 \end{pmatrix}.$

Der Schnittpunkt S hat die Koordinaten: S(3|1|2).

4. (I)Angabe der Punkte S (= Durchstoßpunkt des Flugzeuges durch die Nebelwand) und eines beliebigen Punktes T auf der Geraden g, die die Flugroute beschreibt.

(II) Berechnung des Abstand eines beliebigen Punktes auf der Flugroute vom Punkt S mithilfe der Abstandsformel; Vereinfachung des Ergebnisses.

(III) Der Abstand aus (II) soll 5 km betragen. Dafür gibt es 2 Lösungen t_1 und t_2.

(IV) Die kleinere Lösung t_2 ist gesucht, also der Punkt T_2, der vom Flugzeug aus gesehen vor der Begrenzungsebene der Nebelwand liegt.

(V) Die Koordinaten des Punktes T_2 werden angegeben. Der Punkt T_2 ist also der Punkt, der vom Flugzeug aus gesehen 5 km vor der Begrenzungsebene der Nebelwand liegt.

5. Da die Flughöhe sich nicht ändert, muss die z-Koordinate des Richtungsvektors der neuen Flugroute null sein.

Die neue Flugroute ist parallel zur Ebene E, also muss der Normalenvektor $\vec{n}$ von E orthogonal zum Richtungsvektor $\vec{u}$ der Geraden sein, welche die neue Flugroute enthält. Das ist der Fall, wenn das Skalarprodukt $\vec{u} * \vec{n} = 0$ ist:

$\begin{pmatrix} 1 \\ 2 \\ 2 \end{pmatrix} * \begin{pmatrix} 2 \\ -1 \\ 0 \end{pmatrix} = 0.$

Berechnung des Winkels zwischen den beiden Flugrouten:

$$\alpha = \sphericalangle(\overrightarrow{PQ}; \vec{u}) = \cos^{-1}\frac{\left|\begin{pmatrix} 8 \\ -16 \\ 0 \end{pmatrix} * \begin{pmatrix} 2 \\ -1 \\ 0 \end{pmatrix}\right|}{\left|\begin{pmatrix} 8 \\ -16 \\ 0 \end{pmatrix}\right| \cdot \left|\begin{pmatrix} 2 \\ -1 \\ 0 \end{pmatrix}\right|} = \cos^{-1}\left(\frac{32}{\sqrt{320}\cdot\sqrt{5}}\right) \approx 36{,}87°.$$

Die neue Flugroute weicht gegenüber der alten um einen Winkel von ca. 36,87° ab.

Aufgabe B2 *Lineare Algebra/Analytische Geometrie – Grundkurs (WTR/GTR/CAS)*

Ein alter Kirchturm (ähnlich dem Kirchturm in Unterloibach (Österreich, siehe nebenstehende Abbildung) hat die Form eines Quaders mit quadratischer Grundfläche und einer aufgesetzten Pyramide. Die Spitze dieser Pyramide befindet sich senkrecht über dem Mittelpunkt ihrer Grundfläche.

1. Die Kanten der Grundfläche des betrachteten Kirchturms sind 6 m lang, die Höhe des Pyramidendachs beträgt ebenfalls 6 m. Insgesamt ist der Turm 18 m hoch.

1.1 Zeichnen Sie den Kirchturm in das nebenstehende Koordinatensystem im Material und beschriften Sie die Zeichnung gemäß den folgenden Vorgaben: Die Eckpunkte der Grundfläche des Kirchturms sollen mit A, B, C und D bezeichnet werden. Der Eckpunkt A liegt im Koordinatenursprung. Der Eckpunkt B soll auf der positiven x-Achse und der Eckpunkt D auf der positiven y-Achse liegen. Die Eckpunkte des Bodens des Pyramidendachs sollen entsprechend mit E, F, G und H bezeichnet werden, wobei der Eckpunkt E über dem Eckpunkt A liegt. Die Spitze des Dachs liegt im Punkt S(3|3|18).

Geben Sie die Koordinaten der Eckpunkte C und F des Turms an. **E1**

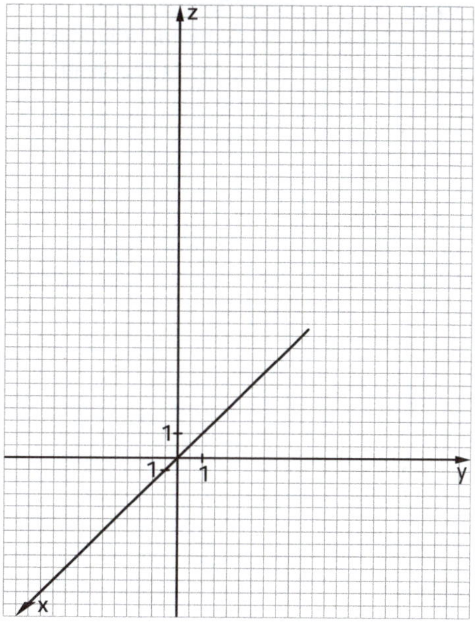

1.2 Der Kirchturm soll saniert werden. Dazu wird unter anderem das Dach neu eingedeckt. Berechnen Sie den Flächeninhalt der Dachfläche. **G2**

2. Zur Stabilisierung des Dachs sollen im Dachraum zwei Stützbalken eingezogen werden, deren Dicke bei den folgenden Betrachtungen vernachlässigt wird.

2.1 Der erste Stützbalken soll die Mitte M(3 | 0 | 12) der Dachbodenkante $\overline{EF}$ mit der gegenüberliegenden Dachfläche mit den Eckpunkten G(6|6|12), H(0|6|12) und S(3|3|18) verbinden und orthogonal zur Dachfläche GHS verlaufen. F3 F4

1) Geben Sie eine Parameterform der Ebene E_{GHS}, in der die Dachfläche mit den Eckpunkten G, H und S liegt, an und bestimmen Sie eine zugehörige Koordinatengleichung. F3 F4
[zur Kontrolle: Eine mögliche Koordinatengleichung lautet E_{GHS}: $2y + z = 24$.]

2) Erläutern Sie die Zeilen (1) bis (4) im nebenstehenden Kasten im Sachzusammenhang.

Geben Sie die fehlende Rechnung in Zeile (3) an und bestimmen Sie das Ergebnis in Zeile (4). F5 F3

(1) $g: \vec{x} = \begin{pmatrix} 3 \\ 0 \\ 12 \end{pmatrix} + r \cdot \begin{pmatrix} 0 \\ 2 \\ 1 \end{pmatrix}$

(2) $4r + 12 + r = 24 \Leftrightarrow r = \frac{12}{5}$

(3) $\ldots \Rightarrow P\left(3 \mid \frac{24}{5} \mid \frac{72}{5}\right)$

(4) $\left\| \begin{pmatrix} 0 \\ \frac{24}{5} \\ \frac{12}{5} \end{pmatrix} \right\| \approx \ldots$

2.2 Der zweite Stützbalken soll den Eckpunkt H des Bodens des Pyramidendachs mit der Dachkante $\overline{FS}$ verbinden und orthogonal zur Dachkante $\overline{FS}$ verlaufen.

Ein Richtungsvektor der Geraden k, auf der der zweite Stützbalken liegt, ist $\vec{u} = \begin{pmatrix} 1 \\ -1 \\ 1 \end{pmatrix}$.

Prüfen Sie, ob sich die beiden Stützbalken schneiden. E3 F5

3. Zum jährlichen Kirchweihfest wird immer ein sogenannter Kirmesbaum aufgestellt, dessen unteres Ende im Punkt Q(24|4|0) befestigt ist. In diesem Jahr ist der Kirmesbaum 10 m hoch.

Zu einem bestimmten Zeitpunkt fallen die Sonnenstrahlen in Richtung des Vektors $\vec{v} = \begin{pmatrix} -9 \\ -1 \\ -1 \end{pmatrix}$.

Begründen Sie, dass der Schattenpunkt der Kirmesbaumspitze zu diesem Zeitpunkt auf eine Seitenfläche des Turms trifft, und geben Sie die Eckpunkte dieser Seitenfläche sowie die Koordinaten des Schattenpunkts der Kirmesbaumspitze an. F5

Lösung

1.1 Zeichnung:

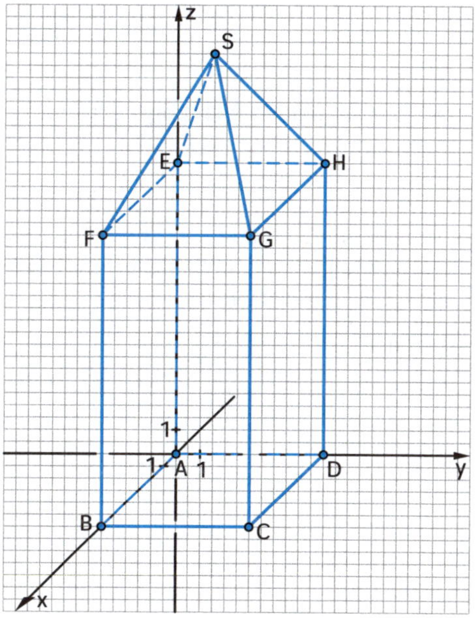

Koordinaten der Eckpunkte C und F des Turms: C(6|6|0), F(6|0|12)

1.2 Die Dachfläche wird aus vier kongruenten gleichschenkligen Dreiecken gebildet, deren Grundseite jeweils die Länge 6 m hat.

Berechnung der Dreieckshöhe h mithilfe des Satzes von Pythagoras:

$h^2 = 3^2 + 6^2 \Leftrightarrow h = \sqrt{45}$, also: $A = 4 \cdot \frac{1}{2} \cdot 6 \cdot \sqrt{45} \approx 80{,}5$.

Der Flächeninhalt der Dachfläche beträgt ungefähr 80,5 m^2.

2.1 1) Ebenengleichung der Ebene E_{GHS} durch die Punkte G, H und S in Parameterform:

$$E: \vec{x} = \begin{pmatrix} 6 \\ 6 \\ 12 \end{pmatrix} + \alpha \cdot \begin{pmatrix} -6 \\ 0 \\ 0 \end{pmatrix} + \beta \cdot \begin{pmatrix} -3 \\ -3 \\ 6 \end{pmatrix}$$ mit $\overrightarrow{OG}$ als Stützvektor und

$\overrightarrow{GH}$ und $\overrightarrow{GS}$ als Richtungsvektoren.

Ebenengleichung in Normalenform:
Zunächst wird ein Normalenvektor $\vec{n}$ ermittelt, der auf beiden Richtungsvektoren senkrecht steht: $\vec{n} \perp \begin{pmatrix} -6 \\ 0 \\ 0 \end{pmatrix}$ und $\vec{n} \perp \begin{pmatrix} -3 \\ -3 \\ 6 \end{pmatrix}$.

Ohne formale Rechnung erkennt man: Das Skalarprodukt mit dem ersten Richtungsvektor wird nur dann gleich null, wenn $n_1 = 0$ ist. Dann folgt aus dem Skalarprodukt mit dem zweiten Richtungsvektor, dass n_2 doppelt so groß sein muss wie n_3.

Lösung mithilfe eines linearen Gleichungssystems:

$$\left| \begin{matrix} n_1 \cdot (-6) + n_2 \cdot 0 + n_3 \cdot 0 & = 0 \\ n_1 \cdot (-3) + n_2 \cdot (-3) + n_3 \cdot 6 & = 0 \end{matrix} \right| \Leftrightarrow \left| \begin{matrix} -6 n_1 = 0 \\ -3 n_1 - 3 n_2 + 6 n_3 = 0 \end{matrix} \right| \Leftrightarrow \left| \begin{matrix} n_1 = 0 \\ n_2 = 2 n_3 \end{matrix} \right|.$$

Wählt man beispielsweise $n_3 = 1$, dann ergibt sich $n_2 = 2$ und $n_1 = 0$. Also ist $\vec{n} = \begin{pmatrix} 0 \\ 2 \\ 1 \end{pmatrix}$ ein Normalenvektor der Ebene E. Daraus folgt:

$$\vec{x} * \begin{pmatrix} 0 \\ 2 \\ 1 \end{pmatrix} = \begin{pmatrix} 6 \\ 6 \\ 12 \end{pmatrix} * \begin{pmatrix} 0 \\ 2 \\ 1 \end{pmatrix} \Leftrightarrow 2y + z = 24$$ (E in Koordinatenform).

Alternativ kann man den Normalenvektor auch mithilfe des Vektorproduktes der aufspannenden Vektoren bestimmen:

$$\vec{n} = \begin{pmatrix} -6 \\ 0 \\ 0 \end{pmatrix} \times \begin{pmatrix} -3 \\ -3 \\ 6 \end{pmatrix} = \begin{pmatrix} 0 \\ 36 \\ 18 \end{pmatrix} = 18 \cdot \begin{pmatrix} 0 \\ 2 \\ 1 \end{pmatrix}.$$

Auch hier erhält man die obige Koordinatengleichung für E.

Zweite Alternative: Bestimmen der Ebenengleichung aus den Koordinaten der drei Punkte G, H und S durch Einsetzen in die allgemeine Gleichung $ax + by + cz = d$:

$$\left| \begin{matrix} 6 \cdot a + 6 \cdot b + 12 \cdot c = d \\ 0 \cdot a + 6 \cdot b + 12 \cdot c = d \\ 3 \cdot a + 3 \cdot b + 18 \cdot c = d \end{matrix} \right| \Leftrightarrow \ldots \Leftrightarrow \left| \begin{matrix} a = 0 \\ b = \frac{1}{12} \cdot d \\ c = \frac{1}{24} \cdot d \end{matrix} \right|.$$

Mit $d = 24$ erhält man ebenfalls $2y + z = 24$.

2) (1) g ist die Gleichung der Geraden durch die Mitte der Dachbodenkante M orthogonal zur Dachfläche E_{GHS}, also eine Geradengleichung für den ersten Stützbalken.

(2) Einsetzen eines Punktes von g in die Ebenengleichung von E_{GHS}, also Berechnung des Schnittpunktes der Geraden g mit der Dachfläche.

(3) Fehlende Rechnung: Einsetzen von $r = \frac{12}{5}$ in die Geradengleichung, um die Koordinaten des Schnittpunktes des Stützbalkens mit der Dachebene zu erhalten:

$$\overrightarrow{OP} = \begin{pmatrix} 3 \\ 0 \\ 12 \end{pmatrix} + \frac{12}{5} \cdot \begin{pmatrix} 0 \\ 2 \\ 1 \end{pmatrix} = \begin{pmatrix} 3 \\ \frac{24}{5} \\ \frac{72}{5} \end{pmatrix} \Rightarrow P\left(3 \,\middle|\, \frac{24}{5} \,\middle|\, \frac{72}{5}\right)$$

(4) Berechnet wird die Länge des Stützbalkens $\overrightarrow{MP}$ in m:

$$\left\| \begin{pmatrix} 3 \\ \frac{24}{5} \\ \frac{72}{5} \end{pmatrix} - \begin{pmatrix} 3 \\ 0 \\ 12 \end{pmatrix} \right\| = \left\| \begin{pmatrix} 0 \\ \frac{24}{5} \\ \frac{12}{5} \end{pmatrix} \right\| = \sqrt{0^2 + 4{,}8^2 + 2{,}4^2} \approx 5{,}37 \text{ (m)}.$$

2.2 Geradengleichung für den zweiten Stützbalken:

$$k: \vec{x} = \begin{pmatrix} 0 \\ 6 \\ 12 \end{pmatrix} + s \cdot \begin{pmatrix} 1 \\ -1 \\ 1 \end{pmatrix};$$

Schnittpunktberechnung von k mit der Geraden g: $\vec{x} = \begin{pmatrix} 3 \\ 0 \\ 12 \end{pmatrix} + r \cdot \begin{pmatrix} 0 \\ 2 \\ 1 \end{pmatrix}$ durch Gleichsetzen. Man erhält folgendes LGS:

$$\left| \begin{aligned} s &= 3 \\ 6 - s &= 2r \\ 12 + s &= 12 + r \end{aligned} \right|.$$

Aus der 3. Gleichung folgt: s = r. Setzt man s = r = 3 in die 2.Gleichung ein, so erhält man: 3 = 6, also eine falsche Aussage. Die Annahme, dass es einen gemeinsamen Punkt der beiden Geraden gibt, ist somit widerlegt. Die beiden Stützbalken schneiden sich demnach nicht.

3. Eine Gleichung h der Sonnenstrahlgerade, die durch die Baumspitze R(24|4|10) verläuft, ist gegeben durch:

$$h: \vec{x} = \begin{pmatrix} 24 \\ 4 \\ 10 \end{pmatrix} + t \cdot \begin{pmatrix} -9 \\ -1 \\ -1 \end{pmatrix}.$$

Diese Sonnenstrahlen können nur die Vorderseite BCGF des Turmes, die in der Ebene x = 6 liegt, treffen, da $x_R > 6$, $0 \le y_R \le 6$ und $z_R < 12$.

Schnittpunkt von h mit der Seite BCGF: Aus der Bedingung, dass x = 6 ist, ergibt sich $24 - 9t = 6 \Leftrightarrow t = 2$. Für die Koordinaten gilt daher: R'(6 | 2 | 8).
Der Schattenpunkt R' hat die Koordinaten R'(6 | 2 |8).

Aufgabe B1 *Lineare Algebra/Analytische Geometrie – Leistungskurs (WTR/GTR/CAS)*

1. Eine Radarstation überwacht die Bewegung eines Flugzeugs. Die Bewegung kann modellhaft in einem kartesischen Koordinatensystem dargestellt werden, dessen x-y-Ebene die Horizontale beschreibt; eine Längeneinheit entspricht einem Kilometer in der Realität. Der Standort der Radarstation wird durch den Punkt R(18|0|−1) beschrieben.
   Zu Beginn der Beobachtung um 14.00 Uhr wird die Position des Flugzeugs durch den Punkt A(0|0|0) beschrieben. Anschließend bewegt sich das Flugzeug im Modell entlang einer Geraden durch den Punkt B(8|4|1), der die Position um 14.02 Uhr darstellt. Ab 14.14 Uhr fliegt das Flugzeug in gleicher Himmelsrichtung horizontal weiter; im Modell bleibt es dabei in der Ebene, die die Punkte A und B enthält und zur x-y-Ebene senkrecht steht. Im Folgenden soll davon ausgegangen werden, dass das Flugzeug von 14.00 Uhr bis 14.14 Uhr mit konstanter Geschwindigkeit fliegt.

1.1 Berechnen Sie für die Zeit bis 14.14 Uhr den Steigungswinkel der Flugbahn gegenüber der Horizontalen. Geben Sie die Koordinaten des Punktes an, der die Position des Flugzeugs um 14.10 Uhr darstellt. G1

1.2 Die Abbildung zeigt schematisch die Flugbahn des Flugzeugs sowie die Horizontale. Skizzieren Sie die Positionen des Flugzeugs zu den Zeitpunkten 14.02 Uhr und 14.10 Uhr in das Material. E1

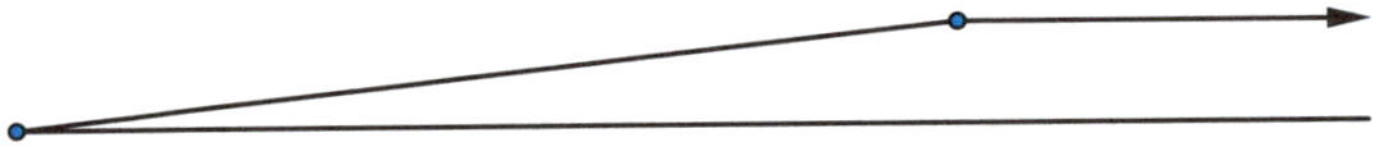

1.3 Ermitteln Sie für die Zeit bis 14.14 Uhr die Geschwindigkeit des Flugzeugs in Kilometer pro Stunde. E3

1.4 Geben Sie eine Gleichung der Strecke an, die die Flugbahn von 14.00 Uhr bis 14.14 Uhr beschreibt. F1 E3

2. Zu einem bestimmten Zeitpunkt zwischen 14.00 Uhr und 14.14 Uhr ist die Entfernung des Flugzeugs von der Radarstation am geringsten. Die bis dahin seit Beobachtungsbeginn vergangene Zeit soll in Minuten bestimmt werden. Dafür werden zwei verschiedene Lösungsansätze I und II betrachtet:

$$\text{(I) } d(t) = \left\| \begin{pmatrix} 18-8t \\ -4t \\ -1-t \end{pmatrix} \right\| = \sqrt{81t^2 - 286t + 325} \qquad \text{(II) } \begin{pmatrix} 8 \\ 4 \\ 1 \end{pmatrix} * \begin{pmatrix} 18-8t \\ -4t \\ -1-t \end{pmatrix} = 0$$

$$d'(t) = 0$$

2.1 Erläutern Sie die beiden Lösungsansätze im Sachzusammenhang. G4

2.2 Berechnen Sie die geringste Entfernung des Flugzeugs von der Radarstation, indem Sie einen der beiden Ansätze bis zur Lösung fortsetzen. G4

3. Ist das Flugzeug mehr als 70 km von der Radarstation entfernt, so kann es von dieser nicht mehr erfasst werden. Die Position, an der das Flugzeug nach 14.14 Uhr den Erfassungsbereich der Radarstation verlässt, wird im Modell durch einen Punkt dargestellt.
   Entwickeln Sie einen rechnerischen Ansatz zur Ermittlung der Koordinaten dieses Punkts. F1 E3

4. Das Flugzeug überfliegt eine geneigte Hangfläche, die in der Ebene E mit
E: $-x + 25z = 0$ liegt.
Durch das Sonnenlicht wirft das Flugzeug um 14.02 Uhr einen Schatten auf die Hangfläche. Diese Parallelprojektion wird durch folgende Matrix beschrieben:
$$P = \begin{pmatrix} 1 & 0 & 0 \\ -\frac{1}{75} & 1 & \frac{1}{3} \\ \frac{1}{25} & 0 & 0 \end{pmatrix}.$$

4.1 Berechnen Sie mithilfe der Matrix P den Schattenpunkt des Flugzeuges um 14.02 Uhr. H3

4.2 Zeigen Sie rechnerisch, dass die Ebene E die Fixpunktmenge der durch die Matrix P beschriebenen Abbildung ist. H4

Lösung

1.1 Richtungsvektor der Flugbahn ist der Vektor $\overrightarrow{AB} = \begin{pmatrix} 8 \\ 4 \\ 1 \end{pmatrix}$,

Normalenvektor der horizontalen x-y-Ebene ist der Vektor $\vec{n}_1 = \begin{pmatrix} 0 \\ 0 \\ 1 \end{pmatrix}$.

Winkelberechnung:
$$\alpha = \sin^{-1}\left(\frac{\left|\begin{pmatrix} 8 \\ 4 \\ 1 \end{pmatrix} * \begin{pmatrix} 0 \\ 0 \\ 1 \end{pmatrix}\right|}{\left|\begin{pmatrix} 8 \\ 4 \\ 1 \end{pmatrix}\right|}\right) = \sin^{-1}\left(\frac{1}{\sqrt{8^2 + 4^2 + 1^2}}\right) \approx 6{,}38°.$$

Position P des Flugzeuges um 14:10 Uhr: Da der Vektor $\overrightarrow{AB}$ die Ortsänderung nach 2 Minuten angibt, hat sich das Flugzeug nach 10 Minuten um das 5-Fache des Richtungsvektors fortbewegt:
$$\overrightarrow{OP} = \begin{pmatrix} 0 \\ 0 \\ 0 \end{pmatrix} + 5 \cdot \begin{pmatrix} 8 \\ 4 \\ 1 \end{pmatrix} = \begin{pmatrix} 40 \\ 20 \\ 5 \end{pmatrix}, \text{ d. h. } P(40|20|5).$$

1.2 Grafik:

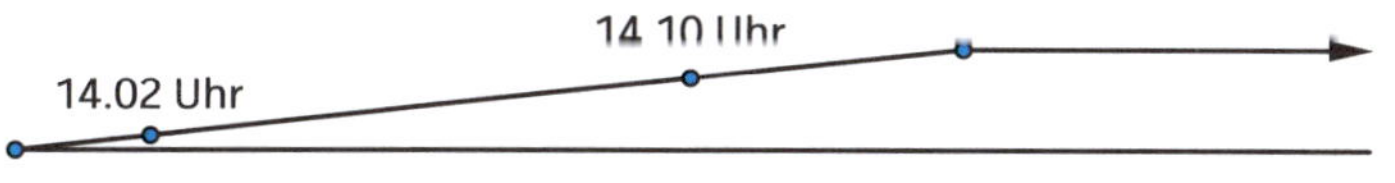

1.3 Bis zum Zeitpunkt 14:14 Uhr fliegt das Flugzeug mit konstanter Geschwindigkeit. Die Länge des Vektors $\overrightarrow{AB} = \begin{pmatrix} 8 \\ 4 \\ 1 \end{pmatrix}$, $|\overrightarrow{AB}| = \sqrt{8^2 + 4^2 + 1^2} = 9$, gibt die Entfernung in km an, die das Flugzeug in 2 Minuten zurücklegt. Damit ist die zurückgelegte Strecke nach einer Stunde das 30-Fache, also 270 km, d. h. die Geschwindigkeit beträgt 270 km/h.

1.4 Geradengleichung der Flugbahn:
$$g_{AB}: \vec{x} = t \cdot \begin{pmatrix} 8 \\ 4 \\ 1 \end{pmatrix}, t \in \mathbb{R}.$$
Die Strecke wird dann durch Angabe eines Intervalls für t beschrieben:
$$g_{AB}: \vec{x} = t \cdot \begin{pmatrix} 8 \\ 4 \\ 1 \end{pmatrix} \text{ mit } 0 \le t \le 7 \text{ (14 Minuten mit 2 Minuten als Einheit für t).}$$

2.1 Ansatz I:
Angabe einer Abstandsfunktion d, die für jeden Punkt der Geraden der Flugbahn den Abstand von der Radarstation R(18|0|−1) angibt. Die geringste Entfernung zwischen Flugbahn und Radarstation ist das Minimum der Funktion d. Notwendig für die Existenz eines Minimums ist die Bedingung: $d'(t) = 0$.

Ansatz II:
Das Skalarprodukt zwischen dem Richtungsvektor der Geraden, auf der sich das Flugzeug bewegt, und dem Verbindungsvektor zwischen Radarstation und dem Flugzeug wird gleich null gesetzt. Das ist die Bedingung dafür, dass diese beiden Vektoren senkrecht aufeinander stehen. In dem berechneten Punkt (Lotfußpunkt) ist dann die Entfernung des Flugzeuges zur Radarstation am geringsten.

2.2 Lösung mit Ansatz I:

$d(t) = (81t^2 - 286t + 325)^{\frac{1}{2}}$,

$d'(t) = \frac{1}{2} \cdot (81t^2 - 286t + 325)^{-\frac{1}{2}} \cdot (162t - 286) = \frac{162t - 286}{2\sqrt{81t^2 - 286t + 325}}$

$d'(t) = 0 \Leftrightarrow 162t - 286 = 0 \Leftrightarrow t = \frac{143}{81} \approx 1{,}765.$

Die hinreichende Bedingung für ein Minimum ist erfüllt, weil d' an der Nullstelle einen VZW von − zu + hat.

Der Nachweis der hinreichenden Bedingung mithilfe der 2. Ableitung ist nicht zu empfehlen, da Ketten- und Produktregel angewandt werden müssen.

$$\begin{aligned} d''(t) &= \frac{1}{2} \cdot \left(-\frac{1}{2}\right) \cdot (81t^2 - 286t + 325)^{-\frac{3}{2}} \cdot (162t - 286)^2 + \frac{1}{2} \cdot (81t^2 - 286t + 325)^{-\frac{1}{2}} \cdot 162 \\ &= \frac{1}{2} \cdot (81t^2 - 286t + 325)^{-\frac{3}{2}} \cdot \left[\left(-\frac{1}{2}\right) \cdot (162t - 286)^2 + (81t^2 - 286t + 325) \cdot 162\right] \\ &= \frac{1}{2} \cdot (81t^2 - 286t + 325)^{-\frac{3}{2}} \cdot 11752; \end{aligned}$$

$d''\left(\frac{143}{81}\right) > 0.$

Aus $d\left(\frac{143}{81}\right) = \sqrt{81 \cdot \left(\frac{143}{81}\right)^2 - 286 \cdot \frac{143}{81} + 325} \approx 8{,}5$ ergibt sich:

Die geringste Entfernung des Flugzeuges zur Radarstation beträgt 8,5 km.

Lösung mit Ansatz II:

$$\begin{pmatrix} 8 \\ 4 \\ 1 \end{pmatrix} * \begin{pmatrix} 18 - 8t \\ -4t \\ -1 - t \end{pmatrix} = 0 \Leftrightarrow 8 \cdot (18 - 8t) + 4 \cdot (-4t) + 1 \cdot (-1 - t) = 0 \Leftrightarrow 143 - 81t = 0 \Leftrightarrow t = \frac{143}{81}$$

Berechnung des Lotfußpunkts F durch Einsetzen des Wertes für t in die Geradengleichung g_{AB}:

$F\left(8 \cdot \frac{143}{81} \,\middle|\, 4 \cdot \frac{143}{81} \,\middle|\, \frac{143}{81}\right) \approx F(14{,}12 \,|\, 7{,}06 \,|\, 1{,}77).$

3. Gleichung der Geraden, auf der sich das Flugzeug ab 14:14 Uhr bewegt:

Der Stützvektor $\overrightarrow{OS}$ ergibt sich aus dem Punkt der Geraden g_{AB}: $\vec{x} = t \cdot \begin{pmatrix} 8 \\ 4 \\ 1 \end{pmatrix}$.

Einsetzen von t = 7 ergibt $\overrightarrow{OS} = \begin{pmatrix} 56 \\ 28 \\ 7 \end{pmatrix}$.

Der Richtungsvektor ist gegeben durch $\vec{v} = \begin{pmatrix} 8 \\ 4 \\ 0 \end{pmatrix}$, da das Flugzeug in gleicher Himmelsrichtung horizontal weiterfliegt.

Hieraus ergibt sich die Parameterdarstellung

g_k: $\vec{x} = \begin{pmatrix} 56 \\ 28 \\ 7 \end{pmatrix} + r \cdot \begin{pmatrix} 8 \\ 4 \\ 0 \end{pmatrix}$;

für $r \geq 0$ ist dies die Gleichung der Halbgeraden g_k, auf der das Flugzeug nach 14:14 Uhr fliegt.

Gesucht ist nun der Punkt K auf dieser Halbgeraden, der von der Radarstation R eine Entfernung von 70 km hat:

$$|\overrightarrow{RK}| = 70 \Leftrightarrow \left| \begin{pmatrix} 56 \\ 28 \\ 7 \end{pmatrix} + r \cdot \begin{pmatrix} 8 \\ 4 \\ 0 \end{pmatrix} - \begin{pmatrix} 18 \\ 0 \\ -1 \end{pmatrix} \right| = 70 \Leftrightarrow \sqrt{(56 + 8r - 18)^2 + (28 + 4r)^2 + (7 - (-1))^2} = 70$$

Hinweis: Die Lösung der quadratischen Gleichung (nicht verlangt) ergibt: $r \approx -12{,}92$ bzw. $r \approx 2{,}52$, im Sachzusammenhang ist nur die positive Lösung brauchbar: K(76,18 | 38,09 | 7)

4.1 Berechnung des Schattenpunktes des Flugzeuges:

$$P \cdot \overrightarrow{OB} = \begin{pmatrix} 1 & 0 & 0 \\ -\frac{1}{75} & 1 & \frac{1}{3} \\ \frac{1}{25} & 0 & 0 \end{pmatrix} \cdot \begin{pmatrix} 8 \\ 4 \\ 1 \end{pmatrix} = \begin{pmatrix} 8 \\ -\frac{8}{75} + 4 + \frac{1}{3} \\ \frac{8}{25} \end{pmatrix} \approx \begin{pmatrix} 8 \\ 4{,}23 \\ 0{,}32 \end{pmatrix} \Rightarrow B'(8|4{,}23|0{,}32).$$

4.2 Es ist zu zeigen, dass für jeden Punkt Q der Ebene E mit dem Ortsvektor $\vec{x} = \overrightarrow{OQ}$ gilt:

$$P \cdot \vec{x} = \vec{x} \Leftrightarrow \begin{pmatrix} 1 & 0 & 0 \\ -\frac{1}{75} & 1 & \frac{1}{3} \\ \frac{1}{25} & 0 & 0 \end{pmatrix} \cdot \begin{pmatrix} x \\ y \\ z \end{pmatrix} = \begin{pmatrix} x \\ y \\ z \end{pmatrix} \Leftrightarrow \begin{pmatrix} x = x \\ -\frac{1}{75}x + y + \frac{1}{3}z = y \\ \frac{1}{25}x = z \end{pmatrix} \Leftrightarrow \begin{pmatrix} x = x \\ -x + 25z = 0 \\ x - 25z = 0 \end{pmatrix}$$

Die 2. und 3. Gleichung liefern dieselbe Ebene E, die Hangebene. Diese ist Fixpunktebene der Abbildung, die durch die Matrix P beschrieben ist.

Aufgabe B2 *Lineare Algebra/Analytische Geometrie – Leistungskurs (WTR/GTR/CAS)*

1. Vor einem Wohnhaus, dessen Hauswand in der y-z-Ebene liegt, wird über einer rechteckigen, in der x-y-Ebene gelegenen Fläche ABCD eine Terrasse gebaut (Abbildung). Dabei ist C der Ursprung des Koordinatensystems.

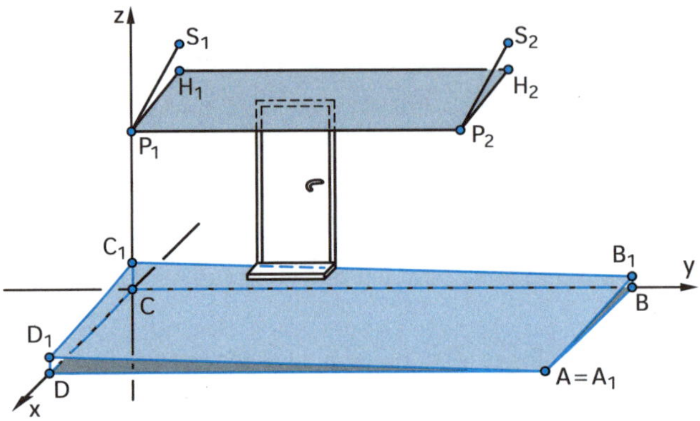

Um Regenwasser sicher vom Haus fernzuhalten, hat die ebene Oberfläche $A_1B_1C_1D_1$ der Terrasse entlang aller Kanten gegenüber der x-y-Ebene jeweils ein Gefälle von 1,5 %. Die Koordinaten der Eckpunkte der Terrasse lauten $A_1 = A(6|12|0)$, $B_1(0|12|0{,}09)$, $C_1(0|0|0{,}27)$, D_1 $(6|0|z_{D1})$. Die Punkte B_1, C_1, D_1 liegen in vertikaler Richtung jeweils oberhalb der Punkte B, C, D. Eine Längeneinheit entspricht einem Meter.

1.1 Geben Sie die Koordinaten der Punkte B und D an und berechnen Sie die fehlende Koordinate z_{D1} des Punktes D_1. E1

1.2 Zeigen Sie, dass die Oberfläche der Terrasse in der Ebene
T: $3x + 3y + 200z = 54$ liegt. F3 F4

1.3 Um zu erreichen, dass Wasser gut ablaufen kann, wird ein Gefälle der Terrassenoberfläche gegenüber der x-y-Ebene von mindestens 2 % empfohlen.
Prüfen Sie, ob diese Bedingung erfüllt ist. G1

2. Entlang der Hauswand wird eine rechteckige Teilüberdachung der Terrasse mit den Eckpunkten $P_1(3|1|2{,}4)$, P_2, $H_2(0|9|2{,}5)$ und $H_1(0|1|2{,}5)$ angebracht (siehe Abbildung).

Die Teilüberdachung ist über zwei Stahlseile in den Punkten S_1 und S_2 an der Hauswand befestigt. Dabei liegt der Punkt S_1 vertikal über H_1 und der Punkt S_2 vertikal über H_2.

2.1 Regenwasser auf der Überdachung soll von P_1 durch ein vertikal verlaufendes Fallrohr geleitet werden. Hierfür muss die Terrassenoberfläche durchbohrt werden.
Bestimmen Sie den Punkt G, in dem die Bohrung auf der Terrassenoberfläche vorgenommen werden muss. F5

2.2 Die Stahlseile der Überdachung sollen so an der Hauswand befestigt werden, dass der Winkel β zwischen dem von S_1 nach P_1 verlaufenden Stahlseil und der Hauswand 60° beträgt.
Untersuchen Sie, wie die Koordinaten des Verankerungspunkts S_1 gewählt werden müssen. G1

3. Die Koordinaten der Punkte der Terrassenoberfläche, die in vertikaler Richtung unterhalb der Überdachung liegen, erhält man mithilfe einer Abbildung, die jeden Punkt des Rechtecks $P_1P_2H_2H_1$ parallel zur z-Achse auf die Ebene T projiziert.

3.1 T_1 ist diejenige Ebene, die parallel zur Ebene T und durch den Punkt C(0|0|0) verläuft.

Bestimmen Sie die Abbildungsmatrix M einer Abbildung, mit deren Hilfe alle Punkte des Raums parallel zur z-Achse auf T_1 projiziert werden. H4

3.2 Stellen Sie die Abbildung, mit deren Hilfe man die Koordinaten der Punkte der Terrassenoberfläche, die in vertikaler Richtung unterhalb der Überdachung liegen, bestimmen kann, in der Form $\vec{x}\,' = M \cdot \vec{x} + \vec{k}$ dar. H2

Lösung

1.1 Punkte: B(0|12|0); D(6|0|0)

Um den Punkt D_1 zu erhalten, trägt man den Vektor $\overrightarrow{B_1C_1}$ an $A = A_1$ an:

Aus $\overrightarrow{B_1C_1} = \begin{pmatrix} 0 \\ -12 \\ 0{,}18 \end{pmatrix}$ ergibt sich $\overrightarrow{OD_1} = \overrightarrow{OA} + \overrightarrow{B_1C_1} = \begin{pmatrix} 6 \\ 12 \\ 0 \end{pmatrix} + \begin{pmatrix} 0 \\ -12 \\ 0{,}18 \end{pmatrix} = \begin{pmatrix} 6 \\ 0 \\ 0{,}18 \end{pmatrix}$

Die z-Koordinate des Punktes D_1 ist also 0,18.

1.2 Die einfachste Möglichkeit ist zu überprüfen, ob die Punkte A_1, B_1 und C_1 (und D_1) die Ebenengleichung T erfüllen:

A_1: $3 \cdot 6 + 3 \cdot 12 + 200 \cdot 0 = 54$
B_1: $0 + 3 \cdot 12 + 200 \cdot 0{,}09 = 54$
C_1: $0 + 0 + 200 \cdot 0{,}27 = 54$
[D_1: $3 \cdot 6 + 0 + 200 \cdot 0{,}18 = 54$]

Die Überprüfung von 3 Punkten A_1, B_1 und C_1 genügt, da 3 Punkte eine Ebene eindeutig festlegen. Der Punkt D_1 liegt zwangsläufig dann auch in T.

Alternativ (aber aufwendig) kann man auch eine Ebenengleichung der Ebene durch die Punkte A_1, B_1 und C_1 in Parameterform aufstellen und diese dann in die Koordinatenform umwandeln:

Aufstellen einer Ebenengleichung in Parameterform mit $\overrightarrow{OA_1}$ als Stützvektor und $\overrightarrow{A_1B_1}$ und $\overrightarrow{A_1C_1}$ als Richtungsvektoren:

$$T: \vec{x} = \begin{pmatrix} 6 \\ 12 \\ 0 \end{pmatrix} + r \cdot \begin{pmatrix} -6 \\ 0 \\ 0{,}09 \end{pmatrix} + s \cdot \begin{pmatrix} -6 \\ -12 \\ 0{,}27 \end{pmatrix}.$$

Für die Koordinatenform wird ein Normalenvektor $\vec{n}$ benötigt, der auf beiden Richtungsvektoren senkrecht steht: $\vec{n} * \overrightarrow{A_1B_1} = 0$ und $\vec{n} * \overrightarrow{A_1C_1} = 0$.

Die beiden Bedingungen ergeben ein lineares Gleichungssystem mit 2 Gleichungen und 3 Variablen. Die 2. Gleichung kann durch die Differenz der beiden Gleichungen ersetzt werden.

Man erhält das lineare Gleichungssystem:

$$\left| \begin{matrix} -6 \cdot n_1 + 0 \cdot n_2 + 0{,}09 \cdot n_3 = 0 \\ -6 \cdot n_1 - 12 n_2 + 0{,}27 \cdot n_3 = 0 \end{matrix} \right| \Leftrightarrow \left| \begin{matrix} -6 n_1 + 0{,}09 n_3 = 0 \\ 12 n_2 - 0{,}18 n_3 = 0 \end{matrix} \right|$$

Aus der ersten Gleichung folgt unmittelbar: $n_1 = 0{,}015 n_3$. Aus der zweiten Gleichung erhält man: $n_2 = 0{,}015 \cdot n_3$.

Mit $n_3 = 200$ ergibt sich: $n_1 = 3$ und $n_2 = 3$, also ist $\vec{n} = \begin{pmatrix} 3 \\ 3 \\ 200 \end{pmatrix}$ ein Normalenvektor der Ebene T. Eine mögliche Koordinatenform von T ist gegeben durch:

$$T: \vec{x} * \begin{pmatrix} 3 \\ 3 \\ 200 \end{pmatrix} = \begin{pmatrix} 6 \\ 12 \\ 0 \end{pmatrix} * \begin{pmatrix} 3 \\ 3 \\ 200 \end{pmatrix} \Leftrightarrow 3x + 3y + 200z = 54.$$

Alternativ kann man einen Normalenvektor auch mithilfe des Vektorproduktes der aufspannenden Vektoren, z. B. $\overrightarrow{A_1B_1}$ und $\overrightarrow{A_1C_1}$ bestimmen:

$$\overrightarrow{A_1B_1} \times \overrightarrow{A_1C_1} = \begin{pmatrix} -6 \\ 0 \\ 0{,}09 \end{pmatrix} \times \begin{pmatrix} -6 \\ -12 \\ 0{,}27 \end{pmatrix}$$

Auch hiermit erhält man die obige Koordinatengleichung für T.

1.3 Die Grundfläche liegt in der x-y-Ebene und hat den Normalenvektor $\vec{n}_3 = \begin{pmatrix} 0 \\ 0 \\ 1 \end{pmatrix}$.

Zu berechnen ist der Winkel zwischen den Normalenvektoren der beiden Ebenen:

$$\measuredangle(\vec{n}_3, \vec{n}) = \measuredangle\left(\begin{pmatrix} 0 \\ 0 \\ 1 \end{pmatrix}, \begin{pmatrix} 3 \\ 3 \\ 200 \end{pmatrix}\right) = \cos^{-1}\left(\frac{200}{\sqrt{40018}}\right) = \cos^{-1}(0{,}999775) \approx 1{,}215°.$$

Das Gefälle zwischen den Ebenen ist gegeben durch $\tan(1{,}215°) \approx 0{,}0212 = 2{,}12\,\% > 2\,\%$.

Das empfohlene Gefälle wird demnach eingehalten.

2.1 Das Fallrohr verläuft auf einer Geraden g parallel zur z-Achse durch den Punkt P_1:

$$g: \vec{x} = \begin{pmatrix} 3 \\ 1 \\ 2{,}4 \end{pmatrix} + s \cdot \begin{pmatrix} 0 \\ 0 \\ -1 \end{pmatrix}, s \in \mathbb{R}$$

Der gesuchte Punkt G ist der Schnittpunkt von g mit der Ebene T.

Schnittpunktberechnung durch Einsetzen eines beliebigen Punktes von g in die Koordinatenform von T:

$3 \cdot 3 + 3 \cdot 1 + 200 \cdot (2{,}4 - s) = 54 \Leftrightarrow s = 2{,}19.$

Einsetzen in die Parameterform von g: $\vec{x} = \begin{pmatrix} 3 \\ 1 \\ 2{,}4 \end{pmatrix} + 2{,}19 \cdot \begin{pmatrix} 0 \\ 0 \\ -1 \end{pmatrix} = \begin{pmatrix} 3 \\ 1 \\ 0{,}21 \end{pmatrix}$.

Der Punkt G hat die Koordinaten G(3|1|0,21).

2.2 Skizze: siehe rechts.

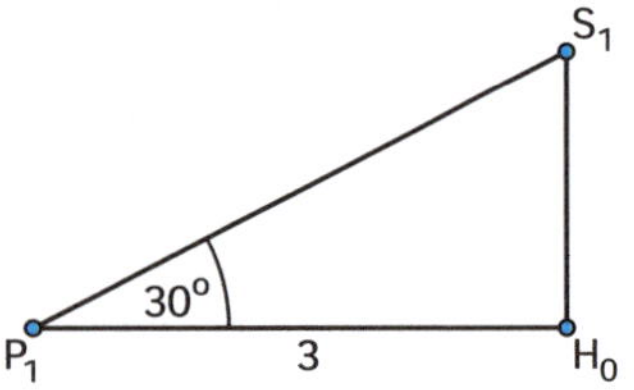

Betrachtet man den Punkt H_0 senkrecht unterhalb des Punktes S_1 auf Höhe des Punktes P_1, so ist das Dreieck $P_1H_0S_1$ rechtwinklig. Der Winkel $P_1S_1H_0$ beträgt genau dann 60°, wenn der Winkel $S_1P_1H_0$ 30° beträgt.

$\tan(30°) = \frac{|\overrightarrow{H_0S_1}|}{3} \Rightarrow |\overrightarrow{H_0S_1}| = \sqrt{3} \approx 1{,}732.$

Also: $\overrightarrow{OS_1} = \overrightarrow{OH_0} + \overrightarrow{H_0S_1} = \begin{pmatrix} 0 \\ 1 \\ 2{,}4 \end{pmatrix} + \begin{pmatrix} 0 \\ 0 \\ \sqrt{3} \end{pmatrix} \approx \begin{pmatrix} 0 \\ 1 \\ 4{,}132 \end{pmatrix}$, d. h. $S_1(0|1|4{,}132)$.

Alternativ: Die Gerade durch S_1P_1 muss mit der Ebene $x = 0$ einen Winkel von 60° einschließen. Damit muss für den Richtungsvektor $\overrightarrow{S_1P_1}$ mit $\overrightarrow{S_1P_1} = \begin{pmatrix} 3 \\ 0 \\ 2{,}4 - z \end{pmatrix}$ und den Normalenvektor der Ebene $x = 0$ mit $\vec{n} = \begin{pmatrix} 1 \\ 0 \\ 0 \end{pmatrix}$ gelten:

$$\sin(60°) = \frac{\begin{pmatrix} 3 \\ 0 \\ 2{,}4 - z \end{pmatrix} * \begin{pmatrix} 1 \\ 0 \\ 0 \end{pmatrix}}{\sqrt{3^2 + (2{,}4 - z)^2}} = \frac{\sqrt{3}}{2} \Rightarrow z = 0{,}668 \text{ oder } z = 4{,}132 \Rightarrow S(0|1|4{,}132).$$

Für die zweite Lösung $z = 0{,}668$ ergibt sich ein Punkt, der unterhalb von H_0 liegt, also gemäß Aufgabenstellung nicht in Frage kommt.

3.1 Gleichung von T_1: $3x + 3y + 200z = 0$.

Um die Abbildungsmatrix zu bestimmen, müssen die Bilder der Einheitsvektoren ermittelt werden, die mittels des Vektors $\vec{n}$ mit $\vec{n} = \begin{pmatrix} 0 \\ 0 \\ 1 \end{pmatrix}$ in die Ebene T_1 projiziert werden. Damit ergibt sich für den Vektor $\vec{e}_1 = \begin{pmatrix} 1 \\ 0 \\ 0 \end{pmatrix}$:

Der Schnittpunkt der Geraden g mit g: $x = \begin{pmatrix} 1 \\ 0 \\ 0 \end{pmatrix} + \alpha \cdot \begin{pmatrix} 0 \\ 0 \\ 1 \end{pmatrix}$ mit der Ebene T_1 liefert das Bild von $\vec{e}_1$.

Schnittpunktberechnung durch Einsetzen der Koordinaten eines Punktes auf g in die Gleichung von T_1:

$3 \cdot 1 + 200 \cdot \alpha = 0 \Leftrightarrow \alpha = -0{,}015$.

Der Bildvektor von $\vec{e}_1 = \begin{pmatrix} 1 \\ 0 \\ 0 \end{pmatrix}$ ist also $\vec{v}_1 = \begin{pmatrix} 1 \\ 0 \\ -0{,}015 \end{pmatrix}$.

Analog ergibt sich für den Bildvektor von $\vec{e}_2 = \begin{pmatrix} 0 \\ 1 \\ 0 \end{pmatrix}$: $\begin{pmatrix} 0 \\ 1 \\ -0{,}015 \end{pmatrix}$.

Der Bildvektor von $\vec{e}_3 = \begin{pmatrix} 0 \\ 0 \\ 1 \end{pmatrix}$ ist $\begin{pmatrix} 0 \\ 0 \\ 0 \end{pmatrix}$, da die Ebene durch den Ursprung geht.

Die Projektionsmatrix lautet: $M = \begin{pmatrix} 1 & 0 & 0 \\ 0 & 1 & 0 \\ -0{,}015 & -0{,}015 & 0 \end{pmatrix}$.

3.2 Die Terrassenoberfläche liegt 0,27 Einheiten senkrecht oberhalb der Ebene T_1.

Daher gilt für T: $\vec{x}' = M \cdot \vec{x} + \begin{pmatrix} 0 \\ 0 \\ 0{,}27 \end{pmatrix}$.

Aufgabe C *Stochastik Grundkurs (WTR/GTR/CAS)*

1. 20 % aller Pkw eines bestimmten Herstellers sind Dieselfahrzeuge. Die Anzahl der Dieselfahrzeuge in einer Stichprobe soll modellhaft als binomialverteilt angenommen werden.
25 Pkw des Herstellers werden zufällig ausgewählt, davon sind drei rot.
Die Merkmale „rot" und „Dieselfahrzeug" treten unabhängig voneinander auf.

1.1 Bestimmen Sie unter Angabe einer geeigneten Zufallsgröße für folgende Ereignisse jeweils die Wahrscheinlichkeit: **J3**
A: „Unter den ausgewählten Pkw sind genau acht Dieselfahrzeuge."
B: „Unter den ausgewählten Pkw sind mindestens fünf Dieselfahrzeuge."

1.2 Von den 25 ausgewählten Pkw sind genau fünf Dieselfahrzeuge. Bestimmen Sie die Wahrscheinlichkeit dafür, dass die drei roten Pkw Dieselfahrzeuge sind. **I2**

1.3 Berechnen Sie, wie groß die Anzahl zufällig ausgewählter Pkw des Herstellers mindestens sein muss, damit die Wahrscheinlichkeit dafür, dass unter diesen mindestens ein Dieselfahrzeug ist, mindestens 95 % beträgt. **J4**

2. 80 % der Dieselfahrzeuge und 90 % der übrigen Pkw des Herstellers aus Aufgabe 1 haben eine Leistung von mehr als 60 kW.

2.1 Stellen Sie den Sachverhalt in einem beschrifteten Baumdiagramm dar. **I2**

2.2 (1) Berechnen Sie die Wahrscheinlichkeit dafür, dass die Leistung eines zufällig ausgewählten Pkw des Herstellers größer als 60 kW ist. **I2**
(2) Bestimmen Sie die Wahrscheinlichkeit dafür, dass es sich bei einem zufällig ausgewählten Pkw des Herstellers mit einer Leistung von mehr als 60 kW um ein Dieselfahrzeug handelt. **I4**

3. In einem Werk des Pkw-Herstellers aus Aufgabe 1 produziert eine Maschine Ersatzteile. Durch einen Fehler in der Einstellung produzierte die Maschine einen Ausschussanteil (Anteil an unbrauchbaren Teilen) von mindestens 7 %. Die Maschine wurde daraufhin gewartet und neu eingestellt. Es soll mit Hilfe eines geeigneten Hypothesentests überprüft werden, ob sich der Ausschussanteil der Maschine verringert hat. Dazu werden der Produktion zufällig 100 Ersatzteile entnommen. Die Anzahl der unbrauchbaren Teile in einer Stichprobe soll modellhaft als binomialverteilt angenommen werden.

Begründen Sie, dass es sich um einen linksseitigen Hypothesentest handelt. Entwickeln Sie einen entsprechenden Test auf einem Signifikanzniveau von 5 % und formulieren Sie eine Entscheidungsregel im Sachzusammenhang. **K2**

4. Betrachtet werden binomialverteilte Zufallsgrößen, die für eine Trefferwahrscheinlichkeit p mit $0 \leq p \leq 1$ die Anzahl der Treffer bei n Versuchen angeben. Die Standardabweichung der Zufallsgrößen ist 3.

4.1 Bestimmen Sie für eine Zufallsgröße mit einer Trefferwahrscheinlichkeit von 25 % die zugehörige Anzahl der Versuche. **J2**

4.2 Zeigen Sie, dass es keinen Wert von p geben kann, für den die Anzahl der Versuche 9 ist. **J2**

Lösung:

1.1 Die Zufallsgröße X: *Anzahl der Dieselfahrzeuge in der Stichprobe* ist binomialverteilt mit $n = 25$ und $p = 0,2$.

A: $P(A) = P(X = 8) = \binom{25}{8} \cdot 0,2^8 \cdot 0,8^{17} \approx 0,0623 = 6,23\ \%$

B: $P(B) = P(X \geq 5) = 1 - P(X \leq 4) = 1 - \text{binomcdf}(25, 0.2, 4) = 1 - 0,4207 = 0,5793 = 57,93\ \%$

1.2 Das zugrunde liegende Modell ist ein Ziehen ohne Zurücklegen mit 3 Stufen:

$\frac{5}{25} \cdot \frac{4}{24} \cdot \frac{3}{23} \approx 0,43\ \%$

1.3 Mit X: *Anzahl der Dieselfahrzeuge in der Stichprobe* soll gelten:

$P(X \geq 1) \geq 0,95 \Leftrightarrow 1 - P(X = 0) \geq 0,95 \Leftrightarrow 1 - 0,8^n \geq 0,95 \Leftrightarrow 0,8^n \leq 0,05$

$\Leftrightarrow n \cdot \ln(0,8) \leq \ln(0,05) \Leftrightarrow n \geq \frac{\ln(0,05)}{\ln(0,8)} \approx 13,4.$

Es müssen mindestens 14 Pkw ausgewählt werden.

2.1 Darstellung im Baumdiagramm:

1. Stufe: Unterscheidung nach Dieselfahrzeugen (D) und Nicht-Diesel-Fahrzeugen ($\overline{D}$) mit den Wahrscheinlichkeiten $p = 0,2$ für ein Dieselfahrzeug und $q = 1 - 0,2 = 0,8$ für einen Benziner (Nicht-Diesel).

2.Stufe: Unterscheidung nach Leistung des Pkw größer als 60 kW (L) oder Leistung kleiner oder gleich 60 kW ($\overline{L}$).

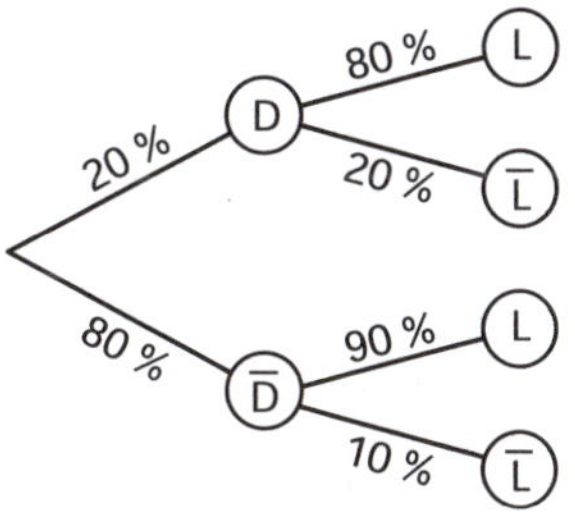

2.2 (1) Der Anteil der Pkw mit einer Leistung größer als 60 kW berechnet sich nach der Pfadmultiplikations- und Pfadadditionsregel:

$P(D) \cdot P_D(L) + P(\overline{D}) \cdot P_{\overline{D}}(L) = 0,2 \cdot 0,8 + 0,8 \cdot 0,9 = 0,88 = 88\ \%.$

(2) Zu berechnen ist die bedingte Wahrscheinlichkeit dafür, dass ein zufällig ausgesuchter Pkw ein Dieselfahrzeug ist unter der Bedingung, dass er eine Leistung von mehr als 60 kW hat: $P_L(D)$. Die Berechnung hierfür kann direkt nach dem Satz von Bayes erfolgen:

$P_L(D) = \frac{P(L \cap D)}{P(L)} = \frac{0,16}{0,88} = \frac{2}{11} \approx 0,1818 = 18,18\ \%.$

Alternativ kann man aus dem obigen Baumdiagramm eine Vierfeldertafel entwickeln, aus der sich die bedingte Wahrscheinlichkeit ableiten lässt. Hierzu trägt man die Pfadwahrscheinlichkeiten in die inneren Felder einer Vierfeldertafel ein:

	Leistung > 60 kW (L)	**Leistung ≤ 60 kW**	**gesamt**
Dieselfahrzeug (D)	$0,2 \cdot 0,8 = 0,16$	$0,2 \cdot 0,2 = 0,04$	0,2
kein Dieselfahrzeug ($\overline{D}$)	$0,8 \cdot 0,9 = 0,72$	$0,8 \cdot 0,1 = 0,08$	0,8
gesamt	0,88	0,12	1

Der Anteil der Dieselfahrzeuge mit einer Leistung von mehr als 60 kW (16 %) an allen Fahrzeugen mit einer Leistung von mehr als 60 kW (88 %) ist die gesuchte bedingte Wahrscheinlichkeit. Sie beträgt:

$\frac{0,16}{0,88} = 2/11 \approx 0,1818 = 18,18\ \%$

3. Der Hersteller vermutet, dass der Ausschussanteil der Maschinen nach der Wartung gesunken ist und auf weniger als 7 % gesunken ist. Um dies durch einen statistischen „Beweis“ abzusichern, testet es die (linksseitige) Nullhypothese H_0: $p \geq 0{,}07$ in der Hoffnung, diese Hypothese wegen signifikanter Abweichungen nach unten verwerfen zu können.

   Nullhypothese H_0: $p \geq 0{,}07$ (der Anteil des Ausschusses ist nicht gesunken).

   Gegenhypothese H_1: $p < 0{,}07$ (der Anteil des Ausschusses ist gesunken).

   Das Werk führt einen linksseitigen Hypothesentest mit dem Signifikanzniveau 5 % durch.

   Für X: *Anzahl der entnommenen Ersatzteile, die Ausschuss sind* ist die Entscheidungsregel vom Typ: *Verwirf H_0, wenn $X \leq k$.*
   Gesucht ist der größtmögliche Wert von k derart, dass $P(X \leq k) \leq 0{,}05$ (α-Fehler).

   Der kritische Wert wird durch systematisches Probieren mithilfe des WTR bestimmt.
   Man findet:

   $P(X \leq 2)$ 0,258 und $P(X \leq 3)$ 0,0744.

   Die Entscheidungsregel lautet also: *Verwirf H_0, wenn von 100 zufällig entnommenen Ersatzteilen höchstens 2 Ersatzteile Ausschuss sind.*
   In diesem Fall geht das Werk davon aus, dass sich die Wartung gelohnt hat und der Ausschussanteil sich verringert hat.

4.1 Für die Standardabweichung bei binomialverteilten Zufallsgrößen gilt:

   $\sigma = \sqrt{n \cdot p \cdot (1-p)}$, hier also $\sqrt{n \cdot 0{,}25 \cdot 0{,}75} = 3$

   Es müssen 48 Versuche durchgeführt werden.

4.2 Mit dem Ansatz aus (4.1) muss hier gelten:

   $3 = \sqrt{9 \cdot p(1-p)} \Leftrightarrow 9 \cdot p \cdot (1-p) = 9 \Leftrightarrow p \cdot (1-p) = 1 \Leftrightarrow p^2 - p + 1 = 0 \Leftrightarrow (p-0{,}5)^2 = -0{,}75.$

   Die Gleichung hat keine Lösung, da das Quadrat einer Zahl nicht negativ sein kann.

Aufgabe C *Stochastik – Leistungskurs (WTR/GTR/CAS)*

Fluggesellschaften nehmen mehr Buchungen an als Sitzplätze in einem Flugzeug vorhanden sind, weil nicht alle Buchungen in Anspruch genommen werden.
Die fiktive Fluggesellschaft AER setzt auf der Strecke Frankfurt–London nur ein Flugzeug mit genau 80 Sitzplätzen ein. Für jeden Flug dieser Strecke werden 92 Buchungen angenommen. Durchschnittlich erscheinen zu einem Flug 84 % der Personen, die diesen Flug gebucht haben. Im Folgenden wird diese relative Häufigkeit als Wahrscheinlichkeit angesehen. Außerdem soll davon ausgegangen werden, dass die Personen unabhängig voneinander jeweils mit der gleichen Wahrscheinlichkeit zu einem Flug erscheinen.

1.1 Ermitteln Sie die Wahrscheinlichkeit, dass zu einem Flug mit 92 Buchungen genau 83 Personen erscheinen, und zeigen Sie, dass die Wahrscheinlichkeit, dass zu diesem Flug höchstens 80 Personen erscheinen, 81,89 % beträgt. J3

1.2 In einer Woche fliegt AER achtmal die Strecke Frankfurt–London.
Bestimmen Sie die Wahrscheinlichkeit, mit der mindestens zu einem dieser acht Flüge mehr Personen zum Flug erscheinen als das Flugzeug Sitzplätze besitzt. J3

1.3 Berechnen Sie, wie viele Flüge von AER auf der Strecke Frankfurt–London mindestens beobachtet werden müssen, damit unter diesen mit einer Wahrscheinlichkeit von mindestens 95 % mindestens ein Flug ist, zu dem mehr Personen erscheinen als das Flugzeug Sitzplätze besitzt. J4

2. Für die Bestimmung der Wahrscheinlichkeit, dass genau 75 Personen zu einem Flug erscheinen, wurden in einer Klausur die folgenden Lösungen von Schülern angeboten.

Lösung A: $P(X = 75) = \frac{92}{75} \cdot 0{,}84^{75} \cdot 0{,}16^{17} \approx 0{,}0871$

Lösung B: $z \approx \frac{75 - 77{,}28 + 0{,}5}{\sqrt{\frac{7728}{625}}} \approx -0{,}51$ $\quad\quad \Phi(-0{,}51) \approx 0{,}3050$

$z = \frac{74 - 77{,}28 + 0{,}5}{\sqrt{\frac{7728}{625}}} \approx -0{,}79$ $\quad\quad \Phi(-0{,}79) \approx 0{,}2148$

$P(X = 75) \approx 0{,}3050 - 0{,}2148 = 0{,}0902$

Erklären Sie die beiden vorgelegten Lösungen für die Bestimmung der gesuchten Wahrscheinlichkeit. Gehen Sie dabei auch auf die Voraussetzungen für die Verwendung des jeweiligen Ansatzes ein. J3 J6

3. Die Flüge von AER waren in den letzten Jahren zu 80 % pünktlich. Im Folgenden wird diese relative Häufigkeit für alle Flüge als Wahrscheinlichkeit angesehen. Weiterhin soll davon ausgegangen werden, dass Verspätungen unabhängig voneinander jeweils mit gleicher Wahrscheinlichkeit erfolgen.
Das Unternehmen befürchtet, dass die Pünktlichkeit gesunken ist. Um zu testen, ob dies der Fall ist, werden die nächsten 1000 Flüge überprüft. Entwickeln Sie einen geeigneten Hypothesentest auf einem Signifikanzniveau von 5 % und geben Sie die Entscheidungsregel im Sachzusammenhang an.
Beschreiben Sie den Fehler 2. Art im Sachzusammenhang. K3 K2

4. Die Flugzeit eines Fluges von AER von Frankfurt nach London beträgt im Mittel $\mu = 105$ Minuten. Es ist bekannt, dass 10 % dieser Flüge sogar mehr als 110 Minuten dauerten. Die Zufallsgröße X sei normalverteilt und beschreibe die Flugzeit eines Fluges von AER von Frankfurt nach London.

4.1 Zeigen Sie, dass die Standardabweichung σ der Zufallsgröße X auf zwei Nachkommastellen gerundet 3,90 beträgt. J8

4.2 Geben Sie die sogenannte σ-Umgebung des Erwartungswertes der Zufallsgröße X, d. h. das Intervall $[\mu - \sigma; \mu + \sigma]$, an.
Es gilt: $P(\mu - \sigma \le X \le \mu + \sigma) \approx 0{,}68$.
Beschreiben Sie die Bedeutung des Wertes 0,68 im Sachzusammenhang. J5

Lösung

1.1 Die Zufallsgröße X: *Anzahl der Personen, die zu einem Flug erscheinen* ist binomialverteilt mit $n = 92$ und $p = 0{,}84$.

$$P(X = 83) = \frac{92}{83} \cdot 0{,}84^{83} \cdot 0{,}16^{9} \approx 0{,}031 = 3{,}1\,\%.$$

$$P(X \le 80) = \sum_{i=0}^{80} \binom{92}{i} \cdot 0{,}84^{i} \cdot 0{,}16^{92-i} \approx 0{,}8189 = 81{,}89\,\%.$$

1.2 Aus Teilaufgabe 1.1 folgt, dass die Wahrscheinlichkeit p dafür, dass ein Flug überbucht ist, dass also mehr als 80 Personen kommen, $1 - 0{,}8189 = 0{,}1811 = 18{,}11\,\%$ beträgt. Damit gilt für die Zufallsgröße Y: *Anzahl der Flüge, zu denen mehr Personen erscheinen als das Flugzeug Sitzplätze besitzt*:

Y ist binomialverteilt mit $n = 8$ und $p = 0{,}1811$;

$$P(Y \ge 1) = 1 - P(Y = 0) = 1 - 0{,}8189^{8} \approx 0{,}7978.$$

Die Wahrscheinlichkeit dafür, dass bei mindestens einem der 8 Flüge mehr Personen erscheinen, als das Flugzeug Plätze hat, beträgt 79,78 %.

1.3 Wenn Y wie in Teilaufgabe 1.2 die Anzahl der überbuchten Flüge angibt, dann ist das kleinstmögliche n zu bestimmen, so dass die Gleichung $P(Y \ge 1) \ge 0{,}95$ erfüllt ist:

$$\begin{aligned} P(Y \ge 1) \ge 0{,}95 &\Leftrightarrow 1 - P(Y = 0) \ge 0{,}95 \\ &\Leftrightarrow 1 - 0{,}8189^{n} \ge 0{,}95 \\ &\Leftrightarrow 0{,}8189^{n} \le 0{,}05 \Rightarrow n \cdot \log(0{,}8189) \le \log(0{,}05) \\ &\Rightarrow n \ge \frac{\log(0{,}05)}{\log(0{,}8189)} \Rightarrow n \ge 14{,}99. \end{aligned}$$

Man muss mindstens 15 Flüge beobachten, damit mit einer Wahrscheinlichkeit von mindestens 95 % zu mindestens einem Flug mehr Personen kommen, als Sitzplätze vorhanden sind.

2. Lösung A: Das zugrunde liegende Modell ist das der Binomialverteilung. Dabei geht man von einem Ziehen mit Zurücklegen aus, d. h. die Erfolgswahrscheinlichkeiten bleiben auf jeder Stufe gleich. Hierbei wird davon ausgegangen, dass die Personen unabhängig voneinander den Flug antreten oder absagen. Weiterhin gibt es nur zwei mögliche Ausgänge: Erfolg oder Misserfolg. Diese Bedingung ist erfüllt, da eine Person entweder zum Flug erscheint oder eben nicht.

Lösung B: Die Wahrscheinlichkeit der binomial verteilten Zufallsgröße wird angenähert durch die Normalverteilung. Nach der Formel von de MOIVRE und LAPLACE werden zunächst die Wahrscheinlichkeiten für $P(X \leq 75)$ und für $P(X \leq 74)$ näherungsweise bestimmt und anschließend voneinander subtrahiert. Die Voraussetzung für die Verwendung des Ansatzes, dass $\sigma > 3$ ist, ist erfüllt (LAPLACE-Bedingung).
Die Zufallsgröße X wird standardisiert, so dass die GAUSS'sche Dichtefunktion φ nur wenig vom Histogramm der Binomialverteilung abweicht. Mit der zugehörigen Integralfunktion Φ werden dann Intervallwahrscheinlichkeiten der Form $P(X \leq k)$ approximiert.
Der Summand +0,5 sorgt für eine größere Genauigkeit bei der Approximation; er stellt sicher, dass jeweils die Fläche der zugehörigen Rechtecke vollständig berücksichtigt wird (Stetigkeitskorrektur).

3. Die Zufallsgröße X: *Anzahl der pünktlichen Flüge* ist binomialverteilt, da die Verspätungen nach Aufgabenstellung voneinander unabhängig sein sollen.

Um die Vermutung zu überprüfen, ob die Pünktlichkeit unter 80 % gesunken ist ($p < 0{,}8$), geht man von der gegenteiligen Hypothese als Nullhypothese aus. Zu testen ist also die (linksseitige) Hypothese H_0: $p \geq 0{,}8$ – in der Hoffnung, diese wegen signifikanter Abweichungen nach unten verwerfen zu können und so die vermutete Befürchtung „statistisch" nachweisen zu können.

Nullhypothese H_0: Der Anteil der pünktlichen Flüge liegt weiterhin bei mindestens 80 %: $p \geq 0{,}8$.
Gegenhypothese H_1: Der Anteil der pünktlichen Flüge ist gesunken, er beträgt weniger als 80 %: $p < 0{,}8$.

Die Entscheidungsregel ist vom Typ: *Verwirf H_0, wenn $X \leq k$*. Die Zufallsgröße X ist binomialverteilt mit $n = 1000$ und $p \geq 0{,}8$. Gesucht ist der größtmögliche Wert von k derart, dass $P(X \leq k) \leq 0{,}05$ (Irrtumswahrscheinlichkeit = maximale Wahrscheinlichkeit für einen Fehler 1. Art).

Der kritische Wert k wird zur Hypothese für $p = 0{,}8$ bestimmt. Für größere Erfolgswahrscheinlichkeiten p gilt dann die Aussage $P(X \leq k) \leq 0{,}05$ erst recht.

1. Methode: Systematisches Probieren mithilfe des WTR.

Für $n = 1000$ und $p = 0{,}8$ findet man:

$P(X \leq 778) \approx 0{,}0459 < 0{,}05$,
$P(X \leq 779) \approx 0{,}0539 > 0{,}05$.

2. Methode: Bestimmung des kritischen Wertes zum Signifikanzniveau von 5 % mit Hilfe der Approximation durch die Normalverteilung:

Überprüfen der LAPLACE-Bedingung:

Es ist $\sigma = \sqrt{1000 \cdot 0{,}8 \cdot 0{,}2} = \sqrt{160} \approx 12{,}649 > 3$,

$$P(X \leq k) = \Phi\left(\frac{k + 0{,}5 - \mu}{\sigma}\right) \leq 0{,}05 \Leftrightarrow \Phi\left(\frac{k + 0{,}5 - 800}{12{,}649}\right) \leq 0{,}05 \Leftrightarrow \frac{k - 799{,}5}{12{,}649} \leq -1{,}64 \Rightarrow k \leq 778{,}76.$$

Entscheidungsregel: *Verwirf H_0, wenn 778 oder weniger Flüge pünktlich sind.*
Die AER geht dann davon aus, dass der Anteil der pünktlichen Flüge gesunken ist.

Fehler 2. Art im Sachzusammenhang: Man geht weiterhin davon aus, dass der Anteil der pünktlichen Flüge mindestens 80 % ist, in Wirklichkeit ist dieser Anteil aber gesunken.

4.1 Für die Zufallsgröße X gilt: $P(X > 110) = 0{,}1$ und $\mu = 105$: $P(X \leq 110) = 0{,}9$.

Da X normalverteilt ist, gilt:

$P(X \leq 110) = \Phi\left(\frac{110 - 105}{\sigma}\right) = 0{,}9$.

Andererseits gilt: $\Phi(1{,}2816) \approx 0{,}9$.

Hieraus folgt: $\frac{110 - 105}{\sigma} \approx 1{,}2816 \Leftrightarrow \sigma = 3{,}90$.

Hinweis: Unter Berücksichtigung der Stetigkeitskorrektur ergibt sich $\sigma \approx 4{,}30$.

4.2 Der Erwartungswert ist $\mu = 105$, $\sigma = 3{,}9 \Rightarrow [\mu - \sigma; \mu + \sigma] = [101{,}1; 108{,}9]$ ist die 1σ-Umgebung des Erwartungswertes.

Bedeutung im Sachzusammenhang: Die Wahrscheinlichkeit, dass die Flugzeit für ein zufällig ausgewähltes Flugzeug etwas mehr als 101 Minuten und etwas weniger als 109 Minuten beträgt, liegt ungefähr bei 68 %.

Stichwortverzeichnis